物権変動における
第三者保護の法理

権 利 変 動 論 の 展 開

Third Party Protection in
Property Rights Transactions

松尾 弘
Hiroshi Matsuo

慶應義塾大学出版会

本書は公益財団法人末延財団の助成を得て刊行された。

はしがき

　筆者はこれまで，所有権制度に関心をもって研究を続けてきた。それは，所有権制度が社会秩序の根幹をなす制度であり，そもそも国家の存在意義は所有権の保護を確実にすることにあるというA・スミスらの見解に，強く共感したからである。そして，ある国が経済的に発展できるか否かは，その国がどれだけ効率的な所有権制度をもっているかに大きく依存しているとするD・ノースらの主張にも，説得力があると感じた。そうした効率的な所有権制度の柱の1つは，所有権をはじめとする財産権を円滑，迅速かつ確実に移転することにより，取引費用を最小限にし，当該財産から得られる効用を最大化することのできる一連の財産権移転ルールにある。この観点から，筆者はまず，所有権譲渡法制に焦点を当て，検討を行ってきた。

　所有権譲渡法制は，ある財産の所有者が，その所有権を他人に移転するための要件・効果を定めるルールを基礎とし，それと不可分の形で，所有権譲渡の原因が無効と判断され，あるいは取消しや解除によって原状回復が問題になった場合の権利復帰のルールも含んでいる。さらに，それは，所有権譲渡の当事者である譲渡人と譲受人との関係を規律するルールのみならず，譲渡人が他人に譲渡した物について同譲渡人と二重取引をした者，無権利者である譲渡人と取引をした譲受人，譲渡人の前主の所有権取得の原因が無効，取消し，解除等によって効力をもたない場合における譲受人などの第三者の所有権取得を，一定の要件の下で保護するルール（以下，第三者保護ルールという）をも含むことにより，全体としての取引費用を削減し，効率的で，多様な形態の財産権移転に対応しうる所有権譲渡法制を構築することを可能にする。本書は，そうした包摂的な所有権譲渡法制を構成する不可欠の要素として，所有権譲渡をはじめとする物権変動における第三者保護ルールの適用範囲，要件および効果についての首尾一貫した法理（以下，第三者保護法理という）を明らかにしようとするものである。それは，物権変動の一般法理を構築するためにも，なくてはならないものといえるであろう。

　本書の表題『物権変動における第三者保護の法理』については，『権利変動におけ

る第三者保護の法理』とすべきか，迷うところがあった。というのも，第三者保護は，物権変動のみならず，債権，知的財産権，その他の無体物に対する財産権の移転等においても問題になることから，その点では「物権変動」の用語は狭すぎることになるからである。しかし，債権や知的財産権の譲渡等を含めるために「権利変動」の語を用いるときは，債権・債務の発生や消滅も含まれ，第三者保護を同じ意味で語ることが困難になり，考察の対象を曖昧にするきらいがある。そこで，まずは，所有権譲渡をはじめとする物権変動に関する第三者保護法理を確認し，そのうえで，債権，その他の財産権の譲渡等に関して，物権変動の法理をどこまで準用することができるか（いわゆる準物権行為の理論）を検討することが，議論の対象を明確にすると考えられる。それゆえに，「物権変動」の用語を維持しつつ，それが一般的な権利変動論に向けた一展開であることを副題に示した。もっとも，「物権変動」の語を用いるときは，それを生じさせる原因としての債権行為との関係をどう理解すべきかという問題を自ずから想起させる。とりわけ，債権行為が取消し等によって失効した場合の物権変動への影響をどのように解釈すべきかは，第三者保護法理の構成を左右することに留意する必要がある。

　本書は，このような基本認識に基づき，所有権をはじめとする物権の取得・移転・回復をはじめとする物権変動の原則を前提にして，その例外則としての様々な形態の第三者保護ルールの適用範囲，要件および効果を明らかにすることにより，より包摂的な物権変動論を展開するために必要な，第三者保護法理の構築を企図するものである。そのことは，物権変動法制の比較法的研究を進めるうえでも有用な，共通の分析枠組みとなる法理論（いわば共通枠組法理）を構築することにも通じると考えられる。

　本書を構成する各章は，「初出一覧」にあるとおり，長期にわたる既発表の論考に基づいている。そのため，記述の重複および変化も含まれているが，それらを全面的に修正することはせず，最小限の表現方法の統一と相互のリファレンスを付すにとどめた。そのことが，この問題について考え続けてきた筆者の思考の，発展とはいえないまでも，紆余曲折と逡巡の経緯を記すことになると思ったからである。それは，筆者が極めて限られた能力と時間の中で，潰れそうになりつつ苦悶してきたプロセスの記録でもある。このことについて，あらかじめ読者のご理解とお赦しを乞う次第である。

本書を出版するに当たっては，公益財団法人・末延財団の出版刊行助成を得ることができた。記して深甚の謝意を表する次第である。そして，本書を取りまとめるに際しては，岡田智武氏（慶應義塾大学出版会）からご懇切かつ的確なアドバイスとサポートをいただいた。このことに対し，心からのお礼を申し上げたい。

2024 年 8 月　かつてない猛暑が続く夏，三田の研究室にて

松 尾　　弘

目　次

はしがき　i
図表一覧　xii
凡　例　xii

序　説　物権変動の態様と第三者保護の法理 ……………1

1　物権変動に関する民法規定の構造と
　　第三者保護規定の位置づけ ……………………… 1

(1)　物権変動における第三者保護の規律の特色　1
(2)　物権変動の本則と例外則　2
(3)　物権変動の例外則の規律態様　7

2　物権変動における第三者保護規定の解釈と物権変動の法理 ……… 9

3　本書の構成 …………………………………………… 11

第Ⅰ部　物権変動における意思主義と無因主義

第1章　物権変動の意思主義と無因主義 ……………… 15

1　問題の所在 …………………………………………… 15

2　意思主義と無因主義との結合可能性 ……………… 16

(1)　3つの意思主義　16
(2)　有因主義の帰結　19
(3)　無因主義の根拠　22
(4)　無因主義の帰結と第三者権利保護資格要件　25
　　(i)　主観的要件　25　/(ii)　客観的要件　26　/(iii)　要件未具備の場合の帰結　27
　　/(iv)　適用対象となる法律関係の範囲　27

3　取消しの遡及効と物権の復帰的変動 ……………… 28

(1)　「取り消された行為は，初めから無効であったものとみなす」の意味　28
(2)　取消しの遡及効についての判例・学説の解釈　29
　　(i)　学説の理解　29　/(ii)　判例の理解　30

4 無因主義と第三者権利保護資格要件 ……………………………… 36

5 意思主義の下における所有権移転給付の実在性とその返還 …… 38

(1) 問題の所在 38

(2) 意思主義と所有権移転給付——フランス民法の場合 41

(i) 引渡主義の伝統とその変容 41 ／(ii) 意思主義の採用とその意義 43 ／

(iii) フランス民法の意思主義と所有権移転給付 46

(3) 意思主義と所有権移転給付——日本民法の場合 47

(i) 意思主義の採用とその意義 47 ／(ii) 所有権移転義務（給付）の存在およ

び性質 50

(4) 所有権移転給付の原状回復（返還） 52

第2章 物権変動の無因主義をめぐる
ヴァッケ—ヴィーリング論争 …………………………… 55

1 物権変動法理の調和と無因主義 ……………………………………… 55

(1) 一体主義と分離主義 56

(2) 引渡主義と合意主義 56

(3) 有因主義と無因主義 56

2 ヴァッケの見解——無因主義批判 ………………………………… 57

(1) ヴァッケの立場——分離主義・引渡主義・有因主義 57

(2) 一体主義に対する批判 57

(3) 合意主義に対する批判 59

(i) 沿革的考察 59 ／(ii) 理論的考察 61

(4) 無因主義に対する批判 64

3 ヴィーリングの見解 …………………………………………………… 66

(1) ヴィーリングの立場——無因主義の擁護 66

(2) 無因主義の歴史的位置づけ 67

(3) 無因主義の理論的根拠 70

(i) 無因主義批判とその論拠 70 ／(ii) 無因主義批判に対する反論とその論拠 71

4 無因主義論争の行方と今後の課題 ………………………………… 74

(1) ヴァッケ—ヴィーリング論争の評価 74

(i) 無因主義論争の歴史的意義 74 ／(ii) 無因主義と善意取得制度との関係 75

／(iii) 無因主義と法文化 75 ／(iv) 無因主義と法律学的構成 76

(2) 今後の課題 77

(i) 無因性の本質としての抽象的な譲渡意思 77 ／(ii) 無因主義と所有権譲渡

理論の体系 77

第3章　権利移転原因の失効と第三者の対抗要件 79

1　問題の所在 79

2　虚偽表示と第三者 80

- ⑴　第三者による対抗要件の具備の要否をめぐる諸見解　80
- ⑵　私見　81
  - (ⅰ)　立法経緯　81／(ⅱ)　第三者の登記の要否　82
- ⑶　小括　86

3　詐欺による取消しと第三者 87

- ⑴　第三者による対抗要件の具備の要否をめぐる諸見解　87
- ⑵　私見　88
  - (ⅰ)　ボアソナード草案　88／(ⅱ)　草案の修正とその意味　90／(ⅲ)　詐欺取消しの法的性質　91
- ⑶　取消後の第三者の取扱い　95
- ⑷　小括　96

4　解除と第三者 96

- ⑴　第三者による対抗要件の具備の要否をめぐる諸見解　96
  - (ⅰ)　判例　96／(ⅱ)　学説　96
- ⑵　私見　98
  - (ⅰ)　旧民法の法定解除　98／(ⅱ)　現行民法の法定解除　98／(ⅲ)　私見　99
- ⑶　解除後の第三者の取扱い　101
  - (ⅰ)　545条1項ただし書が第三者の善意について規定していない理由　101／(ⅱ)　取消しの効果と契約解除の効果　102／(ⅲ)　契約解除と第三者の事件類型　102

5　まとめと今後の課題 103

- ⑴　本章のまとめ　103
- ⑵　今後の課題　104
- ⑶　補論　104

第4章　物権変動の遡及的消滅の解釈 107

1　物権変動の遡及的消滅問題の意義 107

2　遡及的失権の承認 109

- ⑴　四宮説の解釈方法論　109
- ⑵　取消しと契約解除の相違　109
  - (ⅰ)　取消しの場合　109／(ⅱ)　契約解除の場合　110

(3) 無権代理行為の追認・選択債権の選択・遺産分割　111
　(i) 無権代理行為の追認の場合　111／(ii) 選択債権の場合　112／(iii) 遺産分割の場合　113
(4) 遡及的失権の諸類型　114

3　復帰的物権変動の統一的把握 ………………………………………… 115
(1) 鈴木説の解釈方法論　115
(2) 取消しと解除　116
　(i) 取消しと解除の効果の比較　116／(ii) 取消しについて　118／(iii) 契約解除について　119
(3) 無効の場合への拡張可能性　120
　(i) 錯誤について　121／(ii) 虚偽表示について　121／(iii) 公序良俗違反および強行法規違反について　121／(iv) 意思能力の欠如について　122／(v) 無権代理行為の追認拒絶について　122
(4) 「契約の失効」概念・復帰的物権変動論による統一的把握　123

4　統一化と個別化の両立可能性 ………………………………………… 123
(1) 遡及効の解釈の差異　123
(2) 遡及的消滅の意味と射程　124
(3) 統一化の中での個別化の模索　126

第Ⅱ部　物権変動における「対抗の法理」と「無権利の法理」の間

第5章　対抗の法理と無権利の法理の交錯 ……………………… 131

1　問題の所在 ……………………………………………………………… 131

2　交錯領域1——対抗の法理の前線 …………………………………… 133
(1) 背信的悪意者排除論から信義則違反者排除論へ？　133
　(i) 登記名義を保有する売主に対する租税滞納処分（昭和31年判決）　133／(ii) 未登記通行地役権の対抗　135／(iii) 権利帰属の確定性と第三者保護の法理・要件　143
(2) 二重譲渡型から転々譲渡型への拡張？　145
　(i) 信託的譲渡の譲受人からの取得者と譲渡人との優劣　145／(ii) 譲渡担保権者からの取得者と設定者との優劣　146
(3) 小括　150

3　交錯領域2——無権利の法理の前線 ………………………………… 150
(1) 不実外観の形成・存置の帰責性の効果　150
(2) 二重譲渡事案への94条2項の類推適用　152

（3）　小括　*154*

4　考察 ……………………………………………………………………………… *155*

　（1）　対抗の法理と無権利の法理との交錯の実相　*155*

　（2）　交錯の理由と各法理の本質　*156*

　（3）　もう 1 つの交錯領域　*156*

第6章　物権変動における第三者保護法理の類型化 ……… *159*

1　問題の所在 ……………………………………………………………………… *159*

2　物権変動における第三者保護法理の類型化 ………………… *163*

　（1）　統一的把握と個別的把握との対立から類型化へ　*163*

　（2）　第三者保護法理の類型化とその基準　*166*

　（3）　第三者保護法理の類型化モデル　*167*

　　（i）　対抗の法理　167 ／（ii）　無権利者と取り引きした者による権利取得の法理　168 ／（iii）　権利保護資格の法理　169

　（4）　類型化のメリット──疑似問題の識別　*172*

　　（i）　対抗の法理と無権利者と取り引きした者による権利取得の法理との識別　172 ／（ii）　無権利者と取り引きした者による権利取得の法理と権利保護資格の法理との識別　176 ／（iii）　権利保護資格の法理と対抗の法理との識別　178

第7章　対抗の法理と対抗要件 …………………………………… *181*

1　実体的法律関係 ………………………………………………………………… *181*

　（1）　「対抗」へのアプローチ　*181*

　　（i）　実体的法律関係・法律要件・法律効果の一体的把握　181 ／（ii）　「対抗」の手続法的・実体法的意味の交錯　181 ／（iii）　「対抗」の実体的法律関係の二側面　184

　（2）　対抗要件を備えなければ自らが物権変動を「対抗」できない者　*184*

　　（i）　所有権取得者・喪失者（譲渡人）　186 ／（ii）　用益物権取得者・喪失者（譲渡人）　191 ／（iii）　担保物権取得者　193 ／（iv）　債権の取得者　193 ／（v）　処分の制限特約をさせた者　194 ／（vi）　制限物権の消滅によって負担を免れた目的物所有者　194

　（3）　対抗要件を備えなければその者に対して物権変動を「対抗」できない者　*194*

　　（i）　物権取得者　196 ／（ii）　特定債権者　196 ／（iii）　賃借人・使用借主　197 ／（iv）　差押債権者，仮差押債権者，配当加入申立債権者，仮処分債権者　198 ／（v）　一般債権者　199 ／（vi）　譲渡人の前主　200 ／（vii）　無権利者，不法行為者，背信的悪意者　200 ／（viii）　無権利者と取り引きした者　201 ／（ix）　取消し・解除によって権利を失った者からの取得者　202

(4) 「対抗」の実体的法律関係の本質——権利帰属の浮動性　203

2　第三者保護の要件 ……………………………………………………………… 205

(1) 第三者自身の対抗要件具備の要否　205

(2) 第三者の主観的態様　206

(3) 主張・立証責任　206

3　第三者保護の効果 ……………………………………………………………… 207

(1) 対抗力の発生時期　207

(2) 対抗要件具備の効果　207

(i) 背信的悪意者からの転得者（非背信的悪意）　208 ／(ii) 非背信的悪意者からの転得者が背信的悪意の場合　208

4　小括——「対抗」の根源にある意思主義補完機能としての
対抗要件主義の確定性とその限界 ………………………………………… 209

第8章　無権利の法理と権利取得要件 ……………………………… 213

1　実体的法律関係 ………………………………………………………………… 213

(1) 無権利概念の多義性と無権利者からの取得の諸類型　213

(i) 元来の無権利者からの取得型（第1類型）　216 ／(ii) 形式的所有者からの取得型（第2類型）　217 ／(iii) 元来所有者からの取得型（第3類型）　217

(2) 元来の無権利者からの取得型（第1類型）　219

(i) 民法94条2項の類推適用とその限界　219 ／(ii) 不動産の付合における権原による附属物所有権の留保と合成物の所有権取得　227 ／(iii) 無権限者による処分　228 ／(iv) 即時取得制度の展開とその限界　230

(3) 形式的所有者からの取得型（第2類型）　235

(i) 譲渡担保権者による処分の相手方　236 ／(ii) 担保目的以外の信託的譲渡の場合　238 ／(iii) 制定法（信託法）に基づく信託の場合　239

(4) 元来所有者からの取得型（第3類型）　242

(i) 二重譲渡型事案への94条2項の類推適用　242 ／(ii) 二重譲渡型事案への悪意または有過失者排除論の適用　244

(5) 無権利の法理の限界　246

2　第三者保護の要件 ……………………………………………………………… 248

(1) 無権利の法理の例外則としての権利取得要件　248

(i) 無権利の法理の例外則による権利取得のメカニズム　248 ／(ii) 真の権利者の権利喪失効果の発生原因　252 ／(iii) 第三者側の権利取得要件の内容　254

(2) 権利取得要件の主張・立証責任　256

(i) 192条の善意・無過失　256 ／(ii) 94条2項（の類推適用）の第三者の善意（無過失）　257

目　次　ix

3 第三者保護の効果 ··· 266

4 小括 ·· 268

第9章 **権利保護資格の法理と権利保護資格要件** ················ 271

1 実体的法律関係 ·· 271

⑴ 物権変動法理における権利保護資格の法理の位置づけ 271

⑵ 権利保護資格の法理の適用場面（その1）──ＡＢ間の権利移転原因における瑕疵 275

（ⅰ） ＡによるＢに対する意思表示の取消し 276 ／（ⅱ） ＡによるＡＢ間の契約解除（法定解除） 282

⑶ 権利保護資格の法理の適用場面（その2）──ＢからＡへの権利移転の遡及効付与 286

（ⅰ） ＢによるＡへの無権代理行為の追認 286 ／（ⅱ） Ｂ所有財産に対するＡの選択債権の選択 290 ／（ⅲ） ＢからＡへの停止条件付所有権譲渡における条件成就 291 ／（ⅳ） 共同相続人Ｂから同Ａへの遺産分割等 291

⑷ 権利保護資格の法理の適用場面（その3）──原権利者の意思に基づく原状回復 298

（ⅰ） ＡからＢへの権利移転行為に付された解除条件の成就 298 ／（ⅱ） ＡのＢとの特約に基づく買戻し，その他約定解除権の留保等 300

⑸ 権利保護資格の法理と他の法理との境界領域 301

（ⅰ） ＡからＢへの所有権移転原因たる契約の合意解除──対抗の法理との境界領域 301 ／（ⅱ） ＡＢ間の所有権移転原因たる法律行為が無効の場合──無権利者と取り引きした者による権利取得の法理との境界領域 303

2 第三者保護の要件 ·· 308

⑴ 権利保護資格要件の内容 308

（ⅰ） 権利者からの権利取得行為 308 ／（ⅱ） 第三者の主観的態様 309 ／（ⅲ） 対抗要件の要否 309

⑵ 主張・立証責任 310

（ⅰ） ＡによるＢへの意思表示の取消しの場合 310 ／（ⅱ） ＡによるＢとの契約解除の場合 312 ／（ⅲ） ＸのしたＡへの無権代理行為のＢによる追認の場合 314 ／（ⅳ） ＢによるＡへの遺産分割の場合 314

3 第三者保護の効果 ·· 315

⑴ 第三者への権利帰属の確定 315

⑵ 原権利者への権利復帰の否定 317

4 第三者保護法理の体系化に向けて ································· 318

⑴ 第三者保護法理の基本類型 318

(2) 今後の課題　319

第10章　要件事実論からの検討 ……………………………… 323

1　対抗要件論の混迷と要件事実論のプリズム効果 …………… 323

2　対抗の法理と要件事実 ………………………………………… 325

(1)　不動産物権変動の対抗要件　325

　(ⅰ) 対抗要件（登記）の主張・立証責任と要件事実　325 ／(ⅱ) 意思主義・対抗要件主義の規範的含意と権利抗弁概念の評価　329

(2)　動産物権変動の対抗要件　332

(3)　債権譲渡の対抗要件　333

3　無権利者と取り引きした者による権利取得の法理と要件事実……… 334

(1)　虚偽表示と第三者　334

(2)　即時取得　336

4　第三者権利保護資格の法理と要件事実 …………………… 337

(1)　詐欺取消しと第三者　337

(2)　解除と第三者　340

5　「対抗することができない」という規定をめぐる実体要件論と要件事実論…………………………………………… 342

(1)　要件事実論からの実体要件論の検証　342

(2)　実体要件論からの要件事実論の再検証　343

結　語　物権変動における第三者保護法理の意義 …………… 345

1　物権変動の態様と第三者保護法理の3類型 ……………… 345

2　第三者保護法理の類型を分けるもの──権利帰属の確定性 …… 348

参考文献一覧　352

初出一覧　363

事項索引　364

判例索引　367

【図表一覧】

図表 2-1　所有権譲渡法システムの法的構成　　77

図表 4-1　物権変動の不発生・遡及的消滅・新発生　　126

図表 7-1　「対抗」関係（主要局面）　　204

図表 8-1　無権利の法理と外観法理　　214

図表 9-1　物権変動の基本態様と権利帰属の確定法理（図）　　272

図表 9-2　物権変動の基本態様と権利帰属の確定法理（表）　　273

図表 9-3　対抗要件・権利取得要件・権利保護資格要件の比較　　275

図表 9-4　権利帰属の確定法理の適用場面　　319

【凡例】

• 条文番号の引用に際して，法令名が付されていないものは，とくに断りのない限り，民法のそれを指す。

• 条文番号の引用に際して，裁判例，文献等の原文が漢数字のものは，アラビア数字に置き換えた。

• 裁判例，文献等の引用文中に付された下線は，とくに断りのない限り，引用者によるものである。

• 同じく引用文中の〔　〕内は筆者による補充である。

序　説

物権変動の態様と第三者保護の法理

1　物権変動に関する民法規定の構造と第三者保護規定の位置づけ

⑴　物権変動における第三者保護の規律の特色

　所有権の譲渡をはじめとする物権変動の当事者と第三者との間で，所有権の帰属等をめぐる紛争が生じた場合に，その解決基準となる第三者保護の規律に関しては，一般に，つぎの3つの形態を識別することが可能である。第1に，同一の権利者から相互に両立しない内容の権利取得行為をした者（相互に第三者）同士の権利取得の優劣を確定する規律，第2に，前主との取引の不存在，不成立または無効により，権利者ではない者と権利取得行為をした者（第三者）に，一定の要件の下で権利取得を認めて保護することにより，権利者の権利を喪失させる規律，第3に，いわば両者の中間に，権利者から権利を取得したものの，その取得者の前主からの権利取得行為が取消しまたは解除によって失効した場合においても，この取得者からさらに権利を取得した者（第三者）を保護することにより，原権利者への権利の復帰を妨げる規律である。そして，第1の規律については対抗の法理，また，第2の規律については無権利の法理（の例外則）が妥当すると考えられている。これに対し，第3の規律については，対抗の法理が適用されるか，無権利の法理（の例外則）が適用されるか，あるいは第3の第三者保護法理が存在しうるか，議論が錯綜している。本書は，この問題を中心に，関連法理との関係を明確にすることにより，物権変動における第三者保護法理のあり方を追究するものである。そのためには，第三者保護

1

法理の前提にあるべき物権変動の一般法理との関係を確認することから出発する必要がある。

(2) 物権変動の本則と例外則

民法は，物権の発生，移転，内容変更，消滅などの物権変動に関する規定（以下「物権変動規定」という）を置き，所有権，その他の物権が誰に帰属するかを確定するルールを定めている。物権変動には，所有権の発生[1]・移転[2]・消滅，その他の物権の設定[3]・移転・内容変更[4]・消滅など，様々な形態がある。また，所有権，その他の物権の移転の原因が無効，取消し，契約解除，その他の理由で失効したことによって物権が回復される場合も，物権の変動が生じている。そこで，本書において「物権変動」という場合には，所有権，その他の物権の発生，移転，内容変更，消滅および回復を総称するものとして用いる。それらは，物権変動の主要な形態を示すものということができる[5]。そして，これら物権変動の主要形態を規律する民法の規定と，物権変動の当事者以外の第三者の保護を図る規定（以下「第三者保護規定」という）との基本的な関係は，ひとまず以下〔1〕～〔3〕のように，物権変動のいわば「本則」に対する「例外則」

---

1) 所有権の目的物たりうる物に対して，それまで存在していなかった所有権が初めて「発生」する場合，所有者になる者からみれば，所有権の「取得」（原始取得）となる。一般的には，時効取得（162条），即時取得（192～194条），家畜外動物の取得（195条），無主物先占（239条1項），遺失物拾得（240条），埋蔵物発見（241条），添付（242条～247条），土地収用法101条1項に基づく権利取得裁決などが原始取得の例として，ひとまず挙げられている。もっとも，これらは，無主物先占を除けば，前主の権利を消滅させ，そこに付着していた負担が払い落とされて完全な所有権が取得されることを説明するための法的構成にすぎず，他人の権利の取得であるという点では，承継取得ともいえる（鈴木 2003: 248頁，鈴木 2007: 26頁，四宮＝能見 2018: 456-457頁参照）。原始取得・承継取得の区別の沿革，諸学説，判例の理解，区別の具体的意義については，平野（秀文）2024: 32-38頁参照。

2) すでに存在する所有権が他人に「移転」する場合，新たに所有者となる者からみれば，所有権の「取得」（承継取得）となる。

3) 所有権がすでに存在する物，例えば，土地に対して，土地所有者が他人に地上権等の物権を「設定」する場合，当該物権の権利者になる者からみれば，物権の「取得」となる。この場合，所有者が所有権の一部の権能を分離して，他人に「移転」するものとみることができ，法理上は承継取得と位置づけることができる。

4) 例えば，地上権の存続期間の延長，地役権の承役地の範囲の変更，抵当権の被担保債権や弁済期の変更，順位の変更などがある。

として整理することができる。

〔1〕　まず，ある目的物について，法律の規定に基づき，最初の，したがって，まだ存在していなかった所有権，その他の物権の取得を認める原始取得がある[6]。原始取得は，物権変動の典型例の1つであり，以下では「物権変動の本則1」と呼ぶ。

もっとも，原始取得という権利変動に対し，第三者保護規定が適用される場面は，それほど多いとはいえない。しかし，皆無ではない。例えば，判例は，取得時効による不動産に対する所有権の取得であっても，対抗要件（177条）を備えなければ，時効完成後に目的物に対して権利を取得した「第三者」には対抗することができないと解している[7]。これは，物権変動の本則1に対する例外則ということができる。

〔2〕　つぎに，すでに存在する所有権，その他の物権について，当該物権またはその一部の権能を他人に取得させるもの（物権の設定および移転）としての承継取得がある[8]。物権の承継取得は，法律の規定または当事者の意思表示に基づいて行われるが，後者は，売買，その他の法律行為に基づき，既存の物権

---

5)　物権変動の態様については，(a)権利取得の態様に着目した原始取得と承継取得のほか，(b)権利取得の原因に着目した法定取得と約定取得という分類，さらには，(c)権利取得の態様を原始取得・承継取得・設定取得に3分類し，その各々について法定取得と約定取得を区別する6分類もある（吉田 2023: 659-664頁）。もっとも，本書では，物権変動の態様の網羅的分類の議論には立ち入らず，第三者保護法理が物権変動の態様にどのように関わるかという観点から，最も基本的な分類である原始取得と承継取得をベースに議論を整理することを試みる。

6)　例えば，土地αの所有者Aが，Bのために抵当権を設定・登記している土地αに，Cのために地役権を設定・登記した場合，Cの地役権は，土地α上に新たに設定されたものであるとしても，原始取得ではなく，承継取得である。なぜなら，Cの地役権は，土地αに対するAの所有権に由来するもの（Aの所有権の権能の一部をCに移転したもの）と解されるからである。それゆえに，Cは，Bの抵当権が設定・登記されている土地αの所有権ゆえに，CはBの抵当権付きの土地に対し，地役権を取得したことになる（Cの地役権はBの抵当権に劣後する）。これに対し，Aが所有する土地αに対し，Cが平穏かつ公然と地役権行使の意思をもって通路を開設し，通行を継続する一方で（283条），Aが土地αにBのために抵当権を設定・登記したが，Cによる地役権の時効取得期間が経過した場合，Cは土地αに対し，Bの抵当権の負担のない地役権の時効取得をAに対して主張し，Bにも対抗しうる（最判平成24年3月16日民集66巻5号2321頁参照）。この場合，Cによる地役権の取得は，原始取得と認められる。なお，判例における原始取得としての時効取得の理解につき，平野（秀文）2024: 34-37頁参照。

そのものを他人に移転（譲渡）し，またはある土地の所有者がその土地に対する地上権を他人のために設定（所有権の一部の権能を移転）して取得させるなど，最も一般的な承継取得の形態である。こうした承継取得に関する物権変動の意思主義の規律（176条）を，以下では，「物権変動の本則2Ａ」ということにする[9]。それは，当事者の意思表示に基づいて承継取得を生じさせるものとして，最も頻繁に生じる物権変動に関する規律である[10]。

それゆえにまた，この場合には，物権の帰属確定をめぐり，何らかの利害関係をもつ，またはもちうる第三者の利益ないし期待にも配慮することがより強く求められることになる。いわゆる自由な市場取引から生じる社会的利益ないし効用がその中核にある。それにより，社会全体としての取引費用を削減する

---

7) これは，登記の促進という法政策目的の実現手段として177条を時効取得の場合にも適用すべきであるという法解釈（目的論的解釈）によるものと考えられる。大連判大正14年7月8日民集4巻413頁，最判昭和33年8月28日民集12巻12号1936頁。ただし，占有者は，時効完成前に現れた第三者に対しては，時効完成後に，対抗要件を具備していなくとも，時効取得を対抗することができる（大判大正7年3月2日民録24輯423頁，最判昭和41年11月22日民集20巻9号1901頁，最判昭和42年7月21日民集21巻6号1653頁）。また，時効完成後に現れた第三者が対抗要件を具備した後に，占有者がさらに時効完成に必要な期間占有を継続したときも，占有者は対抗要件なしに時効取得を対抗することが認められている（最判昭和36年7月20日民集15巻7号1903頁。なお，最判平成24年3月16日民集66巻5号2321頁も参照）。

　もっとも，時効取得への177条の適用には留意すべき点がある。法律関係の実質が二重譲渡である場合（例えば，Aからその所有地aの所有権をBが取得し，引渡しを受けたが未登記のうちに，同土地をAからCが譲り受けて移転登記を備え，Bに対して明渡請求をしたことに対し，Bが時効取得を主張する場合），物権変動の本則1に対する例外則であるとともに，同2Ａ（承継取得。後述）に対する例外則とみる余地もある。これに対し，法律関係の実質が二重譲渡ではなく，一方は純然たる占有で，他方が法律行為の場合（例えば，A所有地aの一部を隣地βの所有者Bがβ上の庭の一部として越境使用を継続する一方，Aから土地aを購入したCが越境に気づいてBに越境部分の明渡請求をしたことに対し，Bが時効取得を主張する場合）は，同本則1に対する例外則となりうる。

8) 前掲注2および注3参照。

9) ここで物権変動の本則2「Ａ」とする理由は，これと密接に関わる物権変動として，後述〔3〕の同「2Ｂ」および〔4〕の同「2Ｃ」を想定するからである。

10) なお，権利の承継取得は，自然人が権利者である場合は，法定相続（896条本文），遺産分割（909条本文），遺言による権利の処分（985条）等によっても，必ず生じうる。この場合における物権変動は，遺産分割や遺言の意思表示とも結合しつつ，これらの法律の規定により，被相続人の死亡時に発生する点で，物権変動の本則2Ａの中でも独特な性質をもつ。その結果，第三者保護規定（899条の2第1項）の解釈についても，特別の考慮が必要である（後掲注11参照）。この点については，後にあらためて論じる。

ために，第三者保護規定が広く適用される。その典型例は，不動産に対する所有権，その他の物権の得喪および変更は，登記を備えなければ「第三者」に対抗することができない旨を規定する177条である。また，動産に関する物権の譲渡は，引渡しがなければ「第三者」に対抗することができないとする178条も，これに属する。これらは，物権変動の本則2Aによる権利取得に対し，例外的に第三者を保護する規律であることから，物権変動の本則2Aに対する例外則ということができる[11]。

〔3〕 そして，前記〔2〕における意思主義による承継取得のいわば裏面として，物権の取得原因である意思表示の取消し（5条2項，9条本文，13条4項，17条4項，94条，95条，96条，121条，121条の2等），物権取得原因である契約の解除（545条）などにより，承継取得の当事者間において，物権変動の有因主義または無因主義に基づいて権利の回復を生じさせるルールも，物権変動ルールの一環をなすものとして，取引において不可欠の重要な役割を果たしている。これは，一見変則的な形態の物権変動にも見えるが，けっしてそうではない。というのも，法律行為ないし契約による取引の当事者間では，様々な理由により，いったん生じた物権変動を元に戻すべき事態が生じることは，取引の態様としては，たとえ頻繁に生じる類の権利変動形態ではないとしても，十分に想定されうるからである。したがって，こうした形態の物権変動は，前記〔2〕物権変動の本則2Aと一体となって，取引の基本ルールを構成するものと捉えるべきものである。そこで，以下では，そうした権利回復等に関する規律を「物権変動の本則2B」ということにする。

もっとも，物権変動の本則2Bは，物権変動の本則2Aと比べると，それほ

---

11) ちなみに，権利者が死亡した場合における相続による承継（896条本文）であっても，遺産分割（909条本文）または遺言による権利の処分（985条）を通じた承継取得において，法定相続分を超える部分については，登記等の対抗要件を備えなければ，「第三者」に対抗することができない（899条の2第1項）。これも，177条・178条（物権変動の本則2Aに対する例外則）と類似する。しかし，前述のように（前掲注10），この場合は，法律の規定（896条本文，909条本文，985条）により，被相続人の死亡時に物権変動が生じるという原則に対して第三者を保護するものである点で，177条・178条が前提とする物権変動の本則2Aとは異なる。その結果，「第三者」の意味についても，特別の考慮を要する。この点については，本書第7章1(2)(i)(オ)，第9章1(3)(iv)，松尾2020: 32–37頁，松尾2024: 48–51頁参照。

ど一般的かつ頻繁に生じる物権変動の形態ということはできない。その結果，物権変動の本則2Aに従った物権変動の存在を信頼した第三者の期待に反する帰結をもたらす可能性がその分だけ高くなる。それゆえに，第三者保護規定が用意されていることが少なくない。例えば，意思表示の取消しを「善意でかつ過失がない第三者に対抗することができない」と定める95条4項および96条3項，契約解除による原状回復義務の履行につき，「第三者の権利を害することはできない」と定める545条1項ただし書などである。これらは，物権変動の本則2Bによる権利復帰に対し，それを阻止して例外的に第三者を保護する規律であることから，物権変動の本則2Bに対する例外則ということができる。

〔4〕 さらに，物権変動には，物権変動（権利承継）の不存在を本則としつつ（無権利の法理），それに対する例外則として権利取得を認める形態が存在する。例えば，ある物の所有者Aと他人Bとの間になんら物権変動（権利承継）を生じさせる行為が存在しない，あるいはAB間の行為が最初から無効であるためになんら物権変動（権利承継）を発生させないにもかかわらず，当該物についてBと売買契約等の取引をした第三者Cに対し，法律の規定により，当該物の所有権，その他BC間の行為に応じた権利の取得を認める場合である（93条2項，94条2項，192条等）。この場合，AB間には物権変動（権利承継）が存在しないということが本則である。以下では，これを「物権変動の本則2C」ということにする。なぜ「本則2C」であって「本則3」ではないかというと，それは，権利の承継取得に関する「物権変動の本則2A」およびその回復等に関する同「本則2B」と比較して，権利の承継を原則として否定しつつも，これに対する例外則として，法律の規定により，Cの権利取得を認める場合，所有者Aから第三者Cへの法定の承継取得と理解することができ，あくまでも承継取得の範疇にあると考えられるからである。こうした例外則の例として，93条2項および94条2項は，93条1項ただし書および94条1項による「意思表示の無効は，善意の第三者に対抗することができない」と定めている。これらは，物権変動の本則2C（権利承継の不存在）に対する例外則であるということができる。

以上において確認したように，〔1〕物権変動の本則1（原始取得規定），〔2〕物権変動の本則2A（承継取得規定），〔3〕物権変動の本則2B（権利回復等の規

定）および物権変動の本則 2 C（権利承継の不存在）のいずれに対しても，それらの物権変動の当事者以外の「第三者」が，当該物権の取得，回復または不存在とは相容れない物権取得に対する合理的な期待ないし利益をもつ場合に，それを一定の要件の下で保護することにより，そうした第三者の権利取得を認める第三者保護規定が存在することを確認することができる。こうした第三者保護規定は，物権変動の本則 1，同 2 A，同 2 B および同 2 C に対して，物権変動の例外則として特徴づけることができる。

(3) 物権変動の例外則の規律態様

さらに，物権変動の例外則の具体的な規律の仕方を，物権変動の本則 1，同 2 A，同 2 B および同 2 C との関係であらためて確認すると，以下のようになる。

① 物権変動の本則 1（原始取得規定）に属する規律に関し，不動産の取得時効による所有権取得につき，その例外則として，登記を備えなければ，時効完成後に目的不動産に対して権利を取得した「第三者に対抗することができない」と定める 177 条が，一定の範囲で適用されると解する判例法理がある[12]。

② 物権変動の本則 2 A（承継取得規定）による権利の取得につき，その例外則として，対抗要件を備えなければ，「第三者に対抗することができない」と定める 177 条および 178 条がある[13]。

③ 物権変動の本則 2 B（権利回復等の規定）に関し，その例外則として，物権の承継取得の原因である法律行為の取消しを「善意でかつ過失がない第三者に対抗することができない」と定める 95 条 4 項・96 条 3 項などがある。

同じく物権変動の本則 2 B（権利回復等の規定）に関し，その例外則として，契約解除による原状回復義務の履行につき，「第三者の権利を害することはで

---

12) 前掲注 7 参照。

13) 177 条・178 条との関係が問題になるものとして，相続による権利の承継は，遺産分割によるものかどうかにかかわらず，法定相続分を超える部分については，登記，登録その他の対抗要件を備えなければ，「第三者に対抗することができない」と定める 899 条の 2 第 1 項がある。もっとも，177 条・178 条と異なり，相続による権利変動は，法律の規定により，遺産分割による場合（909 条本文）でも，遺言による場合（985 条 1 項）でも，相続開始時に生じるものとされる。このことは，177 条・178 条の「第三者」と 899 条の 2 第 1 項の「第三者」の解釈に違いを生じさせる余地がある。この点については，前掲注 11 参照。

きない」と定める 545 条 1 項ただし書がある。

④　物権変動の本則 2 Ｃ（権利変動不存在）に関し，物権の承継取得の原因である法律行為の無効による物権変動の不存在を「善意の第三者に対抗することができない」旨を定める 93 条 2 項および 94 条 2 項がある[14]。

　以上のように，物権変動の例外則としての第三者保護の諸規律（前記①〜④）は，実定法規とその解釈を含めて考えると，物権変動の本則 1 に対する前記①，同 2 Ａ に対する前記②，同 2 Ｂ に対する前記③，同 2 Ｃ に対する前記④と，物権変動の本則のいずれの形態についても存在していることが確認できる。そして，それらの規律によって第三者が保護されるための要件は，物権変動の本則により，少なからぬ相違が存在することも明らかである。そこで，こうした相違が存在する理由，それに基づく第三者保護のための要件の解釈，効果としての権利変動のプロセス，主張・立証責任の所在等につき，首尾一貫した法理を構築することが，第三者保護の法理の構築に通じるであろう。それは，物権変動，さらには権利変動の一般理論を構築するためには，不可避の要素である。というのも，民法は，物権変動の本則 1（原始取得規定），同 2 Ａ（承継取得規定），同 2 Ｂ（権利回復等の規定），同 2 Ｃ（権利変動不存在），およびその各々に関する例外則（第三者保護規定）を通じて，所有権，その他の権利が誰に帰属するかをめぐる包摂的な紛争解決基準を明確にすることにより，権利の帰属確定をめぐる取引費用を最小限にし，権利の客体である財貨の効用を最大限に引き出すことを目的にしているものと考えられるからである。

　もっとも，物権変動の本則 1，同 2 Ａ，同 2 Ｂ および同 2 Ｃ と，その各々の

---

14)　なお，ここでの第三者保護規定（93 条 2 項，94 条 2 項）が，無権利者と取り引きした善意の第三者の権利取得を認める制度である点に着目すれば，これらの規定と，無権利者との取引行為によって動産の占有を取得した者が「善意であり，かつ，過失がないとき」は，動産に対する権利取得を認める 192 条は，「物権変動の本則 2 Ｃ」の例外則としての意味をもちうる。これに対し，即時取得を原始取得として理解するときは，192 条は「物権変動の本則 1」（の一例）として捉えられることになる（前掲注 1 参照）。しかし，取引安全の確保を目的にして，取引行為によって善意かつ無過失で目的物の占有を取得した第三者をとくに保護するという 192 条の趣旨に鑑みると，本則というよりも，やはり例外則として位置づけることが妥当であると考える。ちなみに，時効取得は，長期間の占有継続という独自の所有権取得原因をもつゆえに，同本則 1 の一例と捉えることができ，したがってまた，その例外則としての 177 条等の適用の余地も議論されうる。

例外則との関係，および物権変動の例外則における前記①〜④の相互関係については，必ずしも明確ではない点が残されている。例えば，物権変動の例外則の適用に関しては，個々具体的な事案において，前記①〜④の第三者保護規定の適用範囲，要件および効果をめぐり，解釈の余地が存在する。裁判例には，(ア) 177 条（前記②）が適用されるのか，94 条 2 項（前記④）が適用されるのかが問題になった事案[15]，(イ) 94 条 2 項が類推適用（前記④）されるのか，96 条 3 項（前記③）が適用されるのかが問題になった事案[16]，(ウ) 民法 96 条 3 項（前記③）が適用されるのか，177 条（前記②）が適用されるのかが問題になった事案[17]などが存在する。また，(エ) 177 条（前記②）が適用されるのか，平成 30 年民法改正によって新設された 899 条の 2（前掲注 13）が適用されるのか，争われている問題もある[18]。したがって，物権変動の例外則である第三者保護規定の解釈は，物権変動規定全体の体系的かつ合目的的な解釈を可能にする物権変動論の鍵を握るものであるといっても過言ではない。本書は，このような錯綜した問題状況を解決するために，前記例外則①〜④の相互関係について，対抗の法理（前記①・②），無権利の法理の例外則（前記④）および権利保護資格の法理（前記③）という観点から整理し，第三者保護の要件・効果等を検討するものである。

2　物権変動における第三者保護規定の解釈と物権変動の法理

　物権変動の例外則としての第三者保護規定の適用範囲，要件および効果をめぐる解釈を首尾一貫したものとするためには，第三者保護規定の背景にある物

---

15)　最判昭和 45 年 11 月 19 日民集 24 巻 12 号 1916 頁。本書第 5 章 3 (2)参照。

16)　最判平成 15 年 6 月 13 日集民 210 号 143 頁・裁時 1341 号 12 頁・判時 1831 号 99 頁・判タ 1128 号 370 頁。本書第 6 章 2 (4)(ii)，第 8 章 1 (2)(i)参照。

17)　最判昭和 49 年 9 月 26 日民集 28 巻 6 号 1213 頁，大判昭和 17 年 9 月 30 日民集 21 巻 911 頁。本書第 9 章 1 (1)(ii)(ア)参照。

18)　例えば，遺産に属する特定の不動産につき，共同相続人への特定遺贈が行われていたが，それに基づく所有権移転登記が行われる前に，他の共同相続人が法定相続分に従って共同相続登記を行い，その持分を第三者に譲渡した場合，当該持分の帰属をめぐる受遺者と第三者との法律関係は，177 条によって規律されるとの見解（法制審議会民法（相続関係）部会・部会資料 17〔2017〕7 頁）と，899 条の 2 が類推されるとの見解（潮見 2022: 375 頁，622 頁注 32）がある。

権変動の本則を確認することにより，例外の意味と射程範囲を明確にする必要がある。なぜなら，同じく第三者保護規定の中でも，その前提とする物権変動の類型と法理を異にすることがあると考えられるからである。

　例えば，前述 1 (3)の物権変動の例外則のうち，同② 177 条および 178 条の適用範囲，要件および効果をめぐる解釈は，物権変動の本則 2 A（前述 1 (2)〔2〕）の 176 条が定める物権の設定および移転の意思主義の法理と密接な関係をもつものとしての対抗要件主義の意義を踏まえたうえで検討する必要がある[19]。そして，そのことを踏まえ，物権変動の本則 1（前述 1 (2)〔1〕）に属する取得時効等の原始取得にも，前述 1 (3)① 177 条のように例外則が一定の範囲で適用されることの意味とあるべき解釈をあらためて確認することができる。

　また，同じく前述 1 (3)③の 95 条 4 項・96 条 3 項および 545 条 1 項ただし書の適用範囲，要件および効果の解釈は，物権変動の本則 2 B と密接に関わる，物権変動の有因主義（物権変動の原因である法律行為における意思表示の無効，取消し，解除等により，物権変動が最初から，すなわち，遡及的に生じなかったものとする）の意義または無因主義（物権変動の原因である法律行為における意思表示の無効，取消し，解除等があっても，物権変動を生じさせる行為の存在，および物権変動それ自体が生じたという事実は否定されず，物権変動が生じなかったことにはならない〔不当利得を理由とする返還義務が発生する〕）と意思主義との結合可能性を確認したうえで，検討する必要がある[20]。その際には，日本民法の意思主義（176 条）が，フランス民法における意思主義と，ドイツ民法における債権的合意と物権的合意とを区別する分離主義とのハイブリッドとして，物権的意思表示（176 条）と債権的意思表示（555 条，549 条，586 条等）との概念的区別を前提としていることの意義を再確認することが必要になる。

　さらに，同じく前述 1 (3)④の 94 条 2 項（およびそれと機能的に関連する 192 条）の解釈は，物権変動の本則 2 C（前述 1 (2)〔4〕）が前提とする「何ぴとも自己のもつ以上の権利を他人に移転することはできない。」（Nemo plus juris ad alienum transferre potest, quam ipse habet.）という法理の例外として，その意義，適用範囲，

---

19)　本書第 1 章 2 (1)参照。
20)　物権変動の有因主義および無因主義の意義を含め，本書第 1 章，第 2 章参照。

要件および効果を検討する必要がある[21]。

　このような観点から，本書では，前述1(3)①～④に代表される，物権変動における主要な第三者保護規定につき，その前提にあるものとして前述した物権変動の法理を踏まえ，各々の物権変動に対する第三者保護法理として，以下の3類型を識別する。すなわち，①同一の権利者と取り引きした者同士の優劣を判定する画一的基準によって物権の帰属を確定する対抗の法理[22]，②権利者と取り引きした者が，その相手方の前主からの権利取得の原因行為が取消し，契約解除などによって失効した場合でも，その有効性を信じた者の権利取得の保護を認める法理[23]および③権利者との仮装取引等のゆえに無権利である者と取り引きした者の権利取得を特別に認める権利取得の法理[24]の3類型である。そして，各類型における第三者保護規定を根拠づけることのできる物権変動法理の意義を明確にしたうえで，各々の第三者保護規定の射程範囲，要件および効果を明らかにすることを目的とする。

3　本書の構成

　本書では，第Ⅰ部において，日本民法の物権変動における意思主義の意義を明らかにしたうえで，意思主義が，物権変動原因が無効の場合または失効した場合に物権変動自体も遡及的になかったものとする有因主義と親和性をもちつつも，無因主義とも必ずしも矛盾するものではないことを明らかにする（第1章，第2章，第3章）。その際に鍵を握るのは，日本民法における物権的意思表示と債権的意思表示との概念的区別であることを確認する。他方で，有因主義および無因主義の意味内容を，物権変動の遡及的消滅ということの解釈の側面からも，再確認する（第4章）。

　こうした物権変動の本則（とりわけ，同2A，同2Bおよび同2C）についての理解を踏まえ，第Ⅱ部においては，物権変動の例外則である第三者保護規定につ

---

21)　本書第8章1参照。
22)　本書第Ⅱ部，とくに第7章参照。
23)　本書第Ⅱ部，とくに第9章参照。
24)　本書第Ⅱ部，とくに第8章参照。

き，その全体像を概観し，その基本類型について，各類型の特色と相互関係を確認する（第5章，第6章）。そのうえで，まずは，権利者からの取得と無権利者からの取得という対照的な性質をもつ物権変動における第三者保護法理である対抗の法理と無権利の法理の例外則の適用範囲，要件および効果を確認する（第7章，第8章）。そして，それら2つの法理と対比させる形で，いわば両者の「間」において，広範な適用対象をもつ第三者保護法理である権利保護資格の法理の特色を確認し，それに立脚すると解される第三者保護規定の適用範囲，要件および効果を検討する（第9章）。さらに，これら3つの物権変動法理が識別可能であることを，要件事実論の観点から確認する（第10章）。最後に，以上の考察を総括し，物権変動論における第三者保護法理を踏まえた，権利変動論の将来展開を展望する（結語）。

第Ⅰ部

物権変動における意思主義と無因主義

第1章

物権変動の意思主義と無因主義

1 問題の所在

　物権変動のルールをめぐる難問の1つは，物権変動——例えば，所有権移転——の原因となる売買契約等の法律行為（所有権の移転，目的物の引渡し等の債権債務を発生させる債権行為，債権契約）が無効と判断され，あるいはその意思表示が取り消され，またはその契約が解除された場合に，所有権移転がどのような影響を受けるかという問題である。具体的には，例えば，取消権を行使した原権利者Aと，その相手方Bから権利を取得した転得者たる第三者Cのいずれに権利が帰属するかといった形で争われる。この問題は，一方では，物権行為（所有権移転等の物権変動を直接に生じさせる行為）の有因性（物権行為は，その原因である債権行為が効力を失えば，当然に効力を失う）または無因性（物権行為は，その原因である債権行為が効力を失っても，ただちに効力を失わない）という側面から，他方では，取消しの遡及効（意思表示が最初から行われなかったものとする）の肯否という側面から論じられる。その場合，原権利者と第三者との優劣確定基準となる直接の法規定が存在しない場合は，物権行為の有因性および取消しの遡及効の有無が，正面から問題になる。また，原権利者と第三者との優劣確定に関する法規定[1]が存在する場合でも，当該規定の適用範囲——例えば，売買契約の取消しまたは解除の場合に，第三者（95条4項，96条3項など）の登場時期が取消しまたは

---

1)　例えば，95条4項，96条3項，545条1項などである。

解除の前であった場合に限定して適用されるか，取消しまたは解除の後に現れた第三者にも適用されるか——をめぐり，物権行為の有因性および取消しの遡及効の有無が先決問題になる。さらに，こうした権利移転の基本問題に関するルールの曖昧さが，それを先決問題とするその他の様々な解釈論の錯綜状況を引き起こしているように思われる[2]。

　本章では，この問題について，日本民法の意思主義（176条）の意義を再確認することから出発し，それが物権行為の有因性を認める立場（有因主義）と親近性をもちつつも，たとえ物権行為の独自性肯定説（物権行為が債権行為とはつねに別個に行われるとみる立場）によらなくとも，物権行為の無因性を認める立場（無因主義）と理論的に結合可能であることを確認する。そのうえで，そうした無因主義を前提にして，取消権者とその相手方からの転得者などの第三者との関係における権利帰属の確定ルールに焦点を当て，第三者の権利保護資格要件論の必要性と内容について検討する（以下2）。ついで，第三者保護規定がないために取消しの遡及効と第三者との関係が正面から問題になる，強迫による取消しの事例を題材にして，判例法理の内容を検証し，それが取消しの遡及効を承認するにもかかわらず，判旨の論理および事案の特質に鑑みれば，実質的には無因主義および第三者の権利保護資格要件の考え方と相容れないものではないことを確認する（以下3）。最後に，第三者保護法理における第三者の権利保護資格要件の位置づけについて，無因主義の妥当範囲との関係に留意しつつ，若干の整理をしてみたい（以下4）。

2　意思主義と無因主義との結合可能性

(1)　3つの意思主義

　物権変動の有因主義は意思主義の「論理的帰結」であり，日本民法が意思主義を採用したことにより，必然的にその付随的原則である有因主義も導入されたものと解する見解がある[3]。そこで，まず，日本民法の意思主義の意義を再

---

2)　その他の問題については，後掲注57および該当本文参照。
3)　滝沢 1987: 45頁。

確認しておく必要があろう。176 条の意思主義については，その解釈の基本類型として，以下のような 3 つの理解が可能である[4]。

　(a)　176 条の「意思表示」は，「物権の設定及び移転」の効力を生じさせる意思表示（物権的意思表示，物権行為）であるが，債権・債務を発生させる意思表示（債権的意思表示，債権行為。555 条など）から外形上識別可能な形式を要求されていないので，債権的意思表示と区別する必要はなく，債権的意思表示という 1 つの意思表示の効果として，債権の発生と物権の変動が生じうるとみる立場がある[5]。それによれば，物権行為の独自性肯定説（物権行為は債権行為とはつねに別個に行われるものとみる立場）は否定される[6]。以下では，これを「A 型意思主義」と呼ぶ。

　(b)　176 条の「意思表示」は，直接に物権変動を生じさせる意思表示を意味し，かつ債権的意思表示とはつねに別個の行為——例えば，代金支払，登記申請（または登記申請に必要な書類の交付もしくは情報の提供），目的物の現実の引渡しといった，外部的徴表を伴う行為——によって行われるとみる立場もある[7]。それは，物権行為の独自性を肯定する。以下では，これを「B 型意思主義」と呼ぶ。

　(c)　物権的意思表示（176 条）と債権的意思表示（555 条ほか）とが概念的にも体系的にも区別されている日本民法の構造を踏まえ，(b)説と同様に，所有権は物権的意思表示の効果として移転するとみる一方で，176 条の「意思表示」には特別の方式が要求されていないことから，(a)説と同じく，物権行為の独自性は否定する立場がある[8]。それは，1 つの行為（例えば，契約書作成）の中に債権

---

4)　以下では，この 3 つの理解を，(a)フランス法的モデル，(b)ドイツ法的モデル，(c)両者の折衷的モデルともいうべき順に分類した。これは，北川 1993: 32 頁にいう，一体説，分離説，修正分離説にそれぞれほぼ対応する（このほか，修正一体説が提示されているが，これは 176 条の意思表示の意義とは別の問題〔物権変動の時期〕の観点から一体説を修正するものであることから，ここでは一体説に含めて捉えた）。

5)　末弘 1921: 77 頁以下，我妻＝有泉 1983: 56 頁以下，川島 1981: 219–220 頁，舟橋 1960: 82–83 頁，於保 1966: 50 頁以下，松坂 1984: 28–29 頁，広中 1982: 51 頁，鈴木 1994: 97 頁，星野 1976: 31–32 頁，稲本 1983: 103–104 頁，川井 1997: 23 頁，内田 2000: 421–422 頁ほか。

6)　物権行為の独自性を認めても，「格別実益がない」ことも理由とする。我妻＝有泉 1983: 57 頁。

7)　末川 1956: 59 頁以下，石田 1977: 12 頁以下，田山 1987: 44 頁，近江 1990: 55 頁，62 頁，近江 2020a: 58–59 頁，山本 1955: 18 頁以下。

的意思表示と物権的意思表示とを併存させることができ，明示の物権的意思表示がないときは，解釈上それに該当する事実（黙示の物権的意思表示）を，個別具体的な事例に即して探求しうるとみる[9]。以下では，これを「Ｃ型意思主義」と呼ぶ。

　これらの解釈論の対立には，理論的なもの，実務上の便宜に関するもの，および法政策に関わるものが混在しているように思われる。以下，いくつかの基本的対立点を拾ってみよう。

　①　まず，(a)説と(b)・(c)説との対立点は，物権変動を法的に生じさせる意思表示が，債権的意思表示で足りる（したがって，債権契約の効力として所有権は移転する）か，物権的意思表示でなければならないかという，理論的問題である。しかも，そこには，日本民法典の歴史的構成が《こうである》という解釈と，《こうあるべきである》という解釈とが混在しているとされる[10]。この点について，(a)説に属する川島説は，所有権が売買契約の効力として移転するのは，日本民法では「物権行為は債権行為から独立した別の存在として構成されておらず，この２つのものは１つの契約の中に未分化のまま統一されている」とみて，「わが民法はその意味では十分に近代的ではない」ことを率直に容認する[11]。

---

8)　この立場を明快かつ詳細に述べるのは，富井 1923/1985: 48 頁以下である。ほかに，林 1951: 47 頁，田山 1987: 46 頁，48 頁（ただし，所有権移転時期は代金支払時とされる），松尾 1999: 393 頁。滝沢教授も，日本民法における物権行為（物権的意思表示，物権契約）の概念を否定されるわけではなく，「176 条の意思表示のうちに債権的なもののはか物権的意思表示の存在をも認めるという限度では，今日多くの学説がフランス法理論の修正を認めている」とされ，その意味で「意思主義制度と調和しこれをより明確にするのに役立つ限りで，物権行為の独自性という観念を導入してゆくことが適当である」とされる。滝沢 1987: 47 頁，48 頁注 10。

9)　富井 1923/1985: 48-54 頁，松尾 1999: 394-396 頁。なお，内田 2000: 424 頁も参照。
　この立場は，債権的意思表示と物権的意思表示を実体法上区別するが，両者がつねに別個の行為で行われること（物権行為の独自性）を要求するものではないという意味で，「概念的分離主義」と呼ばれる（松尾＝古積 2008: 55 頁，57 頁〔松尾弘〕）。それは「意思主義の理念を突き詰めたもの」であり，「意思主義の下でこそ，分離主義の有する意味が純粋にあらわれる」ともいえる（秋山ほか 2022: 39 頁〔水津太郎〕）。この立場を支持するものとして，吉田 2023: 697 頁がある。

10)　川島 1981: 222 頁注 47 参照。

11)　川島 1981: 220 頁。

しかし，物権変動は債権契約とは概念的に異なる，物権変動そのものに向けられた意思表示によって生じるという理論が，起草者によっても明示的かつ自覚的に採用されていることを考慮に入れると[12]，民法典の歴史的構成が《こうである》という解釈としても，(a)説は再検討を余儀なくされていると思われる。

　②　同じく(a)説の(b)・(c)説に対する批判には，176条の意思表示は債権契約から外形的に識別する方法がないことから，両者の区別には実益がないとするプラグマティックな批判がある[13]。

　しかし，区別の実益がどこで生じるかは，176条のような物権変動の基礎的ルールの解釈を前提問題とする，個別問題を検討したうえでないと，最終的に判断することは困難であろう。

　③　他方，(c)説の(b)説に対する疑問点は，176条が意思表示の方法をとくに限定していない以上，それを外部的徴表を伴う意思表示のみに限定することには限界があり，仮に所有権移転の明示の意思表示があれば，それが外部的徴表に化体されていなくとも，所有権移転の効果を認めざるをえないのではないか，という点にある。

　これら三者のいずれが妥当かを論じることには，なお多くの紙幅を要するが，本書は，以上の①〜③を踏まえ，日本民法の実定法的構成に最も即した解釈として，(c)説による解釈——債権的意思表示と物権的意思表示との法的区別を肯定しつつ，物権行為の独自性を否定する，Ｃ型意思主義の立場——に立脚する。

⑵　有因主義の帰結

　つぎに，そのような意思主義と無因主義との結合可能性について検討しよう。無因主義とは，物権変動の原因となる債権行為に不存在，不成立，無効，失効などの欠陥があっても，物権行為自体にそうした欠陥がない限り，物権変動の効果が維持される（または物権変動がいったん生じたことを否定されない）ことを意味

---

12)　松尾 1995: 111 頁（法典調査会における梅謙次郎発言に関する），富井 1923/1987: 49 頁（「此〔民法 176 条〕ニ所謂意思表示トハ物権ヲ設定，移転スルノ意思表示ト解セサルヘカラス是同条ノ文言ニ徴シテ殆ト疑ナキ所ナルヘシ決シテ債権的ノ契約カ法律ノ力ニ依リテ物権上ノ効果ヲ生スル趣旨ニハ非サルナリ……」）。
13)　前掲注 5 参照。

する[14]。かかる無因主義は，物権行為について形式主義をとり，かつ独自性を認めるときに，最も肯定されやすい[15]。さらに，「無因主義は，形式主義の一つの発展とみるべきものであって，本来の意思主義とは接点を持ちえない」とみる見解もある[16]。少なくとも，物権行為の独自性は無因主義の前提条件とみられており，物権行為の無因性は，B型意思主義によって肯定されている[17]。もっとも，物権行為の独自性（および形式主義）を肯定しつつ，有因主義をとることも不可能ではないと解されている[18]。その結果，①意思主義と有因主義，②形式主義と無因主義，および③形式主義と有因主義との結合は肯定されている。これに対し，④意思主義と無因主義との結合可能性は否定的に解されている。では，この第4の可能性はまったく存在しないのであろうか。その可能性およびそれが法解釈上有意味な認識をもたらす可能性を検証するために，まず，日本民法における有因主義の帰結を検討し，ついでこれを無因主義の帰結と比較してみよう。

　（i）　日本民法上は「物権行為という独自的存在がなく，債権的 Causa と一体をなしている」と解釈すれば（A型意思主義の立場），「『物権行為の無因性』もまた存在する余地がな」く，「有因無因を論ずることははじめから問題にならない」ことになる[19]。物権行為の有因性または無因性の問題は，債権行為の不存

14）　舟橋 1960: 88 頁。Vgl. Grigoleit 1999. さらに，後掲注 15 参照。

15）　無因性の概念，とりわけドイツ法（学）の発展に照らした無因主義の形成プロセスとその意味については，以下のものを参照せよ。我妻 1938: 554 頁以下，於保 1938: 615 頁以下，加藤 1955: 281 頁以下，原島 1957a: 451 頁以下，原島 1957b: 71 頁以下，原島 1957c: 32 頁以下，広瀬 1965: 44 頁以下，月岡 1981: 265 頁以下。

16）　滝沢 1987: 47 頁。とりわけ，「少なくとも不動産物権変動においては，公示をまったく考慮せずに無因主義をとる意義は見出し難い」とされる（同 49 頁注 15）。なお，C型意思主義をとる富井 1923/1985: 53 頁も，日本民法の解釈として，無因性を否定する。

17）　末川 1956: 75–81 頁。ただし，原因行為が有効であることを条件として物権行為が行われたときは，物権行為は有因になりうる（相対的無因）とされる（同 80 頁）。なお，鳩山 1930: 78 頁以下参照。

18）　原島 1957c: 36–37 頁，山本 1956: 68 頁，石田 1977: 12 頁以下，田山 1987: 49 頁，近江 2006: 58 頁，近江 2020a: 54 頁。また，物権行為の形式主義・独自性を採用しつつ，有因主義をとる立法例として，スイス民法がある。これについては，山田 1942: 1 頁以下を見よ。また，山田 1941: 239 頁以下も参照。こうして，「有因主義の概念は，広く意思主義，形式主義のいずれとも併存しうる」とされる。滝沢 1987: 47 頁。

19）　川島 1981: 227–228 頁。我妻＝有泉 1983: 69 頁，舟橋 1960: 88–89 頁，松坂 1984: 30 頁，内田 2000: 422 頁も同旨。

在・無効・失効が物権行為の効力にどのような影響を与えるかという問題であるから，債権行為と物権行為が未分化のまま一体化しているとすれば，そうした問題設定自体が成立せず，一体化した行為の有効・無効を論じれば足りるからである。

しかし，A型意思主義においても，物権契約と債権契約とを時間的に別個に行い，または同時であっても明示的に別個のものと表示して行うことは可能であること，および債権を発生させる原因契約を伴わない物権契約も否定することができないことから，有因か無因かの問題がなお発生しうる。この場合について，A型意思主義の中には，有因説がある一方で[20]，無因説をとるものもあることが注目される[21]。

(ii) また，有因主義によれば，その理論的帰結として，ＡＢ間の債権行為が失効すれば，ＡからＢへの所有権移転が存在しなかったことになるので，ＡはＢに対し，所有権に基づいて返還請求する一方，Ｂからの転得者Ｃは，原則として所有権を取得する余地がなく，例外的に無権利者からの取得を認める特別法規によってのみ保護されることになる。

しかし，日本民法の下で，ＡのＢに対する請求が物権的請求権として行われるべきかどうかについては，議論がある。A型意思主義の中には，これを肯定する見解がある一方で[22]，否定的な見方もある。すなわち，まず，ＡＢ間の債権契約が取り消された場合に，取消しの遡及効にもかかわらず，ＡからＢへの所有権移転の事実が消去されるわけではないと解する。なぜなら，取消しの遡及効により，「物権変動は初めから生じなかったことになる，と説かれるけれども，無効の場合と異なり，物権の変動があることは事実であって，ただそれが初めから生じなかったように（遡及的に）取扱われるというだけである」と

---

20) 広中 1982: 52 頁，星野 1976: 32 頁，川井 1997: 23-24 頁。ただし，当事者が反対の特約（原因行為が失効しても物権変動の効果に影響はない旨の特約）をしたときは，物権行為は無因になりうる（相対的有因）とされる（舟橋 1960: 92-93 頁）。
21) 末弘 1921: 97 頁，我妻＝有泉 1983: 70 頁。これに対する批判として，広中 1982: 52 頁（この場合にも，先行行為が有効なことを〔黙示的〕条件として物権行為をするのが当事者の通常の意思であることを理由とする）。
22) 川島 1981: 228 頁は，売買契約の取消または解除により，売主は買主に対し，「所有権に基づいて返還を請求し得る」とする。川島 1965: 422-423 頁も同旨。

ことを理由とする[23]。ついで，このような解釈に基づき，ＡＢ間の債権契約の取消しにより，所有権はＢからＡに「復帰」するとみる[24]。このような「復帰的物権変動」の承認は，いったんＢに所有権が帰属した事実を前提にしており，したがって，取消しによる給付物の返還は，不当利得に基づく返還請求権を用いて行われる[25]。その場合には，不当利得返還請求権の消滅時効も問題にならざるをえないと解される[26]。これらは結果的に，無因主義の帰結と同じものになっていることが注目される[27]。

(3) 無因主義の根拠

では，無因主義とはそもそも何であろうか。その根拠を確認したうえで，その具体的帰結を検討し，有因主義との相違を明らかにしてみよう。無因主義を正当化する根拠としては，①取引安全の保護[28]，②不動産登記において実質的審査権限をもつ登記官吏の審査範囲を物権行為に限定することにより，不動産取引を簡易化すること[29]，③実際の取引慣行およびそこでの当事者間の法意識[30]，④債権的意思表示から物権的意思表示を概念的に区別したことの論理的

---

23) 我妻＝有泉 1983: 97 頁。これは，無因主義の理論的意義（後述(3)）を承認するものと解しうる。
24) 我妻＝有泉 1983: 64 頁。その方が，「所有権は買主に移ったことがない」という「観念的・形式的論理」よりも，「実用的・実際的（pragmatism）」であるとされる。ちなみに，川島 1965: 422 頁は，「取消によって当然に，その物権変動も初から存在しなかったものとして取扱われる」とみる。
25) 鈴木 1994: 105–107 頁，121–125 頁。鈴木説は，解除，取消しのほか，売買契約の無効の場合にも，給付不当利得の効果としての「所有権の復帰的変動」を認める。それは，偽造の申請書類に基づいて行われた登記の抹消請求，窃取・強奪された物の返還請求などが物権的請求権の問題となることと区別される（同 107 頁）。
26) この問題に関する学説の整理として，四宮 1978: 163 頁以下参照。四宮説は，不当利得に基づく請求権と物権的請求権との競合的作用を認め，後者により，原権利者の返還請求権は消滅時効にかからないと解する（同 169 頁）。
27) なお，有因主義と無因主義の具体的帰結が大きな差異をもたらさないことについては，於保 1966: 50 頁以下参照。
28) 我妻＝有泉 1983: 69 頁。また，無因主義の取引安全保護機能に関する比較法研究として，Stadler 1996 がある。無因主義の根拠としての取引安全保護機能に対する批判として，川島 1981: 206 頁，舟橋 1960: 89 頁参照。
29) 川島 1981: 206 頁。
30) 末川 1956: 78–81 頁。

帰結などが挙げられる[31]。ここには，①法政策的企図，②法実務上の便宜，③法社会学的関心および④法理論的視点が同時に存在している。このうち，①法政策的根拠および②法実務上の便宜は，各々の社会における物権取引の安全性，迅速性および両者の関係（安全性と迅速性はしばしばトレード・オフの関係に立つことから，その両者の調整）に対する要請や，類似の機能をもつ他の法制度との関係によって異なり，より包括的な検討を要する。また，③法社会学的問題は，実態調査を要するのみならず，評価も様々である。これに対し，④無因主義の理論的根拠は，権利移転システムに共通する問題であり，その根拠と妥当範囲が最初に検討されるべきものである。そこで，本章では，まずこの点の検討を行う。

既述のように，無因主義の理論的核心は，AからBへの所有権移転の原因である債権行為に瑕疵（欠陥）があっても，物権行為自体に瑕疵（欠陥）がない限り，いったん生じたAからBへの所有権移転の事実は消去されえない，という点にある。その結果，AからBへの所有権移転原因である債権行為の失効により，まず，BからAへの所有権の返還義務が生じ，その履行によって所有権が復帰する。それは，法律上の原因のない所有権の取得という不当利得に対する返還請求権の行使による。そして，その内容は，(a)所有権移転の要件として不動産の登記や動産の引渡しを必要とする法制（形式主義，引渡主義）の下であれば，所有権の返還としての不動産登記の移転（抹消）や動産の引渡し（返還）が不当利得返還請求の内容となるが，(b)所有権移転が意思表示のみによって生じることを認める法制（意思主義）の下では，不当利得返還請求の内容は，取消しなど所有権移転原因に瑕疵（欠陥）があったことを根拠とする，所有権の返還を請求する意思表示であり，それは取消しなどの意思表示と同時に行うことが可能であって，それによってBからAへの所有権復帰が生じる（後述5⑷参照。）。しかし，その一方で，Bからの転得者Cも所有権を取得する理論的な可能性が認められる（第三者Cの所有権取得が優先する場合は，Aへの所有権復帰は認められないことになる）。そこで，そのうえで，①債権行為の瑕疵（欠陥）のうち，それを原因として行われた所有権移転の事実を消去することができない範囲を

31）このうち，④は本書の立場である。

具体的にどこまで広げることができるか（取消し，解除のほか，各種の無効，法律行為の不成立など），および②第三者Cが保護されるための主観的要件（善意，無過失など）ならびに客観的要件（対抗要件，引渡し，登記，代金支払など）——これらの主観的および客観的要件は，後述(4)の「第三者権利保護資格要件」を構成する——を具体的にどのように規定すべきかは，法政策的判断および法社会学的認識に基づき，各国の実定法によって多様な形態をとりうる。その結果，①の欠陥の範囲を狭めるほど，また，②の要件を厳格にするほど，無因主義の帰結は有因主義のそれに接近する。この意味で，無因主義は有因主義と画然と区別されるものではなく，先の理論的核心を認めたうえで，有因主義とは程度の差をもつにすぎないものと捉えることができよう。

　ところで，この無因主義の理論的根拠は，物権行為が形式化されているからでも，それが債権行為から独自の存在をもっているからでもなく，まさに所有権移転（およびその他の物権変動）が，所有権移転（およびその他の物権変動）そのものを目的とする意思表示——物権的意思表示——の効果として生じるものとされていることにある[32]。すなわち，無因主義の理論的根拠は，物権行為の形式主義にでも独自性にでもなく，究極的には，債権的意思表示と物権的意思表示とが概念的に区別されていることに求められる。原因行為の欠陥にもかかわらず，所有権移転の事実が消去されえないのは，まさに事実として物権的意思表示があったからにほかならない。したがって，この意味における無因主義の基礎としては，日本民法のC型意思主義で十分である，ということができよう。そして，C型意思主義の解釈を通じて無因主義を根拠づけることができる点に，債権的意思表示と物権的意思表示とを概念的に区別することの「実益」もまた存在する。なぜなら，無因主義を前提にして，以下のような解釈論的帰結を導き出すことができるからである。

---

32)　この所有権移転は，債権的意思表示に基づいて生じた，所有権移転義務——すなわち，「所有権移転給付」を目的とする債務——の履行として生じるものと解される。なお，意思主義の下においても，「所有権移転給付」を求める抽象的な給付請求権が発生することを肯定する見解として，金山 2013: 185–225 頁，226–274 頁，後述 5 (3)(ii)参照。

⑷　無因主義の帰結と第三者権利保護資格要件

　無因主義の効果のうち，とくに重要な点は，原権利者Aによる取消権の行使によって原因行為が失効しても，相手方Bへの所有権移転があったという事実は消去されないことから，相手方Bが第三者Cに当該権利を処分しても無権利者の処分とはならず，転得者Cが権利取得しうる法的根拠があるということである。つまり，無因主義は，無権利の法理の適用をひとまず排除する効果をもつ。その一方で，無因主義は，相手方Bから原権利者Aへの所有権の復帰が生じることを否定するものでもない（それはAB間の権利移転が存在しなかったことになり，Aが最初から権利者であったことになるのではないことに留意する必要がある）。その際，BからAへの所有権復帰は，原因行為の失効を根拠とするAのBに対する不当利得返還請求権の行使によって生じる（前述⑶第2段落，後述5⑷参照。ただし，第三者Cが権利保護資格要件を満たし，その所有権取得が優先する場合は，Aへの所有権復帰は認められない）。

　なお，このようにして，無因主義の下では，第三者Cが登場した場合には，BからAへの所有権復帰とBからCへの所有権移転とが競合しうることになる。しかし，このことは，原権利者Aと第三者Cとの関係（以下では「原権利者—第三者問題」と呼ぶ）をいわゆる「対抗問題」とみる解釈に直結するものではないことに注意を要する。なぜなら，「原権利者—第三者問題」と「対抗問題」との相違は，以下の点において具体的に現れるからである[33]。

（ⅰ）　主観的要件

　第1に，転得者が権利取得を主張しうるための要件は，原権利者が権利復帰を主張しうるための要件よりも厳格に解釈されるべきである。なぜなら，原権利者と転得者との関係は，対抗問題においてで典型的に想定されているような対等者同士の関係ではなく，原権利者には特別の保護事由（詐欺・強迫の被害者，制限能力者，相手方である債務者の債務不履行に煩わされる債権者など）があるからである。したがって，まず，転得者が権利取得を主張するための主観的要件は，対

33）　両者の相違に関しては，本書第6章も参照。

抗問題のそれ（判例上は，善意・悪意不問，背信的悪意者排除説）と同一規準ではなく，より厳格な規準，少なくとも転得者の善意が要求されるべきである[34]。95条4項，96条3項の善意かつ無過失は，その1つの表れと解しうる。そして，錯誤取消しおよび詐欺取消しの場合に善意かつ無過失が要求される以上，錯誤および詐欺の場合よりも原権利者が厚く保護されるべき場合（強迫の被害者，制限能力者）は，無因主義を通じて第三者が保護されるためには，錯誤取消しおよび詐欺取消しの第三者よりもさらに厳格な保護要件として，善意かつ無過失以上のものを要求すべきであろう[35]。

(ii) 客観的要件

しかし，第2に，転得者に求められる客観的要件は，必ずしも対抗要件に限られず，各々の事例における個別事情に即して，①原権利者の特別の保護事由を否定してまでも第三者を保護すべきことが正当化されるに値するだけの利害関係が築かれ，かつ②その段階で第三者が保護を期待して然るべきと認められる行為をしていることと解すべきである。もっとも，この要件も，第三者保護規定がとくに設けられている場合と，そうでない場合（例えば，強迫取消し）とでは，後者の方が厳格になる（対抗要件に接近する。後述注39第2段落・第3段落参照）ものと解される。

以上のように，物権変動の原因たる債権行為に欠陥があったにもかかわらず，無因主義を通じて第三者が権利取得しうるための主観的および客観的要件を総称して，「第三者権利保護資格要件」と呼ぶことにする[36]。

---

34) 原権利者—第三者問題を対抗問題と捉えつつ，第三者が悪意（または善意でも重過失）の場合には，背信的悪意者として取扱う見解も，これと同様の価値判断に立脚するものと解される（広中 1987: 129 頁）。

35) 後述(ii)参照。なお，錯誤および詐欺を理由とする取消しから第三者が保護されるための要件として，善意かつ無過失を要求することは，平成29年改正民法95条4項および96条3項によって明文化された。同改正前民法96条3項は，詐欺取消しから第三者が保護されるための要件として，善意のみを規定されていた。

36) これは，従来の「権利保護資格要件」とオーバーラップする部分もあるが，必ずしもそれと同一でなく，本文に述べたようなコンテクストに限定して用いる。

(iii) 要件未具備の場合の帰結

第3に，転得者が前記(i)・(ii)の第三者権利保護資格要件を具備していないときは，原権利者がまだ相手方に移転した対抗要件などを取り戻していない場合であっても，原権利者が相手方に対して不当利得返還請求することにより，それに基づく相手方から原権利者への所有権復帰が優先するものと解される[37]。ちなみに，対抗問題においては，競合する権利取得者がいずれも対抗要件を具備していないときは，相互に対抗要件の抗弁（相手方が対抗要件を具備しない限り，権利取得者と認めない）を主張することができる結果，相互に優先権を主張することができない（いわゆる両すくみ状態になる）と解されている[38]。これに対し，第三者が権利保護資格要件を具備していないときは，原権利者は，当該第三者に対し，原因行為の失効（取消し，解除など）を主張し，相手方に対する不当利得返還請求によって復帰した所有権に基づき，目的物の返還などを請求することができると解される。この帰結は，有因主義のそれに接近する。

(iv) 適用対象となる法律関係の範囲

最後に，以上に整理した原権利者—第三者問題の法理の適用範囲は，第三者の出現時期が取消し・解除などの前か後かで区別すべき理由はない[39]。

では，本章において先に確認したような日本民法典の構成に即した意思主義の解釈（C型意思主義），およびその理論的帰結としての無因主義に基づく原権利者—第三者問題の法理，とりわけ，そこに含まれる第三者権利保護資格要件論は，はたして原因行為の失効の法理とも整合的であろうか。この問題につい

---

37) 理由は，(ア)に述べたのと同様である。内田 2000: 83 頁注 7 は，この点に対抗要件と権利保護資格要件との違いを見い出している。なお，原権利者が漫然と相手方の下に対抗要件を放置する状態が長期化していたなどの状況下では，94 条 2 項を類推適用する可能性も生じるが，これは原権利者—第三者問題に固有の問題ではないと解される。

38) 最判昭和 33 年 7 月 29 日民集 12 巻 12 号 1879 頁（立木法の適用を受けない立木の二重譲渡の事案で，いずれの譲受人も対抗要件としての明認方法を備えていなかったときは，互いに所有権取得を対抗することができず，このことは譲受人の一方が当該立木の伐採等によって動産となった伐木等を占有する場合も同様である旨を判示した）。その結果，先に登記等の対抗要件を具備した方が優先する。これに対し，第一契約者が優先するとみる解釈もある（滝沢 1987: 227 頁，285 頁）。

て，以下本章では，第三者保護規定がないために，取消しの遡及効の第三者に
対する効力が正面から問題になる，強迫による取消しの場合を題材にして，関
連する判例の分析を行い，遡及効の側面から，無因主義の帰結との整合性を検
討してみよう。

3 取消しの遡及効と物権の復帰的変動

(1) 「取り消された行為は，初めから無効であったものとみなす」の意味

　意思表示の取消しによる遡及的無効という効果が意味することについても，
様々な解釈論が蓄積されている。その際には，まず，平成29年改正前民法
121条本文の「取消シタル行為ハ初ヨリ無効ナリシモノト看做ス」および同改
正民法121条「取り消された行為は，初めから無効であったものとみなす」と
いう文言の意味を確認する必要がある。この文言は，現在から法律行為が行わ

---

39)　96条3項，545条1項ただし書の適用範囲が，取消し・解除前に登場した第三者に限
　定されるべきでない（取消し・解除後に現れた第三者にも及ぶべき）ことについては，本
　書第3章3(3)，4(3)参照。
　　また，第三者保護規定のない強迫取消しおよび制限行為能力取消しの場合についても，
　第三者保護は同様の規律（第三者権利保護資格要件）によるべきものと解される。判例は，
　取消前に現れた第三者に対しては，取消しの遡及効により，原権利者が優先する一方，取
　消後に現れた第三者に対しては，対抗要件（177条，178条）の具備を要件にして，第三
　者を保護している（後述3(2)参照）。しかし，第三者保護法理は，第三者の出現時期が取
　消しの前か後かという偶然の事情によって区別すべきではなく，取消権者である被強迫者
　または制限行為揚力者Aの相手方Bから権利を取得したCは，その権利取得が，Aによる
　取消しの前か後かを問わず，善意・無過失で，かつ対抗要件を具備した場合は，第三者権
　利保護資格要件を備えたものとして，権利取得しうるものと解される。
　　この帰結は，Aの意思表示の取消しの対象になった法律行為の目的物が動産である場合
　は，Aの所有物について元々無権利のBが取引行為によって善意・無過失の第三者Cに占
　有を移転した場合にCが善意取得の規定（192条）によって保護される場合の要件と重な
　る。もっとも，第三者Cの前主Bの無権利が，AB間の法律行為の取消しや無権代理行為
　によって生じる場合には，第三者Cの保護は取消しまたは無権代理行為の第三者保護規定
　によるべきであるから（Bはいったん権利者となり，そのうえでAの原状回復請求によっ
　て権利がAに復帰する），善意取得規定（192条〜194条）自体は適用されないものとも解
　される（もっとも，取消しの遡及効を肯定し，即時取得規定の適用を認め，かつ強迫に
　よって取得された動産は必ずしも盗品〔193条〕には当たらないとする見解もある。後掲
　注43および該当本文参照）。ここに，第三者権利保護資格要件の意義がある。また，それ
　は善意取得規定と異なり，取消しの対象になった法律行為の目的物が不動産である場合に
　も適用されることになる。

れた時点にまで遡って法律行為が無効になること，すなわち，遡及的無効の根拠条文であるが，元来それは，その文言が示唆するような，第三者との関係における権利移転の消滅または権利の当然復帰までを認めることを主眼とする趣旨ではなく，法律行為の当事者間における不当利得を理由とする原状回復義務の範囲につき，これを個別的に列挙して規律することは困難であることから，原状回復義務の範囲を一般的に画定する規準の設定を主眼にしていたことを確認する必要がある[40]。これは，物権移転の無因主義と整合的な解釈である。

(2) 取消しの遡及効についての判例・学説の解釈

(i) 学説の理解

ところが，判例・学説は，少なくとも取消前に登場した第三者との関係では，いわゆる取消しの遡及効を認めている[41]。その典型例の1つとして，強迫による意思表示の取消しおよびそれによる所有権に基づく返還請求は，96条3項の反対解釈により，善意の第三者に対しても主張することができるものと解されている。このような解釈論は一般に，強迫による表意者は詐欺による表意者よりも一層保護に値するという価値判断によって正当化されている[42]。

ただし，①動産の転得者は，善意・無過失であれば即時取得（192条）によって保護される[43]。また，②被強迫者が強迫状態を脱して意思表示を取り消しうる状態になった後もこれを取り消さず，または取消後も不動産の所有権移転登記のような外観を放置するときは，94条2項の類推適用によって保護される余地がある[44]。また，③強迫の場合にも善意の第三者を保護すべく，96条3項を類推適用すべきであるという解釈論もある[45]。さらに，このような取消

---

40) 広中 1987: 131 頁，本書第 3 章 3 (2)(ii)。
41) 川島 1965: 301 頁（第三者の出現が詐欺取消しの前か後かを問わない），305 頁（第三者の出現が強迫取消しの前か後かを問わない），422 頁，四宮＝能見 2000: 208 頁（第三者の出現が詐欺取消しの前か後かを問わない），254 頁，内田 2000: 86 頁，287 頁ほか。判例については，本文後述参照。
42) 四宮＝能見 2000: 212 頁，内田 2000: 86 頁ほか。
43) なお，強迫によって取得された物品は，必ずしも「盗品」（193 条）に当たるとは限らない。好美 1968: 146 頁，幾代 1984: 288 頁。
44) 幾代 1984: 287 頁。
45) 舟橋編 1967: 286 頁〔原島重義〕，舟橋＝徳本編 1997: 494 頁〔原島重義＝児玉寛〕。

しの遡及効を承認したうえでの，解釈論上の遡及効制限に加え，④立法論として，96条3項が強迫を除外したことを疑問視する見解もある[46]。

(ii)　判例の理解
㋐　取消前に現れた第三者と取消しの遡及効
　これに対し，判例は，取消しの遡及効を肯定し，それが第三者にも及ぶことを認めている。
　まず，取消前の第三者との関係について，つぎの判例がある。
【大判明治39年12月13日刑録12輯1360頁】[47]
　事案は，AがB，PおよびQから預かっていた委託米を窃取していたとして，BがPおよびQとともにAを難詰し，もし言うことを聞かなければ警察に届け，告訴し，監獄に入れるなどと脅したうえで，損害賠償として，A所有の土地・建物をBに売却させ（売買代金は損害賠償と相殺するものとした），さらにBはこの土地・建物を第三者Cに譲渡し，移転登記を済ませたというものである。AのBおよびCに対する土地・建物の返還請求および移転登記の抹消登記手続請求を認めた原審判決に対し，BおよびCが上告した。大審院は，BおよびCの上告を棄却し，つぎのように述べた。

　　「法律行為ノ取消ハ初メヨリ其行為ヲ無効ナラシムルノ効果ヲ生スルコトハ民法
　　第121条ニ規定スル所ナレハ法律行為ノ取消ノ効果ハ法律ニ特別規定アレハ格別
　　然ラサレハ……何人ニ対シテモ之ヲ主張シ得スンハアラス」，「而シテ詐欺ニ依ル
　　意思表示ノ取消ニ付キテハ之ヲ以テ善意ノ第三者ニ対抗スルコトヲ得サルハ民法
　　第96条第3項ニ規定スル所ナルモ強迫ニ因ル意思表示ノ取消ニ付キテハ斯特別
　　規定ヲ存セサルヲ以テ其効果ハ一般ノ原則ニ従ヒ第三者ニ対抗シ得ヘキモノトナ
　　サヽルヲ得ス」。

　ここでは，被強迫者Aから強迫者Bを経て，転得者Cに譲渡され，移転登記

---

46)　我妻 1965: 315頁。
47)　事案の概要については，松尾 2000: 152頁参照。

された土地・建物の返還請求および移転登記の抹消登記手続請求が認められている。その根拠として大審院は，①〔改正前民法〕121条の文言に従った取消しの遡及効の解釈，すなわち，法律行為の取消し効果は，法律に特別の規定がない限り，「一般ノ原則」に従い，「何人ニ対シテモ之ヲ主張シ得」るものであり，「第三者ニ対抗シ得ヘキモノ」であること，および②96条3項の反対解釈として，強迫による意思表示の取消しの効果については，特別規定が存在しないことを確認するに留まる。したがって，当然ながら，BとCとの関係，BのAに対する強迫（による土地・建物の売却）についてのCの善意・悪意や過失の有無などについては明らかにされていない。

(イ) **取消後に現れた第三者と取消しの遡及効**

つぎに，取消後の第三者との関係について，つぎの先例がある。

【大判昭和4年2月20日民集8巻59頁】[48]

事案は，AがBに対する貸金の担保として，B所有の建物（2棟）に一番抵当権の設定を受けて登記したが，AはBとその妻Pの共謀により，いわゆる美人局に陥れられ，Bから「姦通罪ナレハ告訴スヘシ」と威嚇されたために，Bに対する債権および抵当権を放棄し，弁済によって債権が消滅したものとして，抵当権登記を抹消したというものである。その後，この2棟の建物にはC・Dのためにそれぞれ一番抵当権が設定された。それから約1か月経って，Aは先の抵当権放棄の意思表示を，強迫を理由にして取り消し，Bに対して抹消登記の回復登記手続請求の訴えを提起するとともに，その旨の予告登記をした。ところが，それからさらに1か月後，C・Dはその抵当権を被担保債権とともにEに譲渡し，その旨の登記が行われた。そこで，AはBに対する抹消登記回復登記手続請求の勝訴判決を得たうえで，登記上利害関係をもつEに対し，抹消登記の回復登記手続（不動産登記法65条〔現行不動産登記法72条〕）について承諾するよう求め，訴えを提起した。第1審はAの請求を認容した。しかし，原審はこれを破棄し，Aの請求を棄却した。それに対し，Aが上告した。大審院は上告を容れ，原判決を破棄し，差し戻した。そこで，結論が二転した本件の原審および上告審の論理を確認する。

---

48) 事案の概要については，松尾 2000: 154 頁以下参照。

(a) 原審の判断

本件原審が，Aの請求を棄却した理由は，つぎのとおりである（この判断は，本件上告審判決で否定されたが，その後の大審院判決で復活することになる[49]）。

〔1〕 強迫を理由に抵当権の放棄行為を取り消す行為も，177条がいう「不動産ニ関スル物権変動ノ行為」に該当するから，登記（抵当権抹消登記の回復登記）をしておかなければ，取消後に当該不動産について「正当ノ利害関係」を設定した「登記簿上ノ第三者」Eには対抗できない。

〔2〕 詐欺による意思表示の取消しと異なり，強迫による意思表示の取消しは，第三者の善意・悪意を問わず，第三者に対抗しうるが，それは取消しの遡及効によって影響を被る，取消前に利害関係を設定した第三者に対抗する場合に限られ，取消後の第三者との関係は，「之〔96条，121条〕ニヨリテ律セラルルモノニアラス」，「専ラ民法第177条第178条ニヨリテ判定セラルヘキモノ」である。そして，96条・121条の適用範囲が，取消前の第三者との関係に限定される理由は，①取消しにより，取消時点ではまだ存在しない取消後の第三者にも対抗できるとすれば，「遡及効ヲ以テ将来ニ対抗スト云フハ何等意味ヲ為ササル」ことになる。また，②「実際ノ結果ヨリ之ヲ考察スルモ取消ニ因ル物権ノ変動ハ他ノ原因ニ因ル物権ノ変動ト異ナリ其ノ登記ヲ為ササルモ未来永劫第三者ニ対抗シ得ヘシトスルカ如キハ其ノ没条理ナルコト多ク言フヲ俟タ」ないからである。

ここでは，つぎの2点が注目される。第1に，本件原審は，意思表示の取消し（による登記の回復）自体を「物権変動ノ行為」とみて，「取消ニ因ル物権ノ変動」と表現しており，これは実質的に取消しによる復帰的物権変動を承認したものと解される。第2に，96条・121条の適用範囲を取消前の第三者との関係に限定したことの実際的理由は，AE関係が対抗関係とみられるからである，とは述べられておらず，「取消ニ因ル物権ノ変動」が登記なしに未来永劫に第三者に対抗しうるとした場合に起こる実際上の不都合への危惧であった。

(b) 大審院の判断

ところが，以上の論理は大審院によって覆された。その理由はつぎのとおり

49) 後述(ウ)の大判昭和17年9月30日民集21巻911頁参照。

である。

〔1〕 強迫を理由に債権および抵当権の放棄行為が取り消されたときは，「其ノ〔取消しの〕効力トシテ放棄行為ハ始メヨリ無効トナリ嘗テ放棄行為ナカリシト同一ニ帰スル結果上告人〔A〕カBニ対シテ有シタル債権及抵当権ハ始メヨリ消滅セサルコトトナル」。ここでは，121条の文言に忠実に，遡及的無効の解釈が行われている。

〔2〕 また，この取消しにより，AはC・Dに対抗しうる第1順位の抵当権をもつから，C・Dの「特定承継人タル被上告人〔E〕カ前主〔C・D〕ヨリ以上ノ権利ヲ有シ得サルコト勿論」であり，その結果として，AはEに対しても第1順位の抵当権を対抗しうる。

〔3〕 さらに，本判決は，取消しをもって善意の第三者にも対抗しうる場合には，「登記ノ回復ヲ為ササル間ト雖其ノ取消ノ効力ヲ登記上利害関係ヲ有スル第三者ニ対抗スルニ妨ケナキコトモ亦其ノ取消ノ性質上当然」であることを明言した。

このように，昭和4年判決は，取消しの遡及効の素朴な理解に立脚して，原審の解釈を真っ向から否定し，96条・121条による取消しの遡及効は取消後の第三者との関係にも及ぶこと，および第三者に対して取消しの遡及効を主張する場合に，取消権者自らが対抗要件を備える必要はないという解釈を明示した。しかも，その拠って立つ根拠が，《権利取得者は前主より以上の権利を取得しえない》というローマ法の原則（本書第8章1⑴参照）であったことが注目される。

ただし，この昭和4年判決の事案の特殊性には注意を要する。すなわち，本件で取消後の第三者とされるEは，取消前に現れた第三者C・Dから，取消後に取得した転得者であり，しかも——少なくともAの主張によれば——，Bの保釈中に本件建物をBから購入する契約ないし交渉をしており，Aに対するBらの強迫について悪意であった可能性も高いことである。本判決に対する評釈が，その理論構成には反対しつつも，その結論には肯定的であったことも，このことを反映していると考えられる[50]。

(ウ) **実質的な判例変更**

ところが，昭和4年大審院判決に対しては，その後，その理論構成に対する

反対説[51]が有力化し，つぎの判決により，実質的に判例変更が行われたと考えられていることが注目される。

【大判昭和 17 年 9 月 30 日民集 21 巻 911 頁】[52]

　本判決は，詐欺取消しの事例についてではあるが，取消後の第三者と取消権者との関係には，96 条 3 項ではなく，177 条・178 条が適用されるべきことを明言した。事案は，A（の先代）から詐欺によって土地 α・β・γ を購入した B が，①その債権者 C のために，土地 α に抵当権の設定・登記および代物弁済予約による所有権移転請求権保全の仮登記をし，土地 β につき抵当権の設定契約および代物弁済予約をして登記に必要な書類を C に交付したというものである。その後，②A（の先代）は，B の詐欺を理由に，土地 α・β・γ の売却の意思表示を取り消した。しかし，さらにその後になって，③B は C のために，土地 α につき条件付賃借権設定請求権保全の仮登記，および③'土地 β・γ につき，抵当権の設定・登記，代物弁済予約に基づく所有権移転請求権保全の仮登記および条件付賃借権設定請求権保全の仮登記をした。なお，C はこのうちの最後の登記③'が行われる前日に，A（の先代）と B との売買が B の詐欺によるものであることを知ったと認定されている。

　原審が，96 条 3 項による保護は取消前の第三者に限り，取消後の第三者はたとえ善意であっても 96 条 3 項の保護を受けえず，取消しの遡及効に服すると解釈して，C に対して②および③の登記の抹消を命じたことから，C が上告した。

　大審院は，その昭和 4 年判決において自ら破棄した原審の判断[53]とほぼ同一の法理を採用することにより，つぎのように述べて，原判決を一部破棄し，原審に差し戻した。

　〔1〕　まず，取消しの遡及効を制限する趣旨の 96 条 3 項は，｢取消ノ遡及効

---

50)　昭和 4 年大審院判決の理由づけに疑問を呈しつつ，結論を是認するものとして，末川 1929: 412 頁以下，我妻 1929: 30 頁以下がある。これに対し，本判決の論理は是認しつつも，具体的な結論に反対する（A は 94 条 2 項の準用により，善意の第三者に対抗できないとする）ものとして，薬師寺 1929: 108 頁以下がある。

51)　末川 1929: 412 頁以下，我妻 1929: 30 頁以下など。

52)　事案の概要については，松尾 2000: 89 頁以下参照。

53)　前述(イ)(a)における注 49 該当本文参照。

ニ因リテ影響ヲ受クヘキ」取消前の第三者との関係にのみ適用され，取消後に
はじめて利害関係をもつに至った第三者には，96条3項の適用がないことは，
原判決のとおりであることを認めた。

〔2〕　しかし，この〔1〕の論理から「直ニ斯カル〔取消後に現れた〕第三者ニ
対シテハ取消ノ結果ヲ無条件ニ対抗シ得ルモノト為スヲ得ス」（傍点引用者）と
したうえで，つぎのように判示した。すなわち，「本件売買ノ取消ニ依リ土地
所有権ハ被上告人〔A〕先代ニ復帰シ初ヨリBニ移転セサリシモノト為ルモ此
ノ物権変動ハ民法第177条ニ依リ登記ヲ為スニ非サレハ之ヲ以テ第三者ニ対抗
スルコトヲ得サルヲ本則ト為スヲ以テ取消後Bトノ契約ニ依リ権利取得ノ登記
ヲ為シタル上告人〔C〕ニ之ヲ対抗シ得ルモノト為スニハ取消ニ因ル右権利変
動ノ登記ナキコト明カナル本件ニ於テハ其ノ登記ナキモ之ヲ上告人ニ対抗シ得
ヘキ理由ヲ説明セサルヘカラス」。

この判旨の中で，注目されるのは，取消権者A（の先代）と第三者Cとの関
係が対抗問題であると述べた件はどこにもないということである。むしろ，強
調されているのは，判旨〔2〕のように，96条3項の保護を受けない取消後の
第三者には，取消しの遡及効が「無条件ニ対抗シ得ル」かのように考えるのは
不適切であるという点である。そして，そのための手段として，「本則」とし
ての177条が援用される。その結果，本件の取消権者A（の先代）に177条の
登記の欠缺があることが問題視されているのである。これは，取消しをもって
善意の第三者にも対抗しうる場合には，「登記ノ回復ヲ為ササル間ト雖其ノ取
消ノ効力ヲ登記上利害関係ヲ有スル第三者ニ対抗スルニ妨ケナキコトモ亦其ノ
取消ノ性質上当然」であるとした，昭和4年大審院判決の解釈（前述(イ)(b)におけ
る同判旨〔3〕）をたしかに変更したものと解される。しかし，それが原権利者と
取消後の第三者との関係を一律に対抗問題として処理すべきことを述べたもの
かどうかは，ただちに断定できない。というのも，昭和17年大審院判決は，
取消権者A（の先代）に，「取消ニ因ル右権利変動」の「登記ナキモ之ヲ上告人
〔C〕ニ対抗シ得ヘキ理由」があったか否かの説明を求めて，原審に差し戻し
ているからである。

以上に概観した実質的な判例変更の経緯，判旨の具体的な論理展開，および
個々の事例の特色に鑑みると，第三者の登場が取消しの前か後かによって適用

第1章　物権変動の意思主義と無因主義　35

条文（96条か，177条・178条か）を峻別する判例法理が企図するところは，取消しの遡及効によって善意の第三者が犠牲にされる範囲を極力制限しようとする実質的判断にあり[54]，対抗要件に関する177条・178条の援用は，その手段ないし形式的な説明という意味合いが強いもの，と解釈する余地があるように思われる。

4　無因主義と第三者権利保護資格要件

　意思表示の取消しの遡及効が原則として第三者にも及ぶという帰結は，物権行為の有因主義および取消しの遡及効に対する伝統的理解を背景にして，これまであまりに自明視され過ぎてきたように思われる。その結果，取消しの遡及効から第三者を保護する規定（96条3項）がない場合には，例えば，強迫による取消しの場合には，その他の第三者保護規定（192条，94条2項の類推適用など）の適用がない限り，取消しの遡及効——したがって，権利移転の覆滅——は一般的に第三者にも当然に及びうるものと広く解されてきた[55]。

　しかしながら，いったん原権利者Aから相手方B，転得者C，さらには転々得者D……へと移転した権利が，ＡＢ間の権利移転原因の失効によっていわば将棋倒し的に覆滅されることが，日本民法の構成を踏まえた実定法理論として，一般的に是認されうるであろうか。この問題は，表意者保護，第三者保護および両者の調整に関する法政策的問題である前に，権利移転ルールの基本原理に関する法理論的問題である。

　本章では，この問題について，176条の意思主義が，日本民法の体系を踏まえた解釈（Ｃ型意思主義。前述2(1)(c)）により，物権行為の独自性肯定説に与しなくとも，無因主義と結合可能であること，その結果，物権変動の原因行為の失

---

54)　結果的に，悪意と思しき第三者は，取消後の第三者と解される余地があるにもかかわらず，取消しの遡及効に服させる一方（昭和4年大審院判決），善意か悪意か微妙な第三者については，取消後の第三者と解される場合でも，一律に対抗問題とはせずに，登記がなくとも原権利者が第三者に対抗することができる理由の有無を確認させている（昭和17年大審院判決）。

55)　例外として，広中1987: 120頁以下，とくに128頁以下（ただし，原権利者—第三者関係を「対抗問題」として把握する），鈴木1997: 79頁以下（本書第4章3参照）がある。

効などにもかかわらず，第三者が法理上権利取得しうる余地が，日本民法の歴史的構成を踏まえた法解釈としても，存在することを検証した（前述 2(2)，(3)）。そのうえで，少なくとも原因行為の取消しによっては，いったん当事者間で生じた物権変動の事実は消去されず，第三者は権利取得しうる法的根拠がある。しかし，そのうえで，その場合における原権利者と第三者との関係は，第三者の出現が取消しの前か後かを問わず，いわゆる対抗問題とは関係者間の利害状況を異にする別類型の問題（原権利者—第三者問題）であることを明らかにした。そして，無因主義の帰結として生じる原権利者—第三者問題において，第三者（その出現が取消しの前か後かを問わず）が権利取得を主張しうるための要件として，「第三者権利保護資格要件」の一般的定式化を，いわゆる「対抗要件」との比較において試みた（前述 2(4)(i)～(iv)）。なお，対抗要件とは異なるものとしてのかかる第三者権利保護資格要件の発想は，少なくとも取消しの遡及効に関する判例法理（の一部）の企図とも，根本的に相容れないものではないことを確認した（前述 3）。

　さらに，以上の考察の結果，つぎの問題が存在することが明らかになった。

　(ア)　第三者権利保護資格要件は，既述のように対抗要件とは適用場面および要件を異にするが，さらに，純然たる無権利者から取得した第三者を例外的に保護するための無権利の法理の例外則（94 条 2 項の類推適用，192 条など）とも異なる。したがって，第三者が権利取得を確実にするためには，事案の性質に応じ，①善意取得要件，②権利保護資格要件または③対抗要件のいずれかを具備する必要がある。しかし，個々具体的な事例において，このいずれが要求されているか，とりわけ，①善意取得要件と②権利保護資格要件との境界線は，依然として曖昧である[56]。この点を含め，今後はこれら三者の関係をさらに明確にすることが必要になる。これは，視点を変えていえば，つぎにみる無因主義の妥当範囲の問題にほかならない。

　(イ)　物権行為の有因主義・無因主義は，「あれかこれか」というように画然と区別される原理では必ずしもない。すなわち，債権的意思表示と物権的意思表示とを概念的に区別している実定法体系の下では，無因主義の理論的核心部

---

56)　例えば，我妻＝有泉 1983: 100 頁参照。

分，すなわち，物権変動原因たる債権行為に欠陥があっても，物権行為が存在する限り，原権利者から相手方への物権変動があったという法的事実を消去することはできないという法理（前述2⑶）を承認せざるをえないが，かかる無因主義が現実に妥当する範囲には解釈上の幅がある。なぜなら，物権行為自体の存在に影響を及ぼさないような債権行為の瑕疵（欠陥）（意思表示の各種の取消し，契約解除のほか，法律行為の各種の無効，不成立，不存在など）[57]の範囲を具体的にどこまで拡張しうるかについては，（法律行為の）解釈の余地があるからである。したがって，具体的にどのような欠陥が原因行為の欠陥に留まり，どのような欠陥が物権行為の存在にまで影響を及ぼす欠陥と解すべきかについて，解釈論を蓄積する必要がある。

　(ウ)　さらに，前述(ア)および(イ)とも関連して，民法体系の全体的視野の中で，第三者保護に関する他の制度（前述(ア)①善意取得制度，③対抗要件制度）との相互関連や，第三者保護に対する法政策的要請なども考慮に入れて，個別事例における第三者権利保護資格要件の具体化を図る必要がある。本章は，これらの実質問題に取り組むための理論的準備作業の一部にすぎない。

5　意思主義の下における所有権移転給付の実在性とその返還

⑴　問題の所在

　前節で確認したように，売買契約等の債権的意思表示に取消原因等があり，取消し等が行われて失効しても，それ以前に所有権移転等の物権的意思表示が行われていれば，そのこと自体は法的事実として消去されないとしても，はた

---

57)　例えば，同じく取消事由にも，錯誤・詐欺・強迫を理由とするもののほか，制限行為能力を理由とする取消しがある。また，同じく無効事由の中にも，強行法規違反無効，取締法規違反無効，公序良俗違反無効などがあり，それらが物権行為に及ぼす影響も一様ではありえず，個別的検討が必要になる。
　　また，厄介な問題として，ある債権行為に基づく物権変動（これを介して第三者が権利を取得する）と相容れない物権変動の効力が遡及的に生じる場合がある。例えば，失踪宣告の取消しの効果と第三者（32条1項後段），無権代理行為の追認の遡及効と第三者（116条），条件成就の効果を条件成就以前に遡及させる意思表示が行われた場合（127条3項）と第三者，選択債権における選択の遡及効と第三者（411条），遺産分割の遡及効と第三者（909条），相続放棄の遡及効（939条）と第三者などである。

して意思主義の下で，所有権移転給付の実在性をどのように観念することができるのか，また，所有権移転原因である債権的意思表示の取消し等が行われた場合に所有権が相手方から原権利者にどのようにして返還されるのかが問題になる。本節では，このことを確認しておきたい。

　日本民法は，所有権の譲渡につき，一方では，〔1〕債権編の契約の章において，「売買は，当事者の一方がある財産権を相手方に移転することを約し，相手方がこれに対してその代金を支払うことを約することによって，その効力を生ずる」(555条)，「贈与は，当事者の一方がある財産を無償で相手方に与える意思を表示し，相手方が受諾をすることによって，その効力を生ずる」(549条)，「交換は，当事者が互いに金銭の所有権以外の財産権を移転することを約することによって，その効力を生ずる」(586条) 等の規定を置いている。他方では，〔2〕物権編の総則の章において，物権の設定および移転 (所有権移転を含む) は「当事者の意思表示のみによって，その効力を生ずる」(176条) と定めている (本条は，物権以外の財産権の設定および移転にも準用されるものと解される)。

　ここで，〔1〕売買等の契約によって発生する財産権の移転義務が，〔2〕当事者の無方式の意思表示のみによって履行されるとすれば，そうした義務の履行，履行の強制，さらにはそもそも財産権移転義務自体を語る実益はなく，売買等の契約さえ成立すれば，目的物の引渡し，登記・登録等の権利移転の対抗要件を備える義務 (560条) 等の有形的かつ具体的な債務とその履行について問題とすればよいのではないかという疑問が生じる。そこでは，売買等の契約において，目的物の引渡しや，所有権の登記・登録等の移転義務とは別に，無形的・抽象的な所有権の移転義務 (債務，給付) を売主等に発生させる必要があるか，また，仮に所有権移転義務 (債務，給付) が発生するとしても，その履行をどのように観念し，確認するか，さらに，その履行の強制が考えられるかなど，所有権移転義務 (債務，給付) の実在性をどのように捉えるべきかが問題になる。この問題に対する正面からの問いかけは，これまで必ずしも十分に行われてこなかったように思われる[58]。

---

58)　なお，売買等の契約に基づく引渡債務の強制履行の可能性と所有権移転の要件との関係を分析するものとして，森田 1995 がある。

この問題に対しては，一方では，財産権移転義務を給付——与える給付，なす給付・なさない給付——の概念分類レベルでどのように位置づけるべきかという観点から[59]，他方では，555 条等の定める財産権移転義務と 176 条の定める意思主義がどのような関係に立つのかという観点から[60]，基礎理論研究がすでに試みられている[61]。そして，所有権移転に関する意思主義の下においても，売買等の所有権移転を義務づける行為により，売主等の債務者には所有権移転義務が，買主等の債権者には「所有権移転給付」を求める抽象的な請求権が発生することを認め，そして，無形化された財産（権）の移転をも包含する権利移転義務（給付）および担保する給付を「無形給付」と解し，有形給付（与える給付，なす給付・なさない給付）と併存するものとして，その存在を提唱されている[62]。

　売主等の所有権移転義務（給付）が，たとえ無形給付としてであれ，存在するかしないかは，売買契約等による所有権移転のプロセス，二重売買が行われた場合等における所有権の帰属確定に適用されるべき規律の解釈のみならず，売買契約等が無効・取消し・解除等によって効力を失った場合の権利の復帰，第三者の保護が問題になった場合等における所有権の帰属確定に適用されるべき規律の解釈等においても，首尾一貫した法理を構築するためには，極めて重要な基礎理論的問題である[63]。

　そこで，以下では，このような観点から，物権の設定および移転に関する意思主義の下で，所有権移転給付（義務）が存在するか否かについて，フランス民法と日本民法の展開を比較しつつ，従来の議論を整理し，今後の課題を展望する。

59）　金山 2000: 337–370 頁（金山 2013: 185–225 頁所収。特に，同書 203 頁参照。以下，引用は，追補が付された同書によって行う）。
60）　金山直樹「意思主義と所有権移転給付」金山 2013: 226–267 頁。
61）　金山 2013: 226–267 頁。
62）　金山 2013: 212–215 頁。
63）　なぜなら，所有権移転に関する無形給付が存在するとすれば，無形給付の原因行為が効力を失った場合における無形給付の原状回復としての所有権の復帰も問題になるはずであると考えられるからである。

⑵　意思主義と所有権移転給付——フランス民法の場合

（i）　引渡主義の伝統とその変容

　フランスでは，所有権移転給付は，その法的性質として，ローマ法以来の引渡主義の伝統に従い，与える給付（obligation de donner）の概念の下で捉えられてきたが，意思主義を採用したフランス民法の下では，所有権は合意によって直ちに移転することから，所有権移転給付は「原理的に存在しえない」と理解されている[64]。もっとも，そうしたフランス民法における意思主義は，ローマ法の引渡主義を承継しつつ，その変容を経て成立したものと考えられている[65]。

　フランス普通法学説では，ローマ法の引渡主義が，その多様化を示しながらも，維持されていた。ポティエ（Robert Joseph Pothier, 1699-1772）は，ローマ法の引渡主義を支持し，売買による場合，買主は引渡しによって所有権を取得するとした[66]。売買契約上，売主は引渡義務を負い，その履行によって買主が所有権を取得する。もっとも，その引渡しには，占有改定条項による擬制的引渡しを含む。「与える給付」（l'obligation de donner）は目的物の引渡給付を指し，その強制履行（直接強制）が可能で，それによる引渡しの効果として所有権は移転する[67]。もっとも，引渡しは，無因的なものではなく，所有権移転についての当事者の合意に基づくものであることを要する[68]。しかしなお，所有権は，そうした合意のみによって移転するとの自然法学説（グロティウス，プーフェンドルフ）に言及しつつも，それらにはあえて与せず，合意のみでは義務しか生じさせないといういう立場を維持した[69]。なお，所有権が移転するためには，売主が所有者であることが必要であるが，他人物売買は有効であると解されていた[70]。売主は，引渡義務の履行後も，「売買契約が完成するや否や，たとえまだ買主に目的物が引き渡されていなくとも，その危険は買主に帰する」[71]。

64）　金山 2013: 227 頁。
65）　フランス民法の意思主義の成立プロセスにつき，金山 2013: 228-247 頁参照。
66）　Pothier, *Oeuvres* 1847: n° 48, pp. 21-22, n° 318, p. 131.
67）　Pothier, *Oeuvres* 1847: n° 68, pp. 30-31; Pothier, *Oeuvres* 1848: n° 156, p. 75.
68）　Pothier, *Oeuvres* 1846: n° 231, pp. 180-181.
69）　Pothier, *Oeuvres* 1846: n° 245, pp. 186-187.
70）　Pothier, *Oeuvres* 1847: n° 7, p. 4; Pothier, *Oeuvres* 1848: n° 133, p. 64.
71）　Pothier, *Oeuvres* 1847: n° 307, p. 123; Pothier, *Oeuvres* 1848: n° 7, p. 7.

こうした普通法学説における引渡主義の伝統は，フランス民法典の編纂に向けたカンバセレス（Jean-Jacques Régis de Cambacérès, 1753-1824）の第 1 草案（1793 年）でも，維持された。それは，「債務は所有権（la propriété）を取得するための方法として用いることができる。債務は法律上当然に所有権を移転するのではなく，引渡し（la tradition）のみがこれをすることができる」（Livre III, Titre II, Art. 1）と定めた[72]。したがって，「引渡しが目的物の所有者によって行われると，引渡しによる占有の移転は，所有権の移転をもたらす」（ibid., Art. 3）。もっとも，「引渡し」は，動産に関する目的物の交付（la délivrance）のほか，不動産および動産ならびに不動産上の無体権に関する所有権の移転を目的とする「債務についての権原証書の交付」（la délivrance du titre de l'obligation）によって行われるものとされた（ibid., Art. 4）。そして，「売買は，ある者が他の者に対し，代金と引き換えに物または権利の所有権を移転する契約である」（Titre III, Art. 1）とし，「売買の履行は，一方で売買目的物の引渡しにより，他方で代金の支払によって行われる」（ibid., Art. 3）とされ，引渡しによる所有権の移転が確認されている。一方，危険負担に関しては，「契約が成立した時点において，所有権は買主に移転し，引渡し（la livraison）の時まで売主は買主のために目的物を保存しなければならない。その間に目的物が売主の過失なしに滅失したときは，損失は全部買主の負担とする」と規定された（ibid., Art. 15）。ここでは，ポティエと同様，買主危険負担主義を採用しつつ，その理由として，「契約が成立した時点において，所有権は買主に移転し」との文言が挿入されたことが注目される。これは，所有権移転の引渡主義との矛盾をはらみながらも，伝統的な引渡主義と新たな意思主義とのせめぎ合いを示すものという理解がある[73]。

カンバセレス第 2 草案（1794 年）も，引渡主義に立ちつつ，証書による引渡しの観念化も維持している。それは，所有権取得の態様として，先占，添付，贈与，相続，時効のほかに，「引渡し」（la tradition）を挙げ（Art. 88），「引渡しは，所有権の移転を目的とする行為（l'acte）によって行われる」（Art. 91）と規定した[74]。この「引渡し」については，「引渡しは，商品または動産に関しては，

72）　Fenet, 1827/1968: t. 1, p. 74.
73）　Fenet, 1827/1968: t. 1, p. 76; 金山 2013: 233 頁。
74）　Fenet, 1827/1968: t. 1, pp. 118-119.

現実の交付（la délivrance réelle）によっても行われる」（Art. 92）との規定もあることから，不動産については，証書（l'acte）による引渡しの擬制を認めたものとみられる（Art. 91 参照）。

(ⅱ) 意思主義の採用とその意義

　こうした引渡しの方式の多様化と観念化を背景として，カンバセレス第3草案（1796年）は，「売買は，目的物と代金について合意があった時に完成する」（Art. 834）と定め，かつ「売買が完成するや否や，未だ引渡しが行われていないときでも，売買目的物の危険は買主に帰する」（Art. 847）とすることにより，買主危険負担主義を維持し，かつ第1草案の矛盾を解消した。一方，売主は引渡義務を負い（Art. 840, 841），「不動産の引渡しは，所有権を移転する証書（l'acte）によって行われる」（Art. 534）と定めた。もっとも，カンバセレスは，所有権移転を目的とする「証書」（l'acte）のみによる引渡しについて，それはローマ法と「反対の原理」としての「意思のみによって所有権が移転するという原理」であるという新たな意味づけを行い，その理由として，つぎのように説明した。「この〔所有権移転の〕意思が証書によって証明されるとき，なぜ他の方式を要求する必要があるのだろうか。これにより，われわれは，自然の観念に近づき，数え切れないほどの訴訟を未然に防ぐのである。というのは，〔引渡主義の下では〕引渡しの前に目的物が毀損または滅失した場合，所有者が売却後に引渡しをせずに，再度売却して新買主に引き渡したうえで，〔第1買主への〕引渡しを拒絶した場合には，必ず訴訟になってしまうからである」[75]。このように，フランス民法における意思主義は，証書＝行為（l'acte）による引渡しの意味づけの変更（＝意思のみによる所有権移転）として採用され，かつ，その実質的理由が，①危険負担をめぐる紛争，および②二重売買をめぐる紛争の回避にあったことが注目される。なお，他人物売買については，「他人物売買をした者が引渡しをすることができないときは，買主に賠償をしなければならない」（Art. 842）と定めた。

　こうした準備段階を経て，フランス民法典（1804年）は，所有権の移転に関

75）　Fenet, 1827/1968: t. 1, pp. 165-166, 258, 292-293.

して，以下のような規律を設けた。

【711 条】財産の所有権は，相続，生前又は死因贈与，及び債務の効果によって，取得され，及び移転される。

【1136 条（2016 年改正前）】与える債務〔給付〕は，目的物を引き渡す債務及びその時まで保存する債務を含む。これに反する場合には，債権者に対して損害賠償の責めを負う。

【1138 条（2016 年改正前）】①物を引き渡す債務〔給付〕は，契約当事者の同意のみによって（par le seul consentement des parities contractantes）完成する。

②この債務〔給付〕は，目的物の引渡し（la tradition）が行われなくとも，目的物を引き渡すべきであった時から直ちに債権者を所有者とし，かつ，目的物を債権者の危険に置く。ただし，債務者が引渡しを遅滞しているときは，この限りでない。その目的物は，債務者の危険に留まる。

【1583 条】売買は，物がまだ引き渡されておらず，代金がまだ支払われていない場合であっても，物及び代金について合意する時から当事者間において完全であり，買主は，売主に対する関係で，当然に所有権を取得する。

【1599 条】他人の物の売買は，無効である。この売買は，その物が他人に属することを買主が知らなかったときは，損害賠償を生じさせることがある。

これらの関連規定のうち，合意のみによる所有権移転という意味での意思主義の趣旨は，711 条，1138 条（2016 年改正前），1583 条の組合せによってようやく浮かび上がる。すなわち，財産の所有権は，債務の効果によっても取得され（711 条），物を引き渡す債務は，契約当事者の同意のみによって完成し（1138 条1 項），それにより，目的物の引渡しが行われていない場合でも，物を引き渡すべきであった時（1138 条 2 項），売買の場合には物および代金について合意する時から，買主が当然に所有権を取得する（1583 条）。ここでは，契約当事者の同意のみによって完成されるのは，あくまでも物を引き渡す債務であり（1138 条1 項），そうした引渡債務の完成が，法律の規定（1138 条 2 項，1583 条）により，所有権の移転を生じさせる。こうしてみると，フランス民法典の意思主義は，依然として，引渡しの擬制によって観念化された引渡主義の延長線上にあると

44

みることができる[76]。このことは，契約当事者間の同意のみによる所有権移転という新しい原理も，それが克服しようとした過去の制度から完全に切り離すことができるものではなく，過去の規律と一定の連続性を保ちつつ，変化するという，制度変化の経路依存性（path dependence）を示すものとみることができる[77]。

そのような過去を背負いつつも，フランス民法典はさらに進化を続けている。2016 年民法改正により，以下のような関連規定が設けられている[78]。

【1196 条】①所有権の譲渡又はその他の権利の譲渡を目的とする契約において，移転は，契約締結時に生じる。

②この移転は，当事者の意思，物の性質又は法律の効果によって，繰り延べることができる。

③所有権の移転は，物についての危険の移転を伴う。ただし，引渡債務の債務者は，第 1344-2 条に従い，かつ第 1351-1 条に定める準則が適用される場合を除いて，付遅滞の時から再び危険を負担する。

【1197 条】①物の引渡債務は，引渡しまでの間，合理人のあらゆる注意を払ってその物を保存する債務を伴う。

【1198 条】①同一の有体動産の順次の譲受人が同一人からその権利を取得したときは，その動産について先に占有を取得した者が，その権利が後れるものであったとしても，その者が善意である限り，優先する。

②同一の不動産上の権利の順次の譲受人が同一人からその権利を取得したときは，公署方式により作成された取得権原証書を不動産票函に先に公示した者が，その権利が後れるものであったとしても，その者が善意である限り，優先する。

---

76) この意味で，「フランス民法典の起草過程においては，法律構成としての所有権移転の引渡主義が，極限にまで抽象化された形ではあれなお維持されており，完全に払拭されたとはいいがたい」と考えられている（森田 1995: 87 頁），あるいは「フランス民法典の採用する『意思主義』は，伝統の『引渡主義』のテクストに刻み込まれた」（金山 2013: 239 頁）とみられている。

77) 制度変化の経路依存性に関しては，松尾 2012: 128-129 頁参照。

78) 同改正法の和訳および解説として，荻野＝馬場＝齋藤＝山城 2017: 279-331 頁参照。

これらの新規律のうち，改正法 1196 条は，前掲（2016 年改正前）1138 条に，改正法 1197 条は，前掲（2016 年改正前）1136 条にそれぞれ相当する。このうち，改正法 1196 条 1 項および 2 項は，所有権の移転が，もっぱら契約により，かつ原則として契約時に生じるものとして，意思主義の立場をより端的に規律した。これは，2016 年改正前 1138 条 1 項が，契約当事者の同意のみによって完成されるのは，あくまでも物を引き渡す債務である旨を定め，そうした引渡債務の完成が，同改正前 1138 条 2 項の法律の規定により，所有権の移転を生じさせることを定めることにより，フランス民法典の意思主義と引渡しの擬制によって観念化された引渡主義との連続性を窺わせていた規律から，もっぱら契約による所有権移転という意味での純粋な意思主義への歩みを進めたものといえる[79]。他方，改正法 1198 条は，フランス民法典が意思主義を導入した実質的理由の 1 つであった，二重譲渡問題の回避について，先に占有（動産の場合）または公示（不動産の場合）を備えた者が，たとえ権利が遅れるものであっても優先する要件として，「善意である限り」を付した（悪意者排除）。これにより，最初の契約が優先する可能性を残した点で，同条は意思主義の意義をより強化する規律となっていることが確認できる[80]。

(ⅲ)　フランス民法の意思主義と所有権移転給付

　以上のような経緯を経て進化してきたフランス民法の意思主義の下では，売買等の契約により，すでに所有権移転が生じることから，所有権移転義務が生じる余地はない。したがって，所有権移転給付は，意思主義の下では原理的に存在しえないと考えられている[81]。

　もっとも，意思主義の下でも，所有権移転義務を認める学説は，フランスにも存在した。例えば，ガブリエル・ボードリー・ラカンティヌリー（Gabriel

---

79)　2016 年改正 1196 条は，2015 年司法省草案 1197 条に由来する。七戸 2020: 1039-1041 頁参照。

80)　その意味で，改正法 1198 条は，より純粋な意思主義を支える規律となっていることが注目される。

81)　金山 2013: 227 頁。また，同前 223 頁注 69 も参照。

Baudry-Lacantinerie, 1837-1913）は，「所有権移転義務は発生するが，それが生まれる時に死につつあるというのが真実である。というのは，所有権移転義務はその発生する瞬間に達成・履行されると考えられるからである」と説明している[82]。この見解は，売買による財産権（所有権）移転義務の発生に関する梅謙次郎および富井政章の見解に影響を与えた[83]。しかし，フランスでは，所有権移転給付を認める見解は少数派にとどまる[84]。

(3)　意思主義と所有権移転給付——日本民法の場合

（i）　意思主義の採用とその意義

　日本民法において，物権の設定および移転は「当事者の意思表示のみによって」効力を生じるとし，物権変動の意思主義を定める 176 条は，その起草プロセスにおいて，引渡主義と意思主義を対置し，比較したうえで，採用された[85]。その理由として，①証拠方法が不完備で，意思を証明する手段がない時代には，引渡主義が要請されるが，証拠法が整備されてきた状況下では，そうした要請は働かない，②取引が活発になると，物権の所在と占有を一致させる引渡主義は不都合で，合意主義（意思主義）の方が実際上人民の志望に適う，③権利を移転するのに引渡しは要しないから，合意主義の方が理論においても正しい，という点を挙げている[86]。

　一方，176 条の「意思表示」は物権の設定および移転に関する意思表示であるが，この意思表示と，その原因行為である贈与，売買，交換等の意思表示とは，概念的には別個のものと捉えられている。例えば，民法 555 条において，売主が財産権の移転を「約し」，買主が代金の支払を「約する」意思表示は，

---

82)　Baudry-Lacantinerie: 1888, p. 595, n. 858; p. 599, n. 863; id.: 1889, pp. 281–282, n. 446–447. 引用は，金山 2013: 250–251 頁による。邦訳として，ボードリ・ラカンチヌリ／松室＝飯田＝古賀共訳 2000a: 114–115 頁，122 頁，ボードリ・ラカンチヌリ／松室＝飯田＝古賀共訳 2000b: 1–4 頁がある。

83)　金山 2013: 250 頁。

84)　権利移転給付を「契約上の不完全債務」として，しかしなお，法的債務として承認しようとする見解につき，金山 2013: 224 頁注 70 参照。

85)　日本民法における意思主義の成立経緯に関しては，松尾 1995: 103–116 頁，金山 2013: 247–254 頁参照。

86)　法務大臣官房司法法制調査部監修 1983: 579–580 頁〔穂積陳重〕。

「権利を移転する義務を生じ」させるものであり，その義務が 176 条の物権移転の意思表示によって履行されると，物権が「直ちに移転する」ことになる。したがって，特定物売買の場合は，「義務が生じる瞬間に履行されると見るのが正しい」と説明されている[87]。これは，旧民法財産取得編 24 条 1 項が，特定物の場合と不特定物（代替物）の場合とを区別し，「売買は当事者の一方が物の所有権または其支分権を移転し又は移転する義務を負担し……」と書き分け，「特定物の売買に於ては売買契約があると云うと直ぐに権利が移転するので義務を生ずる暇がない云ふ説を取つた」ボアソナードの見解に基づく規律をあえて否定し，特定物の場合も不特定物の場合も，「先づ移転する義務を生ずるとい云ふ考え」を採用したことを示すものである[88]。なお，旧民法財産取得編 24 条 1 項のように「義務を負担し」と書かずに，「約し」とした理由は，特定物の場合も不特定物の場合も一括し，「短く只権利を移転することを約したと書いた」と説明している[89]。また，財産権移転義務を認めないフランスの学説が存在することを踏まえ，学説をどちらかに決めないという方針により，「約し」という文言を用いたとも解されている[90]。

　このように，財産権を移転させる債務を生じさせる 555 条の債権的意思表示と，所有権の移転，その他の物権の設定・移転の効力そのものを発生させる 176 条の意思表示とを概念的に明確に区別し，後者を意思主義の典型的規律とみる起草者の見解は，フランス法との違いを意識したものである[91]。もっとも，債権的意思表示と物権的意思表示を概念的に区別するのみならず，外形的にも区別するドイツ民法と異なり[92]，日本民法 176 条の物権的意思表示は，555 条等の債権的意思表示と，1 つの行為の中に併存しうるものとして捉えられていたことにも，留意する必要がある。例えば，①特定物の売買契約は，通常，物

---

87)　法務大臣官房司法法制調査部監修 1984: 861 頁〔梅謙次郎〕。なお，傍点は引用者による。また，原文の片仮名表記は平仮名表記に変えた（以下同じ）。

88)　法務大臣官房司法法制調査部監修 1984: 868 頁，871 頁〔梅謙次郎〕。松尾 1995: 111 頁および同所注 338，339 参照。

89)　法務大臣官房司法法制調査部監修 1984: 868 頁〔梅謙次郎〕。松尾 1995: 111 頁参照。

90)　金山 2013: 249 頁参照。

91)　富井 1923: 49〜52 頁。

92)　ドイツ民法 433 条（売買契約），873 条（不動産に対する物権取得の合意と登記），925 条（不動産所有権譲渡の合意と登記），929 条（動産所有権譲渡の合意と引渡し）。

権移転の意思表示と代金に関する債権契約の意思表示が結合したものと捉えられている[93]。また，②不特定物売買においては，当初の債権契約の際に特定を条件とする物権的意思表示，または特定の際に物権的意思表示（と認めるべき事実）が必要である[94]。さらに，③他人物売買も，これを無効とするフランス民法 1599 条および旧民法財産取得編 42 条と異なり，日本民法の下では有効であるが（2017 年改正前 560 条，2017 年改正後 561 条），債権的契約の成立後，その履行として物権的意思表示を必要とする[95]。

こうした起草者の見解は，その後，日本民法の解釈上も債権契約と物権的意思表示とを常に別個の行為として区別する物権行為の独自性肯定説[96]と，これを否定して，債権契約の効力として物権変動の効力が生じるものとし，債権契約とは別個のものとしての物権的意思表示の存在をする否定する見解[97]へと，両極に振れることになる[98]。

判例も，売買等の契約当事者間において物権的意思表示を行うこと自体は有効と認める一方で[99]，①特定物売買では，特約のない限り，売買契約時に所有権移転を認め[100]，②不特定物売買においても，特定時に当然に所有権移転を認め[101]，③他人物においても，売主の所有権取得時に当然に所有権移転を認めている[102]。そこでは，いずれも，当初の売買契約と別個に，明示的な物権的意思表示を必要とはしていないと解される。もっとも，このことは，当初の売買契約において，条件付きの物権的意思表示が存在したことを解釈上認定する余地を否定するものではないと解される[103]。問題は，売買等の債権契約と併存しう

93）　富井 1923: 52–53 頁。
94）　富井 1929: 105–106 頁。
95）　富井 1923: 53–54 頁。
96）　末川 1956: 59–72 頁。
97）　末弘 1921: 77–88 頁。
98）　現行民法制定時からの学説の変遷につき，舟橋 1960: 75–78 頁参照。
99）　民法 176 条の意思表示は，判例の中で生きているとみる見解として，金山 2013: 255–256 頁参照。
100）　大判大正 5 年 11 月 8 日民録 22 輯 2078 頁，最判昭和 33 年 6 月 20 日民集 12 巻 10 号 1585 頁。
101）　最判昭和 35 年 6 月 24 日民集 14 巻 8 号 1528 頁。
102）　大判大正 8 年 7 月 5 日民録 25 輯 1258 頁，最判昭和 40 年 11 月 19 日民集 19 巻 8 号 2003 頁。

る，きわめて概念的な物権的意思表示の存在意義がどこにあるかである。

(ii) 所有権移転義務（給付）の存在および性質

　日本民法においては，フランス民法の場合と異なり，売買等による所有権移転義務の発生（555条等）と，その履行としての物権の設定および移転そのものに向けられた意思表示（176条）とを概念的に区別することにより，前者が所有権移転義務を発生させることを認めること自体は，これを支持する見解が多数であるように思われる[104]。しかし，たとえ存在するとしても，その履行をどのように認識すべきか，また，履行の強制を認めうるかについては，「不明確なまま残されている」[105] 状況にあるといわざるをえない。

　そこで，意思主義の下においても，所有権移転義務の存在を認めることはできるとして，その履行を観念することができるか否かについては，議論がある。まず，(a)所有権移転義務の履行を観念することは，原則としてできないとみる見解がある。すなわち，①売買等の契約において，所有権移転時期の特約がある場合において，期限が到来しても売主等が明示的に所有権移転の意思表示をしないとき（あるいは所有権移転の意思表示を明示的に拒んでいるとき）は，当該意思表示の強制履行を観念することはできなくないが[106]，実際にはその必要はなく，所有権移転時期を定めた当初の売買の中に，停止期限付きの所有権移転の意思表示（物権的意思表示）の存在を認定しうる。その結果，この場合には，所有権移転義務の履行を観念する余地はない[107]。②特定物売買において，代金と引き換えに所有権を移転する旨の特約をした場合に，買主が代金を支払い，または提供したにもかかわらず，売主がそれに応じないときは，所有権移転の意思表示（176条）の履行を強制しなくとも，当初の売買の中に，条件付きの所有権

---

103)　富井 1929: 105-106 頁参照。
104)　於保 1972: 112-113 頁，金山 2013: 269 頁参照。これに対し，所有権移転義務の存在を否定する見解として，三宅 1981-1982 がある。これについては，金山 2013: 270 頁も参照。
105)　金山 2013: 254 頁。
106)　金山 2013: 257 頁参照。
107)　金山 2013: 257 頁。もっとも，そうした停止期限（始期）付きの所有権移転の意思表示（物権的意思表示）により，その前提として発生していた所有権移転義務が履行されたと解する余地もあるように思われる。

移転の意思表示（物権的意思表示）の存在を認定しうる[108]。③種類物売買におい
て，売主が約定の期日までに目的物を特定して引き渡さない場合，買主は債権
的な請求権に基づく引渡しの強制執行（直接強制）を申し立て，それに従い，
執行官が目的物を特定した時点で，所有権は買主に移転する。したがって，買
主は，売主に目的物を特定し，それについて所有権移転の意思表示（176条）
の履行を強制する必要はない，そのような「所有権移転義務自体の履行を独立
に観念することはできない」[109]。あるいは，当初の売買の中に，特定を条件と
する所有権移転の意思表示（物権的意思表示）の存在を認定しうるとも解される。
④他人物売買においても，売主が所有権を取得したときは，特約がない限り，
別段の意思表示を要することなく，所有権は当然かつ直ちに買主に移転する。
ここでも，所有権移転義務の強制履行を観念することはできないとされる[110]。
同様に，⑤将来の物の売買においても，目的物が特定すれば，特約がない限り，
別段の意思表示を要することなく，所有権は当然かつ直ちに移転することから，
所有権移転義務の強制履行を観念する余地はないとされる[111]。これに対し，⑥
売主が目的物の所有権の移転をしなかった，またはできなかった場合には，買
主は，売主に対し，所有権移転義務の履行請求，強制履行，損害賠償請求等を
行うことができる。その結果，意思主義の下では，所有権移転義務の履行を観
念することは通常は困難であり，そもそも所有権移転義務は，その不履行の場
面でのみ，顕在化するとの見解がある[112]。その一方で，この見解は，知的財産，
暗号資産，その他の価値ある情報等の財産の無体化（無形化）の傾向に鑑み，
無形給付について，その履行を観念することは可能であり，必要であるとす
る[113]。しかし，(ア)財産の無形化に伴う占有移転等の無形給付性と，(イ)権利移転
そのものの無形給付性は別レベルの問題であり，後者に関しては，有体財産と

108）　金山 2013: 258–259 頁。
109）　金山 2013: 259–260 頁。
110）　金山 2013: 260 頁。
111）　金山 2013: 260 頁。もっとも，④・⑤の場合にも，当初の売買の中に，明示または黙
　　　示の特約がない限り，④売主の所有権取得，または⑤目的物の特定を条件とする所有権移
　　　転の意思表示（物権的意思表示）の存在を認定しうるとも解される。
112）　金山 2013: 360–362 頁。
113）　金山 2013: 185–225 頁，特に 212–215 頁。

無体財産とで相違はないのではないかとも考えられる。

以上に対し，(b)売主等の所有権移転義務は，「抽象的給付」としては存在し，抽象的給付請求権を観念することはできるが，「具体的給付」として，例えば，所有権移転請求権を語ることは，無用であるとの見解もある[114]。

このように抽象的な存在としては認められるが，具体的な請求権としてはその必要性や実益が不明確な所有権移転義務およびその履行としての物権的意思表示の存在および性質については，さらなる探求の余地があると考えられる。

(4) 所有権移転給付の原状回復（返還）

物権の設定および移転をその旨の意思表示のみによって認める意思主義の下においても，売買等による所有権移転に際し，所有権移転義務および所有権移転給付が，たとえ抽象的な給付または無形給付としてであっても，存在するとすれば，つぎに問題になるのは，売買等の所有権移転の原因となる債権契約が無効・取消し・解除等によって効力を失った場合に，買主等から売主等への抽象的な給付または無形給付の原状回復をどのように考えるべきかということである。

この問題については，所有権は，債権契約の無効・取消し・解除等により，(a)何らの意思表示を要することなく，当然に，最初から移転しなかったことになるのか，(b)同じく当然に，買主等から売主等へ復帰するのか，(c)売主等の買主等に対する明示的または黙示的な意思表示によって復帰することになるのかが，議論の焦点になる。(a)説および(b)説は，物権変動の有因主義（物権変動の原因である債権契約〔行為〕の不存在，無効または失効は，物権行為の効力にも影響を及ぼすという見方）に親しむ考え方であるのに対し，(c)説は無因主義（物権変動は，その原因である債権契約〔行為〕の不存在，無効または失効により，その効力に影響を受けることはない〔しかし，不当利得を理由とする返還義務が成立する〕という見方）に親しむ考え方である[115]。

仮に，そもそも所有権移転義務および所有権移転給付が存在しないとすれば，

---

114) 奥田ほか 2010: 94–96 頁。なお，(a)説における無形給付としての権利移転義務の承認は，この「抽象的給付」に相当するものとも解される（金山 2013: 267 頁）。
115) 物権変動の有因・無因に関しては，末川 1956: 75–81 頁，舟橋 1960 : 88–93 頁参照。

売買等の無効・取消し・解除等により，当然に，所有権は最初から移転しなかったことになる（前記(a)説），または当然に，売主等に復帰する（前記(b)説）ことになりそうである。

これに対し，抽象的給付または無形給付として，所有権移転義務および所有権移転給付が存在するとすれば，そうした給付の結果，相手方に移転した所有権，その他の財産権は，売買等の無効・取消し・解除等により，一種の不当利得となり，その原状回復義務が発生する（前記(c)説）[116]。問題は，買主等の相手方がこの原状回復義務をどのように履行すべきかである。ここで，所有権移転に関する形式主義（不動産の登記，動産の引渡し等の所定の方式によって所有権が移転することを認める法制）の下では，相手方が当該方式（登記，引渡し等）の原状回復義務を任意に履行しない場合は，売主等が原状回復義務の履行を請求したり，その強制を求めることが必要になる。これに対し，所有権移転の意思表示に特別の方式を必要としない日本民法の意思主義（176条）の下では，所有権の原状回復請求の意思表示——それは，売主等による売買契約等の無効主張・取消し・解除等の意思表示と併存可能である——により，所有権の原状回復のために必要とされるすべての行為が行われたことになる結果として，前記の形式主義との対比において，相手方に発生している原状回復義務がただちに履行され，所有権が売主等に復帰するものと解釈することができる。その際にも，所有権の原状回復請求の意思表示がなお必要であると考えられる理由は，所有権の移転という抽象的ないし無形の給付が存在するがゆえに，その復帰の時期およびプロセスを実体法理として一義的に明確にしておく必要があるからである。

こうした問題は，極めて理論的で抽象的な問題であり，実務的で具体的な重要性が直ちには感じられないかも知れない。しかし，買主等の相手方が，当該

---

116) 日本民法は，「無効な行為に基づく債務の履行として給付を受けた者は，相手方を原状に復させる義務を負う」とする（121条の2第1項）。一方，フランス民法は，「無効となった契約は，初めから存在しなかったものとみなす」（1178条2項）とし，その際，「履行された給付は，第1352条から第1352-9条までに定める条件に従って原状回復を生じさせる」（同条3項）とする。そして，「金銭以外の物の原状回復は，現物によってされ，それが不可能なときは，原状回復の日に評価される価値によってされる」（1352条）。しかし，そもそも，売買等による所有権移転義務および所有権移転給付が存在しないとすれば，原状回復するまでもなく，契約が無効となったことにより，所有権は初めから売主等の下に存在したことになる。

売買の目的物を第三者に処分した場合に，当該目的物の所有権の帰属をめぐり，売主等と第三者が争った場合に，問題解決の基準となる第三者保護の法理が，無権利者からの取得者を保護する法理か，いったん権利を取得した者からの取得者を保護する法理となるか等，首尾一貫した権利移転法理を発見ないし構築するためには，避けて通ることのできない，重要な基礎理論的問題であるといえるのではなかろうか。

第2章

物権変動の無因主義をめぐる
ヴァッケ―ヴィーリング論争

1 物権変動法理の調和と無因主義

　EU統合を制度的に支えようとするヨーロッパ私法の模索は，従来は契約法を中心に行われてきた[1]。しかし，その動きは，次第に物権法にも及んでいる[2]。こうしたヨーロッパ諸国における物権法の諸原則の調和に対する関心の高まりの中で，ドイツ民法に特有の概念である――それゆえにまた，ヨーロッパの法統一を見据えた議論の中でとりわけ強く見直しが迫られている――物権変動の無因主義の是非をめぐる論争が，にわかに活発化してきた。

　その一例として，2000年から2001年にかけて，所有権譲渡の無因性をめぐり，『ヨーロッパ私法雑誌』上で展開された論争ある。すなわち，アンドレアス・ヴァッケ（Andreas Wacke）は，「買主の所有権取得はたんなる合意によるものか，それとも引渡しをもってはじめて生じるか。継受プロセスの相違とその克服の可能性」[3]と題する論考の中で，所有権譲渡の無因主義を批判し，ヨーロッパの法的一体性のためには無因主義を放棄すべきである，と論じた。これに対し，ハンス・ヴィーリング（Hans Wieling）は，「ヨーロッパのための無因主義」[4]と題する小稿を発表し，無因主義を批判する見解の個々の論拠に踏み込

---

1)　例えば，Commission on European Contract Law 1998 などがある。
2)　例えば，von Bar 1999 は，物権法領域でのヨーロッパ私法の形成に向けて，今後必要となる様々な調整を行うための基礎データの収集という目的をもっていた。
3)　Wacke 2000: S. 254 ff.

んで無因主義批判に反論を加え，さらに無因主義擁護の根拠を提示した。

　そこで，本章では，この両者の立場とその論拠を分析しながら，この論争の展開を辿ってみることにする（以下2. 3）。そして，両者の議論の対立点を確認し，論争の結果をひとまず総括したうえで，無因主義の是非をめぐって今後具体的に議論すべき課題を明らかにしてみたい（以下4）。

　なお，議論の混乱を避けるため，以下の論述において用いられる，所有権譲渡に関する基本原則の意味を，本章で取り上げる諸論考の中で用いられている用語法に即して，あらかじめ整理しておく必要がある。

(1) 一体主義と分離主義

　所有権譲渡の原因となる法律行為（売買契約，贈与契約，交換契約など）とは別に，所有権譲渡そのものに向けられた法律行為を観念しない立場を「一体主義」（Einheitsprinzip）と呼ぶ。これに対し，所有権譲渡の原因行為とは別に，所有権譲渡そのものに向けられた法律行為を観念する立場を「分離主義」（Trennungsprinzip）と呼ぶ。

(2) 引渡主義と合意主義

　所有物ないし所有権の譲渡を生じさせるためには，目的物の引渡しが必要である（引渡しが譲渡を生じさせる）とみる立場を「引渡主義」（Traditionsprinzip）と呼ぶ。これに対し，譲渡当事者間の合意によって所有権が移転するとみる立場を「合意主義」（Konsensprinzip）と呼ぶ。

(3) 有因主義と無因主義

　所有権譲渡の原因となる法律行為（売買契約，贈与契約，交換契約など）の効力が否定されれば（不成立，無効，取消しなど），所有権譲渡も効力を生じないものとする立場を「有因主義」（Kausalprinzip）と呼ぶ。これに対し，所有権譲渡の原因行為の効力が否定されても，所有権譲渡そのものに向けられた法律行為自体にそうした問題がなければ，所有権譲渡そのものは有効であるとする立場を

4）　Wieling 2001: S. 301 ff.

「無因主義」（Abstraktionsprinzip）と呼ぶ。したがって，無因主義は分離主義（前述(1)）を前提にしているが，分離主義が必ずしも無因主義に帰結するとは限らない[5]。

2　ヴァッケの見解──無因主義批判

(1)　ヴァッケの立場──分離主義・引渡主義・有因主義

　所有権譲渡の法律構成に関するヴァッケの立場は，所有権譲渡行為の一体主義，合意主義および無因主義を批判することをとおして，所有権譲渡行為の分離主義，引渡主義および有因主義を，ヨーロッパ法統一の基礎として推奨しようとするものである。本章でとくに焦点を当てる有因主義・無因主義の問題は，一体主義・分離主義を先決問題とし，また，引渡主義・合意主義の問題とも密接に関係する。そこで，これらの先決問題ないし関連問題についても，ヴァッケの立場を確認したうえで，その無因主義批判を分析することにしよう。

(2)　一体主義に対する批判

　ヴァッケは最初に，「売買契約（Kaufvertrag）と所有権譲渡（Übereignung）は2つの法律行為の対象をなすものと構成すべきか，それとも一体的な法律行為の対象と構成すべきか」（分離主義か一体主義か）は，「近代における私法法典編纂の構造規範（Strukturnormen）」に属する問題であるとして，重要視している。しかし，かかる構造規範の内容は，ヨーロッパの内部においてすら多様である。すなわち，フランス法，イタリア法の一体主義（かつ合意主義）[6]と，ドイツ法の分離主義（かつ引渡主義）[7]とを両極とする立法例の間に，いわば中道を行くものとして，オーストリア，オランダ，スペインの例がある。そこでは，売買契約の中で表示された合意（取得権原）のほかに，追加的な物権的合意は必要

---

5)　後にみるヴァッケの立場（分離主義・引渡主義・有因主義。後述2参照）がこれに該当する。

6)　フランス民法典711条，1138条（2016年改正前）／1196条1項（2016年改正後），1583条など。

7)　ドイツ民法典873条，925条，929条など。

とされていないが，原則として引渡し（取得方式）が付け加えられなければならない。これは，かつてのヨーロッパ普通法における所有物譲渡方法であった，権原と取得方式（titulus und modus acquirendi）の理論を継受したものである[8]。

このうちヴァッケは，一体主義を批判して，つぎのように述べる。すなわち，一体主義によれば，「物の引渡しや代金の支払を顧慮することなしに，売買契約の中で表示された合意が同時に所有権を移転する（特定物売買の場合）。その結果，フランスおよびイタリアの法律家は，われわれの感覚に照らしてみると，売買契約と所有権譲渡を必ずしもつねに十分明確に区別していない」[9]。ヴァッケは，このような一体主義に対する疑問を踏まえ，分離主義の妥当性の根拠を，以下の点に見出している。

① 「所有権譲渡を求めるたんなる請求権」と「その後に行われる所有権取得」との区別は，ローマ法の対人訴権（actiones in personam）と対物訴権（actiones in rem）との区別と同様に，体系的にみて明確に区別されるべき基礎的範疇の範囲に入る問題である[10]。

② 売主が破産したり，売主に対してその債権者が強制執行を開始した場合でも，所有権譲渡請求権をもつたんなる債権者にすぎない買主は，それらの手続に参加する権利をもたず，所有権を取得した者のみがこれらの権利をもちうる[11]。売買契約と所有権譲渡を区別しなければ，このルールを採用することができず，破産手続や強制執行手続が紛糾する。

③ 日常の行為においては，キオスクにおける新聞の売買のように，売買契約と同時に所有権移転が生じることが多い。しかし，不動産売買のような場合には，たとえ素人でも売買契約の締結と所有権譲渡（ドイツでは，アウフラッスング〔不動産所有権譲渡の意思表示〕と不動産登記。ドイツ民法873条，925条）を明確に区別している。また，動産所有権譲渡についても，ドイツ民法929条は，売買契約のほかに，物権的合意の意思表示を要求しており，その意思表示の唯一の内容は，具体的な売買目的物に対する所有権が売主から買主に移転するものと

8）　Wacke 2000: S. 254 f.
9）　Wacke 2000: S. 254.
10）　Wacke 2000: S. 254.
11）　Wacke 2000: S. 254 f.

する，ということである[12]。

④　このような形でドイツに通用している分離主義は，所有権の一義的な帰属という意味において，法的確実性（Rechtssicherheit）に資する[13]。

⑤　売買契約から所有権譲渡の合意を分離することにより，売買契約を締結する一方で，所有権譲渡に条件を付すことができる（ドイツ民法455条）。例えば，すでに買主に引き渡された物に対する代金の完済を所有権譲渡の合意の条件とすることができる[14]。こうして分離主義は，商取引において頻繁に行われる所有権留保売買についても，簡明な法律構成を可能にする[15]。

このようにヴァッケは，一体主義に対して法理論上および実務上の問題点（前記①，②）を指摘する一方で，分離主義の実現可能性と効用を提示する（前記③，④，⑤）。

(3)　合意主義に対する批判

（i）　沿革的考察

ついで，ヴァッケは，フランス民法やイタリア民法で採用された合意主義は，ヨーロッパ諸国の中で必ずしも優勢ではないことを，沿革的および理論的に明らかにしようとする。

まず，フランスもドイツもローマ法を継受し，共通の普通法（ius commune）の伝統をもつにもかかわらず，ドイツは引渡主義[16]を，フランスは合意主義[17]を採用するに至った。その理由は，ローマ法継受の仕方にあるとみられている[18]。その際，合意主義の成立は，以下のように，引渡主義の延長線上におい

12）　Wacke 2000: S. 255.
13）　Wacke 2000: S. 262.
14）　買主が破産した場合にも，所有権留保売主はその目的物を取り戻すことができる。
15）　Wacke 2000: S. 255, 262. フランスの合意主義の下では，買主が破産した場合にも影響を受けない所有権留保は，1980年の法改正以降はじめて承認された。Vgl. Wacke 2000: S. 255 mit Fn. 4.
16）　動産に関して，ドイツ民法929条以下。不動産の場合は，同873条，925条による登記主義。
17）　フランス民法典711条，1138条（2016年改正前），1196条1項（2016年改正後），1583条。
18）　Wacke 2000: S. 257.

て捉えられる。

　ヴァッケは，継受の出発点たるローマ法上の原則が引渡主義であったとみる
（その根拠として，3世紀末のディオクレティアヌス帝の勅法が挙げられる）[19]。しかも，
すでに2世紀には，象徴的引渡しのほかに，後にいわゆる占有改定が認められ
ていたことに着目する（2世紀初期の執政官ケルススの法文）[20]。このような形での
占有権限——所持の原因（causa detentionis）——の変更は，中世ローマ法学でも
認められた。注釈学派の下では，売主が自分のためではなく，取得者のために，
その取得者の名前で物を占有することを承認する旨の条項（占有改定条項）[21]を，
公証人の公証実務において付加するのが通常であった。その後，註解学派は，
このような条項の内容を慣習法的に承認し，仮にそうした占有改定条項が例外
的に欠けていたとしても，それは無害の欠落であるとみなした[22]。このことは，
売買契約に伴って目的物の引渡しが擬制されることを意味する。この取扱いを
是認したジャン・ドマ（Jean Domat, 1625-1696）[23]の見解に立脚し，フーゴ―・グ
ロティウス（Hugo Grotius, 1583-1645）などの自然法学説の影響も受けて，フラン
ス民法典（1804年）の合意主義が成立した。そして，それはイタリア民法典
（1865年）にも継受されたものと分析されている[24]。

　これに反し，ドイツでは，ヨハン・アーペル（Johann Apel, 1486-1536），クリス
ティアン・ヴォルフ（Christian Wolff, 1679-1754）らが権原と取得方式の理論を維

---

19)　*Codex* II. iii. 20.
20)　Celsus, *Digesta* XLI. ii. 18 principium（私が自分のために占有するものを，私は他人の名
　　前で占有することができる。それによって私は，私の占有権原を変更するのではなく，占
　　有を止め，他の占有者のための補助者へと自らの地位を下げるのである。すなわち，〔自
　　分自身で〕占有することと，他人の名前で占有することとは同一ではない。真の占有は，
　　その名前で占有を行使する者のみがこれを保持する。そして，管理人〔procurator〕は他人
　　の占有にたんなる補助的地位を与えるにすぎない）．
21)　「私は，物を汝のために占有することを承認する（constituo〔confiteor〕me tuo nomine
　　possidere）」（Wacke 2000: S. 258）。
22)　例えば，15世紀後半のB・ソキヌス（Bartholomaeus Socinus, 1437-1507）などである
　　（Vgl. Wacke 2000: S. 258 mit Fn. 15）。
23)　Domat 1689: Livre1, Titre II, Sect.1（sub 2）.
24)　Wacke 2000: S. 258. なお，フランス民法典の合意主義（意思主義）をローマ法の引渡主
　　義の延長線上において捉える見方については，第1章5(2)(i)・(ii)も参照。もっとも，
　　ヴァッケは，ドマのほか，グロティウスらの自然法学説の影響にも言及している点が注目
　　される。

持し，引渡主義に回帰した。オーストリア一般民法典（1811年）はこれを継受した。フリードリヒ・サヴィニー（Friedrich Carl von Savigny, 1779–1861）および法源（原典）に忠実な歴史法学派は，ユスティニアヌスの学説彙纂のいわゆる「純粋ローマ法」への注目により，こうした回帰を支持した。オランダやスペインは，フランス民法典からの影響にもかかわらず，ドイツ民法典とともに，引渡主義に固執した，と理解されている[25]。

　このような引渡主義の継受史および合意主義の成立史に関する沿革的考察には，若干の問題点もあるように思われる。例えば，自然法理論の意思主義が合意主義の成立に与えた影響，とりわけ合意主義の意思自治的側面の評価が十分でないこと[26]，サヴィニー理論が引渡しの物権契約的再解釈を通じ，権原と取得方式の理論を克服しようとした点で，引渡主義とはアンビヴァレントな緊張関係に立つことが十分に示されていないことなど[27]，引渡主義と合意主義との関係の分析（その帰結として，合意主義を引渡主義の延長にあるとみること）が，やや一面的なきらいもある。もっとも，こうした沿革的考察には，引渡主義および合意主義に対するヴァッケの理論的評価が少なからぬ影響を与えているように思われる。

(ii)　理論的考察

　ヴァッケが示唆する合意主義の理論上の問題点は，以下のように整理することができる。

　①　合意主義が，売買代金の支払に先立って売主から買主への所有権移転を認めることは[28]，買主および買主の債権者を不当に有利にしており，売買目的物に対する売主の先取特権，および代金完済前に売買目的物が第三者に処分さ

---

25)　Wacke 2000: S. 258.
26)　この観点からは，合意主義は，引渡主義の延長というよりも，それと対照的な意思主義の形成に通じる面をもつ。もっとも，ヴァッケは，前述のように，フランス民法典の合意主義に対するグロティウスらの自然法学説の影響にも言及している。これに対し，自然法学説にあえて与しなかったポティエの見解とそのフランス民法典の合意主義（意思主義）への影響につき，第1章5(2)(i)参照。
27)　この意味で，サヴィニーの所有権譲渡理論は，物権的合意による所有権移転に主眼があり，引渡しはあくまでもその表示手段として捉えたものと解しうる。
28)　例えば，フランス民法1583条。

れてしまった場合の売主の追及権の付与を考慮に入れてもなお，売買の機能上の双務性（das funktionelle Synallagma）に反する。したがって，フランスやイタリアで通用しているような，物権的な所有権譲渡効果を伴う純粋な合意主義は，国際的な法調整の場面では，優位性が認められない[29]。

　② 合意主義は，所有権譲渡のすべての場面では貫徹されえず，限界がある。例えば，種類物売買の場合には，売買契約が締結されても，売主が買主に給付されるべき目的物を選び出し，履行の準備を終えなければ，所有権は移転しえない。また，二重売買および無権利者からの取得の場合にも，合意主義は貫徹されていない。例えば，動産の二重売買の場合には，たとえ後から買った場合でも，最初に現実に引渡しが行われた（善意の）買主が所有権を取得する（フランス民法 1141 条〔2016 年改正前[30]〕）。さらに，無権利者からの買主が所有権取得を認められるためには，占有改定では足りず，現実の引渡しが必要であると解されている（フランス民法 2279 条参照）。

　その結果，これらの問題においては，合意主義の立法も引渡主義の立法と同様の問題解決をしている。この点に鑑みて，ヴァッケは，「まったく異なった原理的端緒〔合意主義と引渡主義〕にもかかわらず，これらの具体的法律問題における解決方法は同一である。こうした狭い核心領域において，国際的法統一が保持されうる。預けた財産が〔預けた者の〕信頼を裏切って〔預かった者の手で〕善意の第三者へと処分されることによる性急な権利喪失から真の権利者を保護するために，無権利者からの取得は，高められた公示の要求，すなわち，占有改定の排除の下に置かれている。ここでは，引渡主義が再び貫徹されており，しかもその限りにおいてそれは純粋な引渡強制に高められている」として，引渡主義を評価する[31]。また，二重売買や無権利者からの取得のように，所有者

29）　Wacke 2000: S. 260, 262.
30）　2016 年改正フランス民法典 1198 条 1 項は，「同一の有体動産の順次の譲受人が同一人からその権利を取得したときは，その動産について先に占有を取得した者が，その権利が後れるものであったとしても，その者が善意である限り，優先する」とし，先に占有を取得した善意の第三者が優先することを明文で定めた。また，不動産についても，「同一の不動産上の権利の順次の譲受人が同一人からその権利を取得したときは，公署方式により作成された取得権原証書を不動産票函に先に公示した者が，その権利が後れるものであったとしても，その者が善意である限り，優先する」とし，先に所定の方式で公示した善意の第三者が優先することを明規した。

による所有権の保持利益と第三者による所有権取得への信頼とがきわどく衝突する場面では，ヨーロッパ諸国の法典は一致して，かつ正当にも，引渡しによって表現される公示の原則（Publizitätsprinzip）を基準にして評価しているとも解している[32]。

　これらの合意主義の問題点や引渡主義への接近を考慮に入れ，ヴァッケは，ドイツ，オーストリア，スペイン，オランダで通用している引渡主義は，大抵の場合に適切な解決策を提供するものであるとみる。

　もっとも，ヴァッケは，売主は通常は引渡しによって所有権譲渡意思を表現するとみて，引渡主義の合意主義的側面も提示する[33]。

　さらに，ヴァッケは，引渡主義の下でも占有改定の合意は可能であり，それが認められる限りで，引渡主義と合意主義は接近することを認めている[34]。ただし，占有改定の合意は，フランスによって継受された中世法[35]と異なり，推定されるべきではないとする。したがって，例えば，買主が具体的な状況証拠に基づいて具体的に[36]，または法律上認められた類型（無償寄託，使用貸借など）を提示して，占有改定の取決めを証明しなければならない。それが証明された場合に，占有改定の合意（黙示的合意を含む）が認められ，その場合には，引渡主義の下でも占有改定によって所有権が移転しうる[37]。

　しかし，ヴァッケによる理論面からの合意主義批判にも，いくつかの問題点があるように思われる。第1に，所有権譲渡の要件，すなわち，何が所有権を移転させるかという問題は，当該社会の所有権観念——所有権とは何か，それが所有物とどのように区別されているか——，および所有権移転観念——所有権ないし所有物が移転するとはどのようなものとして捉えられているか——に規定されており，ヴァッケの指摘するような売主の利益に対する法政策的考量

31）　Wacke 2000: S. 261.
32）　Wacke 2000: S. 262.
33）　Wacke 2000: S. 262.
34）　ドイツ民法930条参照。
35）　前述(i)参照。
36）　例えば，代金が支払われ，荷造りされた商品を売主が一時的に保管していたなど（Wacke 2000: S. 260）。ドイツ民法868条参照。
37）　Wacke 2000: S. 259 f., 262.

のみによっては判断されえないであろう。第2に，合意主義には，所有権を
——たとえ不動産所有権であっても——当事者間の意思表示のみによって移転
しうるという意思自治的ないし私的自治的側面もあり，売主の利益に対する配
慮に際しても，かかる側面を加味して評価する必要があろう[38]。これらの点も
踏まえつつ，ヴァッケの無因主義批判を検討してみよう。

(4) 無因主義に対する批判

　所有権譲渡の無因主義は，所有権譲渡の原因行為と所有権譲渡それ自体に向
けられた法律行為を区別する分離主義を前提とするが，分離主義が無因主義に
帰結するとは限らない（前述1(3)末尾参照）。実際，ヴァッケは，所有権譲渡行
為の一体主義を批判し，分離主義を推奨しながらも，無因主義を以下のように
批判している。

　①　無因主義はドイツ民法典に特有のものである[39]。それによれば，例えば，
売買契約が取り消されても，買主の所有権取得は原則として消し去られること
はなく，売主は買主に対して給付不当利得を理由に巻戻し的所有権譲渡
（Rückübereignung）を請求しなければならない（ドイツ民法812条1項）。ただし，
売主が行為能力を欠いていた場合のように，同一の欠陥が原因行為にも物権的
な履行行為にも影響を及ぼす場合（いわゆる欠陥の同一性）においては，所有権
取得も効力を失う[40]。

　②　無因主義はローマ法ではまだ認められておらず[41]，サヴィニーの影響に

---

38)　もっとも，ヴァッケも先履行しようとする売主の意思を否定するわけではない。しか
　　し，そのためには，売主が買主に対して売買代金支払義務の猶予を与えたり，信用を供与
　　するなど，具体的な個別事例において先履行意思の存在を示すような十分な状況証拠が必
　　要であるとみる（Wacke 2000: S. 260 f.）。
39)　ドイツ民法における無因主義の実定法上の根拠としては，例えば，動産所有権移転の
　　要件を定めたドイツ民法929条には，所有者から取得者への物の引渡しおよび所有権移転
　　についての当事者間の合意しか規定されておらず，売買契約，その他の権原が要求されて
　　いないことなどが挙げられている（Wacke 2000: S. 255）。
40)　Wacke 2000: S. 255.
41)　もっとも，無因主義の萌芽形態や類似の法的考慮につき，Digesta XLI. i. 36; Paulus
　　Digesta XLVI. ii. 19 にも言及されている（Wacke 2000: S. 256 mit Fn. 6, 9）。しかし，後にみ
　　るヴィーリングのように，握取行為や法廷譲渡との関係は問題にされていない（後述3(2)
　　参照）。

よってドイツ民法典に導入されたものである。サヴィニーは，ある物の所有権を取得しようとする者が，その前主がその物を有効な権原に基づいて取得したかどうかを調査するという負担から解放させようとした。ドイツ民法典の起草者も，取引上の利益のためには処分行為の無因性が不可欠であると判断した[42]。

　しかしながら，原因行為からの処分行為の無因性は，取引行為の領域外においても働いてしまう。すなわち，権利外観に対する信頼は取引行為の範囲内で保護に値すると考えられるが，無因主義によれば，所有権譲渡の原因行為が失効した場合でも，取得者がその債権者から強制執行を受けたり，取得者が破産したときは，当該取引の当事者ではない，取得者の債権者をも保護する結果となる。この場合，譲渡人は取得者に対して不当利得に基づく巻戻し的所有権譲渡請求権をもつにすぎず，取得者の債権者に対して取戻権をもたない。

　③　サヴィニーが19世紀前半に無因主義を提唱したときには，時効取得制度を除けば，無権利者からの善意取得制度がまだ一般的には認められていなかった[43]。しかし，今日において，権利外観に対する信頼という事態が善意取得制度によって包括的に保護されるようになったからには[44]，無因主義は最早必要とされない[45]。したがって，法政策的観点からは，無因主義はそれほど長くは擁護されえない[46]。

　④　旧ドイツ民主共和国（旧東ドイツ）の民法典には，無因主義は存在しなかった。スイス民法典も，簡明化の根拠に基づき，売買代金支払後における有因的引渡し（kausale Tradition）に基づく所有権取得を規定している[47]。スペイン民法典も，有因的引渡しの原則を規定している[48]。

　これらの実務的（前記①），沿革的（前記②），理論的ならびに法政策的（前記③），および比較法的（前記④）論拠に基づき，ヴァッケは「われわれは損害を

---

42)　Wacke 2000: S. 256.
43)　商法におけるその先駆的形態に従い，善意取得制度が一般的に承認されたのは，19世紀末である（Wacke 2000: S. 257）。
44)　ドイツ民法892条，932条〜935条参照。
45)　Wacke 2000: S. 257.
46)　Wacke 2000: S. 262.
47)　スイス民法26条。
48)　Wacke 2000: S. 256, 257.

被ることなしに無因主義を放逐することができよう」と結論づける。さらに，
「無因主義の放棄は，ヨーロッパの法的一体性へ向けての歓迎すべき譲歩であ
ろう」とも述べている[49]。

　以上に整理したヴァッケの無因主義批判の論拠の中には，無因主義の沿革に
関する歴史認識の問題，無因主義が善意取得制度によって完全に代替されてい
るかどうかといった法理論的および法政策的な問題など，多様な議論の余地が
残されているように思われる。しかし，これらの点も含めて，ヴァッケの無因
主義批判に正面から反論するヴィーリングの見解を検討しながら，それらの問
題点についてもあらためて考察してみよう。

3　ヴィーリングの見解

(1)　ヴィーリングの立場──無因主義の擁護

　ヴィーリングは，先に分析したヴァッケの一体主義批判，合意主義批判およ
び無因主義批判のうち，とりわけ無因主義批判に反対し，無因主義を擁護して
いる[50]。ヴィーリングは，所有権移転の要件をどのように規定するかについて
は様々な可能性があるが，最も良いものは無因主義（Abstraktionsprinzip）である
とする。ヴィーリングはその理由として，①無因主義は「学問的に」
（wissenschaftlich），他のすべてのモデルよりも優れているという理論的根拠，お
よび②それが長期間にわたる法史的伝統に基づき，ドイツ法文化の支柱になっ
ているという歴史的根拠を挙げている[51]。以下では，最初に，ヴィーリングが
提示する無因主義の歴史的根拠を検証し，ついで，その理論的根拠について分
析してみよう。

---

49)　Wacke 2000: S. 257.
50)　Wieling 2001: S. 301 ff. このほか，無因主義の賛成者としてヴィーリングが挙げるのは，
　　Jhering 1968: S. 20; Breyhan 1929: S. 123 ff.; Flume 1977; Staudinger-Seufert 1956; J. von Gierke
　　1959; Peters 1986: S. 459; Rother 1969: S. 3; Stadler 1996: S. 739 ff.; Grigoleit 1999: S. 379 ff.;
　　Aretz 1998: S. 242 ff. である（Wieling 2001: S. 306, Fn. 20）。
51)　Wieling 2001: S. 301.

(2)　無因主義の歴史的位置づけ

　ヴィーリングによれば，無因主義の歴史的淵源は，サヴィニーの影響によっ
てドイツ民法典に導入されたとみるヴァッケの理解（前述 2 (4)②）とは異なり，
ローマ法における手中物（res mancipi）[52] に対する無因的譲渡方式であった握取
行為（mancipatio）に遡ると考えられている。ローマ法における握取行為の無因
性，すなわち，「所有物譲渡の原因行為からの独立性」は，「重要な財産に対す
る取引の安全性を高めた。それは，〔当時はまだ〕善意取得が存在しなかっただ
けになおさらであった」[53]。これに対し，より簡素な日用生活品である非手中
物（res nec mancipi）に対しては，有因的な引渡し（traditio）で十分であった。加
えて，非手中物のためには，無因的譲渡方式である法廷譲渡（in iure cessio）
──それは手中物にも非手中物にも適用可能であった──も存在した。さらに，
有因的引渡しによる所有物譲渡は，無因的所有物譲渡に接近した。というのも，
法律家の中には，取得者が免責可能な錯誤に陥り，実際には契約が存在しない
または無効であったにもかかわらず，それが存在するまたは有効であると信じ
た，という誤想原因（causa putativa）であっても，所有物譲渡の原因または権原
として認める者があったからである。このうち，無因的譲渡行為であった握取
行為および法廷譲渡が消滅したのは，ローマの法律学が 3 世紀に卑俗法──
「そのような法秩序にあっては無因的所有物譲渡などは必要とされない」とさ
れる──の影響を受けたことによると解されている。もっとも，古典法をいま
一度復活させようとしたユスティニアヌスの法学提要（*Institutiones* II. i. 40）は，
所有物譲渡の中に無因的行為を見出し，無因的行為の本質的な構成要素は，自
己の権利を取得者に移転しようという所有者の意思であるとみていた[54]。にも
かかわらず，中世および近代においては，ローマ法の有因的な引渡しが再び用
いられるようになった。こうしてヴィーリングは，すでにローマ法において無

---

52)　手中物（res mancipi）とは，イタリアの土地における不動産権またはそのような土地に
　　おける建物，奴隷ならびに牛，馬，らば，ろばなどの家畜，農村の役権など，握取行為に
　　よって譲渡された物であった（Gaius, *Institutiones*, Ⅱ.14a）。それは，農業経営上の主要な
　　生産財であり，戸口調査による財産評価表に記載されるべき物（res censui censendo）でも
　　あった。
53)　Wieling 2001: S. 301.
54)　Wieling 2001: S. 302.

因主義が認められており，その後の法史上も無因主義―有因主義の相克の歴史があったことを確認している[55]。

　パンデクテンの現代的慣用（usus modernusu pandectarum）は，ローマ法上の有因的引渡しによる所有物譲渡を，「権原と取得方式」（titulus und modus acquirendi）の理論として承継した。所有権譲渡は，権原（titulus）とも呼ばれた原因（causa）――例えば，売買契約――と，方式（modus）――物の引渡し――によって生じた。そして，この権原と取得方式の理論は，所有権の原始取得の場合にも適用されるべき，所有権取得の一般的方式とされたものである。

　かかる権原と取得方式の理論を克服し，所有権譲渡理論の基礎を形づくったのがサヴィニーである。①サヴィニーは最初に，権原と取得方式の理論を所有権の原始取得の場合に適用することを批判した。ついで，②サヴィニーは，ローマ法の手本に従い，原因行為（Grundgeschäft）――権原（titulus）――から正当原因（iusta causa）を解放することにより，権原と取得方式の理論を全面的に放逐した。すなわち，引渡しの正当原因（iusta causa traditionis）は，債務法上の義務を生じさせる契約ではなく，所有権を移転するという両当事者の合致した意思であるべきであるとみた。そして，物権の移転行為としての合意――物権的合意（die Einigung）――は，今や1つの法律行為，1つの契約であり，その有効性は有効な原因行為に依存しないとした[56]。その一方で，やはり1つの法律行為としての権原（titulus）は，当事者を義務づける契約（Verpflichtungsvertrag），つまり，債務法上の契約（schuldrechtlicher Vertrag）であり，これと物権法上の契約――かつての方式（modus）――は相互に独立して併存し，権原と取得方式の理論のように，前者（債務法上の契約）が後者（物権法上の契約）の要件であるとする必然性は存在しない。これがサヴィニーの物権契約論である。それは，法史的な観点からみれば，ローマ法上の無因的譲渡方式が，卑俗法の時代に失われた後に，新たに復活したものであると位置づけられた[57]。

　サヴィニー理論は，19世紀を通じて次第に浸透したものの，パンデクテン法学の教科書などでは，まだ権原と取得方式の理論が維持されていた。しかし，

55）　Wieling 2001: S. 302 f.
56）　Wieling 2001: S. 302.
57）　Wieling 2001: S. 306.

1864年バイエルン民法典草案および1865年ザクセン民法典は，所有権譲渡を無因的行為とした。さらに，1872年プロイセン所有権取得法は，不動産譲渡を無因的法律行為として構成した。

　もっとも，プロイセンでは，動産所有権譲渡に関してはまだ権原と取得方式の理論が法律上維持されていた。また，オーストリア一般民法典（1811年）でも権限と取得方式の理論が法律上採用されていたために，サヴィニー理論を受容することができなかった。これらの法律によれば，所有権譲渡が有効であるためには，原因行為（Kausalgeschäft）も有効であることが必要とされていた。その結果，そこでは，所有権譲渡が独立した法律行為（selbständiges Rechtsgeschäft）であると認められながらも，それは債権契約（Schuldvertrag）から解放されえなかった。こうして成立した有因的所有権譲渡契約（der kausale Übereignungsvertrag）は，サヴィニーの無因的所有権譲渡契約の概念に照らしてみれば，一種の妥協的状態であり，当座凌ぎ（Notbehelf）であった[58]。

　これに対し，ドイツ民法典には無因主義が採用された。ヴィーリングによれば，こうして確立された無因主義は，「サヴィニーの偉業として，われわれ〔ドイツ〕の法史および法文化の重要な一部であり，それにより，それまでヨーロッパにおいて優勢であった，時代遅れの，権原と取得方式の理論が克服された」[59]と評価されている。したがって，外国人のみならず，ドイツの法学者までが，無因主義の放棄を提言することは，あたかもフランス人に対し，「歴史的な経緯を経てフランスの法文化の一部になった，〔所有権譲渡の〕契約主義（Vertragsprinzip）を，ドイツの無因主義のために放棄することを提案する」ようなものであるとされる[60]。したがって，もし，あえて無因主義の放棄を提案するのであれば，その根拠が問われなければならない。そこで，無因主義および無因主義批判の双方の理論的根拠を分析してみよう。

---

58)　Wieling 2001: S. 303.
59)　Wieling 2001: S. 306.
60)　Wieling 2001: S. 306.

(3) 無因主義の理論的根拠

（i） 無因主義批判とその論拠

　無因主義は，ドイツ民法典に採用されたものの，今日に至るまで批判の的となり続けている。それは，すでにドイツ民法典制定過程から始まり[61]，その制定・施行後も批判的見解が提示され[62]，とりわけ，「国家社会主義的法革新」（die Nationalsozialistische Rechtserneuerung）の中では激しく批判された[63]。そして，近年，ヨーロッパ統合に向けた法統一の議論の中で，無因主義批判が再び取り上げられるに至った。そこでは，無因主義,「有因的物権契約」（das kausale dingliche Rechtsgeschäft），フランス民法的な「債権契約による所有権譲渡」（die Übereignung durch den obligatorischen Vertrag）から，中世法的な権原と取得方式への回帰まで，多様な議論が展開されている[64]。その論争においては，感情に促されたものもあれば，所有権譲渡方式が多様であっても，実務的にはあまり大きな相違をもたらさないといった，実益本位の見解もある。

　こうした無因主義批判の中で，多数説を形成しつつある見解は，「物の引渡しを伴う，有因的な物権的所有権譲渡契約」（ein kausale dingliche Übereignungsvertrag mit Sachübergabe）という，有因主義（Kausalitätsprinzip）の主張である。その根拠は，①まず，所有権譲渡をその法的原因から切り離して抽象的に考えることは，生活感覚から離れ，「法的現実」（Rechtswirklichkeit）に対応しておらず，素人にとって理解不能であるという点にある[65]。また，②無因主義の目的である取引安全（Verkehrssisherheit）は，ドイツ民法典の施行後は，善意取得の可能性によってすでに保護されており，無因主義は最早不要であるという主張も提示されている[66]。

61）　ドイツ民法典第1草案に対し，第2読会委員会においては所有権譲渡を有因的に構成すべきであるとの反対意見が出されたが，否決された。Vgl. Wieling 2001: S. 303, Fn. 5.

62）　Litten 1922/23: S. 493 ff.

63）　Wieling 2001: S. 303, Fn. 7.

64）　Schindler 1997: S. 1033 ff.; vgl. Wieling 2001: S. 303 mit Fn. 9.

65）　Vgl. Wieling 2001: S. 303.

66）　この点に関するヴァッケの主張については，前述2(4)③参照。

（ii）　無因主義批判に対する反論とその論拠

こうした無因主義批判に対するヴィーリングの反論は，つぎのようなもので
ある。

（ア）　無因主義が生活感覚や法的現実から離れているという批判（前記(i)①）
は，「『生活に即した』，『法的現実』に対応する法律学的構成（juristische
Konstruktion）として何を観念すべきか」という問題を未解決のままに放置して
おり，無因主義が民族意識に根差しておらず，素人にとって理解不能であると
いう批判だけでは，「議論になりえない」[67]。

（イ）　有因的物権契約の概念は，無因的物権契約の概念と同程度に，民族意識
に根差しておらず，素人にとっても理解困難である。しかし，いずれにせよ，
法律学的構成というものは，大衆向きの通俗的観念を表現しようとする試みで
はなく，所有権譲渡における両当事者の利益を正当に考量しようとする試みで
なければならない[68]。

（ウ）　取引安全という無因主義の目的は，善意取得制度によってすでに達成さ
れている，という批判（前記(i)末尾②。ヴァッケの同様の批判については，前述 2 (4)③
参照）に対しては，「善意取得の可能性により，無因主義と有因主義との相違
はたしかに縮小されたが，けっして取り除かれたわけではない」とヴィーリン
グはみている[69]。

例えば，譲渡人Ａと譲受人Ｂとの間の所有権譲渡の原因関係が失効する一方
で，取得者Ｂが目的物を第三者Ｃに譲渡し，または質入れしたとする。無因主
義によれば，Ｂは権利者として取り扱われる一方，Ａからの不当利得に基づく
返還請求権に服する。これに対し，有因主義によれば，Ｂは無権利者であるが，
Ｃは善意取得によって保護される。

しかし，〔1〕善意取得のためには，取得者Ｃの善意が要件とされる。また，
ＢＣ間の譲渡が（目的物を直接占有する者に対する）返還請求権の譲渡の方法によ
る譲渡であった場合には，非常に制限された要件の下でのみ善意取得が認めら
れるに止まる（ドイツ民法 933 条，934 条）。その結果，無因主義による取引保護

67）　Wieling 2001: S. 303.
68）　Wieling 2001: S. 303 f.
69）　Wieling 2001: S. 304.

の方が善意取得によるそれよりも広範に及びうる[70]。

　また、〔2〕無因主義によれば、取得者Cにとっては、譲渡人Bが目的物を取得した原因行為が有効であったか否かを審査するという負担から解放されることにより、有因主義よりも有利であり、したがって取引安全に資する。これに対し、有因主義によれば、取得者Cがその所有権取得に念を入れようとすれば、ＡＢ間の原因行為に意思の不合致、仮装行為がなかったこと等々を確かめなければならないことになる[71]。

　さらに、〔3〕ＡＢ間の所有権譲渡の原因行為が効力をもたない一方で、譲受人Bが破産した場合において、Bの債権者Cがその目的物を差し押さえたり、Bがその目的物を債権者Cに担保のために譲渡したときは、無因主義によれば、譲渡人Aではなくて譲受人Bが所有者であるから、Aは保護されずにCが保護される[72]。すなわち、差押債権者Cは、目的物がそこに帰属した破産財団に対して差押質権（Pfändungspfandrecht）を取得し、担保のために目的物を譲り受けたCは譲渡担保権を取得する。これに反し、有因主義によれば、譲渡人Aが所有者であるから、Aは破産手続においてその目的物を取り戻すことができる。すなわち、Cの差押えに対しては、第三者異議の訴えを提起することができ（ドイツ民事訴訟法771条）、Cの譲渡担保権に対しては、その無効を主張することができる。Cによる譲渡担保権の即時取得は、933条の要件により、非常に制限されたものとなる[73]。これらの帰結に鑑みれば、無因主義の方が取引安全にとって有利である。

　㈓　もっとも、以上の反論のうち、根拠㈫に対しては、有因主義の立場からつぎのような再反論が可能である。すなわち、仮に無因主義による取引安全保護の方が、善意取得による場合より広いとしても、取引保護はすでにドイツ民法典に一般的に導入された善意取得制度によって与えられた範囲に止められる

70）　Wieling 2001: S. 304.
71）　Wieling 2001: S. 304. なお、この点については、無因主義を導入したサヴィニーおよびドイツ民法典起草者の企図として、すでにヴァッケも指摘している（前述 2 ⑷②前半部分参照）。
72）　これは、すでにヴァッケが無因主義批判の論拠の1つとして取り上げた問題である（前述 2 ⑷②後半部分）。
73）　Wieling 2001: S. 304 f.

べきであり，前述(ウ)〔3〕のような場合（譲受人Bが破産した場合）においては，譲渡人Aの所有権が保護されるべきである。それ以上に譲渡人Aの法的地位を無因主義によって悪化させることは，不衡平である[74]。

　これに対し，ヴィーリングは，「公示の原則」（Publizitätsprinzip）の要請という観点から，以下のような再々反論を試みている。すなわち，公示の原則は占有状況による物権の認識可能性を要請するが，それが占有改定によって破壊されていることに対しては，しばしば苦情が出されている[75]。前記のような事例においては，物の占有状況は，外部から見れば，譲受人Bが権利者であると思わせるのであり，債権者Cはかかる外観を信頼したのである。「無因主義はかかる信頼を保護し，それによって取引安全を保護するものである」。これに対し，「有因主義は債権者たち〔A，C〕のうちの一方を，つまり，占有の引渡しによっていったんは信頼要件を創出しておきながら，今になってそれが誤まっていたことが明らかになったとする譲渡人を，一面的に保護するものである」。しかし，「このような譲渡人を，他の債権者の犠牲において，有因主義によって一方的に優遇する理由は存在しない」[76]。むしろ，前記の諸事例（前述(ウ)〔1〕～〔3〕）における帰結はすべて，無因主義に適合するものであり，有因主義に反するものである。

　(オ)　さらに，無因主義によれば，譲渡人Aの保護がまったく欠けているわけでもない。すなわち，譲渡人Aは売買代金などの対価を手中にしているのであるから，この代金の返還を請求された場合には，差額説〔不当利得返還請求権との相殺的処理〕を援用することができる。もっとも，譲渡人Aが先履行していた場合には，その保護に欠けることになる。しかしまた，このような場合には，譲渡人Aはそもそも「そのような危険を引き受けることも合目的的であると判断した」のであり，その危険が現実化したからといって，不平をいうことはできない。有因主義の導入による譲渡人Aの追加的な保護は，適切ではない[77]。

74）　Westermann-Westermann, §4 III. また，ヴァッケの批判（前述2(4)③）も参照。
75）　もっとも，ヴァッケは，ドイツの法秩序において公示の原則は放棄されたと割り切って考えている。これに対し，ヴィーリングは反対している（Wieling 2001: S. 305, Fn. 18）。
76）　Wieling 2001: S. 305.
77）　Wieling 2001: S. 305 f.

以上，㋐〜㋔の論拠に基づき，ヴィーリングは，「無因主義はその他の構成可能性よりも優れており，そこから離脱すべき根拠はまったく存在しないことが示された。とりわけ，無因主義に置き換えられるべきであるとされるような有因主義の優越性は認識されえない」と結論づける[78]。こうしてヴィーリングは，無因主義が法政策的に維持されえないとみるヴァッケの立場に反対し，「より良いものを，中程度のものの犠牲にすることが，ヨーロッパの伝統になるべきではないであろう」と締め括っている[79]。ここでは，ヴィーリングが，無因主義の歴史認識——とくにローマ法の無因主義が卑俗法の影響によって駆逐されてしまったこと——に暗黙のうちに再度立ち返っていることを看過することができない。それは，法律学的構成としての無因主義の特色をよく示しているとみることができる。

4　無因主義論争の行方と今後の課題

(1)　ヴァッケ—ヴィーリング論争の評価

　ここであらためて，ヴァッケによる無因主義批判の論拠と，ヴィーリングによる無因主義擁護の論拠とを比較し，その論争が何を生み出したかを総括してみよう。

(i)　無因主義論争の歴史的意義

　無因主義の起源に関する歴史認識において，両者の間には少なからぬ溝がある（ヴァッケのサヴィニー起源説〔前述2(4)②〕とヴィーリングのローマ法起源説〔前述3(2)〕。もっとも，ヴィーリングも，権原と取得方式の理論を克服して所有権譲渡理論の基礎を構築し，ドイツ民法典の無因主義に通じたサヴィニーの物権契約論の意義を評価する〔同前〕)。しかし，少なくとも，無因主義の形成に通じた法的思考やその実務上の要請がローマ法の時代から存在していたこと，その後，すでにローマ卑俗法の時代から，無因主義と有因主義との間には，法律学的構成がどうあるべきかと

---

78)　Wieling 2001: S. 306.
79)　Wieling 2001: S. 307.

74

いう法律学というものの基本的なあり方のレベルにおいて，相克の歴史があったことを正確に知ることは，現代の無因主義論争の意義を法律学の歴史の中で相対化して考えるためにも重要であろう。この点では，ヴィーリングのより注意深い分析に学ぶところがあるように思われる。この観点からは，ローマ法上の所有物譲渡方式における無因性の具体的帰結，その根拠，それが消滅し，復活し，再び消滅した理由につき，さらに探求する余地があろう。こうした歴史的パースペクティブの下で考察することはまた，無因主義の本質理解（後述(2)(i)）にも通じるであろう。

(ii) 無因主義と善意取得制度との関係

　無因主義の理論的根拠に関しては，まず，無因主義と善意取得制度との関係が重要であることが，本章の考察でも明らかになった（前述2(4)③，3(3)(ii)(ウ)）。この点でも，無因主義が善意取得制度によって完全に代替されたものまたは代替されるべきものとみるヴァッケに対し，無因主義には善意取得制度によって取り扱われていない問題が残っているとみるヴィーリングがより慎重な考察を行っている。もっとも，ヴィーリングの取り上げる問題（前述3(3)(ii)(ウ)〔1〕〜〔3〕）のうち，取得者Bの債権者Cの保護の問題（同〔3〕）は，ヴァッケも取り上げて論じている（前述2(4)③）。ヴァッケの立場は，ヴィーリングと異なり，無因主義の目的が取引安全の保護にあるとしても，取引安全の保護の範囲——それは基本的に法律行為の当事者間の問題である——は取得者の債権者までは及ばないというものである。ヴィーリングは公示の原則を援用して，取得者の債権者を保護する必要性を根拠づけようとしているが（前述3(3)(ii)(エ)後半部分），むしろ「取引安全」（Verkehrssicherheit）の射程をどこまで拡大すべきかという観点から，ヴァッケの問題提起に正面から答える必要があろう。いずれにせよ，取引安全の射程範囲の問題は，引き続き探求されるべき重大な法政策的課題である。

(iii) 無因主義と法文化

　無因主義を承認する立法例が少なく，ヨーロッパ諸国の民法の中でもドイツ民法の無因主義が孤立しつつある点についても，両者の態度は対照的である。

ヴァッケは，ヨーロッパの法統一を見据えつつ，ドイツ法の孤立をより強調しつつ，多数派への合流を促そうとする論法をとっている（前述2(4)①，④）。これに対し，ヴィーリングは，無因主義はドイツ法文化の支柱にまでなっているとし（前述3(1)②），そうした法文化に対しては，例えば，フランス民法史上形成された合意主義（契約主義）をドイツ法に合わせるために破棄せよとフランス人に迫るのと同様の事態を想定した配慮が必要であることを示唆する（前述3(2)末尾）。ある社会のある制度を改革するには，その制度が形成されるに至った経緯を踏まえ，その過程において徐々に形づくられたインフォーマルな制度（法文化，法意識を含む）を包含する制度全般の漸進的な改革が必要である。このような制度理論的な観点からすると，ヴィーリングの指摘は重みをもっており，安易な統一化の試みには大きな困難が予想される。しかも，そうした試みは，無因主義に対する有因主義の理論的優位性が明らかにならない限り，開始されるべきではないであろう。

(iv)　無因主義と法律学的構成

　無因主義と有因主義のいずれが理論的優位性をもつかを判断するに際しては，ヴィーリングが提起する「法律学的構成」(juristische Konstruktion) はどうあるべきかという問題に，真剣かつ慎重に取り組む必要があるであろう（前述3(3)(ii)(ア)，(イ)）。法律学的概念の法的現実および生活感覚への適合性，素人にとっての分かり易さという問題は，ヴァッケは取り上げていないが，無因主義に対する従来からある批判の1つである（前述3(3)(i)末尾）。

　ヴィーリングはこれに対し，法律学的構成は大衆向きの通俗的観念を表現しようとするものではないとし，法的現実および生活感覚への適合性や素人への分かり易さだけで計られるべきでない，法律学的概念がもつべき独自の存在意義を認めているように思われる。そこには，法律学の大衆化および通俗化に対する警戒も窺われる。それは，ローマ法の無因主義が卑俗法の影響下で駆逐されたことから汲み取られるべき歴史的教訓の認識と絡んでいるかも知れない。こうした視点も，本論争を通じて確認された重要な論点の1つである。しかし，この問題に答えるためには，最終的に，無因主義の現実的機能や実践的目的を踏まえつつ，さらに，無因性の本質に踏み込んだ考察が必要であろう。

図表 2-1　所有権譲渡法システムの法的構成

		I	II		
		引渡主義	合意主義		
A	一体主義	【A I α】	【A II α】	有因主義	α
B	分離主義	【B I α】	【B II α】		
		【B I β】	【B II β】	無因主義	β

(2)　今後の課題

(i)　無因性の本質としての抽象的な譲渡意思

　無因主義の肯否は，取引安全保護の問題であるに止まらず，所有権譲渡の体系的な理論構築の問題の一環でもある。そこでは，まず，所有権を当事者の意思に基づいて移転するとはどういうことか，何が，どのようにして所有権を移転するのか，という根本問題と関連づけながら，無因性の本質を探究することが求められる。この根本問題は，直接に本論争の的にはならなかったものの，無因主義の歴史の中ではしばしば提示されてきた。それは，《所有権移転そのものを生じさせようとする意思》を法律学上の概念として，どの程度真剣に考えるべきかという問題である。かかる「抽象的」意思を法律学上どのように取り扱うべきかが，無因主義（Abstraktionsprinzip）の取扱いを最終的に左右することになるであろう[80]。

(ii)　無因主義と所有権譲渡理論の体系

　また，無因主義か有因主義かの問題は，所有権譲渡法システムの一環として，一体主義か分離主義か，および合意主義か引渡主義かの問題と密接かつ複雑に関連しており，これらの問題との体系的関連性を絶えず意識しながら論じられなければならない。所有権譲渡法システムを構成するこれらの基本原則の相互

---

80)　この意味で，古典法を復活させようとしたユスティニアヌスの法学提要（*Instituniones* II. i. 40）が，無因的行為としての所有物譲渡行為の本質的構成要素を，《自己の権利を取得者に移転しようという所有者の意思》であるとみていたとの指摘（Wieling 2001: S. 302）は，注目に値する（前述 3(2)）。サヴィニーの物権契約理論についても同様である（同前）。

関係については，以下【ＡⅠα】(一体主義・引渡主義・有因主義) ～【ＢⅡβ】(分離主義・合意主義・無因主義) のような6つの可能性が考えられるであろう (図表2-1 参照)。

　もっとも，この図の中に諸国の立法例を位置づける場合，各国の立法例がいずれかのマトリックスにきちんと収まるとは限らない。各国の法の沿革にも照らしてみれば，少なからぬ中間形態が存在する。例えば，フランス民法典の合意主義は，占有改定による引渡済条項の慣行を用いた擬制的な引渡主義の発展型であるとみれば，【ＡⅠα】から【ＡⅡα】に接近した場所に位置づけることができよう。また，分離主義の意味として，原因行為と引渡し (方式) との物理的分離よりも，原因行為から概念的に分離された，所有権移転そのものに向けられた法律行為の存在を重視すれば，オーストリア法，オランダ法，スペイン法は，【ＡⅠα】よりも【ＢⅠα】の範疇に位置づけることも可能であろう。このように所有権譲渡法システムの法的構成は多様であるが，そうした多様性の背景と意味を沿革的および比較法的に解明しながら，体系的により首尾一貫した所有権譲渡法システム (さらには権利移転システム) の理論構築が図られるべきであろう。

第3章

権利移転原因の失効と
第三者の対抗要件

1　問題の所在

　権利がＡ→Ｂ→Ｃと移転するに際して，ＡＢ間における契約そのほかの権利
移転原因が効力を失った場合に，当該権利のＡまたはＣへの帰属確定をめぐっ
て，いわゆる対抗要件の有無はどのような意味をもつであろうか。

　これは，具体的には，意思表示の無効（3条の2，91条〔強行規定違反〕，90条，
93条1項ただし書，94条1項など），取消し（5条2項，9条本文，13条4項，17条4項，
95条1項，96条1項・2項など），解除条件の成就（127条2項），契約の解除（540条
〜543条）などの場合に起こりうる問題である[1]。そして，この問題は，一方で
は，日本民法の物権変動論における意思主義，有因主義および対抗要件主義の
解釈と関連し[2]，他方では，Ｂの失権の遡及効の有無やその法的性質の解釈と
関係する[3]。

　本章は，この問題について，まず，法律に明文で第三者保護規定が設けられ
ているもののうち，虚偽表示（94条2項），詐欺取消し（96条3項）および解除
（545条1項ただし書）の場合を取り上げ，第三者の対抗要件の要否およびその根

---

1)　そのほか，合意解除，再売買の予約（556条），買戻し（597条）などの場合がある。な
　お，遺産分割（909条ただし書）および相続放棄（939条）と第三者のケースも，Ｂ→Ｃ
　の処分行為後に，Ｂが遡及的に権利者ではなかった（Ａが権利者であった）ことになると
　見れば，Ａ→Ｂの権利移転の効果が消滅した場合と関連させて理解することができる。
2)　滝沢1987: 40頁以下参照。
3)　四宮1977: 1頁以下，本書第4章参照。

79

拠を考察する。そして，第三者の権利取得に関する各規定の規範構造の異同を確認したうえで，それらの適用範囲，とりわけ，取消後に現れた第三者，解除後に現れた（悪意の）第三者などに対する適用規範についても検討する。

2　虚偽表示と第三者

(1)　第三者による対抗要件の具備の要否をめぐる諸見解

　ＡＢ間の法律行為の無効は，これを第三者Ｃに対しても主張できるのが原則であるが，民法94条2項は，その1つの例外を設けて第三者を保護している。しかし，その場合の第三者に対抗要件の具備を要するか否かについては，争いがある。例えば，Ａがその不動産をＢに仮装譲渡して移転登記が経由され，さらに善意のＣが譲り受けたとする。

　(a)登記必要説は，ＢからＣへの譲渡とともに，ＢからＡへも「一種の権利を復帰させるべき関係」を認めることによって，ＡＣ間が「対抗関係の問題」になると解する[4]。

　これに反し，(b)登記不要説は，94条2項によりＣにとってはＡＢ間の譲渡が有効だったものとみなされることから，目的物がＡ→Ｂ→Ｃと移転した場合のＡＣ関係は対抗問題（177条）にはならないと解する[5]。

---

4)　川井1975: 314頁以下，とくに317頁（および同所注26）。なお，加賀山1986: 14頁以下は，対抗問題に関する否認権説に基づき，ＡかＣの一方が登記を得たときは先に登記を得た者が勝つが（177条），ＡもＣも未登記のときは先に権利を取得した者──94条2項の場合には，ＢＣ間の取引の方がＡＢ間の物権の返還よりも先に行われることから，つねにＣ──が勝つ（176条）とする。また，高島1968: 24頁以下は，ＡＣ間を「対抗関係」と把握しつつも，Ｃのみに登記を要求し，未登記のＡが，未登記のＣに対して，その無権利を主張することを肯定する。さらに，対抗問題説とは別個の観点から登記必要説をとるものとして，柳沢1972: 71頁以下がある。

5)　四宮1986: 166頁注6，四宮＝能見2018: 235頁。そのほか，登記不要説の理由づけとしては，第三者を誤らせる虚偽の外観を故意に作出した真の権利者の帰責性が強い分だけ，第三者保護の要件を緩和させること，表見代理の場合との権衡などが挙げられている（幾代1984: 260頁以下，幾代1968: 29頁，31頁以下参照）。

⑵ 私見

(ⅰ) 立法経緯

これらの学説を踏まえて，以下に私見を整理してみよう。

まず，立法経緯によれば，94条2項によって保護されるべき「第三者」の意義ないし範囲が，債権者を含め，比較的広く捉えられていたことが注目される。

(ア) 現行民法94条の母体となった旧民法証拠編50条では，本証書の効力を変更または減却する「秘密ニ存シ置ク可キ反対証書」の効力，すなわち，現行民法94条に引き直せば，「虚偽ノ意思表示」に反する当事者の内実の意思の効力という側面から規定が置かれていた。すなわち，この反対証書は，「署名者及ヒ其相続人」に対してのみ効力をもつとされ（旧民法証拠編50条1項），そして，その効力が及ばない善意の第三者の範囲は，「当事者ノ債権者及ヒ特定承継人」と規定された（同2項）。その理由については，同条に対応するボアソナード草案1386条についての注釈によれば，「法は，反対証書が第三者（tiers），換言すれば，ここでは当事者以外の利害関係人（intéressé）を害することを目的としてはいないかを案ずる」と述べられており，その制度的位置づけとしては，「一般的には，債務者の行為が債権者の権利の詐害において（en fraude）行われたのでないときには，その債務者の行為の効果を忍容する債権者でさえ（360条を見よ），契約した時に反対証書を知らなかった場合には，反対証書の効果を忍容する義務はない。これは，360条の文言にある原則に対する著しい例外である」とされ，廃罷訴権（action révocatoire）（同草案360条以下）のほかに，債権者（créancier）が債務者の行為の効力を否定することができる例外的な制度として把握された[6]。

(イ) ついで，『法典調査会　民法主査会議事速記録』92条（現行民法94条とほぼ同文）では，「〔旧民法〕証拠編50条ニハ当事者ノ債権者及ヒ特定承継人ト云

---

6)　Boissonade 1889: n° 163, p.150. 同草案360条は，「反対に，債権者は，その権利の詐害において行われた行為を除いて，その債務者によって同意された債務，放棄および譲渡の効果を忍容する。／債務者が，その行為が債権者を害することになることを知りながら，積極財産を減少させ，または消極財産を増大させるときに詐害が存在する」と定めていた。なお，第三者の例としては，仮装債権が第三者に売却され，または第三者によって差し押さえられた場合が挙げられている（ibid.: n° 164, p.151）。

ヘルヲ本案ニ単ニ第三者ト云ヘリ是他ナシ本案ニ於テハ当事者及ヒ法律上之ト同一人ト看做スヘキ者ヲ除ク外皆之ヲ第三者ト称スルヲ可トシタレハナリ」とされた[7]。

（ウ）　このように，「第三者」の範囲に関する本条の沿革から見る限り，94条2項によって保護される第三者は，絶対的に権利を取得した転得者には限られず，例えば，特定物債権者にとどまる者も保護されると解釈する余地がある[8]。もっとも，これは登記不要説に有利な要因ではあるが，その決定的根拠とまではいえないであろう。なぜなら，保護されるべき「第三者」の意義ないし範囲の問題と，その第三者が保護されるためにさらに具備すべき資格ないし要件の問題とは，ひとまず分けて考えることが可能であり[9]，また，転得者には，物権変動の公示などの別個の理由から登記などが要求されることも考えられるからである。

(ii)　第三者の登記の要否

そこで，以下，第三者が転得者である場合に生じうる実質的な争点に即して，

---

7)　法務大臣官房司法法制調査部監修 1988: 639 頁。

8)　ちなみに，旧民法と同様に，反対証書（秘匿契約）は「第三者」に対して効力をもたないと構成するフランス民法（2016 年改正前）1321 条後段（2016 年改正 1201 条後段）の解釈としては，「第三者」には，特定承継人のほか，いわゆる一般債権者も含まれると解されている（Cf. Carbonnier 1972: n° 39, p. 131）。これに反して，ドイツ民法 117 条 1 項は，仮装行為の無効を規定するにとどまり，その有効性を信頼した第三者を保護する規定を一般的には設けていない。しかし，第三者の保護は，892 条以下，932 条以下などの善意取得者の保護規定をはじめ，仮装債権の譲受人（405 条），不存在または無効の債権譲渡の通知を受けた債務者（409 条），同じく賃貸地の所有権移転の通知を受けた使用賃借人（576条）などに関する個別的規定によって図られている（vgl. Enneccerus-Nipperdey 1960: § 165 II 4; Münchner Kommentar zum BGB, Bd. I., 2. Aufl., 1984, § 117, RdNr. 16 ff.）。日本民法 94条 2 項の解釈としては，「第三者」には，仮装譲渡された目的物の譲受人，その目的物について制限物権の設定を受けた者および仮装債権の譲受人のほか，仮装譲受人の債権者のうち，目的物を譲り受けまたは賃借する債権契約をした者および差押債権者が含まれるが，一般債権者，仮装譲渡された土地の上の建物賃借人などは含まれないと解されている（四宮 1986: 164 頁以下〔ただし，四宮＝能見 2018: 233 頁は，仮装譲渡された土地上の建物の賃借人につき，第三者性を肯定する〕，幾代 1984: 252 頁以下，最判昭和 57 年 6 月 8 日判時 1049 号 36 頁参照）。これに対して，「第三者」の範囲をより広く解釈すべきと主張するものに，木村 1971: 1 頁以下，花村 1921: 573 頁以下がある。

9)　「第三者」のカテゴリーと，その者が保護されるべき要件としての善意・悪意の問題に関するものであるが，池田 1986: 24 頁以下参照。

第三者の登記の要否を検討してみよう。これは，具体的な事例（前述(1)において提示した例）に引き直せばつぎのようになろう。第1に，登記がBにある場合，Cは，依然として占有しているAに対して引渡しを請求しうるか。第2に，Aが登記を回復した場合，CはAに対して移転登記を請求しうるか。第3に，Aが当該不動産をさらにDに譲渡した場合，Cは登記なくしてDに権利を主張しうるか。以下，これらについて，順次検討してみよう[10]。

(ア) 第1のケースについては，判例は見当らないようである。そして，94条2項の適用ないし類推適用が問題になった事例では，移転登記まで経たCに対して，Aが抹消登記手続ないし移転登記手続を請求したものが圧倒的に多く，そこではCの対抗要件の要否はとくに問題にならない[11]。これについで，第2および第3のケースが問題になっている（後述(イ)，(ウ)）。その意味では，94条2項の第三者に対抗要件を要するか否かは，実質的には，第2および第3のケースをどう処理するかに関わっている[12]。そして。つぎに見る第2のケースでCに登記が不要であるとすれば，この第1のケースでも登記は不要と解すべきであろう。

(イ) 第2のケースについては，判例には，CのAに対する請求を認めたものがある[13]。これに対して，登記必要説（対抗問題説）は，Aにも登記名義を回復する正当な利益があること，Bからの二重譲受人の出現など，通常の取引活動

---

10) 幾代 1968: 25頁以下，幾代 1982: 2頁以下参照。また。第2のケースと関連して，登記は依然Aにあるが，AB間の虚偽の譲渡証書などを信頼してBから譲り受けたCが，Aに対して移転登記などを請求しうるかという問題がある（幾代 1984: 260頁，幾代 1982: 35頁以下参照）。この問題においてCの請求が認められれば，登記不要説に有利な論拠になる。

11) 判例については，吉田 1972: 26頁以下参照。なお，その後の判例として，最判昭和47年11月28日民集26巻9号1715頁，最判昭和50年4月25日判時781号67頁（仮登記），最判昭和52年12月8日判時879号70頁などがある。

12) 登記名義がしばらくBに残っていたケースでも，結局，Aによって処分禁止の仮処分登記あるいは所有権移転の仮処分仮登記が経由されるか，またはCに移転登記されるかしており，最高裁は，両者が競合した事例では，それらの登記の先後によってAC間の優劣を確定している（最判昭和30年10月25日民集9巻11号1678頁，最判昭和42年10月31日民集21巻8号2232頁，最判昭和43年12月4日民集22巻13号2855頁など）。

13) 最判昭和44年5月27日民集23巻6号998頁，最判昭和48年6月21日民集27巻6号712頁。なお，事案の詳細は不明であるが，大判大正5年11月17日民録22輯2089頁もこれに類する事例か。

における一般的な危険に鑑みれば，Ｃに登記を要求しても酷ではないことなどを根拠に反対する[14]。しかし，登記必要説によれば，例えば，ＢからＣに譲渡された直後にＢからＡに登記が回復されたような事例では，善意の第三者Ｃに不測の損害を与えることになると思われる。また，登記必要説は，ＡＣ間を対抗問題（177条）とみているが，Ｃが悪意の場合には，Ａが無効を主張して登記なしに目的不動産を取り戻しうることは認めるものと解され（94条2項），この限りで不徹底とならざるを得ない。そこで，このことを踏まえ，私見としては以下のような根拠により，登記不要説が妥当であると解する。

第1に，もしＡの登記回復後にはＣの移転登記請求などが認められないとすれば，虚偽表示の撤回——たとえその意思表示がＢＣ間の譲渡前にされたとしても——の効果を，虚偽の外形除去以前に現れた第三者に対する関係でも認める結果になるが，これは，自ら虚偽の外形を作出したＡの帰責性の強さに鑑みて，妥当でない[15]。

第2に，取消しまたは解除のように，ＡＢ間の権利移転原因の失効に際して取消しないし解除の意思表示が存在し，かつ取消権ないし解除権の成否についてＡＢ間に利害の対立関係を生ずる場合と構造的に異なり，虚偽表示の場合には，当事者間の通謀に基づいて，第三者が虚偽表示であることを認識する契機のないうちに，突如として登記がＢからＡに戻される可能性が高い。その際に，Ｃの未登記を理由にして保護を与えないとすれば，善意の第三者に「不虞ノ損害ヲ蒙ラサラシメンコトヲ謀レリ」とした本条の立法趣旨に反するであろう[16]。

第3に，虚偽表示においては，ＡＢ間には外形に対応するような現実の法律関係が存在しないだけでなく，通謀して虚偽の意思表示を行うことができるＡＢ間は，親子，兄弟，夫婦，そのほかの親族ないし縁戚関係，内縁，知人関係など，少なくとも当初は何らかの共同の利害を了解し合った特殊な人的関係であることが一般的である。そして，ＢからＣへの処分などは，この共同の利害の了解に背く行為ではあるが，ＡＢ間の人的関係の基礎はなお残っており，場

14）　川井 1967: 96 頁。

15）　虚偽表示の撤回の許容範囲につき，四宮 1986: 167 頁注 7，四宮＝能見 2018: 236 頁，幾代 1984: 262 頁，最判昭和 44 年 5 月 27 日民集 23 巻 6 号 998 頁参照。

16）　法務大臣官房司法法制調査部監修 1988: 639 頁。

合によっては，それがＡの登記回復にとってより有利に作用しうることも考えられる。ここでは，対抗問題におけるようなＡＣ間の対等な競争関係という基盤が欠けており，客観的（sachlich）な取引活動の場において，隠された人的関係ないし利害関係に基づく虚偽の登記とその回復を，何らの制限なく許容することは，取引の安全を著しく害することになる。

したがって，先の第１および第２のケースについては，登記不要説が妥当であると考える。もっとも，この場合に，権利がＡ→Ｂ→Ｃと移転したことになるという登記不要説の根拠づけ（前述(1)(b)説）には疑問がある。すなわち，94条２項によってＣが権利を取得しうるとしても，ＡＢ間の有効な権利移転が擬制され，Ｂの地位ないし権利までが実体化されることはないと考える。なぜなら，94条２項は，仮装行為の無効を善意の第三者に主張できないものとして，Ｃの権利を確保するにすぎず，さらに進んで仮装行為そのものを――たとえ善意の第三者に対する関係に限っても――有効にするものではないと解されるからである[17]。これは，つぎの問題の理解と関係する。

(ウ)　第３のケースは，登記不要説と登記必要説（対抗問題説）との限界事例である。判例には，対抗問題説を前提にしているとみられるものと[18]，登記不要説とみられるものとがある[19]。学説では，対抗問題説はもちろん。第１および第２のケースについて登記不要説をとる立場でも，このケースは対抗問題になるとする見解がある[20]。これに対しては，ＡＢ間に有効な物権変動があってＢ

---

17)　仮装行為の無効は，隠匿行為の有効と表裏の関係にあり（vgl. Staudingers Kommentar zum BGB, Bd. I, 12. Aufl., 1980, §117, Rz 23），仮装行為の無効をもって第三者に「対抗スルコトヲ得ス」とは，隠匿行為の有効を第三者に対して主張することができなくなるにすぎず（旧民法証拠編 50 条，フランス民法〔2016 年改正前〕1321 条後段・2016 年改正 1201 条後段参照），仮装行為がただちに有効になることまでは意味しない。そして，94 条２項によるＣの権利取得の実体法上の構成としては，Ａから――Ｂを飛ばして――Ｃへの法定の承継取得という構成が提唱されている（承継取得とするのは，時効取得や即時取得と異なり，Ｃは，Ａ以前の取引段階における権利移転ないし権利移転原因の瑕疵から自由ではないと解されるからである。幾代 1982: 13 頁以下）。なお，好美 1980: 25 頁以下も参照。
18)　最判昭和 42 年 10 月 31 日民集 21 巻 8 号 2232 頁。
19)　大判大正 9 年 7 月 23 日民録 26 輯 1151 頁。
20)　幾代 1984: 261 頁，幾代 1968: 28 頁注 5，幾代 1982: 1 頁以下，瀬戸 1968: 387 頁以下，四宮＝能見 2018: 236 頁。

が登記を備えたときは，Aからの譲受人Dは無権利者からの譲受人となること
を根拠に，AB間の譲渡が有効であったのと同視される94条2項の場合も，
これと同様に解釈すべきであるとして，登記不要説を維持する立場がある[21]。

　しかし，既述のように，94条2項によってCの権利取得が認められるとし
ても，A→Bの権利移転やBの権利取得までが有効になるものではないことか
ら，登記不要説の論拠には疑問がもたれる[22]。実際上も，登記不要説によれば，
登記がBからAに回復された後に登場したDが，移転登記まで備えたにもかか
わらず，Cからの移転登記請求に応じなければならないことになる[23]。もっと
も，登記必要説に立つと，登記がBにある時点でDがAから譲り受けて登記を
しないでいる間に，CがBから譲り受け，その直後に登記がB→A→Dまたは
B→Dと移転された場合には，Cの保護が薄くなるようにも思われる。しかし，
虚偽の外観を作出したAの登記回復は制限されるべきであるとしても（前述(イ)），
Dが登記を得ることを制限すべき理由は何ら存在しない。他方，このケースで
Cが登記まで得た場合には，その権利取得が認められることにも問題はない
（94条2項）。その結果，CD間の優劣は，CとDのうちどちらが早く登記を具
備するかによって確定されるほかはないことになり，このようなCD関係は，
いわゆる対抗関係になるものと解される[24]。

⑶　**小括**

　以上のように，94条2項は，AB間の権利移転の無効を前提にしながらも，
Aによる登記回復を制限することによって，移転登記手続を完了していない段
階にある第三者Cまでも保護している。これは，以下にみる96条3項および
545条1項ただし書による第三者保護のしくみとは基本的に異なっている。

---

21)　高森 1970: 125 頁以下，四宮 1986: 167 頁。
22)　幾代 1982: 12 頁以下参照。高森 1987: 845 頁もこれを認めている。
23)　幾代 1982: 17 頁。もっとも，高森教授も，DがAからの有効な権利取得のみを主張し，
　　かつ対抗要件を備えた場合には，Dの優位を認める（高森 1987: 845 頁）。四宮 1986: 167
　　頁も，この場合には例外を認める趣旨か。
24)　もっとも，Cが悪意の場合には，Dは登記なくして AB 間の虚偽表示をCに主張しう
　　る（94条2項。五十嵐ほか 1981: 201 頁〔稲本洋之助〕，幾代 1984: 259 頁参照）。

3　詐欺による取消しと第三者

(1)　第三者による対抗要件の具備の要否をめぐる諸見解

　Aがその所有物をBに譲渡し，さらにBがこれをCに転売したケースで，A
B間の法律行為が取り消されたとする。この場合，判例・通説によれば，Cの
転得が取消前のときは，Aはその取消しを登記なくしてCに対抗することがで
き，Cの転得が取消後のときは，AとCは対抗関係に立つと解されている[25]。
これに対して，善意（かつ無過失）の第三者Cを保護するための例外規定が96
条3項であるとされているが，その際，Cに対抗要件を要するか否かについて
は，判例の態度は必ずしも明確ではなく[26]，学説も以下のように分かれている。

　(a)登記不要説は，96条3項は取消しの遡及効（121条）をとくに制限したも
のであり，Cに対する関係では，権利がA→B→Cと移転したことになる点を
根拠にする。しかし，この中にも，(a–1) 第三者の出現が取消しの前か後で区
別しない，96条無差別適用説[27]と，(a–2) 取消前に利害関係に入った第三者に
のみ96条3項の適用を認め，取消後に出現した第三者との関係には94条2項
の類推適用を認める見解がある[28]。

　これに対し，(b)登記必要説には，(b–1) 取消しによるBからAへのいわゆる
復帰的物権変動を承認し，AC間を対抗問題として処理する見解[29]と，(b–2)

---

25)　判例・通説の概観として，幾代 1971: 55 頁以下参照。なお，山田 1972: 1 頁以下も参照。
26)　大判昭和 7 年 3 月 18 日民集 11 巻 4 号 327 頁（裏書の連続を欠く貨物引換証を所持す
　　る転買人Cから，売主Aに対する損害賠償請求を認めた），大判昭和 17 年 9 月 30 日民集
　　21 巻 16 号 91 頁（抵当権登記と代物弁済予約などの仮登記を経た第三者Cに対する売主A
　　の抹消登記請求を棄却した），最判昭和 49 年 9 月 26 日民集 28 巻 6 号 1213 頁（所有権移
　　転請求権保全の仮登記移転の附記登記を得た転得者Cに対するAの抹消登記請求を棄却し
　　た）。
27)　川島 1965: 301 頁，舟橋編 1967: 285 頁以下〔原島重義〕，平井 1973: 130 頁以下，四宮
　　＝能見 2018: 273–274 頁。
28)　四宮 1977: 11 頁以下，四宮 1986: 187 頁以下。下森 1977: 115 頁以下，加藤 1981: 65 頁，
　　幾代 1987: 8 頁以下。
29)　広中 1977: 56 頁以下，広中 1982: 128 頁以下，鈴木 1984: 130 頁。もっとも，取消前の
　　Aに予め登記させることは不可能であるとすれば，取消しの意思表示前には，第三者にの
　　み登記を要求することになろう（我妻＝有泉 1983: 96 頁，102 頁）。なお，加賀山 1986: 15
　　頁以下および高島 1968: 21 頁以下は，96 条 3 項についても，それぞれ 94 条 2 項における
　　と同じ立場を維持する（前掲注 4 参照）。

ＣがＡの利益を犠牲にしてまでも保護されるべき実質的利害関係の深さあるい
はＣの権利取得の高度の確実性を判断する指標として登記を必要とし[30]，また
は（b-3）権利行使や権利保護の要件としてＣに登記を要求する見解がある[31]。

⑵　私見

　以上の判例および学説を踏まえ，本条の立法過程における議論も参照しなが
ら，以下に私見を整理してみよう。

（ⅰ）　ボアソナード草案

96条3項は，旧民法財産編312条3項を承継している[32]。すなわち，──

　　然レトモ当事者ノ一方カ詐欺ヲ行ヒ其詐欺カ他ノ一方ヲシテ合意ヲ為スコトニ
　決意セシメタルトキハ其一方ハ補償ノ名義ニテ合意ノ取消ヲ求メ且損害アルトキ
　ハ其賠償ヲ求ムルコトヲ得但其合意ノ取消ハ善意ナル第三者ヲ害スルコトヲ得ス

　（ア）　これは，ボアソナード草案333条3項をほぼそのまま承継したものであ
るが，同草案においては，詐欺取消しの効果について非常に特色のある構成が
採用された。すなわち，ボアソナードは，フランス民法（2016年改正前）1116
条1項が「詐欺は，当事者の一方が行った術策が，それがなければ他方当事者
が契約を締結しなかったであろうことが明らかであるような場合には，合意の
無効原因である」と規定するのに対して[33]，詐欺（dol）が合意の無効原因とし
ての「同意の瑕疵」（vice du consentement）に当たるとすれば，契約当事者の一方
が詐欺を行った場合と第三者が詐欺を行った場合とで同条のように区別する合

---

30)　幾代 1971b: 69頁，須永 1975: 58頁（Ｃは「その取得した権利を対世的に保全するため
　法律上なしうるだけのこと」をしていれば保護される），鎌田 1982: 61頁，川井 1989: 90
　頁。
31)　星野 1976: 821頁以下。
32)　法務大臣官房司法法制調査部監修 1988: 653頁参照。なお，中舎 1992: 頁，田中 1994:
　頁も参照。653頁参照。
33)　なお，フランス民法 2016年改正 1130条1項は，「錯誤，詐欺及び強迫は，それがなけ
　れば当事者の一方が契約を締結せず，又は実質的に異なる条件で契約を締結したであろう
　ような性質のものであるときは，同意を瑕疵あるものにする」と規定する。

理性がないことを批判する。そして，詐欺は同意の瑕疵を構成せず，原則とし
て詐欺者に対する「損害の塡補」（réparation du prejudice）の請求の原因にとどま
るものであるとした[34]。もっとも，詐欺は錯誤を生じさせることから。その錯
誤の「性質」（nature）および「重大さ」（gravité）によっては，それが同意の瑕疵
を構成することもあるが（同草案330条以下。旧民法309条以下参照），その場合に
は錯誤の効果として合意が無効となる一方，詐欺者には「民事上の違法行為」
（délit civil）に基づく義務として，「損害賠償」（dommages-intérêts）が要求されたの
である[35]。

　(イ)　その際，詐欺に基づく損害の賠償方法は，①当事者以外の第三者が詐欺
を行った場合，および②当事者の一方が詐欺を行ったが，合意の形成それ自体
に影響を及ぼさなかった，いわゆる「付随的ないし第二次的詐欺」（dol incident,
accessoire ou secondaire）の場合には金銭賠償であり，③当事者の行った詐欺に
よって合意が行われた，いわゆる「主要な詐欺」（dol principal）の場合には，当
事者を合意から解放して「最初の状態」（situation première）を回復させることで
ある[36]。

　(ウ)　この賠償請求は，「賠償（塡補）の名義」（titre de reparation）による合意の
「取消し」（annulation）によって行われ，その効果は，同意の瑕疵を理由とする
取消しの効果とは異なり，第三者には原則として及ばない。すなわち，「もし
詐欺によって決意された合意が譲渡（alienation）であり，そして，別の合意の
効果により，物が，あらゆる詐害または通謀のない第三者（tiers）の手中に移
転したならば，最初の譲渡が不動産の譲渡であっても，転得者（sous-acquéreur）
の利益に反して取り消され得ない」。そして，詐欺による賠償を求める訴権は，

---

34)　Boissonade 1883: n° 79, p. 90. 同意の瑕疵としては，錯誤（erreur），暴行（violence）およ
　　び強迫（contrainte）が認められている（ibid., p. 91）。なお，旧民法財産編312条1項は，
　　「詐欺ハ承諾ヲ阻却セス又其瑕疵ヲ成サス」とする（草案333条1項も同旨）。ちなみに，
　　フランス民法では，1116条に該当する詐欺の効果は，相対無効（nullité relative）であり，
　　無効または取消訴権（action en nullite ou en rescision）によって主張され（1117条，1304条
　　以下），その無効の遡及効は第三者にも及ぶ（Colin et Capitant 1959: n° 793）。善意の第三者
　　の保護規定としては，動産については2279条の即時取得が，不動産については2265条以
　　下の取得時効などがある（Planiol et Ripert 1952: nos 373, 700 et s.）。

35)　Boissonade 1883: n° 80, pp. 91 et s.

36)　Boissonade 1883: n° 80, pp. 92 et s.

純粋に「人的な」(personnel)，たんなる「債権」(créance) であり，譲受人の詐欺を理由に取り消しても，物の所有権は譲受人にあり，その債権者の「担保」(gage) になりうるものとされる[37]。

　㈓　このように，詐欺取消しの効果を人的ないし債権的なものに限定するならば，第三者の権利は本来害されず，第三者の保護規定は不要になるはずである。しかし，取消しの効果を悪意の第三者に対して再び拡張する意味をもつのが，同草案 333 条 3 項ただし書（旧民法財産編 312 条 3 項ただし書（前述(i)冒頭）と同じ）の規定である[38]。

　(ii)　草案の修正とその意味

　ところが，その後の修正過程においては，詐欺の場合にも「意思表示ヲ取消スコトヲ得ルモノトスル以上ハ……補償名義ヲ以テスルニ非サレハ其結果ヲ得ル能ハストスルノ意ヲ解スルニ苦シムナリ」として，先の旧民法財産編 312 条 3 項（前述(i)冒頭）から「補償ノ名義」が削除され，取消しの効果は「畢竟一種ノ錯誤ノ効果ニ外ナラス敢テ此点ニ付キ他ノ錯誤ト性質ヲ異ニスヘキ謂レナシ」とされた[39]。

　この修正段階においては，詐欺取消しの性質および根拠が，詐欺者の違法行為に基づく損害賠償的なものから，非詐欺者の「一種ノ錯誤」に基づく意思表示の効力の否定へと把握し直されている。では，このことは，旧民法における取消しの効果の人的ないし債権的構成（前述(i)(ウ)）の放棄や遡及的無効の承認に直結するものであろうか。これについては，そのほかの取消原因との関係も含めて，後に一般的に検討するが[40]，ここではひとまず否定的に解しておきたい。その理由は，以下のとおりである。

　第 1 に，ボアソナード草案および旧民法における取消しの効果の債権的構成は，詐欺者に対して金銭賠償を請求する場合のみならず，いわゆる主要な詐欺

---

37)　Boissonade 1883: n° 80, pp. 93 et s. ボアソナードは，「第三者」(tiers) の範囲については
　　とくに説明を加えていないが，ここでの例示から見る限り，「転得者」が念頭に置かれて
　　いることに留意すべきである。

38)　柳沢 1972: 82 頁参照。

39)　法務大臣官房司法法制調査部監修 1988: 652 頁以下。

40)　本書第 4 章参照。

において当事者を合意から解放し，原状回復を認める場合にも維持されている（前述(i)(ウ)）。

第2に，詐欺による取消しの効果は「一種ノ錯誤ノ効果二外ナラス」とされ，旧民法財産編312条3項本文の「補償ノ名義ニテ」は削除されたにもかかわらず，この「補償ノ名義ニテ」と同じ趣旨をくり返して明らかにしたとされる同項ただし書の「其合意ノ取消ハ善意ナル第三者ヲ害スルコトヲ得ス」という規定[41]（前述(i)冒頭）は，その後，『主査会速記録』94条（現行民法96条）の理由説明においても，この旧民法の「但書ノ規定ハ採テ之ヲ本條三項ニ掲ケタリ」とされ，また，その際，同項に取消しの遡及効をとくに制限する新たな意味を与えるといった議論はなかった[42]。

第3に，そもそも現行民法121条の「取消シタル行為ハ初ヨリ無効ナリシモノト看做ス」という文言は，取消しの遡及効を認める趣旨ではなく，無能力，詐欺などに基づく銷除の効果を定めた旧民法財産編552条の「受取リタル総テノ物ヲ返還スル責ニ任ス」という文言では意味が狭く，必ずしも物の返還に限らず「金ヲ払フ償ヒヲ払フコトモアル」ことなどから，当事者間の返還義務の範囲を一般的に規定しようとした趣旨であると解される[43]。

(iii) 詐欺取消しの法的性質

以上の理由から，詐欺取消しの効果は，現行民法96条3項の解釈に際しても，人的ないし債権的なものとして理解しうる可能性がある[44]。そうであるとすれば，96条3項に取消しの遡及効をとくに制限する意味をもたせる前述(1)(a)説には疑問の余地がある。では，このような理解の下で，第三者の対抗要件の要否はどのように考えられるであろうか。

(ア) ちなみに，ボアソナードは，詐欺取消しの効果から保護されるべき第三者の意義ないし範囲については，前述(i)(ウ)のように，転得者を念頭に置いているようであるが，さらに，この転得者が保護されるために具備すべき要件ないし資格について，「物が，あらゆる詐害または通謀のない第三者の手中に移転

41）　法務大臣官房司法法制調査部監修 1987: 49 頁以下。
42）　法務大臣官房司法法制調査部監修 1988: 653 頁。
43）　法務大臣官房司法法制調査部監修 1983: 227 頁〔梅謙次郎発言〕。広中 1982: 131 頁参照。

したならば」（前述(i)(ウ)）としている。これは，必ずしも明確な基準ではないが，主観的要件と並んで，物に対する関係での第三者の客観的な地位も問題にされている。これらを手がかりにして，私見としては以下のように考える。

　(イ)　取消しの効果の債権的構成は，第1に，A→B→Cと移転した権利移転の連鎖が，ＡＢ間の意思表示の取消しによっても切断されず，Cが登記などを経て完全に所有権を取得した段階においては，Cの地位は何ら影響を受けないことを意味する。

　(ウ)　第2に，この構成は，ＡＢ間のみで，すなわち，AのBに対する債権的請求権によって実現しうる回復自体には何ら制限はなく，AがBから登記を回復——債権的構成によれば，移転登記が相応しいと考えられる——した後には，〔Cは第三者としての権利保護資格要件を具備していない限り，Aに優先する所有権取得ができないことから〕CのAに対する〔所有権に基づく〕移転登記請求などは認められず，Aは所有権を完全に回復しうることをも意味すると解される。なぜなら，①第三者保護のために債権的権利へといったん制限された取消権者の地位が，さらに制限されるべき理由は見出されず，②また，相手方の責に帰すべき行為を理由とする詐欺取消しの場合には，虚偽表示の場合のように原権利者の登記回復を制限すべき理由はないと解されるからである。

---

44)　ちなみに，ドイツ民法は123条で詐欺または強迫による意思表示の取消しを規定し，142条1項で取消しの効果を「法律行為は初めから無効とみなされる」としており，これが遡及効（Rückwirkung）を認めたものであることについて争いはない（Staudingers Komm., § 142, Rz 11 ff.; Münch-Komm., 2. Aufl., § 142, RdNr. 13 ff.; Palandt, BGB, Bd. VII, 39. Aufl., 1980, § 142, 2)。しかし，ドイツ民法では。わが民法とは異なり，第1に，無因性の承認により。原因行為の取消しは処分行為ないし履行行為には影響を与えず——もっとも，両行為が1つのまたは時間的に接近した行為によって行われた場合の瑕疵の同一性，両行為の経済的一体性，原因行為の有効が履行行為の条件にされている場合，また，とりわけ詐欺取消しなどについては取消原因の存続を認めることなどにより，無因性の緩和が図られてはいる（Staudingers Komm., Ein1 zu §§ 104–185, Rz 57; § 142, Rz 8; Erman, Handkommentar zum BGB, Bd. I, 7. Aufl., § 142, RdNr. 8）——，第2に，142条2項を介して，892条以下，932条以下など，個々の善意取得の規定が適用されることから（vgl. Staudingers Komm., § 142, Rz 17 f.; Soergel-Siebert, BGB, Bd. I, 11. Aufl., 1978, § 142, RdNr. 15; Münch-Komm., 2. Aufl., § 142, RdNr. 19 f.），遡及効が貫徹される範囲は，それほど広くないことに注意する必要がある。したがって，条文の文言の類似性にもかかわらず，取消しの遡及効に関するドイツ民法の規定とわが民法の規定とを同様に解釈することには問題があろう。なお，わが民法121条の解釈として，取消しの効果の債権的構成を示すものに，鈴木 1963: 380 頁がある。

㈎　問題は，登記がBにある段階で，AがCに対して目的物返還請求をしたり，CがAに対して引渡請求をした場合の取り扱いである。この場合には，それらの請求の前提として，所有権の帰属が問題になる。

①　まず，取消しの効果の債権的構成によれば，BからAへの所有権移転（復帰）時期が問題になる。これについては，BからCに登記が移されるとAの所有権回復が不可能になることを前提にすれば（前述㈑参照），仮にAの登記回復以前の段階でAへの所有権移転（復帰）を認めてもあまり実益はなく，登記を経たCから所有権を主張されうる（目的物の引渡請求など）。もっとも，実際問題としては，Bから所有権を取り戻そうとするAは，Cへの所有権移転を阻止するために，Bに対する処分禁止の仮処分登記を得たうえで争うことになるであろうから，その場合には，移転登記を待つまでもなく，本案訴訟でAが勝訴の確定判決を得た時に所有権はBからAに移転する，と解すべきであろう[45]。

②　つぎに，仮にBC間の契約時に所有権が移転するとして（176条），CのAに対する引渡請求などを認めても実益は薄く，第三者Cとしては，前記のAB間の訴訟でA敗訴の判決が確定した場合のほかは，B名義不動産に対してAが処分禁止の仮処分登記を得る前に移転登記〔ないし第三者としての権利保護資格要件〕を得ておかなければ，後に登記を回復したAからの返還請求に応じなければならない（㈒および前記①参照）。したがって，その限りで，96条3項によって保護される第三者は登記〔ないし第三者としての権利保護資格要件〕を備えた者である必要があろう。

㈗　しかし，また，Cが仮登記を得たにすぎない場合でも，Cは，もはやAの債権的請求権による回復の対象外である仮登記を取得した者として，96条3項によって権利取得の保護を与えられるべき資格要件を備えた第三者に当たると解すれば，たとえAが登記名義を回復した場合であっても，仮登記を本登記に改めることによってその権利を確保することができよう（不動産登記法105条1項，146条1項参照）[46]。

㈘　ところで，ここで検討している第三者の対抗要件などの要否は，物権変

---

45)　なお，解除に関してであるが，好美1974: 187頁注5参照。
46)　なお，Cが目的物を占有するにすぎない場合には，Aは登記を回復した後に，所有権に基づいて返還請求しうると解されるので，仮登記の場合とは異なる。

動の意思主義および有因主義を前提にしながら（176条以下），原因行為の取消しの効果から第三者を保護しようとする際に（96条3項）。不可避的に生じる問題であると考えられる。すなわち，日本民法上の物権変動について意思主義および有因主義を前提にしながらも，詐欺取消しの場合には取消しの効果を債権的に構成することによって，A→Bの権利移転自体は有効に維持される結果，すでに権利を取得している第三者は保護される。しかし，権利がBにとどまっている段階においては，A→Bの権利移転自体はいったん有効に生じていても，Aにはなお権利回復の余地がある。Aの権利回復は，つぎのように説明される。

まず，(a)日本民法の物権変動に関する有因主義の理解によれば，BからAへの権利復帰についての意思表示を要することなく，権利移転原因の取消し自体がB→Aの権利復帰を生じさせるものと解される[47]。

これに対し，(b)無因主義の理解によれば，AによるAB間の意思表示の取消しにより，Bの権利取得が不当利得となり，不当利得の返還請求の意思表示（所有権移転に不動産の登記や動産の引渡しを必要とする形式主義ないし引渡主義と異なり，所有権移転が意思表示のみによって生じることを認める意思主義〔176条〕の下では，取消しの意思表示と同時に行いうる）により，B→Aの権利復帰が生じるものと解される[48]。

いずれの説明によっても，この場合のAC関係は，B→AおよびB→Cの対等な2つの物権行為相互間の優劣を登記または引渡しによって解決すべき，いわゆる対抗関係ではなく，B→Aの権利復帰が原則的に認められる一方で，法律の第三者保護規定（96条3項）により，とくにこの権利復帰が阻止され，それを前提にしてはじめてB→Cの権利移転が認められる，いわばあれかこれかの関係にあると解される。したがって，ここでは，この法規によってとくに保護されるべき第三者の範囲とその資格要件が定められなければならず，96条3項は，本来この点まで規定すべきである。そして，前述(エ)および(オ)において第

---

47)　無因主義は物権変動の形式主義と緊密に結びついており，日本民法の解釈論上採用することは困難であるという理解によれば，有因主義が妥当する。有因主義によれば，物権変動の遡及的消滅が認められるとともに，物権変動原因の失効後，原権利者への権利移転（復帰）のために，あらたに別個の物権行為は要しないことになる。これらの点につき，山本1956: 55頁以下，65頁以下。滝沢1987: 46頁以下参照。
48)　本書第1章2(3)，5(4)参照。

三者に要求されるものとした登記ないし仮登記は，96条3項の解釈上，このいわば第三者の権利保護資格要件としての意味を付与されることになると考えられる。さらに，96条3項は，悪意の第三者への追及をとくに認め，詐欺取消しの債権的効果を一部拡張する意味をももつと解される[49]。他方，第三者が権利保護資格要件を備えていないときは，原権利者への原則的な権利復帰を阻止することができないことから，原権利者が――たとえ登記や目的物を取り戻していなくとも――権利を回復することになる。この点において，第三者の権利保護資格要件は，対抗関係における対抗要件――それは，例えば，第1譲受人と第2譲受人がともに対抗要件を備えていないときは，相互に権利取得を対抗できない，いわゆる両すくみの状態になると解されている[50]――とは異なることになる。

こうして，私見は，前述(1) (b-1) の対抗問題説とは異なるとともに，96条3項の第三者の権利保護資格要件として登記または仮登記を捉える点で，同(1) (b-2) 説とも異なる。

(3) 取消後の第三者の取扱い

つぎに，取消後に出現した第三者との関係について見てみよう。取消しの効果の債権的構成を前提にすれば，ＡＢ間の行為が詐欺によって取り消されても，Ａ→Ｂの権利移転が失効することはない。したがって，Ｃの出現がたとえ取消後であったとしても，Ａの権利回復前ならば，Ｃには有効に権利を取得しうる根拠があり，Ｃはけっして無権利者Ｂからの譲受人ではない。そこで，私見としては，取消後に現れたＣとＡの関係にも96条3項が適用され，前述(2)(iii)の場合と同様に解釈することが妥当であると考える[51]。

---

49) 第三者の善意に関しては，第三者の悪意を主張する者にその立証責任があるとの解釈が有力になっている。島津編 1973: 233 頁〔下森定〕，四宮 1986: 185 頁，163 頁以下，幾代 1971b: 65 頁参照。
50) 最判昭和 33 年 7 月 29 日民集 12 巻 12 号 1879 頁，舟橋 1960: 148 頁参照。
51) もっとも，取消後には，Ｃの善意とは，詐欺の事実および詐欺による取消しの事実を知らないことになろう。

⑷ 小括

以上のように，96条3項は，94条2項とは反対に，A→Bの権利移転の有効性を認める一方で，Aの原状回復にも何ら制限を加えていない。そして，このことが，物権変動の有因主義または無因主義の日本民法上の解釈とも相俟って，96条3項によって例外的かつ限定的に保護されうる第三者の範囲規定と資格要件を設けることへと通じている。このような規範構造は，つぎに見る解除の場合と基本的に共通している。

4 解除と第三者

⑴ 第三者による対抗要件の具備の要否をめぐる諸見解

ＡＢ間の契約がＢの債務不履行によって解除された場合に，この契約の目的物をＢから取得したＣとＡとの関係について考察してみよう。

(i) 判例

判例は，ＡＢ間の契約の解除前に当該契約の目的物をＣがＢから譲り受けていた場合であっても，Ｃは対抗要件を備えていなければ，545条1項ただし書によって保護されないとする[52]。その一方で，ＡＢ間の契約の解除後に当該契約の目的物をＣがＢから譲り受けて対抗要件を備えた事例では，177条または178条により，Ａは所有権復帰をＣに対抗することができないとして，ＡのＣに対する抹消登記手続請求および引渡請求を否定している[53]。

(ii) 学説

学説は，概ね以下のように分かれている。

52） 大判大正10年5月17日民録27輯929頁（反対に，ＡがＣより先に「木材ノ占有ヲ有スルニ至リタルトキ「完全ニ其所有権ヲ回復シタルモノト謂フコトヲ得ヘシ」とする）。

53） 大判昭和13年10月24日民集17巻21号2012頁（178条），大判昭和14年7月7日民集18巻11号748頁（177条）。なお，契約を解除した売主は，解除後に買主から不動産を取得した第三者に対し，その者の善意・悪意を問わず，さらにまた，たとえ予告登記がされていたとしても，登記を備えなければ対抗することができないとされた（最判昭和35年11月29日民集14巻13号2869頁）。

まず，(a)Ｃの出現が契約解除の前であっても後であっても，Ｃに対抗要件の具備を要求する見解がある。この中にも，さらに2つの立場がある。1つは，(a-1) 解除によって債権・債務とともに処分行為の効果も遡及的に消滅することを肯定しつつ（直接効果説），解除前に現れた第三者Ｃは545条1項ただし書によって特別に保護されるが，そのためには対抗要件の具備が必要であるとし，また，Ｃが解除後に現れた場合には，ＡとＣとの関係は対抗問題になるとする見解である（通説）[54]。もう1つは，(a-2) Ｃの登場が解除の前か後かにかかわらず，ＡＣ間は対抗問題であるとする見解である。この立場は，解除の非遡及的構成——間接効果説，折衷説，原契約変容説など——に親しむものと解されている[55]。

　これに対し，(b) 545条1項ただし書を契約解除による権利移転の遡及的消滅に対する例外規定と解することから，権利がＡ→Ｂ→Ｃと移転した場合の前々主となるＡに対して，Ｃは登記なくして権利を主張することができるとする一方，Ｃが解除後に現れた場合には同条ただし書は適用されず，ＡＢ間さらにはＢＣ間の権利移転が遡及的に消滅するために，Ｃが対抗要件を備えていてもＡの権利主張に敗れるとする見解がある[56]。

　さらに，(c)契約解除の効果は当事者ＡＢ間のみにおける債権契約および物権行為の遡及的消滅であって，この遡及的消滅の効果は第三者にはまったく及ばないとして，Ｃの登場が解除の前か後かを問わず，Ｃは対抗要件なくしてＡにその権利を主張できるとする見解がある[57]。

　これらの諸学説は，解除の効果論との関係では，遡及効の肯定説（前述（a-1)，(b)および(c)）と否定説（前述（a-2)）に分かれ，さらに，遡及効肯定説は，遡及効が対第三者関係にまで及ぶとみる，いわば絶対的効果説（前述（a-1) および

---

54)　我妻 1954: 191 頁以下，198 頁以下，柚木 1956: 298 頁以下。幾代 1966: 41 頁は，これらの見解は「第三者として保護を受けるための絶対的資格要件」として登記を要求するものと解釈される。なお，解除前に登場し解除後に登記を得た第三者と原権利者との関係は，解除後に登場した第三者の場合と同様に対抗問題として処理される（加藤 1981: 68 頁参照）。

55)　四宮 1977: 18 頁以下，広中 1979: 324 頁，鈴木 1987: 117 頁。なお，滝沢 1987: 48 頁注 9 参照。また，加賀山 1986: 18 頁以下参照。

56)　三宅 1978: 285 頁以下。

57)　高森 1976: 71 頁以下。

(b)）と当事者間のみに限定されるとみる，いわば相対的効果説（前述(c)）に分かれる。しかし，遡及効の肯否について同一の立場をとっても，第三者の対抗要件の要否については正反対の結論に到達しうるし（例えば，前述 (a–1) と(b)），逆に，遡及効の肯否について反対の立場をとっても，第三者の対抗要件の要否については同一の結論がとられることもある（前述 (a–1) および (a–2)）。

(2) 私見

そこで，ＡＣ間の利益調整をめぐり，解除の効果の法的構成にどのような機能が期待されたのか，立法趣旨から再検討してみよう。

(i) 旧民法の法定解除

旧民法の法定解除は，一方当事者の義務不履行に備えて双務契約に当然に包含された解除条件として構成されており（財産編 421 条 1 項，409 条），物権的な効果をもつものと解された。例えば，売買においては，売主は，買主の義務不履行による解除を転得者に対して主張することができるものとされた[58]。

(ii) 現行民法の法定解除

これに反し，現行民法 545 条 1 項の起草過程においては，解除権行使の結果は，「物権上ノ効果」ではなく，「人権上ノ効果」を生じさせるにすぎないものと理解されていたことが注目される。すなわち，解除は，当事者間に「原状回復ノ義務ヲ生ゼシメル」にとどまり，第三者が取得した「権利自身ガ後トニ返ヘルト云フヤウナコト」はないものと理解された。また，第三者は，「仮令斯ノ如キ解除権ガ行ハルト云フコトガ或ハ分ツテ居リマシテモ其第三者が或場

---

58) しかし，そのためには「売買契約証書ニ依リ登記ヲ為シタル」ことを必要とした（財産取得編 82 条）。これは，売主の解除が物権的な性質（caractère reel）を保持するには，その十分な公示が必要であるとされたことによる（Boissonade 1888: no 288, p. 357）。加えて，この解除の請求は裁判上行われる（同 81 条 1 項）。さらに，第三者保護のための特則もあり，「弁済期限ノ定アル動産ノ売買」では，引渡後は，買主の代金不払を理由とする売主の解除は，買主のその他の債権者を害することができず，「弁済期限ノ定ナキ売買」では，売主の解除は，「善意ナル第三者ノ既得ノ物権ヲ害スルコトヲ得ス」とされていた（同 83 条）。

合ニ於テ其目的物ヲ取得致シタトシマシテモ夫レガ為メニ知ルナラバ損害賠償ノ責ニモ……又返還ノ責ニモ任ゼナイ」ものとされた。このような構成をとった理由は，「第三取得者ノ安全」を図ることであった。また，当事者間の原状回復を簡易にすること，すなわち，「第三者ノ権利が中ニ加ハツテ居ルト原トニ復スルニハ色々ノ費用ガ入ツタリ何カスル」ことから，これを回避することにも言及されている。そして，これらの効果は，本項のただし書がなくとも，「本文丈ケデ以テ但書ノ意味ニナル」のであり，ただし書は注意的規定に過ぎないことが明らかにされている[59]。

(iii) 私見

以上のように，545 条 1 項の起草者の意図は，解除者Aの請求権をBに対する「人権上ノ」原状回復請求権に限定することを通して，「第三取得者ノ安全」を図ろうとしたことに主眼があったことを確認することができる[60]。

(ア) このことは，まず，第 1 に，権利がA→B→Cと移転した場合に，ＡＢ間の契約の解除により，権利移転の連鎖が切断されてＣがすでに獲得した「権利自身カ後トニ返ヘル」ことがない旨を規定したものとみることができる。

(イ) したがって，第 2 に，解除の効果を「人権上ノ効果」に限定することが，前述(1)(ii)(c)説のように第三者を無制限に保護することには直結せず，AのBに対する「人権上」の，すなわち，債権的な原状回復請求権と抵触しない範囲で，第三者Cの権利を保護しようとしたものと解釈することが妥当であると考えられる。

そこで，私見としては，①第三者保護のために「人権上ノ」原状回復請求権

---

59) 法務大臣官房司法法制調査部監修 1984: 821 頁以下〔穂積陳重発言〕。なお，高森 1976b: 69 頁参照。

60) 545 条 1 項の起草過程においても，第三者の問題は転々譲渡の事例に焦点を当てて議論されている（なお，前掲注 37 参照）。そして，判例によれば，「第三者」とは「特別ナル原因ニ基キ双務契約ノ一方ノ債権者ヨリ其受ケタル給付ノ物体ニ付キ或ル権利ヲ取得シタル者ヲ云フ」（大判明治 42 年 5 月 14 日民録 15 輯 498 頁以下）とされており，目的物の譲受人，抵当権者，質権者，賃借人は含まれるが，債権の譲受人，差押債権者などは含まれないと解されている（稲本ほか 1978: 87 頁〔中井美雄〕参照）。なお，仮差押債権者は「第三者」に含まれないとの裁判例がある（名古屋高判昭和 61 年 3 月 28 日判時 1207 号 65 頁）。

へと限定された解除権者の回復権能が，さらに制限される理由は見出し難いこと，および②相手方の債務不履行を原因とする法定解除においては，解除権者の登記回復について94条2項のような原権利者の帰責性に起因する回復制限はないと解されることからも，AがBから登記などを回復した後には，Cがそれ以前に第三者としての権利保護資格要件を備えていたことを主張・立証できない限り，CのAに対する移転登記手続請求などは認められる余地はないものと考える[61]。

　(ウ)　それゆえに，ＡＢ間の原状回復が行われる前に，ＢＣ間の債権・債務の具体的な履行によって登記または仮登記をすでに獲得することにより，権利保護資格要件を具備した第三取得者Cのみが保護されるべきであると解する[62]。そして，この場合にCに要求される登記ないし仮登記の意義，登記がBにある

---

61)　前掲注52に引用した，大判大正10年5月17日民録27輯929頁参照。
62)　なお，判例には，遡及的合意解除の事例について，仮登記を具備したにすぎない第三者は保護されないとするものがある（最判昭和58年7月5日判時1089号41頁）。ここでは，判例は，対抗要件としての登記を要求していると見るべきであろうか。また，前掲注26参照。
　ちなみに，フランス民法においては，契約解除の解除条件的構成により（2006年改正前1184条。なお，2006年改正1224条，1225条1項，2項参照），契約の遡及的消滅が認められているが（なお，2006年改正民法による解除の効果につき，1229条参照。解除を契約を終了させ〔1229条1項〕，原状回復義務を発生させる〔1229条4項〕），動産については，占有を取得した善意の第三者は2279条1項（「動産に関しては，占有は権原に値する」）により，また，不動産については，売買代金についての先取特権（2103条）を売買から2か月以内に登記しておかなかった売主は，買主の代金不払を理由とする解除の訴権（1654条）を「不動産に対する権利を取得し，かつ，それを公示した第三者を害して行使することはできない」（2108条），といった規定などによって第三者保護が図られている（cf. Juris-Classeur Civil, art. 1654–1657, n°s 62 et s.）。
　他方，ドイツ民法においては，契約解除の効果（346条）は，もっぱら債権法上のものであり，解除条件（158条）とは異なって物権的な効果はなく，そもそも処分行為の解除はあり得ないと解されている（Soergel-Siebert, BGB, § 346, RdNr. 6; Münch-Kommen., 2. Aufl., Vor § 346, RdNr. 27）。また，契約解除の効果の遡及効は，最近の学説によれば否定的に解され，原契約関係の変更（Modifkation）ないし再構成（Umgestaltung）と捉えられている（Münch-Kommen., 2. Aufl., Vor § 346, RdNr. 32; Erman, § 346, RdNr. 4）。したがって，第三者の地位は解除によって影響を受けず，第三取得者は権利者からの取得者であって，善意取得は問題にならない（BGB-RGRK, Bd. II, 12. Aufl., 1976, § 346, RdNr. 14）。しかし，目的物を第三者に処分した解除の相手方は，負担のない所有権の返還を義務づけられる一方（Münch-Kommen., 2. Aufl., Vor § 346, RdNr. 28），第三者が所有権を取得するためには，動産では引渡し（929条）が，不動産では所有権譲渡の合意（Auflassung）および登記が必要である（873条，935条）。

場合の問題の考え方，およびBからAへの所有権移転（復帰）の方法および時期については，取消しの場合（前述3(2)(iii)(エ)～(カ)）と同様に解釈すべきであると考える。

(3) 解除後の第三者の取扱い

以上のように，解除の効果が当事者間の「人権上ノ」原状回復義務を生じさせるにすぎない以上，解除後に目的物を譲り受けた第三者も，無権利者からの譲受人ということはできず，解除前に現れた第三者と異なった取り扱いをする理由は見出し難い。

ところで，545条1項ただし書は第三者に善意を要求していないが，このことは，解除後に現れた第三者Cが，ＡＢ間の契約が実際に解除されたことを知ってBから譲り受けた場合にも保護される趣旨なのであろうか。この点につき，試論として解除後の第三者に，95条4項および96条3項を類推適用して，善意を要求する可能性を検討してみたい。

(i) 545条1項ただし書が第三者の善意について規定していない理由

まず，545条1項ただし書が第三者の保護要件として善意を要求していない理由は，解除原因または解除権発生の事実があっても解除されるとは限らないために，第三者が解除原因または解除権の発生を知っても，解除を覚悟すべきものとはいえないからであると解されている[63]。したがって，そのことは，実際に解除された事実を知る者をも積極的に保護しようとするものではない[64]。したがって，解除原因または解除権の発生からさらに一歩進んで，解除の事実が発生した後には，解除がされたことを知る者は解除による原状回復を優先すべきであり，第三者として保護されるためには，善意を要求することが妥当であると考えられる。

---

63) 星野 1975: 91 頁（立法論としては，債務不履行解除に際して，催告後に現れた第三者に善意などを要求することが可能であるとする），下森 1984: 95 頁。
64) なお，舟橋編 1967: 290 頁〔原島重義〕参照。

(ⅱ) 取消しの効果と契約解除の効果

　つぎに，取消しは，法律行為の成立の当初からの原始的瑕疵を原因とするが
ゆえに，可能な限り──したがって第三者に対する関係でも──原状に近い状
態に置く必要があるのに対して，解除は，契約成立後の当事者間における後発
的な双務的均衡の喪失を原因とするがゆえに，契約の効力を根底から覆す必要
はない，とする見解によれば[65]，解除の場合にまで95条4項および96条3項
を類推し，原状回復の効果を第三者にも及ぼすことは，たとえその者が悪意で
あったとしても，妥当でないという主張も考えられる。

　しかし，すでに見たように，取消しの効果自体も，当事者間の「人的」ない
し「債権」的な請求権の発生にとどまるものと解釈することが可能であり，こ
の点では解除の「人権上ノ効果」と異ならない。そして，債務不履行等の解除
原因が存在し，それに基づいて解除がされて原状回復義務が発生した以上，取
消しを理由とする原状回復義務よりも効果が弱いものと解すべきではないであ
ろう。したがって，取消しと解除の効果の相違（遡及効の有無）を理由とする批
判は，必ずしも当たらない。

(ⅲ) 契約解除と第三者の事件類型

　最後に，解除の場合も，無効または取消しの場合と同様に，社会的類型とし
ては，A→B→Cという権利移転を前提とし，AB間の権利移転原因の失効に
際してのAC間の争いという事例に属することから，価値判断としては，95
条4項および96条3項と同様に，悪意の第三者Cに対する関係では原権利者
Aの保護をより重視すべきであると考えられる[66]。

　以上のような理由から，解除後に現れた第三者が保護されるためには，95
条4項および96条3項を類推適用して，解除の事実についての善意をも要求
すべきであると解する。

---

65)　四宮 1977: 5頁，19頁，25頁，幾代 1971b: 62頁。
66)　好美 1980: 22頁以下，下森 1984: 95頁参照。

5 まとめと今後の課題

(1) 本章のまとめ

　以上，無効，取消しおよび解除の効果から第三者を保護する規定において，第三者に対抗要件を要するか否かについて，各規定の構造との関係において検討してきた。

　まず，94条2項では，虚偽表示の当事者間A→Bの権利移転の無効は終始前提になっている。しかし，真の権利者Aが行った原状回復に対する法的承認を制限すべき事由（前述2(2)(ii)(イ)参照）により，Aが登記などを回復した後にも，なおCの移転登記請求などを認め，A→Cの権利移転を承認すべきであるとする法的判断が，対抗要件不要説を支える実質的な根拠と見られた。

　これに反して，96条3項ならびに545条1項ただし書においては，取消しまたは解除の効果が原権利者の原状回復請求権の発生に限定され，A→Bの権利移転は有効であることが前提にされる。したがって，すでに権利を取得した第三者Cが，取消しまたは解除によって権利を喪失することはない。一方，94条2項とは異なり，虚偽表示者のような帰責事由のない原権利者Aが登記を回復したときには，権利の復帰が法的に承認される。そして，権利がBにある場合にも，AとCは全く対等な競合関係にあるとはいえず，他の条件が同じであれば，Aへの権利復帰をCへの権利移転よりも優先させるべきであるとの価値判断が妥当すると解される。その結果，取消しないし解除を原因とするB→Aの権利復帰を阻止して第三者をとくに保護するためには，第三者保護の範囲と資格要件を定めた規定が必要になる。そして，96条3項および545条1項ただし書の解釈上（前述3(2)(iii)(イ)～(カ)および4(2)(iii)），ひとまず登記ないし仮登記をこの第三者資格要件と解した。もっとも，ここには，法政策的価値判断を容れる余地があろう[67]。

　以上のことは，第三者の出現が取消しないし解除の前か後かで区別されるべきではない（前述3(3)）。また，解除後に現れた第三者が保護されるためには，

---

67)　なお，仮登記に関しては，Aが取消しないし解除をした時点において，仮登記権利者たるCが，本登記を請求しうる実体的要件をも具備していることを要するか否か，という問題が残る。今後の課題としたい。

その善意が要求されるべきである（前述 4(3)）。

(2) 今後の課題

本章は，法律によって第三者保護規定が設けられている虚偽表示，詐欺取消しおよび解除について考察したが[68]，今後は，このような第三者保護規定をもたないそのほかの無効および取消原因，解除条件成就，買戻し，再売買の予約，譲渡担保権消滅，合意解除などによる原因行為の失効の場合について，それによって生じる権利移転（権利復帰）に対し，どのような法律構成によって第三者の保護が図られるべきかを考察する必要がある。そして，その場合に，第三者の善意，対抗要件などのもつ意味をあらためて整理しなければならない。さらに，このことは，狭義の対抗問題の領域においても悪意者排除説，公信力説などが唱えられている中で，対抗問題の本来の領域を限界づけ，その上で，対抗要件主義の意味を再検討するための予備的作業としても，不可欠なものであろう。

(3) 補論

本章の元になった初出原稿（初出一覧参照）の執筆時には，錯誤の効果は「無効」であり，第三者保護規定も存在しなかった（改正前 95 条）。その後，2017年の民法改正により，錯誤の効果は取消しとされ（95 条 1 項），かつ「善意でかつ過失がない」第三者の保護規定も設けられた（95 条 4 項）。民法改正後は，錯誤取消しがされた場合の原権利者と第三者との関係については，詐欺取消しが行われた場合と同様の解釈が妥当するものと解される。

ちなみに，錯誤無効（改正前 95 条）の場合における原権利者（表意者）と第三者との関係については，同じく意思欠缺に関する規定に属し，表意者Ａからその相手方Ｂへの権利移転の無効を前提にする 94 条 2 項を類推適用し，虚偽表示に準ずる要件が備わった場合に，善意の第三者Ｃを保護するべきであるとす

68）　なお，仮登記担保法 11 条──清算期間経過によるＢの所有権取得後，清算金支払前における。Ａの受戻権行使と第三者Ｃとの関係──についても，取消しないし解除の場合と類似の法状況が生じるものと見うるであろうか（ここで，94 条 2 項的な構成をとることが不適切であることを指摘するものとして，高木 1984: 309 頁参照）。

る解釈があった[69]。しかし，これに反して，すでに 96 条 3 項の類推適用を示唆する見解もあったことが注目される[70]。

---

69) 広中 1982: 132 頁参照。
70) 我妻 1965: 303 頁以下，幾代 1984: 277 頁参照。

第4章

物権変動の遡及的消滅の解釈

1　物権変動の遡及的消滅問題の意義

　物権変動論における難問の1つは，いったん生じたと思われた物権変動が何らかの原因で生じなかったとされる場合（いわゆる物権変動の遡及的消滅）における権利帰属の確定基準である。いったん生じたと思われた物権変動を前提に，当事者間のみならず第三者との関係でも新たな権利関係が形成されるため，当該物権変動が生じなかったものとすると，当事者間および対第三者関係の清算が必要になる。しかも，様々な理由から物権変動の効果を見直すべき事態が生じることも稀ではなく，多様な形態の遡及的消滅に関する整合的な解釈は，物権変動論の体系構築に際して不可欠の基本問題の1つといえる。この問題は，2つの側面から検討する必要がある。第1に，物権変動の有因主義・無因主義の帰結はどうあるべきかという問題として，物権変動の意思主義・形式主義との関連で論じられる[1]。第2に，物権変動の消滅原因である無効・取消し・解除等の効果の問題として論じられる[2]。本章は，第2の側面から，この問題を

---

1)　物権変動の形式主義は無因性と，意思主義は有因性と親和的とされるが，それは論理必然的帰結とはいえない。形式主義と有因主義，意思主義と無因主義との組合せも可能であり，日本民法の意思主義も，物権的意思表示（176条）と債権的意思表示（555条，586条，549条等）との概念的区別を強調すれば，無因主義と結合可能である。この物権変動の有因主義・無因主義の効果の側面からの分析については，本書第1章および第2章参照。

2)　本書第3章では，その一部として，虚偽表示，詐欺取消しおよび解除の効果について検討した。

分析するものである。

　冒頭で「いったん生じたと思われた物権変動が生じなかったものとされる場合」という曖昧な表現を用いた理由は，最初から物権変動が生じなかったとされる形態（法律行為の内容の実現不可能・強行法規違反・公序良俗違反等を理由とする不発生）と，完全に生じた物権変動の効果をあらためて原状に復帰させる形態（合意解除等を理由とする新発生）との間に，物権変動の効果を消滅させるものとする多様な形態が存在し，ひと言で漏れなく正確に表すことが難しいこと，および物権変動の不発生・遡及的消滅・新発生の各境界も必ずしも明確とはいえないことによる（図表 4-1 参照）。実際，無効のように「そもそも最初から物権変動が生じなかったかもしれない場合」をも含む緩やかな意味で，物権の遡及的消滅に対して「復帰的物権変動」の語が用いられることもある[3]。このように多様な形態を包含する物権変動の遡及的消滅に共通するものとして適用可能な，当事者間および対第三者間の利害を衡平に清算および調整しうる首尾一貫した法理に基づく法解釈方法の発見は，困難を極めている。

　その原因は，物権変動の遡及的消滅といわれる権利変動の法的性質をどのように理解すべきか，という前提に対する理解のずれが，曖昧なまま残されていることにあると考えられる。その核心は，物権変動が「存在しなかった」ことになる（その結果，原権利者には原状回復を求める物権的請求権が発生する）か，物権が「復帰」する（復帰の方法については，(a)物権変動に不動産登記の登記や動産の引渡しのような形式を要求する法制の下では，それらを求める不当利得返還請求により，(b)物権変動が意思表示のみで足りる法制の下では，物権変動原因の失効等を理由に所有権復帰を主張する意思表示[4]による）かという点にある[5]。本章では，この問題に対して自覚的な法解釈方法論に基づいて展開された 2 つの対照的なアプローチを分析し，比較したうえで，若干の議論の整理と試論の提示を試みたい。

---

3)　鈴木 1997: 79 頁。
4)　この所有権の復帰を主張する意思表示の法的性質，内容および方法に関しては，本書第 1 章 2 (3), 5 (4)参照。
5)　この点は，契約の無効・取消し・解除の効果をめぐる各国の民事法および民法理論によっても規定および解釈が統一されていない。しかし，国際取引ルールの進展と各国内の法の調和を含む法のグローバル化に向けて，共通法理が探求されることも予想される。Pacanowska and Soto 2008: pp. 187-199.

2　遡及的失権の承認

⑴　四宮説の解釈方法論

　四宮和夫「遡及効と対抗要件——第三者保護規定を中心として」[6]は，取消し，契約解除，無権代理行為の追認，選択債権の選択および遺産分割を主に取り上げ，「遡及的権利喪失」の有無に関する諸見解を検討する。ここで「遡及的権利喪失」とは，権利移転がなかったものとなることを意味し，「遡及的失権」とも表現される。それは，①「失権の遡及」および②取消し等の法律行為以後の失権状態——「事後的失効」と呼ばれる——を意味する[7]。

　そして，取消しの場合は遡及的失権が貫徹されるとみる一方で，契約解除，無権代理行為の追認，選択債権の選択および遺産分割の場合は，たとえ遡及的失権が生じる場面があっても，その遡及効は第三者には及ばず，「相対的『遡及的失権』」が生じるにすぎないとみる。

　そして，このような帰結は，①遡及効の趣旨，②関係当事者の利益状況，および③民法全体との体系的調和を考慮に入れた法解釈方法[8]によって導かれていることが注目される。

⑵　取消しと契約解除の相違

（ⅰ）　取消しの場合

　この方法論の適用が最も顕著に表れるのが，遡及的失権の有無につき，取消しと契約解除を別異に解釈する場面である。すなわち，取消しの場合は，判断能力が不十分な者または意思表示に欠陥があった者を保護するために，「意思表示—法律行為の効力を根底から否定」しなければならず，「取引の安全を顧慮しないで」，第三者に対する関係も含めて，「可能な限り原状に近い状態に置く」必要がある。したがって「そのような行為を基礎として権利を取得した第三者は権利を失うほかはない」とする。この帰結は，「そもそも所有権移転の直接の根拠となった物権行為自体が遡及的に失効するのであるから，所有権は

---

6)　四宮 1990: 1–42 頁（初出は，四宮 1977: 1–48 頁。以下，引用は，四宮 1990 による）。
7)　四宮 1990: 1–2 頁。
8)　四宮 1990: 2–3 頁，3 頁注 5，29 頁。

最初から乙〔原権利者の相手方〕へは移らなかったことになる」ことによって説明される。したがって，こうした第三者の権利取得の否定は，第三者が取消前に出現した場合（失効の遡及により失権）と取消後に出現した場合（事後的失効の状態の継続によって権利取得不可）とで変わらない。さらに，第三者は「まったくの無権利者」であるから，その派生的帰結として，第三者に対して原権利者が権利主張をするために登記等の対抗要件は必要でない。

　他方，第三者保護は，無権利者からの取得者の保護制度により，第三者が相手方を権利者と信じて取引に入り（善意），そう信じることに無理もない事情があり（無過失），かつ原権利者側にも「権利を失ってもやむをえない事由（帰責事由）がある場合」に限って保護する法理が妥当する。これを具体化した規範として，①取消前に出現した第三者は，詐欺取消しを「善意〔かつ無過失。平成29年民法改正後〕の第三者に対抗することができない」とする96条3項によって保護されるにとどまる。被詐欺者が「欺されるのは軽率」であり，被強迫者や制限行為能力者ほどには保護する必要がないという「価値判断」に基づく[9]。したがって，強迫および制限行為能力を理由とする取消しよりも前に出現した第三者は遡及的失権に服する。これに対し，②取消後に出現した第三者は，「本人に登記取戻しについて懈怠ありと認められるに至ったとき」に帰責事由が認められることから，「善意の第三者に対抗することができない」との94条2項を類推して保護されることになる。そして，①・②いずれの場合も，第三者（丙）が保護されるときは，この者との関係では，原権利者（甲）とその相手方（乙）との「譲渡契約は有効とみなされる結果，目的物は甲—乙—丙と転々移転したことになり，丙甲間には対抗の問題は生じない」ゆえに，「第三者は登記を必要としない」という帰結が導かれる[10]。

(ii) 契約解除の場合

　これに対し，契約解除は，「後発的な双務的均衡の喪失」を原因として原状

---

9)　なお，四宮1977および四宮1990の公刊時点では，平成29（2017）年改正民法95条4項は存在しなかったが，被詐欺者に関する本文の「価値判断」は，いわんや錯誤者（と被強迫者ならびに制限行為能力者との関係）にも当てはまるものと解される。

10)　四宮1990: 4–12頁，27–29頁。

回復を図る制度であり，その「遡及的構成」も「当事者間における給付物の原状回復を根拠づける観念的・論理的前提を創出する」という「目的的制限（相対性）」をもつものと理解されている。それゆえに，「解除の遡及効はその目的からいって本来第三者に及ぼすべき筋合のものでない」とされ，「取引安全をはかる必要のある」ものであり，「その遡及的失効に取消の場合におけるほど強い意味を与える必要は必ずしも存しない」ことから，「あらゆる関係にわたって当事者間の取引を根底からくつがえすことまでも含むものではない」と解されている[11]。その結果，第三者は権利者と取り引きしたことになる（失権の遡及も事後的失効も生じない）一方，原権利者にも解除によって相手方からの「所有権の復帰」が認められ，「二重譲渡がなされたのと同じに考えるべきことになる」から，第三者保護は，第三者の出現が解除の前か後かを問わず，「対抗問題として処理される」べきものと把握されている[12]。

(3) 無権代理行為の追認・選択債権の選択・遺産分割

(i) 無権代理行為の追認の場合

遡及効の趣旨に応じた具体的効果についての解釈方法は，その他の形態の遡及効へと展開される。

まず，無権代理行為の追認の場合である。例えば，①B所有不動産 a を無権代理人XがBを無権代理してAに売却する一方，②Bが a をCに売却し，③その後，BがXA間の無権代理行為を追認した場合（登記はBまたはA），③の追認の効果は①の無権代理行為時まで遡及する（116条本文）。しかし，その遡及効は「第三者の権利を害することはできない」(116条ただし書)。この116条ただし書の「論理」・「精神」について四宮説は，Bが追認するとその遡及効（116条本文）によってBはXによる「無権代理行為の時点において失権したことになる」から，Cは「無権利者から所有権を譲受けたことになって，やはり失権する」。しかし，Bが「自らが有効に行った」Cへの処分を「自らの意思に基づく行為（追認）によってくつがえすようなことは，認めるべきでない」

---

11) 四宮 1990: 17 頁，19–20 頁，22 頁。
12) 四宮 1990: 23 頁，41 頁。

から，「遡及効の論理よりもこの論理〔116条ただし書の論理・精神〕を優先させよう」としたものと解する。この解釈は，遡及効の趣旨の相違をきめ細かく判断するという観点から，きわめて注目される。もっとも，四宮説は，116条ただし書の論理に従って無権代理行為の追認の遡及効が制限されたことによって関係当事者間に生ずる状態は，「二重譲渡と同じ事態」であるとみる。その結果，ＡＣ間の相衝突する権利の優劣は対抗問題として対抗要件によって処理され，116条ただし書は適用の余地がないことになるとみて，「その存在理由を失う」という見解に与し，「無用の空文となる」と解している[13]。

　もっとも，例外的にＡ・Ｃの取得した地位がともに排他性を備える場合は，116条ただし書適用の余地があることを留保する。例えば，①Ｂ所有動産 a の受寄者ＸがＢを無権代理してＡに売却して占有改定の意思表示（183条）をする一方，Ｂが a をＣに売却して指図による占有移転（184条）をした後，ＢがＸの無権代理行為を追認した場合，対抗要件まで備えたＣの権利を追認によって覆すべきではないと解し，遡及効を制限する116条ただし書により，Ｃの優先を認める。同様に，②Ｂの債権 a を無権代理人ＸがＡに譲渡して債務者Ｙに確定日付ある証書によって通知（468条2項）する一方，Ｂが a をＣに譲渡してＹに確定日付ある通知をした後，ＢがＸの無権代理行為を追認した場合，③Ｂの債権 a についてＸがＢを無権代理して債務者Ａから弁済を受領する一方，Ｂの債権者Ｃが a を差し押さえ，転付命令を得た後，ＢがＸの弁済受領行為を追認した場合，および④Ｂ所有建物 a についてＸがＢを無権代理してＡに譲渡し，登記名義も移転する一方，Ｂが a をＣに賃貸して引渡しをした後，ＢがＸの無権代理行為を追認した場合においても，116条ただし書によって追認の効果を制限し，Ｃが優先すると解する[14]。したがって，これら①～④の場合も考慮に入れると，116条ただし書は空文とはいえないことになるものと解される。

(ⅱ)　選択債権の場合

　また，選択債権の選択についても，遡及効が認められている（404条本文）。

---

13)　四宮 1990: 29–30 頁，39 頁，40 頁。
14)　四宮＝能見 2005: 292–293 頁。後掲注 42 も参照。

例えば，B所有不動産 α・βについてAが選択債権をもち，Bが α を選択した後に（406条），Bが α をCに譲渡した場合，選択の遡及効（411条本文）は「第三者の権利を害することはできない」（411条ただし書）によって制限されるか。ここでも，四宮説は，AとCとの優劣は「この但書によってではなく，対抗問題の理論によって決まる」との見解に与する。その理由として，無権代理行為の場合と同様に，α は元々Bの所有であるから，Bが「二重譲渡を行ったことになるにすぎない」とみる点にある。しかも，選択の場合は，無権代理行為の追認の場合（無権代理行為の時点でAが対抗要件まで具備することがありうる）と異なり，Aが対抗要件を具備しうるのは法律行為（選択）以後であるから，「対抗問題の理論」によってCが優先し，「但書〔ただし書〕の助けを借りる必要がない」とする[15]。

(ⅲ) 遺産分割の場合

さらに，遺産分割の遡及効（909条本文）についても，その具体的効果が問題になる。例えば，被相続人Pの共同相続人の1人であるBが，相続財産に属する不動産 α に対する相続分に応じた持分権をAに譲渡した後に，遺産分割によって α が共同相続人Cに帰属するものとされた場合，遺産分割の遡及効（909条本文）は「第三者の権利を害することはできない」（909条ただし書）によって制限されるか。四宮説は，「取引安全の阻害および遺産価値実現の梗塞というデメリットに目をつぶって」，「共同相続人の一人による中間処分を排除して共同相続人の利益を護る」という遺産分割の遡及効の趣旨は，「遺産分割の実情や登記の実情から共同相続人の一人の持分について第三者が権利を取得するという事態の発生する可能性が少なくない，という事実を考慮してか……取引安全のために」909条ただし書が設けられたことによって「骨抜き」にされ，「単に，共同相続人たちの内部関係における遡及的扱いや，相続による承継に関する常識ないし感情の満足」をもたらすものにすぎないと解する。その結果，遺産分割の遡及効はそもそも第三者に影響を及ぼしうる趣旨のものではなく，遺産分割前に出現した第三者はもちろん，遺産分割後の第三者にも影響

---

15) 四宮 1990: 32頁。ただし，Aが「仮登記をした場合は別」とする（同前 32頁）。

を及ぼさないとみる（相対的遡及効説と呼ぶ）。したがって，ＡとＣはＢから持分
権の二重処分を受けた関係になり，ＡＣ関係は「つねに対抗問題として処理」
されるものと解する[16]。もっとも，909条ただし書は，116条ただし書や411
条ただし書と異なり，遺産分割の遡及効をあえて制限し，それによってはじめ
て遡及効が第三者に及ばないことになる点で，存在意義が認められている（こ
れに対し，無権代理行為の追認における本人Ｂや選択債権の選択における債務者Ｂは，目的
物の所有者であるから，元来処分権をもっている）[17]。

(4)　遡及的失権の諸類型

　以上のように四宮説は，遡及効の趣旨がどのように異なるかを個別的に確認
し，検討することにより，遡及的失権の類型を，(A)失権の効果が第三者にも及
ぶ趣旨の「遡及的失権貫徹型」と，(B)失権の効果が第三者に及ばない趣旨の
「相対的『遡及的失権』型」に識別する。〔他方，無権代理行為の追認，選択債権の選
択のように，(C)「非失権型」がある。〕(A)遡及的失権貫徹型には，(Ⅰ)取消し（遡及的
失権が当事者間の法律行為の遡及的失効によって生じる意味で「失効型」と呼ばれる）およ
び(Ⅱ)相続放棄（遡及的失権が，当事者間の法律行為の遡及的失権によってではなく，他の
原因によって生じる意味で「非失効型」と呼ばれる）が含まれ，(B)相対的「遡及的失
権」型には，(Ⅰ)契約解除（失効型）と(Ⅱ)遺産分割（非失効型）が含まれる。そし
て，第三者保護は，(A)(Ⅰ)（遡及的失権貫徹型・失効型。取消し）の場合は表見法理
により，(B)（相対的「遡及的失権」型）の場合は対抗問題として処理される。この
相違は，第三者保護規定が置かれる場合の表現方法にも反映されている。すな
わち，(A)(Ⅰ)では「善意の第三者に対抗することができない」（96条3項〔平成29
年改正前〕，94条2項）と規定されているが，(B)および〔(C)〕非失権型（無権代理
行為の追認，選択債権の選択）では「第三者の権利を害することはできない」（545
条1項ただし書・909条ただし書，116条ただし書・411条ただし書）という相違となっ
て表れているとみる[18]。

　こうしてみると，四宮説の方法論（前述(1)末尾①～③）は，主として①「遡及

---

16)　四宮 1990: 33–36 頁。
17)　四宮 1990: 39 頁。
18)　四宮 1990: 39–42 頁。

効の趣旨」の相違に応じて失権の意味（とくに第三者効）も異なると解し，それ
に応じて第三者保護にも異なる法理を適用する意味で，③「民法の体系」を意
識する点に特色がある。他方，②「関係当事者の利益状況」の考慮は，例えば，
遡及的失権から取消前の第三者が保護される可能性が詐欺取消しの場合に限ら
れる理由として，「欺されるのは軽率」だから被詐欺者は被強迫者や制限行為
能力者ほどには保護する必要がないとの価値判断に基づき，取消制度によって
保護されるべき本人の利益と第三者の利益ないし取引安全の利益との衝突を調
整するといった説明に見出されるものの[19]，さほど厳格でないように思われる。
例えば，四宮説では一律に対抗問題として処理されているものの中にも，契約
解除後の第三者（解除原因について悪意の可能性あり）に対する原権利者の利益，
無権代理行為の相手方（無権代理行為であることについて悪意の可能性あり）と追認
がされないと信じて本人から処分を受けた者の利益，共同相続人から持分権の
処分を受けた相手方（相続財産であることや遺産分割後はそれについて悪意の可能性あ
り）と遺産分割を受けた共同相続人の利益など，単純に二重譲渡の譲受人相互
間とは「関係当事者の利益状況」が同じとはいえない形態もあろう。また，遡
及的失権に対する第三者保護規定としての94条2項の類推適用を，取消し前
後で画一的に分けて，取消後の第三者に限定する点も含め，類型的考慮を優先
させている感もある。

3　復帰的物権変動の統一的把握

(1)　鈴木説の解釈方法論

　物権変動を生じさせる法律行為の無効・取消し・解除の効果について，四宮
説と対照的な解釈方法をとるものとして，鈴木禄弥「復帰的物権変動と対抗問
題」がある[20]。鈴木説は，不動産売買契約の無効・取消し・解除を例にとれば，
「無効・取消および解除を生じさせる原因や法的構成のあいだには，かなりの
差異があるが，結局はいずれも，売買にもとづくものとしてなされた給付につ

---

19)　四宮 1990: 6 頁。
20)　鈴木 1997: 79 頁参照。

き原状を回復させ，契約がされなかったなら存在すべき状態をほぼ再現させる
ことを目的とする制度であって，……既給付の売買目的物の所有権帰属の点に
限っていえば，所有権（より一般には物権）の復帰的変動の問題といえる」と捉
える[21]。以下，その方法論的特色および具体的帰結の双方について，四宮説と
の異同を確認する。

(2) 取消しと解除

(i) 取消しと解除の効果の比較

　鈴木説は，取消しと解除の効果を峻別する四宮説に対し，①取消しと解除の
「第三者保護規定の形式上の差異」（121 条本文〔平成 29 年改正前。改正民法 121 条〕
の例外規定としての 96 条 3 項と 545 条 1 項ただし書）はさほど決定的でない，②取消
しも解除も取消権者・解除権者と第三者との利益衡量を図る制度であり，両制
度の存在理由の差は，「意思教説 Willensdogma につよくとらわれないかぎり」，
あまり重視する必要はない，③第三者の立場は「取消・解除のいずれの場合で
も，ほとんど異ならず，……目的物を強迫によって売却させられた者と，ノー
マルに売却はしたが代金支払いをえられない者とのいずれがより大きな保護に
値するかの断定は，かなり困難」であるとみる。そこで，取消しと無効の「両
制度の対第三者効を一応パラレルなものとして扱い」つつ，「より具体的な事
案類型に応じての微妙な解釈論的調整をするべき」であるという方法論を提示
する。

　そして，④この「パラレル」な扱いの鍵は，取消し・解除（さらには無効）の
結果として原権利者が取得する権利をいずれも給付不当利得返還請求権とみる
点にある[22]。すなわち，契約解除によって各当事者が「その相手方を原状に復
させる義務を負う」（545 条本文）の場合のみならず，取消しによって法律行為
を「初めから無効であったものとみなす」（121 条本文〔平成 29 年改正前。改正民法
121 条〕）とされる場合も，仮に物権変動の有因説に立ったとしても，当事者間
で目的物について「一旦は売買が有効に成立したことは，厳たる事実」であり，

21）　鈴木 1997: 79 頁。
22）　鈴木 1997: 81 頁，86 頁，96 頁。

「両当事者は売買のプロセス上ですでに履行した代金支払・引渡・移転登記等の義務に対応して，それぞれ，代金の返還・目的物の返還引渡・登記抹消等の義務を負い，これらの復原がすべて終了すれば，売買のプロセスは完全に巻き戻されて，A〔目的物〕の所有権は完全に甲〔原権利者〕に復帰する」が，「取消以降復原プロセスの完了までのあいだは，Aは甲と乙〔原権利者の相手方。買主〕とのいずれにも全面的には帰属しているわけではない」とみる[23]。

　このような基本的視点に立ち，鈴木説は，各々の失効原因ごとの当事者間の利益状況の相違を考慮に入れ，かつ遡及的失権を認めて処理する場合と対抗問題として処理する場合との双方を比較したうえで，取消しと契約解除との間には実質的に大きな相違がないという帰結を導いている。ここで注目されるのは，つぎの２点である。鈴木説によれば，まず，〔1〕取消しおよび解除の効果をめぐり，第三者の利益と比較衡量されるべき原権利者の利益について，取消権者である被強迫者（被詐欺者以上に保護されるべきものと解される）の利益と解除権者の利益を比べた場合，「目的物を強迫によって売却させられた者と，ノーマルに売却はしたが代金支払いをえられない者とのいずれがより大きな保護に値するかの断定は，かなり困難」であるとみており，取消権者も解除権者も要保護性において決定的な相違はないと解している。

　また，〔2〕契約解除によって相手方に原状回復義務が生じる場合だけでなく，取消しによって遡及的無効が生じる場合においても，当事者間で「一旦は売買が有効に成立したことは，厳たる事実」であり，「両当事者は売買のプロセス上ですでに履行した代金支払・引渡・移転登記等の義務に対応して，それぞれ，代金の返還・目的物の返還引渡・登記抹消等の義務を負い，これらの復原がすべて終了すれば，売買のプロセスは完全に巻き戻されて，A〔目的物〕の所有権は完全に甲〔原権利者〕に復帰する」が，「取消以降復原プロセスの完了まで

---

23)　かかる鈴木説の立場は，物権変動の有因・無因論との関係では，「取消によりすでに買主から売主への復帰的物権変動のプロセスは開始されている」とみる点では有因説に近い一方，「目的物所有権が完全に売主に復帰するのは，復帰のプロセスの完了の時点である」とみる点で無因説に近い（鈴木1997: 81頁）。この見方は，所有権移転のプロセスに関する鈴木説（売買契約の成立によって物権変動のプロセスが開始されるが，物権変動が完了するのは代金支払・登記・引渡し〔＝物的支配の取得〕の終了によるとみる。同前88頁注9）の裏返しの論理として，それ自体は首尾一貫しているというべきであろう。

のあいだは，Ａは甲と乙〔原権利者の相手方。買主〕とのいずれにも全面的には帰属しているわけではない」とみる 。ここでは，甲乙間において売買による権利移転が行われた後に，売買が取消しまたは解除されても，甲から乙への権利移転の事実が消えることはないという理解が示されている。

(ii) 取消しについて

取消しについては[24]，判例・通説が取消しの時点を基準にして，取消前に登場した第三者は遡及的失権による無権利者からの取得者とみる一方で，取消後に第三者が登場したときは対抗問題として処理するという解釈[25]を批判する。そして，「取消をなしうるに至った時点」(表意者が詐欺に気づいた時，強迫状態が止んだ時，制限行為能力者自身が追認可能となった時または法定代理人が現実に取り消した時)を基準時とし，①基準時前に登場した(鈴木説では，単なる契約締結ではなく，所有権取得登記の具備を指す)第三者との関係では原権利者への所有権復帰を認め，所有権に基づく給付の返還請求とこれに対する第三者の反論(第三者保護規定等を理由とする)によって処理し，②基準時後に登場した第三者との関係は対抗問題として処理する。

このうち，①基準時前に登場(＝登記具備)した第三者に対しては，原権利者は，「登記がなくても」取消しによる「所有権回復を主張しうる」が，原権利者が取り消しうる状態になっても取消しおよび第三者からの登記回復をしなければ，すでに登場している第三者およびその承継人との関係でも，「問題は177条による処理に移行し」，121条本文による自己への所有権回復を主張できなくなると解する。また，詐欺取消しの場合は，基準時前に登場した善意の第三者は保護されるが(96条3項)，この第三者自身が登記(権利保護資格要件)を具備している必要があるとする(四宮説との相違。前述2(2)(i)末尾)。理由は，ここで第三者に登記が不要であるとすると，「本当は基準時後にはじめて登場してきた」第三者が，その前主と「共謀して基準時前にすでに登場していた旨を主張する場合」に，原権利者がこれを否定することが困難であるゆえに，第三者

---

24) 鈴木 1997: 95–123 頁。
25) 判例の変遷と学説の展開との関係につき，松尾 2000: 70–93 頁，151–159 頁参照。

に登記がなければ「自己が基準時前に登場していることを主張・立証することは許されない」とみるからである[26]。

　他方，②基準時後に新たに登場した第三者との関係は，判例・通説と同様に対抗問題となり，したがって，背信的悪意者排除の法理が妥当する。もっとも，典型的な二重譲渡の場合とは「微妙な差」が生じる。すなわち，一方で，原権利者が取消権をもつこと，または取り消したが登記を回復していないことを知って譲り受けた第三者に対する非難可能性は，単に第一譲渡を知る二重譲受人に対するそれよりも大きいと解される。他方で，原権利者も「自らのなした移転登記の抹消を怠ったことに対する非難可能性は，単純な二重譲渡において登記を怠っていた第一譲受人に対するそれよりも大きい」といえる。その結果，ここで第三者が背信的悪意者に当たるか否かは，「一切の事情を考慮したうえでのきわめて微妙な判定」に基づくことになる[27]。

　こうして取消可能時を基準時とする鈴木説は，取消時を基準時とする判例・通説よりも早い時点で対抗問題となり，結局，対抗問題として処理される場面が広くなっていると解される[28]。また，取消前に「登場」した第三者保護規定（96 条 3 項）によって保護されるためには登記（権利保護資格要件）を要するとみる点で，実質的に登記等による解決の比重が高くなっている点に特色がある。そして，この解釈方法は，解除や無効の場合にも適用される。

(iii) 契約解除について

　契約解除については，間接効果説によれば，解除があっても契約が遡及的に消滅するわけではないから，解除の結果の原状回復は相手方から原権利者にあらためて売却がされたのと同様の所有権復帰プロセスが進行し，これと相手方

---

26) この登記は，対抗要件としてではなく，「いわゆる権利保護資格要件として」の登記と解されている。鈴木 1997: 124 頁注 5 参照。

27) 鈴木 1997: 107–108 頁。

28) その背景には，「対抗問題の根本的発想」として，「すでに自己に有利な物権変動を登記しうる立場にある者が，その登記をしないでいる場合，および，自己の一方的意思表示によって自己に有利な物権変動を完結せしめうる立場にある者が，あえてその物権変動を完結せしめず，その結果，かかる物権変動の登記をなしえないでいる場合には，この者は，第三者の登場によって自己の権利が害される結果になっても仕方がない」との理解がある。鈴木 1997: 110–111 頁。

からの第三者の転得プロセスが「一種の二重譲渡」となり，対抗問題処理の原則に従って解決される。

　他方，直接効果説（解除の結果，売買契約の効果が「遡及的に消滅して当初から存在しなかったものとして扱われ」，原権利者の「所有権は，まったく移転することなしに，終始甲〔原権利者〕に属していたことになり」，占有と登記名義のみの不当利得返還請求になる，と解する）によれば，解除可能時（原権利者が自己に解除権があることを知った時点）を基準時にして，第三者の「登場」が基準時前の場合は，545条１項ただし書の規定によって第三者（登記具備を要する）[29]が保護される一方，基準時（解除可能時）後に登場した第三者は原権利者と「対抗関係に立つ」とされる。その結果，やはり原権利者と第三者との優劣が登記によって確定される比重が高くなる[30]。

(3)　無効の場合への拡張可能性

　鈴木説は，さらに進んで，錯誤・虚偽表示・強行法規違反または公序良俗違反・意思能力の欠如・無権代理などを理由とする法律行為の「無効」の場合にも，無効主張可能時を基準時とする第三者の登場時期（第三者の権利取得行為など権利取得原因の発生時期）に応じて，その保護方法を識別する法理の妥当性を検討する。例えば，売買契約に基づいて目的不動産 a の所有者Aとその相手方Bとの間で登記・引渡し・代金支払等のいずれかがされている場合は，「たとえその売買が無効であっても」，契約の無効は契約の不存在とは異なり，a に対する所有権のAからBへの移転プロセスが「すでにある程度は進行しはじめており」，そのプロセスの途中で売買の無効の主張があった場合は，BからAへの a の返還引渡し，登記回復，代金払戻し等が完了することにより，BからAへの「所有権の復帰的変動が完了」し，a が「完全に」Aの所有に復帰するとみる。そこで，そのプロセスの途上でAが「無効の原因の存在することを知り

---

29)　ここでの登記も，対抗要件としての登記ではなく，いわゆる「権利保護資格要件」として理解されている。鈴木 1997: 92 頁注 8，9 および該当本文参照。

30)　間接効果説による場合との相違は，基準時（解除可能時）前に第三者がその前主（原権利者の相手方）と契約したが，まだ登記（権利保護資格要件）を具備する前に，原権利者が解除に基づく原状回復請求をした場合に，原権利者が，たとえまだ登記を回復していない場合でも，勝訴しうる点に見出しうるにすぎない。

かつそれを主張しうる状態となった以降に登場した第三者」CとAとの関係も，「取消や解除の場合と同じく，対抗問題として」処理しうるかを検討する[31]。

(i) 錯誤について

錯誤[32]は，伝統的な「意思教説」(Willensdogma) によれば意思の欠缺であるが，「意思教説から離れ，関係者間の利益を衡量してみると」，詐欺または強迫によって「自己の本来の意図から逸脱した意思表示をした者」と，「他からなんらの圧力も加えられなかったのに自分だけで誤って真意から逸脱した者」では，「むしろ，前者をこそより強く保護すべき」であるという価値判断すら成立可能であるから，錯誤無効は詐欺取消しまた強迫取消しと平等に扱うべきであるとする[33]。

(ii) 虚偽表示について

虚偽表示の無効は「絶対的無効と取消との中間に存在するもの」であるとされ，表意者―相手方間における秘匿行為に基づく合意の履行としての相手方から表意者への復帰的物権変動と相手方―第三者間の転売による物権変動とが二重譲渡の関係に立ち，「対抗問題が生ずる」とみる。したがって，第三者は94条2項または177条のいずれかを援用して所有権を確保することができる。この場合，第三者は，177条によれば当然登記が必要であるが，94条2項によるときも「いわゆる権利保護資格要件としての意味」をもつ登記が要求される[34]。

(iii) 公序良俗違反および強行法規違反について

公序良俗違反または強行法規違反の契約に基づいて目的物の引渡し，不動産の登記等が行われた場合も，原権利者が相手方に対して占有，登記名義の返還等を求める「給付不当利得返還といういわゆる復帰的物権変動のプロセスとし

---

31) 鈴木 1997: 126–143 頁。
32) 以下，本節の記述は，平成29年改正前民法95条（錯誤の効果は無効）を前提にしている。
33) 鈴木 1997: 131–133 頁。
34) 鈴木 1997: 133–135 頁。

第4章 物権変動の遡及的消滅の解釈　121

ての占有や登記等の回復の完了」により，原権利者は目的物の所有権を完全に
回復するとみる。したがって，相手方から原権利者への「復帰的物権変動」と，
相手方から第三者への物権変動とが「一種の二重譲渡のごとき対抗の関係」に
立ち，結局は原権利者の登記回復と第三者への移転登記（なお，708条参照）の
いずれが先に行われるかで「両者の権利の優劣が決せられる」とみる[35]。

(iv)　意思能力の欠如について

　意思能力の欠如を理由とする無効も，「表意者本人の保護を目的とする制度」
であるから，取消しと同様に取り扱い，原権利者が「契約の無効を主張しうる
に至った時点」（無効主張可能時）を基準時とし，それ以前に登場した第三者に
対しては，原権利者は原則として目的物の所有権が自己に帰属することを主張
しうるが，基準時（無効主張可能時）後に登場した第三者と原権利者とは「対抗
関係」に立つものと解されている[36]。

(v)　無権代理行為の追認拒絶について

　ただし，無権代理行為がされた場合，例えば，A所有不動産 a につき，無権
代理人XがAを無権代理してBに売却し，移転登記を済ませ，さらにBがCに
転売したところ，Aが追認拒絶をし（「取消に準ずる無効」であるとされる），Cに
登記回復等を求めたとする。この場合，原権利者Aと第三者（転得者）Cとの
「いずれの利益がより保護に価するか」に鑑みれば，原則として，Cは自己の
a 取得をAに対して主張できず，「そのかぎりにおいて，不動産取引の安全が
害されることになっても止むをえない」とする[37]。ここでは，第三者Cの利益
保護よりも本人Aのそれが優先され，本人Aと第三者Cは「対抗関係」に立つ
とは解されていない。もっとも，Cは表見代理の規定によって保護される余地
がある。

35）　鈴木 1997: 135-139 頁。
36）　鈴木 1997: 140-142 頁。
37）　鈴木 1997: 142-143 頁。

⑷ 「契約の失効」概念・復帰的物権変動論による統一的把握

　以上のような広範な共通性（とくに⑵，⑶(i)～(iv)）の確認を踏まえ，鈴木説は法律行為の無効・取消し・解除を「契約の失効」という上位概念に統括し，その際に発生する給付不当利得返還請求権は，原権利者から相手方に「一応は移転した目的物所有権」が原権利者に「復帰する物権変動のプロセス」として，「ほぼ共通の説明」に服させることができるとみる[38]。こうして，ドグマ的形式論・抽象論を排し，関係当事者間で具体的に何が請求されるか（目的物の占有・登記・代金の回復等）に着目した鈴木説のミクロ的・利益衡量論的アプローチが，取消し・解除のみならず，無効の場合をも広く包摂する契約の失効・復帰的物権変動論による統一的説明と第三者保護法理としての対抗問題的処理への編入機会の増大へと帰結している点は興味深い。

4　統一化と個別化の両立可能性

⑴　遡及効の解釈の差異

　以上の概観を踏まえ，若干の整理と提言を試みたい。四宮説の最大の特色は，物権変動の様々な遡及的消滅形態における遡及効の趣旨を重視し，その相違に応じて相手方および第三者の権利取得に与える影響を別異に解釈する点である。それが最も顕著に表れるのが取消しと契約解除であり，取消しは意思表示の欠陥や判断能力の不十分による意思的要素の原始的瑕疵の存在を理由とすることから，原状回復は原則として第三者が取得した権利の否定にも及ぶ（いわば強い原状回復）のに対し，契約解除は当事者間の双務的な利益均衡状態の後発的喪失を理由とすることから，原状回復は原則として第三者には及ばない（いわば弱い原状回復）とみる。これに対し，鈴木説の最大の特色は，そうした意思的要素の欠陥の有無や瑕疵の原始性・後発性の相違はさほど重視すべきでないとし，むしろ物権変動の遡及的消滅に伴う原状回復の現象面に着目し，法律行為の取消し・解除のみならず，無効の場合も含めて，売買契約等の法律行為，それに基づく目的物の引渡し・登記・代金支払等が厳然たる事実として存在する

38）　鈴木 1997: 146 頁。

ことを重視する。そして，それを原状に回復するための給付不当利得返還請求権の発生，物権回復プロセスの開始原因としての所有権復帰の承認と，同プロセスが完全に終了した時点での物権の完全な回復等の共通要素を抽出し，復帰的物権変動の一般論を志向している。しかし，このような対照的な解釈方法にもいくつかの接点が見出される。

(2) 遡及的消滅の意味と射程

物権変動の遡及的消滅により，はたして物権変動が「なかった」ことになるか。四宮説は取消しの場合にこれを認める。鈴木説も基準時（原権利者による無効主張可能時・取消可能時・解除可能時）より前に登場（＝登記）した第三者に対する関係では，所有権に基づく返還請求を認める。もっとも，原権利者は完全に回復した所有権に基づいて請求するのではなく，物権回復プロセスの開始根拠となる限りでの所有権であり，それによって目的物の占有・登記・代金等を全部清算することによってはじめて物権が完全に復帰するとみていることに留意する必要がある。

いずれにせよ，四宮説によっても鈴木説によっても一定範囲で物権変動が「なかった」ことになるとすれば，物権的請求権と不当利得返還請求権との競合が問題になる。実際，原権利者の返還請求権が消滅時効にかかるか否かをめぐり，肯定説（鈴木）と否定説（四宮）は対立する。すなわち，鈴木説は，不当利得返還請求権の消滅時効を肯定するが，四宮説は，物権的請求権の側面を考慮して，これを否定する[39]。しかし，両説ともに，両請求権規範の統合調整を志向する傾向をもつことは，注目に値する[40]。

そして，両説に対して共通する疑問は，取消し以外の遡及的消滅における第三者との関係（四宮説）または基準時以後に登場した第三者との関係（鈴木説）を広く対抗問題と解している点にある。しかし，このように広範に対抗問題としての処理を認めることにより，関係当事者間の利益状況に適合した解釈という，四宮説と鈴木説に共通する解釈方法論の志向が十分に貫徹されていない感

---

39)　鈴木 1976: 224–225 頁，四宮 1978: 168–169 頁。
40)　鈴木 1976: 227–228 頁，四宮 1978: 163–171 頁参照。

がある。

　その一例として，無権代理人Ｘと取り引きした相手方Ａが後に本人Ｂの追認を受ける一方で，本人Ｂ自身が第三者Ｃに同一目的物を処分していた場合（ＢからＣへの処分時期は，ＢによるＸの無権代理行為の追認前の場合と追認後の場合の双方が考えられる）のＡＣ関係を対抗関係とみる解釈には，疑問がある。この場合，追認の遡及効（116条本文）は，当事者ＢＡ（Ｘ）間の無権限問題の処理の便宜にとどまり，元来の権利者であるＢ自身による処分やその相手方Ｃの権利取得にまで影響を与えるべきではなく，そのことが116条ただし書によって表現されているものと解される[41]。そうであるとすれば，116条ただし書は，ＡＣのうちで，他の条件が等しければ，本来の権利者Ｂ自身による処分の相手方であるＣの権利取得にプライオリティを与える趣旨であると解され，それはＡＣ間を対等に扱う対抗要件の規定（177条，178条）に代替されて「無用の空文」に化したということはできないものと考えられる[42]。むしろ，Ｃへのプライオリティ付与を含む116条ただし書の趣旨を活かした解釈としては，少なくとも権利者Ｂからの取得者であるＣが無権代理行為の追認について善意であり，契約の履行としての代金支払，登記・引渡しの受領等の段階に入って利害関係を形成している等，その権利取得（Ｂからの承継取得）が保護されるべき事情という意味での権利保護資格要件を備えている限りは，Ｃの優先を承認すべきである。この解釈方法は，遺産分割（909条）[43]等にも妥当する。

　このようにして，対抗問題が妥当すべき本来的領域を限定する一方で，それと識別されるべき遡及的消滅の問題領域に共通する法理が模索されるべきであ

---

41)　このことは，四宮説でも意識されている。四宮1990: 30頁，31頁注3，4参照。

42)　四宮＝能見2005: 294頁（能見善久）も，「116条但書が適用されないという結論にも全く問題がないわけではない」とする例として，第三者Ｃが先行する無権代理行為の無効を前提として——それを信じて，ともいえようか——取引関係に入ってきた場合を挙げる。例えば，ＢがＸＡ間の不動産譲渡（登記名義はＡに移転済み）は無権代理行為で無効だからと述べてＣに同一不動産を譲渡した場合，116条ただし書を適用し，Ｃは登記なしにＡに優先的な権利取得を主張しうると解される（ＡＢ等の表記は本書の叙述に応じて変更した）。もっとも，その際，私見によれば，Ｃは対抗要件を具備している必要はないが，善意で，かつ契約の履行段階（引渡し・登記・代金支払，その他）に入るなど，権利保護資格要件を具備している必要があると解する。

43)　遺産分割の効果は相続開始時に遡及するが（909条本文），第三者の権利を害することはできない（909条ただし書）とする。

図表 4-1　物権変動の不発生・遡及的消滅・新発生

不発生	法律行為の内容の実現不可能，公序良俗違反（90条），強行法規違反（91条）
	意思能力欠如，心裡留保（相手方悪意／有過失。93条1項ただし書），虚偽表示（94条）
遡及的消滅	制限行為能力取消し（5条，9条，13条，17条），錯誤取消し（95条），詐欺／強迫取消し（96条），無権代理行為の追認（116条），選択債権の選択（411条）
新発生	相続放棄（939条），遺産分割（909条），和解（696条），法定解除（545条），買戻し（579条）・手付（557条）等による約定解除（545条），解除条件の成就（127条2項）
	合意解除，再売買予約（556条），譲渡担保権の目的物の受戻し

る。このような遡及的消滅の問題領域の射程をどのように解すべきか，とくに鈴木説のように物権変動の不発生の場合（図表4-1参照）も含めるべきかは，今後なお検討を要する課題である。

(3)　統一化の中での個別化の模索

　そうした共通法理となりうるものとして，権利者Aからいったん権利を取得した者Bが，物権変動の原因行為の失効に基づいて権利および目的物を原権利者Aに返還すべき場合において，Bと取り引きした第三者Cの権利取得が保護されるための要件に関する《権利保護資格の法理》が考えられる[44]。それは，元々無権利だった者と取得行為をしたにもかかわらず権利取得できる場合に関する《無権利の法理の例外則》とは異なる一方で，元々権利者だった者と相互に競合する取得行為をした者同士の間の優先的な権利取得に関する《対抗の法理》とも異なり，いわばその両者の中間にある権利変動形態である。無権利の法理（の例外則）と対抗の法理との間に，あえて第三の法理を探求する理由（メリット）は，まったくの無権利者からの取得とはいえないゆえに，権利取得要件も無権利者からの取得の場合ほど厳格でない一方，対抗要件による画一的処理とも異なり，第三者と原権利者を中心とする関係当事者間の利益状況をでき

---

44)　これについては，本書第6章，第9章参照。

る限りきめ細かな類型に応じて判断しうる点にある。無権代理行為の追認に関する 116 条ただし書の事案（前述(2)）はその一例といえよう。物権変動の遡及的消滅においては，原権利者と第三者との間で，仮に両者の条件が等しければ（例えば，ともに対抗要件を満たしていない場合など），原則として，原権利者への権利復帰にプライオリティを認めて然るべきであると考えられることから，対抗問題的処理の場合とは対照的に，物権変動の遡及的消滅原因に関する第三者の善意を要件とすることを含め，関係当事者間の個別具体的な利益状況が十分に配慮されるべきことになろう。こうした統一化の中での個別化の試みにおいてこそ，鈴木説および四宮説の解釈方法論の長所をさらに活かすことができるように思われる。

第Ⅱ部

物権変動における
「対抗の法理」と「無権利の法理」の間

第5章

対抗の法理と無権利の法理の交錯

1 問題の所在

川井健教授は「不動産物権変動における公示と公信——背信的悪意者論，民法九四条二項類推適用論の位置づけ」[1]において，学説・判例における民法177条の第三者の範囲に関する制限説の展開と，民法94条2項の類推適用論の展開との「関連性」に着目し，従来は別個の法理として捉えられていた対抗の法理と無権利の法理とが「脈絡性」をもつことを鋭く指摘した。その理論上の契機は，177条の制限説の本質が第三者の行為態様の「正当性」を考慮に入れることにある点への着眼である[2]。すなわち，川井教授によれば，制限説は，一般法理上は信義誠実の原則ないし権利濫用禁止の原則によって根拠づけられ，その中に「背信的悪意者排除論」を取り込めば，「ほかに悪意者排除論を問題にする必要はない」。しかしまた，そのような一般法理を根拠とする制限説は「善意の過失者」（または重過失者）をも第三者から排除する可能性を生じさせる[3]。他方で，川井教授は，そうした形で進行する「制限説のいきすぎを押え，無制限説を一定の要件の下に復活させる点」に94条2項類推適用法理の本質

---

1) 川井 1975: 297-321 頁（後に，川井 1990〔『不動産物権変動の公示と公信』〕所収 15-38頁。以下，引用は，川井 1990 による）。

2) なお，対抗問題における第三者の「悪意」（認識）の問題と「行為態様」の問題との区別については，松尾 1994: 106-110 頁も参照。

3) 川井 1990: 23 頁。

があるとみる。すなわち、「制限説に拠れば、無権利の第三者は正当な取引関係に立つ第三者ではないから、権利者は常に権利を主張しうることになるはずである。しかし、自ら登記名義を得る機会のあった権利者が、自らの権利行使を怠っていながら、第三者に対し権利主張をすることは、権利濫用のうえからみて許されない」。そこで、かかる権利主張を封じるために94条2項の類推適用論が用いられる点に、無制限説的処理が見出される、というものである。そして、権利行使の「正当性」の観点からみれば、94条2項類推適用論は、背信的悪意者排除論とともに、177条の第三者の解釈論の中に位置づけられるとする[4]。

　この洞察は、177条は《権利者からの取得者》に適用される一方で、94条2項の類推適用は《無権利者からの取得者》に適用されると解し、対抗の法理と無権利の法理（の例外則）とを峻別する論理に対し、再考を迫るものであった。それは、一方では制限説の拡張という形で、他方では無制限説の復活という形で、これらの両側面において、判例の展開によっても裏づけられる結果となった（後述2、3）。

　では、権利者からの取得と無権利者からの取得との区別は次第に相対化し、対抗の法理は無権利の法理を飲み込む形で拡張しているのであろうか。また、そのような方向性に問題はないのであろうか。この問いは、第三者が権利を取得するための要件および効果について、両法理の間に差異を認めるべきかをめぐり、解釈論上も重要な問題である。川井教授は、94条2項の類推適用によって保護される第三者は「本人の何らかの帰責事由を要件としたうえでの無権利者からの取得者を意味する。その意味では、第三者は、まったくの無権利者からの取得者といえず、ある意味での『権利者』からの取得者である」という解釈により、両法理の接点を示唆する。そして、この意味で、94条2項の類推適用という法現象は、「単純な無制限説の復活ではなく、制限説の功績を認めたうえで、いわば制限説と無制限説の中間をいく処理のしかたである」と捉える[5]。実際、対抗の法理と無権利の法理の具体的な適用事例をみると、両

4）　川井 1990: 31 頁，37 頁。
5）　川井 1990: 30 頁。

者のいずれかに類別することが困難な交錯領域が存在する（後述 2, 3）。そこで，本章では，この交錯領域における両法理の関連の仕方に立ち入り，両法理の前線がどこで，どのように交わっているかを検証することにより，両者間を画する一線や両者間の距離について，再検証を試みる。

2　交錯領域1──対抗の法理の前線

(1)　背信的悪意者排除論から信義則違反者排除論へ？

(ⅰ)　登記名義を保有する売主に対する租税滞納処分（昭和 31 年判決）

　背信的悪意者排除論の生成期において，その展開の契機になった判決は，租税滞納処分をした国が 177 条の「第三者」に当たるかをめぐって下された判決であった。

【最判昭和 31 年 4 月 24 日民集 10 巻 4 号 417 頁，14 巻 4 号 694 頁・706 頁】[6]

　事案は，A会社から土地を買い受けたBが所有権移転登記をしないまま，買受後ただちに管轄税務署長C_1に対して同土地を自己所有地であるとして申告し，財産税を納付していた。約 2 年半後，Aが国税を滞納したため，C_1から滞納処分を引き継いだ税務署長C_2が同土地に差押登記をし，その後 1 年以上経ってからC（国）が公売処分を行い，Dが買い受けて所有権移転登記手続を済ませた。これに対し，Bは，C_2は同土地がB所有であることを熟知していたから，Cは 177 条の「第三者」として「登記の欠缺を主張する正当な利益を有する者」[7]に該当しないとし，土地所有権に基づき，Cに対して公売処分の無効確認，Dに対して所有権移転登記の抹消登記手続を請求したものである。

　第 1 審[8]は，Cを 177 条の「第三者」と認め，Bが同条に従って登記を経ていないことを理由に，Bの請求を棄却した。しかし，第 2 審[9]は，Cが（C_1を通じて）いったんはBを同土地の所有者として取り扱った以上は，Cは 177 条

---

6)　最判昭和 31 年 4 月 24 日民集 10 巻 4 号 417 頁・民集 14 巻 4 号 694 頁（昭和 29 年(オ)79号事件）・706 頁（昭和 29 年(オ)122 号事件）。本判決につき，鈴木 1956: 14 頁，杉村 1957: 118 頁，末川 1957: 87 頁，藪 1957: 100 頁，加藤 1991: 51 頁がある。

7)　大連判明治 41 年 12 月 15 日民録 14 輯 1276 頁（第三者範囲制限説）。

8)　富山地判昭和 28 年 5 月 30 日民集 14 巻 4 号 680 頁。

9)　名古屋高裁金沢支判昭和 28 年 12 月 25 日民集 10 巻 4 号 446 頁・民集 14 巻 4 号 690 頁。

の「第三者」に当たらないとし，Bの請求を認容した。

これに対し，上告審判決[10]は，原判決を破棄・差戻しとした。まず，177条の「第三者」から除外される者は，「登記の欠缺を主張することが信義に反すると認められる事由がある場合に限る」（下線は引用者）という一般的定式を提示した。そのうえで，本件では同土地がC₂によって「B所有として取り扱わるべきことをさらに強く期待することがもっともと思われるような特段の事情」（下線は引用者）がなければならないとし，この特段の事情の有無に関する審理を原審に求めた[11]。この判断の背景には，買受人の利益保護という一般的な理由のほかに，公売制度の信用維持という法政策的配慮があるという指摘がある[12]。一方，本判決に付された少数意見（小林俊三判事）は，C₁による財産税徴収とC₂による滞納処分とで税務署長が異なっても，国は一体として責任を負わなければ前後矛盾する行為をすることになり，背信的でないとはいい切れないと論じた。

差戻控訴審判決[13]は，前記「特段の事情」がなお認められないとしてBの請求を棄却した。しかし，これに対する再度の上告審判決（差戻上告審判決）[14]は，反対に，①BがC₁に提出した財産税申告書には，同土地の登記名義はAだが実体的にはB所有である趣意が記載されていたこと，②同土地に関する徴税令書はAには送達されず，Bの代納人が受領して納税するよう配慮されていたこと，③Cの差押登記に対するBの取消申請が長期間放置された後に棄却され，公売が強行されたことなどの事情を重視し，Bには同土地が「所轄税務署長からBの所有として取り扱わるべきことを強く期待することが，もっともと思われる事情」があったとして，前記「特段の事情」を認め，Bの請求を認容した（破棄・自判）[15]。

---

10)　前掲注6参照。
11)　鈴木 1956: 14 頁，杉村 1957: 118 頁，末川 1957: 87 頁，藪 1957: 100 頁，加藤 1991: 51 頁。
12)　加藤 1991: 51 頁。
13)　名古屋高判昭和 32 年 6 月 28 日民集 14 巻 4 号 708 頁。
14)　最判昭和 35 年 3 月 31 日民集 14 巻 4 号 663 頁。
15)　本判決につき，白石 1960: 94 頁，石田 1960: 118 頁，中川 1960: 28 頁，林 1960: 99 頁，塩野 1979: 132 頁，玉田 1961: 177 頁，高柳 1987: 33 頁，高橋 1999: 12 頁，室井 1992: 178 頁がある。

最初の上告審判決（前掲注 10 該当本文参照）が提示した，「登記の欠缺を主張することが信義に反すると認められる」者を 177 条の「第三者」から除外する解釈論は，後に背信的悪意者排除論──「<u>実体上物権変動があった事実を知る者において右物権変動についての登記の欠缺を主張することが信義に反すると認められる事情がある場合には，かかる背信的悪意者は，登記の欠缺を主張するについて正当な利益を有しないものであって，民法 177 条にいう第三者に当たらない</u>」（下線は引用者）──として定着するに至った[16]。しかし，その生成期に属する本上告審判決は，「第三者」から除外される信義則違反者を定式上も「悪意者」に限定していなかったことが注目される。この原初定式は，後に未登記通行地役権の対抗が問題となった事案の判決において，再び問題になる[17]。

(ii) 未登記通行地役権の対抗
(ア) 平成 10 年判決とその論理

背信的「悪意者」でない第三者に対しても，未登記物権の対抗を認めた例として，つぎの平成 10 年判決がある。

【最判平成 10 年 2 月 13 日民集 52 巻 1 号 65 頁】[18]

事案は，以下のとおりである。沖縄県島尻郡与那原町に土地を所有していた A は，東西 3 区画ずつ（$\alpha_1 \sim \alpha_3$，$\beta_1 \sim \beta_3$）合計 6 区画の宅地と，中央を南北に貫く幅員約 4 m の通路 γ（北端が公道に接続）を造成し，西側中央の 1 区画 β_2 を B に売却した（昭和 50 年 1 月。売買契約は，β_2 の北側で公道に接する区画 β_1 をすでに購入・登記していた B の母 P が，B を代理して締結した）。その際，AB 間では土地 β_2 を要役地とし，通路 γ の北側半分（本件係争地）を承役地とする無償かつ無

---

16) 最判昭和 43 年 8 月 2 日民集 22 巻 8 号 1571 頁，最判昭和 44 年 1 月 16 日民集 23 巻 1 号 18 頁ほか。

17) もっとも，本件では，第三者自身が国のような組織である場合に，権限ある者のすべてが悪意でもすべてが善意でもなかったときの，全体としての行為態様の評価方法が問題になったことが，信義則違反者排除論の主たる理由であったことは留意すべきである。

18) 本判決の評釈として，以下のものがある。近藤 1998a: 112–114 頁，近藤 1998b: 220–245 頁，近藤 1998c: 86–111 頁，石田 1998: 110–111 頁，大野 1998: 210–214 頁，川井 1998: 103–113 頁，野澤 1999: 22–25 頁，松岡 1999: 14 頁，横山 1999: 63–64 頁，園部 1999: 50–51 頁，向峠 2003: 349–370 頁。なお，本書第 6 章 2 (4)(i)(イ)も参照。

期限の通行地役権の設定が黙示的に合意され，Bは同通路部分を継続的に使用
していた。同じ頃，Aは前記6区画中a_2，a_3およびβ_3の3区画と通路γを
Cに売却した（これらの土地は，後に合筆してa_2となった）。その際，Cは，通路γ
上のBの通行地役権の設定者としての地位をAから承継することを黙示的に合
意した。Cはただちに本件係争地をアスファルト舗装し，排水溝を設けた。B
は，土地β_2上に住居を建築した際（昭和59年），建築確認のため通路γを敷地
に接する道路として申請すべく，Cの了解を求めたが，Cはこれを拒否した。
そこで，Bは北側隣地β_1を所有する母Pに依頼して同土地上に通路が存在す
るよう記載して建築確認を受けたが，β_2はβ_1から約2m高く，相当の埋土
をしなければ通行困難なため，Bは引き続き通路γを通行してきたが，CはB
の通行に対しては何ら異議を述べなかった。Cは合筆後の土地a_2をDに売り
渡し，所有権移転登記手続が行われた（平成3年7月または8月）。その際，Dは
Cから通行地役権設定者の地位を承継するという合意はしなかった。もっとも，
Dは，「現にBが本件係争地を通路として利用していることを認識していた」。
しかし，Bに対して「通行権の有無について確認することはしなかった」。そ
の後，Dは通路γ上にコンクリート製門柱，鉄製杭を設置し（平成4年1月頃），
Bの通行を妨害するに至った。そこで，BはDに対し，主位的に，①通路γに
対する無償・無期限の通行地役権の確認，②当該地役権の設定登記手続，③通
路γ上にDが設置したコンクリート製門柱・鉄製工作物（杭）の除去を，予備
的に，④囲繞地通行権の確認を請求した。

　第1審[19]は，土地β_2を準袋地と認定し，前記④囲繞地通行権の確認請求を
認めた。また，③門柱・杭の除去請求については，門柱・杭は「Bの通行に支
障をきたすものとは認められない」として，請求を棄却したが，「Dが右門柱
を設置したり，Bの通行権を否定している状況から判断すると，DがBの通行
を妨害する可能性はないとはいえないから，Dによる通行妨害を禁止する旨の
原告の請求は理由がある」として，「DはBに対し，土地βの通行使用を妨害
してはならない」とするにとどめた。また，①通行地役権の確認請求，および
②当該地役権の設定登記手続請求につき，Dが背信的悪意者に当たるゆえに，

---

19)　那覇地判平成7年4月27日民集52巻1号88頁。

ＢはＤに地役権の取得を登記なしに対抗できるとの主張に対しては，ＡＢ間における通行地役権の設定は認めたものの，ＤはそれをＣから承継する旨の合意をしておらず，かつ「ＤはＣから土地γを買受けるに際し，Ｂは通行地役権を有しないが，数年間は通行を認めるよう進言されているのにとどまるのであり，本件通路が一見して通路であることが明白であるとか，Ｂが現に通行していることを知っているからといって，ＤがＢの通行地役権を認めないことをもって，背信性があるとまでいうことはできない」と判断した。

　Ｄの控訴・Ｂの付帯控訴に対し，第２審[20]は，第１審判決を変更し，前記①通行地役権確認請求につき，Ｂが通路γにつき「無償かつ無期限の通行地役権を有すること」を確認し，同③門柱・杭の除去請求につき，「Ｄは，Ｂに対し，土地γの通行使用を妨害してはならない」としたうえで，同②当該地役権の設定登記手続請求，および同③門柱・杭の除去請求に関する前記のその余の請求を棄却した。その際，同①通行地役権の確認請求につき，Ｂの未登記通行地役権のＤへの対抗を認める理由として，第２審は，第１審と正反対に，Ｄを背信的悪意者と認定した。すなわち，ＡＢ間で設定された通行地役権をＤがＣから承継する合意はなかったが，「Ｄが土地a_2を購入した際，本件係争地が土地β_2通路として必要不可欠であることはその形状や利用状況から一見して明白であり，Ｄは，現にＢが本件係争地を通路として利用していることや，これを利用できなくなれば幅員の狭い本件里道を通行するか多大な費用をかけてβ_1に通路を設けるほかなくいずれにしてもＢに予想外の損害が生じることを認識しており，これらのことから土地β_2のために本件係争地を通行する何らかの権利が設定されていることを当然に知っていたかあるいは容易に知り得たのに，土地a_2の購入に当たって，……Ｂに対し何ら……通行権の有無を確認しないまま，土地γ購入後間もなく，Ｂには本件係争地を通行する権利がないと主張するに至った」諸事情を総合すると，Ｄは「Ｂとの関係において，背信的悪意者として」，Ｂの通行地役権の登記の欠缺を主張する正当な利益を有する第三者とは解しえないとした。

　上告審は，Ｄの上告を棄却したが，理由づけは異なる。すなわち，一般論と

---

20)　福岡高裁那覇支判平成9年1月30日民集52巻1号99頁。

して，通行地役権の承役地が譲渡された場合において，譲渡時に，①「承役地が要役地の所有者によって継続的に通路として使用されていることがその位置，形状，構造等の物理的状況から客観的に明らかであり」，かつ②「譲受人がそのことを認識していたか又は認識することが可能であったとき」[21]は，承役地の譲受人は，通行地役権が設定されていることを知らなかったとしても，「特段の事情がない限り」[22]，地役権設定登記の欠缺を主張するについて正当な利益を有する第三者に当たらないという判断枠組を提示した。

この平成10年判決の特色は，原判決の結論を維持しつつ，Dを「背信的悪意者」と認定してBの通行地役権確認請求を認容した原判決の判断枠組をあえて否定し，通行権の認識可能性で足りるという見解（以下，認識可能説という）を提示した点にある。すなわち，「このように解するのは，Dがいわゆる背信的悪意者であることを理由とするものではないから，Dが承役地を譲り受けた時に地役権の設定されていることを知っていたことを要するものではない」ことをあえて付言する。その理由は，「何らかの通行権」について認識可能性をもつ譲受人は「要役地の所有者に照会するなどして通行権の有無，内容を容易に調査することができる」ゆえに，このような者は，たとえ通行地役権の設定に関しては善意でも，「地役権設定登記の欠缺を主張することは，通常は信義に反する」（下線は引用者）からである。

最高裁は，信義則に立脚したこの判断枠組を本事案に当てはめ，「Dが本件係争地を譲り受けた時に，本件係争地が土地β_2の所有者であるBによって継続的に通路として使用されていたことはその位置，形状，構造等の物理的状況から客観的に明らかであり，かつ，Dはそのことを認識していた」とした。そして，本件においては「特段の事情」（前掲注22参照）があることは窺われないから，Dは「通行地役権……が設定されていることを知らなかったとしても，

---

21) 上告審判決の理由②のうち，「そのこと」が何を指すかはやや曖昧であるが，判旨の他の部分によれば，必ずしも通行地役権に限らず，「何らかの通行権」で足りるものと解される。

22) 「特段の事情」としては，例えば，「承役地の譲受人が通路としての使用は無権原でされているものと認識しており，かつ，そのように認識するについては地役権者の言動がその原因の一半を成している」といった場合が挙げられている。そのような場合には登記の欠缺を主張しても信義に反するとは認められないからである。

地役権設定登記の欠缺を主張する正当な利益を有する第三者に当たらない」。
その結果,「原審がDを背信的悪意者であるとしたことは,措辞適切を欠く」
が,「DがBの通行地役権について地役権設定登記の欠缺を主張する正当な利
益を有する第三者に当たらないとした原審の判断は,結論において是認するこ
とができる」とした。

　問題は,平成10年判決が原判決の背信的悪意者排除論をあえて否定し,認
識可能性説（悪意または有過失者排除論）を採用した理由である。それは,177条
の「第三者」の主観的要件に関する判例の判断枠組そのものが背信的悪意者排
除論から悪意・有過失者排除論に向けて動き出したというよりも,本事案に見
出される通行地役権の公示方法の特色が大きく影響していると考えられる。と
くに,①本件係争地を含む通路γは,最初から公道への通路として設計・造成
され,その後も一貫して通路として継続的に利用されてきたこと,かつ②土地
β_2と土地γが要役地と承役地の関係にあることが客観的に明らかな状況に
あったことが注目される[23]。すなわち,C・Dが土地γを取得した時点で,土
地γの所有権には土地β_2のための物的な通行権負担がすでに存在しており,
土地γの取得者C・Dにとってはその通行権の権能部分を当初から欠いた所有
権を取得したのと同様の状況（それゆえ,何の負担もない完全な所有権と信じた取得者
の保護は,あるべき権能部分がなかったという意味で,無権利の法理の適用場面に近くな
る）であったと評価することができよう。この意味におけるBへの通行地役権
帰属の確定性の強さ[24]という本事案の特殊性を離れて,判例が177条の第三者
について一般的に,背信的悪意者排除論から信義則違反者排除論（善意・有過失
者排除を含む）に移行したとみることはできないものと考える。このことは,つ
ぎにみる平成18年判決によって確認される結果となった。

㈠　平成18年判決とその論理

　公道に至るA所有の通路の隣接地を取得したBが,この通路の所有権または

---

23)　この事実からは,通行権の公示的要素を見出すこともできよう。
24)　なお,本判決では,BのDに対する地役権設定登記手続請求は認められなかったが,
　その後間もなく,未登記通行地役権の対抗が認められた同様の事案では,第三者に対する
　通行地役権の設定登記請求まで認められるに至った（最判平成10年12月18日民集52巻
　9号1975頁）。この帰結もまた,分譲地の区画中に当初から開設された道路への通行地役
　権の存在の確定性の強さを反映したものと解される。

通行地役権を時効取得したものの，未登記であった場合に，時効完成後に当該通路をAから買い受けた第三者Cに対し，当該通路の所有権または通行地役権の時効取得を対抗できるか否かが問題になった事案で，つぎの平成18年判決は，Cが177条の第三者に当たるか否かの判断枠組として，背信的悪意者排除論の適用を確認した。

【最判平成18年1月17日民集60巻1号27頁】[25]

平成10年判決（前述(ア)）との異同を明らかにするために，平成18年判決の事案の特色を確認しておく。B有限会社は，徳島県鳴門市北灘町の土地a_1（3筆）・a_2（2筆）を所有し，土地a_1上に建物（本件建物）を所有していた。土地a_1・a_2に隣接する土地β（地目はため池で，地積は52㎡。元A所有，後にC_1・C_2が購入）の大部分はコンクリート舗装され（通路b），その北西側の通路a（土地a_1・a_2の一部）[26]，南東側の通路c（C_1・C_2所有の土地γの一部）と一体的にコンクリート舗装され，国道に通じている。通路bは，かつて土地a_1とその地上建物（従前建物）を所有していたMが，昭和48年3月から，土地a_1・a_2（その頃Mが取得）の一部と信じ，国道からの専用進入路の一部として，所有の意思をもって占有・使用していた。Mから土地a_1・a_2と従前建物を購入（昭和61年4月）したN_1～N_{10}は，その約3か月後に通路部分をコンクリート舗装した。その後，N_1～N_{10}は土地a_1・a_2と従前建物をB会社に現物出資し（平成3年7月），B会社は通路部分を引き続き従前建物とその後建築した本件建物のための専用進入路として使用し，現在に至った。

他方，C_1・C_2は鮮魚店を開業する目的で，土地βに隣接する土地γ（3筆）をP社から購入し，所有権移転登記手続を了したが（平成7年10月），開業資金の融資を受ける予定のQ銀行から，土地γの国道に面する間口が狭いと指摘され，その間口を広げる目的で，Aから土地βを80万円で購入し，所有権移転登記を済ませた（平成8年2月）。C_1・C_2は，Bに対し，土地βの位置とその所有権の確認，およびその中のコンクリート舗装の撤去を請求した（本訴）。こ

---

25) 後述第6章2(4)(i)(イ)も参照。

26) B会社は，第1審で通路a・b・c全体について所有権確認等を求めたが，通路aの所有権確認請求が認容され，C_1・C_2が不服申立てをしなかったために，通路aの所有権については，原審において審理・判断の対象にならなかった。

れに対し，Bは，①　通路bはB所有地a_1・a_2の一部に当たる，②　①が認められないとしても，Bは前主N_1〜N_{10}の占有を併せ，昭和61年4月から善意・無過失で10年間（後に，前々主Mの占有をも併せ，昭和48年2月から20年間），通路bを占有したことによって「所有権又は通行地役権」を時効取得した，③　①・②が認められないとしても，土地a_2は幅が2mしかなく，自動車通行が不可能であるから，Bは通路bについて囲繞地通行権を有する，④　①・②・③が認められないとしても，C_1・C_2はBを困惑させる目的で土地βを廉価で購入したから，その請求は権利濫用に当たると主張した。

　これに対し，Bは反訴を提起し，（あ）通路aを除く部分（通路$\bar{a}$）はB所有地a_1・a_2の一部に当たる，（い）仮に（あ）が認められないとしても，Bは前主N_1〜N_{10}および前々主Mの占有を併せて20年間通路$\bar{a}$を占有したことによって「所有権又は通行地役権」を時効取得したと主張し，主位的にBが通路$\bar{a}$につき所有権を有することの確認，予備的にBが通路$\bar{a}$につき通行地役権を有することの確認を求めた。これに対し，C_1・C_2はBの登記の欠缺を主張し，BはC_1・C_2が背信的悪意者に当たると反論した。

　第1審は，C_1・C_2の本訴請求につき，①土地βの位置が通路bを含み，それがC_1・C_2の所有であることの確認請求，②通路bを含む土地β内にあるコンクリート舗装の撤去請求を認容し，Bの反訴請求につき，（あ）のうち通路aがB所有であることの確認請求のみを認容し，その余の反訴請求を棄却した。その理由として，〔1〕Bの前主N_1らが土地a等を取得した際，その所在位置や隣地との境界を正確に確認していなかったことから，占有開始時に過失があり，10年の時効取得は成立しない，〔2〕B所有地a_1・a_2は袋地に当たらない，〔3〕C_1・C_2がBを困惑させる目的で土地βを購入したとは認められず，「むしろ，B会社による示威行動が引き金になって本訴提起に至った経緯」から，C_1・C_2の本訴請求を権利濫用とみることはできないとした。

　しかし，Bの控訴を受け，第2審は，C_1・C_2の本訴請求のうち，土地βの位置を確認し，通路bの北東側に当たる弧状部分の土地についてのみC_1・C_2の所有権確認請求を認め，その余の請求を棄却する一方，Bの反訴請求（主位的請求）を全部認容した。理由は，通路$\bar{a}$につき，Bの前々主Mの自主占有開始（昭和48年3月）から起算して20年の取得時効の完成（平成5年3月）を認め

たことによる。もっとも，C_1・C_2は時効完成後（平成 8 年 2 月）に土地 β を購入し，所有権移転登記を得ているが（時効完成後の第三者），C_1・C_2はこれらの土地の購入時に，①土地 a_1 上に従前建物と本件建物が建っており，Bが土地 β の大部分と重なる通路 ā を専用進入路としてコンクリート舗装した状態で利用していること，②Bが通路 ā を利用できないと，公道からの進入路の確保が著しく困難になることを知っていたと認められるから，「C_1・C_2において調査をすれば，Bが本件通路部分 a を時効取得していることを容易に知り得たというべきであるから，C_1・C_2は，Bが時効取得した所有権について登記の欠缺を主張する正当な利益を有しない」とした。

しかし，C_1・C_2の上告受理申立てに対し，最高裁は，C_1・C_2の本訴請求のうち，①通路 b についてC_1・C_2の所有権確認請求を棄却した部分，②同部分のコンクリート舗装の撤去請求を棄却した部分，Bの反訴請求のうち，通路 ā の所有権確認請求を認容した部分を破棄，差し戻した。理由は，①「時効により不動産の所有権を取得した者は，時効完成後に当該不動産を譲り受けて所有権移転登記を了した者に対しては，特段の事情のない限り，これを対抗することができない」から[27]，Bの取得時効完成後に通路 ā を買い受けて所有権移転登記を了したC_1・C_2に対し，Bは「特段の事情のない限り」，時効取得した所有権をC_1・C_2に対抗できない。②民法 177 条の「第三者」は，「一般的にはその善意・悪意を問わない」が，「実体上物権変動があった事実を知る者において，同物権変動についての登記の欠缺を主張することが信義に反するものと認められる事情がある場合には，登記の欠缺を主張するについて正当な利益を有しない」ので，かかる「背信的悪意者」は第三者に当たらないとし，背信的悪意者排除論が適用されるべきことを再確認した[28]。そのうえで，これを時効完成後の第三者に当てはめ，「甲が時効取得した不動産について，その取

---

27) 参照判例として，最判昭和 33 年 8 月 28 日民集 12 巻 12 号 1936 頁，最判昭和 35 年 7 月 27 日民集 14 巻 10 号 1871 頁，最判昭和 36 年 7 月 20 日民集 15 巻 7 号 1903 頁，最判昭和 41 年 11 月 22 日民集 20 巻 9 号 1901 頁，最判昭和 42 年 7 月 21 日民集 21 巻 6 号 1653 頁，最判昭和 48 年 10 月 5 日民集 27 巻 9 号 1110 頁を引用。

28) 参照判例として，最判昭和 40 年 12 月 21 日民集 19 巻 9 号 2221 頁，最判昭和 43 年 8 月 2 日民集 22 巻 8 号 1571 頁，最判昭和 43 年 11 月 15 日民集 22 巻 12 号 2671 頁，最判昭和 44 年 1 月 16 日民集 23 巻 1 号 18 頁を引用。

得時効完成後に乙が当該不動産の譲渡を受けて所有権移転登記を了した場合において，乙が，当該不動産の譲渡を受けた時点において，甲が多年にわたり当該不動産を占有している事実を認識しており，甲の登記の欠缺を主張することが信義に反するものと認められる事情が存在するときは，乙は背信的悪意者に当たる」とし，「取得時効の成否については，その要件の充足の有無が容易に認識・判断することができないものであることにかんがみると，乙において，甲が取得時効の成立要件を充足していることをすべて具体的に認識していなくても，背信的悪意者と認められる場合があるというべきであるが，その場合であっても，少なくとも，乙が甲による多年にわたる占有継続の事実を認識している必要がある」と，とくに注意を促している。したがって，本件において，C₁・C₂がBによる通路ａの時効取得について背信的悪意者に当たるというためには，「C₁・C₂において，土地β等の購入時，Bが多年にわたり本件通路部分ａを継続して占有している事実を認識していたことが必要である」が，この点を確定せずにC₁・C₂が登記の欠缺を主張する正当な利益をもつ第三者に当たらないとした原審判断には明らかな法令違反があると断じた。そして，C₁・C₂が背信的悪意者に当たるか否か等について審理を尽くすべく，原審に差し戻した。

この平成18年判決の意義は，平成10年判決（前述(ア)）の判断枠組にほぼ従ったと解される原判決の論理を明確に否定し，背信的悪意者排除論の判断枠組を用い，かつそれを時効取得に適用するための判断基準を具体化した点にある。ここであらためて，平成10年判決の位置づけと射程範囲が問題になる。

(ⅲ) 権利帰属の確定性と第三者保護の法理・要件

平成10年判決と平成18年判決との事案の相違としては，①ＢＣ間で争われた権利が通行地役権対所有権か，所有権対所有権か，②争いの対象となった土地が当初から通路として設計・造成され，以後一貫して通路として継続的に利用されてきた土地か，当初は別の用途（ため池）であったものが，周辺地の利用形態の変化にも応じて漸次的に通路として利用されるに至ったものか，③争いの対象となった土地の同一性・位置・境界についてまったく争いのなかった場合か，土地の同一性・位置・境界が不明確であり，その土地は自己が取得済

みの土地に含まれるか否か，誰に帰属するか自体が曖昧で，争いの余地を残していた場合か，といった事情が挙げられる。問題は，両判決の事案のこうした少なからぬ相違が，177条の解釈・適用方法をめぐる判断枠組の相違にどのように反映しているかである。

　学説には，①を重視し，所有権対所有権という典型的な対抗問題に比べ，所有権対用益権（例えば，借地権，水利権，通行地役権など）の場合は，後者の保護を優先させるべき法政策的価値判断が働く場合があり，そのことが未登記用益物権の保護をより厚くする形で作用した結果，登記を備えた第三者保護がより厳格化し，通常の善意・悪意不問，背信的悪意者排除説ではなく，認識可能性説（悪意。有過失者排除説）に通じたことを示唆する見解がある[29]。

　しかし，所有権に対して特定の制限物権に優先性を与え，保護をより厚くすべきか否か，という立法的価値判断が必要な問題に立ち入る前に，両判決の事案の間にはより一般的な形態上の相違が看取できることに留意する必要があると思われる。それは，前記②・③の相違にも現れているが，争いの対象となった物権（所有権，地役権など）の帰属が，すでに登記以前の段階で社会的・客観的に，どの程度確定的・終局的なものと承認されていたかである。この観点からみると，平成10年判決の事案では，周辺地の分譲当初からの当該通路の開設・利用の経緯，当該通路と周辺地との客観的地役関係，周辺地の取得経緯に照らして，ＡＢ間の合意を契機とするＢへの通行地役権の帰属がすでに確定的状態に至っていたと解される。したがって，いわば物的負担[30]と化した通行地役権の付着した承役地の取得者が保護されるためには，――あたかも権利がないのにあると信じた第三者が無権利の法理（の例外則）によって保護されるために，真の権利者の帰責性が軽いときは，第三者保護の要件として善意のみな

29）　池田2006: 40-41頁。この立場によれば，「最高裁が，せっかく平成10年の2判決〔前述(ii)(ア)および前掲注24〕において新しい地平を開拓しながら，それを本件〔平成18年判決。前述(ii)(イ)〕のような応用可能な事案に妥当させなかったのは，返す返すも残念に思われる」という評価が下される（池田2006: 43頁）。

30）　ちなみに，袋地の取得者は，所有権取得が未登記でも，囲繞地所有者に対し，囲繞地通行権を対抗することができる（最判昭和47年4月14日民集26巻3号483頁）。囲繞地通行権も，客観的地役（袋地—囲繞地）関係から生じる，一種の物的負担と解されるからである。

らず無過失までを要求するのと同様に[31]——，善意のみならず無過失までが必要であり，通行権の存在について認識可能性ある第三者は，無過失とはいえないものとして，排除されることには理由があると思われる。これに対し，平成18年判決の事案では，係争地の大部分が通路としてコンクリート舗装がされているとはいえ，平成10年判決の事案と比較すれば，土地利用の方法としてはなお流動的であり，そもそもＣが取得した土地の同一性・位置・境界自体が曖昧な状況にあったことから，たとえＣによる係争地の時効取得が認められるとしても，Ｃへの権利帰属が確定的段階にあったとはいえない状況にあり，土地の同一性・位置・境界を確認し，移転登記が終了してはじめて土地所有権の帰属が確定する状況にあったとみることができる。その結果，不動産物権の帰属についてなお競合の余地がある場合は，通常の対抗問題に属するものとして，177条の「第三者」の解釈についての通常の判断枠組である善意・悪意不問，背信的悪意者排除論によることに，十分な理由があると考えられる。

(2) 二重譲渡型から転々譲渡型への拡張？

(i) 信託的譲渡の譲受人からの取得者と譲渡人との優劣

177条の適用範囲の拡大という観点からは，以上のような二重譲渡型から一歩進んで，転々譲渡型に近い事案への177条の適用可能性が問題になる。その一例として，「信託的譲渡」[32]の譲受人からの取得者と譲渡人との争いに177条の適用があるかが争われた裁判例がある。

【大阪高判昭和56年3月13日行裁例集32巻3号384頁】[33]

事案は以下のとおりである。Aは，経営不振のB会社がP信用金庫から融資を得られるよう，A所有不動産の所有名義をBに移転した（登記原因は売買）。しかし，B会社に対する租税滞納処分として，当該不動産が国Cによって差し押さえられ，差押登記が行われた。そこで，AがCに対し，所有権に基づいて

---

31) 後述3(1)，後掲注56所掲判例参照。

32) 例えば，AがBから融資を受けるための譲渡担保，AがBに他者から融資を受けさせるための信用の外観形成などの目的で行われ，外形上はAからBへの所有権移転登記を行う（登記原因は，売買など）が，実際には当事者間に所有権移転の意思はなく，Bによる目的物の譲渡，その他の処分が制限され，それに関するAB間の内部的合意が存在する。

33) 本判決の評釈として，岸田1982: 228頁，竹内1983: 186頁。

差押登記の抹消登記手続を請求した。これに対し，Ｃは，①Ａは本件不動産を
Ｂ会社に「信託的に譲渡」したものであり，所有権は実体上Ｂに移転している
ので，ＡはＢに目的違反処分の禁止を義務づけた「内部関係」をもって第三者
に対抗することができない，②仮にＡＢ間の売買が仮装であったとしても，94
条2項の（類推）適用により，Ａは善意のＣに対して所有権移転の無効を対抗
することができないなどと反論した。原審[34]は，ＡＢ間の信託的譲渡を認定し，
前記①の論理に従い，Ａの請求を棄却した。

　本判決も，原審判断を認容し，「信託的譲渡」においては，「譲渡当事者間
〔ＡＢ〕における譲渡目的の制限は第三者〔Ｃ〕に対抗することができず，対外
関係においては，所有権は譲受人〔Ｂ〕に帰属する」。したがって，Ａは，本
件物件が「実質的にはＡの所有に属する」旨の主張をすることはできないとし
た。また，ＡＢ間で信託的譲渡が行われた場合，Ｂの目的違反処分を禁止する
「内部的制限」の存在を第三者Ｃが知っていたとしても（悪意），Ａはその制限
を第三者Ｃに対抗することができない（第三者Ｃの善意・悪意不問）と解されてい
る[35]。本判決は，ＢＣ間の譲渡に対し，Ａは177条の第三者の地位に立つと解
しているようである。

　この類型の事案では，ＡＢ間の譲渡行為の実質が，①信託的（という内部合意
があるもの）ではあっても，実体的な所有権の移転を生じさせる趣旨のものか，
②虚偽表示による仮装譲渡にすぎないかにより，ＡＣ間の所有権の帰属を確定
するルールが，①177条か，②94条2項かが決定されるものと考えられる。

(ⅱ)　譲渡担保権者からの取得者と設定者との優劣

　譲渡担保権者が目的不動産を第三者に処分した場合も，同様の問題が生じる。
例えば，Ａが所有地を債権者Ｂへの譲渡担保に供し，登記名義もＢに移した
が[36]，Ｂが同土地を第三者Ｃに売却し，移転登記も済ませた場合，ＡＣ関係に

---

34)　大阪地判昭和54年12月21日行裁例集30巻12号2072頁。
35)　東京地判平成元年4月12日判タ713号145頁も同旨（Ａがその所有不動産をＢに信託
　　的に譲渡したが，Ｂに対する国税の滞納処分として，当該不動産が国Ｃによって差し押さ
　　えられた事案で，ＡのＣに対する差押無効確認請求を棄却した）。
36)　登記原因は，売買等の場合と，譲渡担保権設定の場合とがある。

は 177 条が適用されるであろうか。あるいは別の法理が妥当するであろうか。

　(ア)　被担保債権の弁済期が到来する前に，譲渡担保権者Bが目的物を第三者Cに譲渡し，CがAに目的物の引渡しを請求した場合，(a)所有権的構成（目的物の所有権はBに完全に移転していると解する立場）によれば，Cは，AB間の譲渡担保権設定契約についての善意・悪意を問わず[37]，完全に所有権を取得し，AはBの債務不履行責任を追及しうるにとどまる[38]。もっとも，Cが所有権移転登記を具備していないときは，A（受戻しにより，所有権を取り戻しうる地位にある）は登記を取り戻して，Cに対抗できるとすれば，AC関係は対抗関係（177 条の適用問題）と解されているとみられる[39]。二段物権変動説（AからBに目的物の完全な所有権がいったん移転した後に，担保目的を超過する所有権の部分がBからAに再び移転されると解する立場）[40]も，AC関係を対抗関係とみているものと解される。

　他方，(b)担保権的構成（目的物の所有権はBに移転するが，担保目的を超える所有権の部分〔設定者留保権〕がAに留保されている，または所有権はAにあるが担保目的の部分がBに移転する）によれば，Cは担保目的に制限された所有権または担保権を取得するにすぎないから，CはAに引渡請求をすることはできず，Cの保護は無権利者からの取得を例外的に保護する法理である 94 条 2 項の（類推）適用によることになる[41]。

　(イ)　被担保債権の弁済期が到来した後，清算前に，Bが目的不動産を第三者Cに処分した場合，(a)所有権的構成によれば，Cが「背信的悪意者」に当たる場合であっても，Cはその所有権を「確定的に」取得することから，Aは債務を弁済しても，Cから登記等を取り戻すことはできないと解される[42]。その理由は，被担保債権の弁済期到来後は，譲渡担保権設定契約が帰属清算型か処分清算型かを問わず，債権者が目的物の処分権能を取得するから，その効果を確

---

37)　AからBへの所有権移転登記の登記原因が「譲渡担保権設定」となっていても，弁済期までに被担保債権が弁済されず，譲渡担保権の実行（帰属清算）により，目的物がBに完全に帰属している可能性もあり，Cはそうした事情を知らないこともありうる。

38)　大判大正 9 年 9 月 2 日民録 26 輯 1389 頁，最判昭和 34 年 9 月 3 日民集 13 巻 11 号 1357 頁，最大判昭和 49 年 10 月 23 日民集 28 巻 7 号 1473 頁，最判昭和 57 年 4 月 23 日金法 1007 号 43 頁，最判昭和 62 年 2 月 12 日民集 41 巻 1 号 67 頁。

39)　川井 2005b: 461 頁。

40)　鈴木 1992: 353–354 頁，480–488 頁。

41)　道垣内 2017: 321 頁。

保するために，Ｃの主観的態様を問わないとする点にある。この場合，被担保債権の弁済期到来後にＢが目的物をＣに処分したときは，Ａは受戻権を失い，Ｂに対する清算金支払請求権をもつにすぎない。もっとも，Ａは，Ｃの引渡請求に対し，清算金支払請求権を被担保債権とする留置権を行使しうる（清算金支払との引換給付請求）[43]。この場合，ＡＣ間は対抗関係にならない（Ｃは177条の第三者に当たらない）とみられているようにも解される。しかし，Ｃが対抗要件を具備していないときは，Ａはその欠缺を主張してＣの権利取得を否定しうる地位にあると解されるから，ＡＣ関係はなお177条の適用対象であると解されているとみることができる[44]。

　他方，(b)担保権的構成によっても，Ｂは目的物をＣに処分することができ，その際，ＢのＡに対する清算金未払についてＣは善意・悪意を問われることなく，所有権を取得する。理由は，Ｃにとって迅速かつ正確に知りえないＡＢ間の清算状況により，所有権取得ができない（または所有権取得をめぐる紛争を生じる）可能性があるとすれば，譲渡担保権の実行が妨げられることになるゆえに，Ｃに一定の主観的態様を要求すべきではないからである[45]。さらに，Ｃの引渡請求に対し，Ａが清算金支払請求権を被担保債権とする留置権を行使しうること（前掲注43および該当本文）に対しては，弁済期到来前にＢから処分を受けたＣが94条２項の（類推）適用によって何ら負担のない所有権を取得しうること（前述(ｱ)(b)参照）とのバランス上，Ｃが譲渡担保の目的物であることを知らずに

---

42)　最判平成６年２月22日民集48巻２号414頁。本判決につき，道垣内 1994: 118頁，道垣内 1995: 145頁，道垣内 2000: 96頁，松岡 1995: 73頁，山野目 1995: 79頁，大西 1995: 49頁，鳥谷部 1995: 52頁，鎌野 1996: 60頁，水上 1997: 145頁，古田 1999: 93頁，湯浅 2001: 204頁参照。

43)　最判平成９年４月11日集民183号241頁，最判平成11年２月26日判時1671号67頁。これに対し，弁済期到来後の処分によって目的物を取得したＣが，Ａから留置権の対抗を受けることを疑問視する見解もある（生熊 2008: 341頁，道垣内 2015: 70–83頁参照）。

44)　なお，ＡがＢと仮登記担保権設定契約をした場合，清算期間経過後にＢが目的不動産を第三者Ｃに処分したときは，Ａは受戻権を失い，Ｃの所有権取得が確定する（仮登記担保契約に関する法律11条ただし書）。この場合も，ＡＣ関係が対抗関係か否かについて，同様の問題を生じる。Ｃが対抗要件を具備した場合であっても，ＡＢ間の清算終了前であり，かつ清算期間経過時から５年を経過していないことについて悪意のＣにも，目的物の所有権取得を認めうるか否かである。

45)　道垣内 2017: 328頁。

Bから譲渡を受けたとすれば，94条2項の（類推）適用により，Cは負担のない所有権を取得し，AはCに対して留置権を行使することができないとする見解もある[46]。

㋑　被担保債権が弁済され，譲渡担保権が消滅したにもかかわらず，登記名義がB名義になっていたことから，Bが目的不動産をCに処分し，移転登記をした場合については，(a)所有権的構成によれば，AC関係は対抗関係とみて，AがCに対して移転登記手続請求するためには，Cが背信的悪意者であることを主張・立証しなければならないものと解される[47]。

他方，(b)担保権的構成によれば，Bは目的物に対してすでに無権利者であるから，Cの保護は無権利者からの取得を例外的に保護する法理によることになり，AC間には94条2項が（類推）適用されることになると解される[48]。

㋒　以上のように，譲渡担保権の目的物の所有権の帰属をめぐる設定者Aと第三者Cとの関係は，被担保債権の弁済期の到来前，弁済期の到来後・弁済前，および弁済後を通じて，AC関係を対等な関係として，二重譲渡と同じ意味での対抗問題とみることは困難であると考えられる。

まず，①弁済期到来前の処分の場合（前述㋐），および弁済等による譲渡担保権消滅後の処分の場合（前述㋑）は，Aへの所有権帰属にプライオリティがあることを前提とする権利帰属の確定法理を探求する余地がある[49]。

つぎに，②弁済期到来後の処分の場合（前述㋑）は，Cへの権利帰属にプライオリティがあることを前提とする権利帰属の確定法理を探求する余地がある[50]。しかも，この場合には，Cの所有権に基づく目的物の返還請求に対し，清算金支払請求権を被担保債権とするAの留置権の抗弁に対抗しうる法理を明確にする必要がある[51]。

---

46)　道垣内 2017: 328–329 頁。もっとも，この考え方は，所有権的構成（前述(a)）による場合にも妥当しうると解される。

47)　最判昭和 62 年 11 月 12 日判時 1261 号 71 頁判タ 655 号 106 頁。なお，いわゆる対抗問題につき，判例は善意・悪意不問説をとる（大判明治 44 年 12 月 25 日民録 17 輯 909 頁，最判昭和 30 年 5 月 31 日民集 9 巻 6 号 774 頁ほか）。

48)　河上 2015: 345 頁。

49)　担保権的構成による 94 条 2 項（類推）適用は，その一例として捉えることができる。

50)　最判平成 6 年 2 月 22 日民集 48 巻 2 号 414 頁参照。

(3) 小括

　対抗の法理に関する以上の考察から，つぎのことが確認できる。第1に，背信的「悪意」者排除の法理が，善意・有過失者も含む信義則違反者排除へと拡張される場面は，比較的限定されている。すなわち，①AからBが取得した不動産所有権が未登記でも，Bへの所有権帰属が，少なくとも第三者Cとの関係では確定的であると認められる場合（前述(1)(i)），および②AからBが設定を受けた通行地役権が未登記でも，Bへの地役権帰属が客観的地役関係からみても確定的であると認められる場合（前述(1)(ii)(ｱ)）である。それゆえ，177条の第三者の主観的範囲に関する判例上の判断枠組が，背信的悪意者排除説から信義則違反者排除説へと一般的に推移したとみることはできず，この面での対抗の法理の前線の拡大は，限定的な例外現象とみられる[52]。

　第2に，他方で，177条の適用場面は，典型的な二重譲渡型から，信託的譲渡や譲渡担保を介した転々譲渡型の事案にまで拡張してきた。しかし，この類型の事案の中でも，原権利者Aまたは第三者Cへの所有権帰属にプライオリティが認められるべき場合には，177条の適用範囲から外そうとする見解もあり，177条がこの類型にも全面的に拡張しつつあると断じることもできない（前述(2)）。

　こうしてみると，対抗の法理の適用領域は，不動産物権変動による財貨帰属がいまだ確定的段階にない事案における権利帰属の確定ルールであり，それを介しての第三者保護法理であるということを，ひとまず確認することができよう。

3　交錯領域2——無権利の法理の前線

(1)　不実外観の形成・存置の帰責性の効果

　以上の場合と異なり，AからBへの所有権譲渡行為が，真正譲渡でも，信託

---

51)　その一例が，所有権的構成か担保権的構成かを問わず妥当しうる，94条2項の（類推）適用である。前掲注43該当本文，および前掲注46参照。

52)　177条の第三者から排除される範囲の拡大が限定的ということは，177条の適用の制約原理自体が限定的ということであり，制限説が強化される方向にはないことを意味する。

150

的譲渡でも，譲渡担保権設定でもなく，まったくの仮装で，Ｂの所有名義が所有権の実体を何ら伴わない不実登記であった場合においては，Ｂの処分行為（売買，贈与などを原因とする）を受けた第三者Ｃの保護は，177 条ではなく，94条 2 項の（類推）適用によることには異論がない[53]。その際，94 条 2 項の適用ないし類推適用による第三者保護の要件は，一般に，Ａの帰責性の強さと相関的に捉えられている。それは，善意のほかに無過失を要するかという問題だけでなく，善意の内容自体についての実体法上の判断基準としても，94 条 2 項の適用事案では，第三者が通謀虚偽表示ではないかという疑いをもっていた場合でも，通謀虚偽表示であると積極的に知らなかったときは，善意に当たると解釈されていることにも，表れている[54]。

　しかし，Ａの帰責性がどれほど強い場合でも，ＡＢ間に権利移転が存在しない以上，Ａの帰責性が不実外観の真実性を創出し，Ｂの権利を創出するものではないことには，留意する必要がある。それゆえ，Ｂと取り引きした第三者ＣとＡとの関係は，競合する所有権の最終的な帰属を確定する関係にはなく，177 条の適用はない。したがって，Ａの帰責性がどれほど強い場合でも，第三者Ｃの悪意を不問に付すことはできず，Ｃの善意を保護要件から外すことはできないものと解される。また，Ａ自らが不実外観を作出したのでも，他人の作出した不実外観を認識しつつ放置した（外形存置意思をもっていた）のでもない場合には，94 条 2 項の類推適用すら，原則として認められない[55]。ただし，その場合において，Ａに余りにも不注意な行為があり，その帰責性の程度が，自ら不実の外観の作出に積極的に関与した場合や不実の外観と知りながらあえて放置した場合と同視しうるほど重いときは，Ｃは「民法 94 条 2 項，110 条の類推適用により」，善意・無過失であることを要件にして保護されるにとどまる[56]。つまり，実体上ＡＢ間に権利移転が存在しないにもかかわらずＢ名義の

---

53)　大判昭和 13 年 5 月 11 日民集 17 巻 901 頁（他人Ａの土地をほしいままに自己の所有名義に移転登記したＢから，その土地を買い受けて所有権移転登記を済ませたＣに対し，県村税滞納処分としての公売が行われ，Ｄが競落人となった場合において，ＡからＤに対する所有権移転登記の抹消登記手続請求が認容された）。

54)　最判昭和 62 年 1 月 20 日訟月 33 巻 9 号 2234 頁。

55)　最判平成 15 年 6 月 13 日裁時 1341 号 12 頁・判時 1831 号 99 頁・判タ 1128 号 370 頁。したがって，Ａは登記を取り戻していなくとも保護される。

第 5 章　対抗の法理と無権利の法理の交錯　　151

外観がある場合，Aの帰責性がどれほど強いときでも，そこに対抗の法理（第
三者の善意・悪意不問，背信的悪意者排除）の適用が拡張されることはないことが確
認できる[57]。

(2) 二重譲渡事案への94条2項の類推適用

ところが，それとは反対に，本来は177条の適用領域であるはずの二重譲渡
型の事案において，94条2項の類推適用を認めた判例（下記）がある。はたし
て，それは理論的に矛盾なく説明可能であろうか。

【最判昭和45年11月19日民集24巻12号1916頁】[58]

事案は，Aが所有する宅地をBに売却し（昭和31年7月），Bは数回に分けて
（昭和33年5月末まで）代金支払を完了し，所有権を取得した。代金完済前，B
は同宅地の所有権を保全すべくAに仮登記手続を求め，Aはこれを承諾して書
類作成を司法書士Pに依頼したものの，AはBから10万円を借り受けた旨の
借用証書（弁済期は昭和33年12月末）と，Aが当該債務を期限までに弁済しない
ことを停止条件とする代物弁済契約書をPに作成させ，Bに押印を求めた。B
はそれが売買による所有権保全の仮登記に必要な書類と信じて押印し，Pに登
記手続を委任したところ，Pはこれらの書面を登記原因証書として，同宅地に
ついてBの抵当権設定登記と停止条件付代物弁済契約に基づく所有権移転請求
権保全仮登記を経由した（昭和33年5月）。

他方，AはBによる代金完済後3年近く経ってから，同宅地をCに二重売却
し（昭和36年2月），CはそれをDに転売し（同年4月），所有権移転登記を済ま
せた。DはBに対し，Aの借入金（10万円）と利息（昭和33年5月から昭和38年
の提供当日までの2万8,000円余り）を弁済のため提供したが，Bが受領を拒絶し
たので弁済供託し（昭和38年12月），Bに対して抵当権設定登記・所有権移転

56）　最判平成18年2月23日民集60巻2号546頁。

57）　94条2項の（類推）適用によって保護される第三者に登記の具備を必要とする説も，
　　それを対抗要件とみるのではなく，権利資格要件として，別の意味づけをする。川井
　　2005a: 165頁，川井 2008: 165頁。

58）　本判決の評釈として，幾代 1971: 120頁，鈴木 1971: 225頁，鈴木＝生熊 1971: 97頁，
　　村松 1971: 20頁，星野 1972: 112頁，玉田 1973: 138頁，下森 1988: 87頁，伊藤 2001: 56頁
　　がある。

請求権保全の仮登記の抹消登記手続を請求したものである。

第1審は，Dの請求を棄却した。第2審は，仮登記された権利関係と実質上の権利関係（AB間の同宅地売買契約を認定）との間には同一性があるから，仮登記は有効であるとし，抵当権設定登記の抹消登記手続請求のみを認容する限度で，第1審判決を変更した。

Dの上告に対し，最高裁は，Bは「真実はAから所有権を取得した所有者」であるが，登記手続を委任した司法書士Pを介して自らの意思に基づいて抵当権設定登記と停止条件付代物弁済契約に基づく所有権移転請求権保全の仮登記をした者とみて，判例①（最判昭和43年10月17日民集22巻10号2188頁。不動産について売買予約がされていないにもかかわらず，相手方と通じて，売買予約を仮装して所有権移転請求権保全の仮登記手続をした場合，外観上の仮登記権利者がほしいままに同仮登記に基づいて所有権移転の本登記手続をしたときは，外観上の仮登記義務者はその本登記の無効を善意・無過失の第三者に対抗できない）の趣旨から，Bは善意・無過失の第三者に対し，自己が抵当権者ないし停止条件付代物弁済契約上の権利者ではなく，所有者であることを主張しえないとした。したがって，かかる第三者がBを抵当権者ないし停止条件付代物弁済契約上の権利者として取り扱うときは，判例②（最判昭和42年11月16日民集21巻9号2430頁。貸金債権担保のために不動産に抵当権設定と停止条件付代物弁済契約とが併用されているときは，特別の事情のない限り，その停止条件付代物弁済契約は清算型担保契約と解すべきである）の趣旨に徴し，Bは当該第三者に対して担保権者でない旨を主張することができない。その結果，当該第三者は登記にかかるAの債務の弁済供託をし，Bに対して抵当権設定登記と所有権移転請求権保全の仮登記の抹消登記手続請求ができると解した。したがって，Dが善意・無過失の第三者にあたるかどうか，Dのした弁済供託が適法にされたかどうか等について審理を尽くすべく，D敗訴部分を破棄し，差戻しとした。

本判決に対する評価は分かれている。一方では，(a)本判決の論理を批判し，事案の実質に即して177条を適用することにより，所有権移転登記を取得したDへの所有権帰属を認め，実体関係に符合しない無効な抵当権登記と仮登記をもつBに対するDの抹消登記手続請求を認めるべきであるとの見解がある[59]。

しかし，他方では，(b)あえて94条2項を類推適用し，第三者保護要件とし

ての善意・無過失，有効な弁済供託をDに要求することによってBの利益にも
配慮した点で，本判決を評価すべきであるとの見解もある[60]。

　私見は，(b)説の見方を支持するものである。たしかに，本事案の実態は紛れ
もない二重譲渡である。しかし，そうであるからといって，所有権帰属の確定
ルールとしてつねに177条のみが適用され，94条2項の類推適用の余地がな
いとはいえないと考えられる。なぜなら，94条2項の類推適用は，①元々A
に帰属している権利について，②不実外形が作出されたが，それについて真の
権利者Aに帰責性が認められる場合に，③善意の第三者を保護する法理である。
したがって，二重譲渡事案においても，①第1譲受人が順位保全効をもつ仮登
記まで備えており，まったく未登記の場合に比べれば権利帰属の確定性が強い
こと，②しかしまた，不実登記（抵当権登記と併用された停止条件付代物弁済契約に
基づく仮登記）の作出につき，第1譲受人に帰責性が認められること，③不実登
記であることにつき，第三者が善意であることに鑑みれば，94条2項の類推
適用を認めることより，単純な二重譲渡事案とは異なるという事案の実質に即
し，AC間の利益状況をよりきめ細かに考慮したうえで，権利帰属を確定する
ことが可能になると解されるからである。

(3)　小括

　本節の考察からは，177条の典型的な適用対象である二重譲渡型の事案にも，
一定の要件（前述(2)）が満たされた場合には，94条2項の類推適用が可能であ
るという意味で，無権利の法理の前線が対抗の法理の領域へと拡張しうること
が確認されよう。

　しかし，反対に，実体上AB間に権利移転が存在しないときは，B名義の権
利外観があり，それについてAの帰責性がどれほど強いときでも，そこに対抗
の法理（第三者の善意・悪意不問，背信的悪意者排除）の適用が拡張されることはな
いものと解される（前述(1)）。

---

59)　幾代 1971: 122–123 頁，下森 1988: 98–99 頁。
60)　星野 1972: 118–119 頁。

154

4 考察

(1) 対抗の法理と無権利の法理との交錯の実相

以上の考察から，対抗の法理と無権利の法理との間には，双方向的な交錯現象が生じていることが確認できる。すなわち，一方では，㋐本来的に二重譲渡型の事案に対し，94条2項の類推適用のような無権利の法理の前線が拡張したパターンである。これには，①土地所有者Aから未登記所有権または未登記通行地役権を取得したBが，同土地をAから譲り受けて登記を備えてもBの登記欠缺を主張することが信義則に反すると認められる第三者C（善意・有過失者を含むみうる）に対抗できる場合（前述2(1)），②A所有不動産の二重譲渡において，第1譲受人Bが抵当権登記と併用された停止条件付代物弁済契約に基づく仮登記をした場合に，対抗要件を備えた第2譲受人Cの権利取得が認められる場合（前述3(2)）がある。ここでは，AからBへの不動産物権変動があった場合において，たとえBが未登記であっても，Bへの権利帰属の確定性が強いときは，同一不動産をAから取得して対抗要件を備えた第三者Cの保護は，無権利者からの取得の性質を帯び，第三者Cの悪意は不問ではなく，むしろ少なくとも善意が要求される。

他方では，㋑本来的に転々譲渡型の事案に対し，177条のような対抗の法理の前線が拡張したパターンもある。これには，③信託的譲渡の譲受人Bまたは譲渡担保権者Bから目的不動産を取得した第三者Cが，信託的譲渡の譲渡人Aまたは譲渡担保権の設定者Aに対し，所有権取得を主張しうる場合（前述2(2)）がある。ここでは，AからBへの不動産物権変動があった場合において，AがBとの合意に基づく権利復帰への期待をもっていても，Aへの権利帰属の確定性が弱い（浮動的な）ときは，当該不動産を取得して対抗要件を備えた第三者Cの保護は，対抗問題の性質を帯び，第三者Cは善意を要求されない場合がありうる。

このように，両法理の交錯は双方向的であることから，いずれか一方の法理がもっぱら他方を包括する関係にはないものということができよう。

(2) 交錯の理由と各法理の本質

こうした2つのパターンの交錯領域が生じる理由は，無権利の法理の前線と対抗の法理の前線が，相互に越境する場合があることによる。すなわち，(ア)無権利の法理は，ある者への権利帰属の確定性が高い場合において，なお第三者を保護して権利取得を認めるべき場合（前述2(1)，3(2)）に，(イ)対抗の法理は，ある者への権利帰属の確定性が低い（浮動的な）場合において，第三者の権利取得を認めるべき場合（前述2(2)）に，それぞれ前線の拡大が生じると考えられる。このようにみると，交錯現象の存在は，両法理の融合を意味するものというよりは，むしろ反対に，両法理には前記(ア)・(イ)のような固有の論理が存在することを再確認させるものといえるのではなかろうか。そうした各法理の本質的特色は，権利者からの取得者には対抗の法理を，無権利者からの取得者には無権利の法理をというように形式的で硬直的なものとしてではなく，解釈の幅のある，より柔軟なものとして捉えることができる[61]。

(3) もう1つの交錯領域

例えば，AからBへの不動産物権変動が，原因契約の取消し・解除などによって失効した場合において，Bから当該不動産を取得した第三者Cがある場合，BからAへの権利復帰に対し，第三者Cの権利取得が認められるためには，Cはどのような要件を必要とするかが問題になる。この問題については，96条3項，545条1項ただし書など，わずかな条文上の手がかりしかない。これは，本来ならば原権利者Aに返還されるべき目的物につき，その返還が完了する前に，第三者Cが出現した場合に，Cによる取得がとくに保護される場面である。そこでは，AからBへの実体的な権利移転がいったんは存在し，また，第三者の出現に対するAの帰責性が弱い点で，無権利の法理の適用場面とは異なる。また，BからAへの権利復帰は確定的でないとはいえ，仮にCとAの条件がまったく同じであれば，なおAへの復帰に優先性が認められる点で，対抗の法理とも異なる。いわば両法理の中間に位置づけられる，第三者の権利保護

---

61) それゆえにまた，譲渡担保権者からの取得者と譲渡担保権の設定者との関係（前述2(2)）に典型的にみられるように，177条を適用すべきか，94条2項を類推適用すべきか，ただちには判然としない場合も生じうる。

資格の法理である。

　こうした理論的区別にもかかわらず，第三者の権利保護資格の法理も，他の法理との交錯領域をもちうる。例えば，㋐譲渡担保権の設定者Aが譲渡担保者Bに被担保債権を弁済した後に，BがCに目的物を処分した場合，ＡＣ関係には対抗の法理または無権利の法理と第三者権利保護資格の法理のいずれが適用されるべきか。あるいは，㋑AからBへの不動産売買においてAの錯誤無効（平成29〔2019〕年改正前民法95条。同条改正後は，取消し）が認められた場合，Bから当該不動産を取得したCと表意者Aとの関係には，無権利の法理と第三者権利保護資格の法理のいずれが適用されるべきか。これらの交錯の実相解明とそれを通じた各法理の本質の検証は，今後の課題である[62]。

62）　この問題の検討指針につき，本書第6章参照。

第5章　対抗の法理と無権利の法理の交錯　　157

第6章

物権変動における
第三者保護法理の類型化

1 問題の所在

　本書第Ⅰ部において筆者は[1]，意思表示の取消しの効果から第三者を保護する規定（96条3項など）を題材にして，権利者Aと相手方Bとの間でいったん生じた権利変動の原因が失効した場合でも，第三者Cの権利取得を保護する規定の構造と性質を，①物権変動の有因主義・無因主義の問題と，②取消しの遡及効の有無の問題の両側面から検証し，そのような形態の第三者保護法理が，〔1〕対抗の法理[2]とも，〔2〕無権利者と取り引きした者による権利取得の法理[3]とも異なる，〔3〕権利保護資格の法理[4]として特徴づけられることを提示した。すなわち，この法理は，一方で，ＡＢ間でいったん生じた権利移転の事実そのものを消去するものではなく，Aからの権利移転によっていったんは権

---

1)　とくに本書第1章および第4章参照。

2)　対抗要件（177条・178条，352条，467条など）の具備の先後により，対等関係にある競合者間の権利帰属を確定する法理。詳しくは，後述〔1〕，2(3)(i)参照。なお，対等関係にある競合者間の優劣確定基準として定められた対抗要件によって権利帰属を確定する法理が対抗の法理であるとすれば，それは「対等競合者間の優劣確定」の制度であって，そもそも「第三者保護」の制度とは趣旨を異にするというべきかも知れない。しかし，対等競合者はどちらも取引の相手方以外の競合者に対する関係で相互に「第三者」ということもでき，また，実際，第2譲受人であっても先に対抗要件を取得すれば第1譲受人に優先するというルールは，第三者（＝第2譲受人）保護機能をもちうる。

3)　元々無権利であった者と取り引きした者のために，真の権利者から権利を剥奪し，権利取得を認める規定（94条2項など）の要件充足により，権利帰属を確定する法理。後述〔2〕，2(3)(ii)参照。

159

利者となったＢを相手方にして第三者Ｃが権利関係に入ったことを前提（要件）として，その権利保護を図る点で，元々無権利者であったＢと取り引きした第三者Ｃの権利取得を認める無権利の法理とは異なる。その結果，いったん権利者となったＢからＣへの権利移転とＢからＡへの権利復帰との優劣を問題にする点で，それは対抗の法理と共通点をもつ。しかし，他方で，そこでの原権利者Ａと第三者Ｃとの要保護性の衡量に関する実体法的評価は，対抗の法理におけるような対等関係としての評価[5]と異なり，原権利者Ａへの権利復帰に比較優位を認めることを前提に[6]，それを阻止するに足る権利保護資格要件[7]を第三者に求め，それが満たされた場合にのみ第三者を保護する点で，対抗の法理とも異なる[8]。

　また，　第三者保護の形態に応じた第三者の地位に対する実体法上の評価の相違は，第三者保護の要件に関する主張・立証責任の所在の相違にも反映すると考えられる。そこで，これら物権変動における第三者保護法理としての〔1〕対抗の法理，〔2〕無権利者と取り引きした者による権利取得の法理，および〔3〕権利保護資格の法理の各々につき，第三者保護のための要件事実の観点か

---

4)　原権利者—相手方間の権利移転原因の失効にもかかわらず，潜在的に権利取得の可能性をもつ第三者が，原権利者に優先して権利保護を受けるに値する要件を充足したことにより，権利帰属を確定する法理。

5)　この場合，①ＡＣ双方が対抗要件を具備していないときは，相互に優先権を主張できない，いわゆる両すくみ状態となる。また，②相手方が対抗要件を備えていない場合でも，第三者が相手方の権利取得を認めないという意思を自ら表明しない限り，たとえそれを基礎づける事実関係が訴訟上主張されても，裁判所はこれを斟酌して裁判することができないと解される。後述〔1〕，2(3)(i)参照。

6)　したがって，Ｃが権利保護資格要件を具備していないときは，Ａへの権利復帰が優先する。なお，取消しによる原権利者への権利回復に比較優位を認める価値判断として，佐久間 2023: 88 頁参照。

7)　「権利保護資格要件」の意味については，後述 2(3)(iii)(イ)（後掲注 31 〜 38 および該当本文）参照。

8)　反対に，無権利の法理におけるＡＣの要保護性の衡量に関する実体法的評価は，第三者Ｃの権利取得に比較優位が認められる。その結果，①Ｃは対抗要件を具備しなくとも保護されうる。例えば，Ｃが対抗要件を具備する前にＡが対抗要件を回復しても，Ｃの権利取得（ＣのＡに対する移転登記請求）が認められる余地がある（最判昭和 44 年 5 月 27 日民集 23 巻 6 号 998 頁，最判昭和 48 年 6 月 21 日民集 27 巻 6 号 712 頁参照）。また，②第三者の善意等の主張・立証責任も，本人Ａにあると解される（後掲注 10 および該当本文参照）。

ら——いわば要件事実論というプリズムを通して——三者間の相違を分析することにより，それらが訴訟における原告・被告間の攻撃・防御という権利主張の動態，主張・立証責任の分配というレベルにおいても区別されうることを検証する必要がある[9]。その概略をあらかじめ整理すれば，——

〔1〕 対抗の法理の適用場面では，例えば，譲渡人Aからの第1譲受人で対抗要件を具備していないBが，Aからの第2譲受人Cに対して所有権確認請求，抹消登記手続請求（CがAから所有権移転登記を得た場合）などの権利主張をしたとする。この場合，第三者Cは【抗弁】において，①Bが対抗要件を具備するまではBの所有権取得を認めない旨の権利抗弁（C自身も対抗要件を具備していない場合），または②AC間の譲渡に基づいて対抗要件を具備した旨の所有権喪失の抗弁（C自身が対抗要件を具備している場合）により，Bの対抗要件の欠缺を主張する（177条。Cも対抗要件を具備していない場合は，Bも①と同様にCの対抗要件の欠缺を権利抗弁によって主張できる結果，いわゆる両すくみの状態となる）。いずれにせよ，裁判所は，C自らが①または②の方法で権利行使の意思を表明しない限り，たとえそれを基礎づける事実関係が訴訟上主張されていても，それを斟酌して裁判できないと解される。それは，意思主義（176条）を支える規範的原理の1つである私的自治の原則に基づく帰結であると考えられるが，その理由は，当事者（AC）の地位の対等性ゆえに，実体法上も手続法上も，あえてその一方に比較優位を認める必要がないからである。

〔2〕 無権利者と取り引きした者による権利取得の法理の適用場面では，例えば，AとBとの間でA所有地 a の売買・譲渡が仮装され，AからBへの所有権移転登記が行われ，その外観を信じてBから土地 a を購入したCが，Aから明渡請求（Cが土地 a の引渡しを得た場合），抹消登記手続請求（BからCへの所有権移転登記が行われた場合）などの所有権主張を受けたとする。この場合，第三者Cは【抗弁】において，土地 a が所有権移転登記によってB名義になっていること，およびBへの所有権移転登記がAB間の合意に基づいて行われたことを主張・立証することができる。Aは【再抗弁】において，AB間の売買および所有権移転登記は仮装である旨の合意があることを主張・立証しうる。その際，

---

9) 本書第10章参照。

AはCがAB間の売買・所有権移転が仮装であることについて悪意であったことも主張・立証すべきであり，それができなければ，Cの権利取得が認められる（94条2項）と解される[10]。これは，ACの要保護性に関する実体法上の価値判断として，第三者Cに比較優位が認められることの帰結であると考えられる。

〔3〕　第三者の権利保護資格の法理の適用場面では，例えば，Aがその所有地 a をBに売却・譲渡して所有権移転登記を済ませ，さらにBが土地 a をCに売却・譲渡したが，AがBの詐欺を理由にBへの売却の意思表示を取り消し，Cに対して返還請求（Cが土地 a の引渡しを得た場合），抹消登記手続請求（BからCへの所有権移転登記が行われた場合）などの所有権主張をしたとする。この場合，第三者Cは【抗弁】において，AがBと土地 a について売買・譲渡をしたことを主張・立証することができる（所有権喪失の抗弁）。Aは【再抗弁】において，AB間の売買がBの詐欺に基づくこと，およびAがBに対して取消しの意思表示をしたことを主張・立証することができる。これに対し，Cは【再々抗弁】でAB間の売買がBの詐欺に基づくことについてCが善意であること（および，私見によれば，CがBとの土地 a の売買・譲渡に基づく所有権移転登記，引渡し，代金支払，仮登記など，権利保護資格要件を備えていること）を主張・立証することにより，その権利保護を受けることができる（96条3項）と解される[11]。これは，ACの要保護性に関する実体法上の価値判断として，原権利者Aに比較優位が認められることの帰結であると考えられる。

　そこで，本章では，物権変動における第三者保護の法理の基本類型について，物権変動における意思主義と有因主義・無因主義との関係ならびに物権変動の

---

10)　旧判例（大判大正 11 年 5 月 23 日新聞 2011 号 21 頁，大判昭和 5 年 10 月 29 日新聞 3204 号 10 頁），我妻 1965: 292 頁，幾代 1984: 258 頁，米倉 1988a: 81 頁，石田 1992: 320–321 頁，小林 2003: 190 頁。起草者意思も表意者Aに第三者Cの悪意の立証責任を負わせるものであったとみられる（小林 2003: 191 頁）。
　　これに対し，現在の判例は，第三者が自己の善意について主張・立証責任を負うと解している（大判昭和 17 年 9 月 8 日新聞 4799 号 10 頁，最判昭和 35 年 2 月 2 日民集 14 巻 1 号 36 頁ほか）。この立場によれば，第三者Cは，【再々抗弁】において，土地 a がAの所有であると信じたこと（善意）を主張・立証することによって権利取得が認められることになる。判例に賛成する見解として，川島 1965: 281 頁，四宮＝能見 2005: 180 頁など。
11)　ここでは，第三者Cの登場時期が，Aによる取消しの前か後かの問題，その点についての主張・立証責任の問題を捨象している。この点については，本書第 10 章参照。権利保護資格要件については，後掲注 31 ～ 38 および該当本文参照。

162

遡及的消滅に関する実体法理に関する議論および第三者保護要件の主張・立証
責任に関する議論を踏まえつつ，第三者保護法理を類型化するための包括的指
標を定立しようとするものである。すなわち，まず，①第三者とその競合者と
の要保護性の衡量に関する価値判断を規定する実体法上の法律関係の相違，そ
れを反映するものとしての，②第三者保護の実体要件および要件事実，および
③第三者の権利取得のプロセスならびに形態を含む効果という 3 つの指標を抽
出し，各指標におけるパターンの相違を整理する（以下，2）。ついで，このよ
うな包括的基準によって物権変動における第三者保護法理を類型化する可能性
を探り，その中で第三者の権利保護資格の法理の射程範囲を検証する（本書第
7 章，第 8 章，第 9 章 1）。そして，これらの考察を踏まえて，物権変動における
第三者保護法理の類型化，およびそれによる物権変動の基本形態の体系的把握
を通じて，これらの第三者保護法理が，日本民法の物権変動の根本原則である
意思主義にとって不可欠の補完物として位置づけられることを確認する（本書
第 9 章 2）。

2　物権変動における第三者保護法理の類型化

(1)　統一的把握と個別的把握との対立から類型化へ

　物権変動における第三者保護法理としては，94 条 2 項，96 条 3 項，177
条・178 条，352 条，467 条，676 条 1 項，756 条などがあるが，いずれの規定
も，「第三者に対抗することができない」という文言を用いている[12]。そこで，
「第三者」の意味や範囲，「対抗」の意味，「対抗することができない」とされ
る物権変動の範囲など，第三者保護規定の要件・効果について，(a)条文・制度
横断的に統一的に解釈すべきとの立場がある[13]。これに対しては，(b)それぞれ
の条文ないし制度ごとに個別的に理解すべきとの立場が対立し，この対立軸を

---

12)　このほか，定款・寄付行為・社員総会決議による理事の代表権制限に関する 54 条（平
　　成 20 年改正前。一般法人法 77 条 5 項参照）も，理事の権限外の処分行為の効力の対抗と
　　いう形で，物権変動における第三者保護の機能をもちうる。なお，無権代理行為の追認
　　（116 条ただし書），遺産分割の遡及効（909 条ただし書）などは，「第三者の権利を害する
　　ことができない」と規定する。
13)　加賀山 1986: 6–22 頁。

中心にして，統一化の程度や個別化の単位，それぞれの基準などをめぐって議論が錯綜し，「混迷状態」が続いてきた[14]。

(a)統一的把握を志向する見解によれば，「わが国の民法において『対抗することができない』という用語は，総則，物権，債権，親族，相続のすべての分野にわたって……用いられている」が，「立法者が『対抗することができない』という用語を，統一的な意味で用いようとしていたことは確実であり，この用語法に関して，民法全体にわたって体系的に理解する試みを放棄すべきではない」とされる[15]。

その一方で，(b)個別的解釈を志向する立場は，「『対抗スルコトヲ得ス』の意義は，それぞれに独自の特色を持ち，これらに一律の理解を与えることは，規定の本来の趣旨をあいまいにする。むしろ民法典における対抗の用法を，個々の法文の趣旨に従って正確に分類し定義し直すことが民法解釈の一つの課題ではないか」との解釈方法を提示する[16]。

そして，こうした統一志向と個別志向の間で，個々の第三者保護規定の適用範囲をめぐる議論の中でも，包括志向（統一志向）と限定志向（個別志向）とが対立する。例えば，177条の適用範囲については，(a)すべての不動産物権変動に適用されると解する無制限説と，(b)176条を前提にした規定であるから「意思表示」による物権変動に限定されると解する意思表示限定説とがあり，その間に，(c)「対抗問題」に限って適用されるとの対抗問題限定説がある[17]。さらに，対抗問題説の内部も，「対抗問題」をどのように定義するかにより，多様である。例えば，「両立しえない物権相互間の優先的効力を争う関係」，「物権的支配ないし物的支配を相争う相互関係」，「同一物上に競合する物権又は物権的効力を有する権利相互間の優劣を決定する関係」，「物的支配を相争う関係」といった実質的定式化が試みられる中[18]，「結局，各自において一七七条の適用（その方法による第三者の保護）を妥当と考える場合が『対抗問題』を生ずる場

---

14) 両者の立場の対立点に関しては，加賀山 1986: 6-9 頁参照。
15) 加賀山 1986: 7 頁。
16) 滝沢 1987: 194 頁。
17) 諸説の対立につき，舟橋 1960: 158-160 頁参照。
18) 舟橋 1960: 156 頁，182 頁参照。

合とよばれているといってよい状態」[19]に至った結果，「対抗問題」という観念を立てたうえで，177条の適用範囲を演繹的に画定するという方法自体が批判されている。それは，「民法典の規定そのものには基礎がないのに，抽象的に対抗問題というものを考え，そこから演繹するという方法は妥当でないのであって，取消と登記とか，時効と登記とか，相続と登記などについて細かく考えたのちに制限説をとるべきか無制限説をとるべきとかいうことを，いわば帰納的に考えるべきであろう」[20]という批判に象徴される。

こうして一見すると，物権変動における第三者保護規定の要件・効果の解釈をめぐっては，統一化志向と個別化志向とが様々な局面で対立しているように見受けられる。しかし，両者の対立の仕方を注意してみると，必ずしも正面衝突とはいえない側面もみえてくる。すなわち，第1に，「対抗することができない」という文言の統一的把握がどのレベルで考えられているか，つまり，それが実体法（とくに実体要件論）のレベルで捉えられているか，手続法（とくに要件事実論）のレベルで捉えられているかである。そして，統一的理解が比較的手続法的なレベルで志向されているとすれば[21]，その実体法的な内容（とくに個々具体的な実体要件の内容）のレベルではなお多様性が許容されるであろうから，その意味では手続的レベルでの統一的把握と実体的レベルでの個別的把握は必ずしも正面衝突していないと考えられる[22]。

第2に，個別的把握においても，第三者保護機能をもつ個々の条文の意味や適用範囲について体系的把握を放棄するものではない。むしろ，反対に，体系化を志向するがゆえに，その基準をより精確なものとするための準備段階にお

---

19) 広中 1982: 138 頁。
20) 星野 1986: 153 頁。その際には，各規定の沿革および比較法に照らした解釈の必要性がとくに重視されている（同前 154 頁）。
21) ちなみに，加賀山教授は，「第三者に対抗することができない」という意味を「当事者間で生じる，ある法律効果が，保護されるべき第三者の権利を害する範囲で，その第三者に，その法律効果の効力を否認することができるという権限（否認権）を与えたものである」と定義される（加賀山 1986: 13 頁）。
22) ちなみに，滝沢教授も，個別的解釈の立場は「『対抗』の用語が，基本的には共通する1つのことば的枠組によって支えられていることと対立するものではない」とされる（滝沢 1987: 194 頁）。ただし，実体要件の相違が要件事実の相違にも一定程度反映しうることには注意を要する（前掲注9該当本文参照）。

ける材料収集方法として，個別的考察が志向されているともいえる[23]。

　このような観点に立つと，統一化志向と個別化志向との結節点を見出すものとして，第三者保護法理の類型化を試み，それを基礎にした物権変動論の体系化を模索する余地があると考えられる。

(2)　第三者保護法理の類型化とその基準

　本来，第三者保護法理の類型化といえるためには，物権変動における第三者保護に関連するすべての個別規定の相互関係ないし役割分担を明らかにしたうえで，関連規定の類別を行い，それらの類型を物権変動の基本原則と関係づけながら体系化することが必要である。本書では，到底そこまで到達することはできないが，その準備作業として，関連する実体法規の規範構造に即して様々な第三者保護ルールを特徴づけ，その相互関係・役割分担を明らかにし，類型化に通じると考えられる指標を整理する。

　①　最初に，物権変動における第三者保護規定の構造上，どのような実体的法律関係が前提とされ，第三者および競合する相手方の要保護性についてどのような価値判断が組み込まれているかを明らかにする必要がある。なぜなら，この点が第三者保護の要件・効果の内容を究極的に規定すると考えられるからである。ちなみに，177条の適用範囲をめぐる議論において，対抗問題説が「対抗問題」の定義を明確にしようとして膠着状態に陥った理由の1つは，「対抗問題」の定義において，同じく物的支配を相争う様々な当事者間の実体的法律関係の相違やそれによって規定される関係当事者の要保護性に関する実定法上の価値判断の区別にあまり踏み込まずに，比較的形式的・抽象的な統一的基準の定立が試みられたことにあるのではなかろうか。

　②　つぎに，①を前提にして，第三者保護の要件が問題になる。その中にも，実体法上の要件（実体要件）[24]と手続法上の要件該当事実（要件事実）が含まれる。

　③　最後に，従来は要件論ほど詳しく論じられることはなかったものの，第

---

23)　滝沢教授も，相続・時効・取消し・解除などへの177条の適用可能性を検討する前提として，「それぞれの制度における基本的な権利変動のシステム」を「十分明確」にし，「体系づけられた物権変動論の上にはじめて的確な理論構成が可能」となることを示唆される（滝沢1987: 4頁，201頁）。

三者保護法理の相違を識別する基準として，第三者保護の効果の相違も重要である。なぜなら，第三者保護の効果として同じく権利を取得する結果になる場合でも，権利取得の推定・擬制，原始取得か承継取得か，権利取得のプロセスはどうかという面で，第三者保護法理の間で違いが認められうるからである。そして，そのことが，①・②における相違と密接に結びついていることも考えられる。

　以下では，前記①～③をワン・セットにした包括的基準による類型化のモデルを設定し（以下(3)），そうした類型化のメリットを確認し（以下(4)），そのうえで，各々の類型モデルが実際に成り立ちうるか，その適用範囲がどこまで及ぶかについて，個別的に検討を加えることにする（以下，第7章，第8章，第9章1)。

(3)　第三者保護法理の類型化モデル

(i)　対抗の法理

(ア)　実体的法律関係

　対抗の法理としては，Aが権利者であることを初期条件とし，かかる権利者Aから，相互に相容れない権利取得をしたB（第1取得者）とC（第2取得者。ABからみて第三者）との権利取得の優劣判定が求められる法律関係を想定し，かつAC間の要保護性に関する実定法（177条・178条，352条，467条など）上の価値判断として，AC関係が対等関係であると解される法律関係を想定する。具体的には，Aからその所有物をBとCが二重に譲り受けた競争者関係を中心に，第三者の登場パターンを検証する。

(イ)　第三者保護の要件

　対抗の法理では，第三者それ自体の範囲としては，BC間が対等関係と解されるような例を検証することになる。例えば，第三者Cが二重譲受人，担保権者，差押債権者などに当たる場合である。

　第三者の主観的要件としては，善意・悪意不問，背信的悪意者排除（判例）の妥当性を検証することになる。

---

24)　例えば，保護されるべき第三者の客観的範囲，善意の要否・無〔重〕過失の要否などの第三者の主観的要件，対抗要件，権利保護資格要件としての登記・引渡し・仮登記・代金支払などが問題になる。

第三者Cは，登記，引渡しなどの所定の対抗要件（177条，178条，352条，467条など）を具備することが第三者として保護されるための要件である。

(ウ) **第三者保護の効果**

対抗の法理では，第三者Cは権利者Aから直接に権利を承継取得する[25]。

(ii) **無権利者と取り引きした者による権利取得の法理**

(ア) **実体的法律関係**

無権利の法理では，Cの前主であるBが当初から無権利者であることを初期条件とし，CがBとの法律関係を権利取得原因とする権利取得を認められる一方で，真の権利者Aが権利を失う法律関係が問題になる。94条2項およびその類推適用が典型例である[26]。

(イ) **第三者保護の要件**

無権利の法理は，元々の無権利者Bと取り引きしたCが保護される制度であるから，第三者の範囲としても，法規が特別に保護を予定する範囲についての規範的判断が規準になる。

主観的要件として，Bが元々の無権利者であることを知っていた第三者Cに権利取得を認める必要はないから，Cの善意が必要となる（94条2項参照）[27]。

(ウ) **第三者保護の効果**

無権利の法理では，第三者Cは相手方Bから権利を承継取得するものではなく，真の権利者Aから剝奪された権利を法定取得すると解される[28]。このように無権利の法理は，その効果として，第三者を保護するために，真の権利者A

---

25) その場合，対抗要件を具備して権利を確定的に取得したCのBに対する抗弁は，所有権喪失の抗弁となる。

26) さらに，占有ないし準占有を要件とする即時取得（192条），時効取得（162条，163条）と94条2項との関係が問題になる。

27) 無権利の法理における「Bが元々の無権利者である」という事実は，対抗の法理における（意思主義の下で）「AがすでにBに譲渡をした」という事実よりもCにとって明確な事実であるといえる。

28) 幾代 1986: 23頁，米倉 1988a: 42頁，石田 1992: 322頁，本書第8章3。これに対し，第三者Cが善意の場合，Cに対する関係では，AB間の譲渡が有効になり，権利はA→B→Cと移転したことになると解する見解も多い。四宮＝能見 2005: 180–181頁，四宮＝能見 2018: 235頁，平野 2006: 180–181頁，平野 2011: 171頁，武川 1993: 232頁。しかし，この見解に対する批判として，加賀山 1986: 6頁，14頁。

168

からの権利を剥奪する効果をもつ点に最大の特色があると考えられる。この点は，対抗の法理の効果（前述(i)(ウ)）および権利保護資格の法理の効果（後述(iii)(ウ)）との違いである。

(iii) 権利保護資格の法理
(ア) 実体的法律関係

権利保護資格の法理は，権利者Aから相手方Bへの権利移転が存在した（したがって，Bがいったんは権利者となった）ことを初期条件として，ＡＢ間の権利移転原因が効力を失ったために，AがBからの権利復帰を主張する一方で，Bの権利取得を前提にして利害関係に入った第三者Cが権利保護を主張する法律関係を対象とする。96条3項が典型例である[29]。

(イ) 第三者保護の要件

権利保護資格の法理では，第三者Cの範囲は，いったんはBが取得した権利に対して物権，その他の何らかの権利を取得した者である必要がある。

主観的要件としては，AからBへの権利移転原因の失効原因の存在を知っていた第三者Cに権利保護を認める必要はないから，Cの善意が最低限必要になる（96条3項参照）[30]。

第三者Cの保護要件として，権利保護資格要件の具備を要する。もっとも，「権利保護資格要件」（しばしば「権利資格保護要件」[31]とか，「権利保護要件」ないし「権利資格要件」[32]とも呼ばれる）の用語は，相当多義的に用いられていることから，その意味を整理しておく必要がある。

〔1〕　この用語は，まず，例えば，A所有不動産 a がBに賃貸されていたが，Aから不動産 a を譲り受けたCが賃借人Bに賃料請求するなどの権利行使をす

29）　また，96条3項の類推適用の及ぶ範囲が問題になる。ほかに，545条1項ただし書などが該当する。後述第8章1参照。

30）　善意・悪意の対象となる「ＡＢ間の権利移転原因に失効原因がある」という事実は，対抗の法理における（意思主義の下で）「AがすでにBに譲渡をした」という事実よりもCにとって明確な事実である。なお，善意に加えて，無過失も要すべきか否かは，権利保護資格要件が問題になる事案類型により，原権利者の帰責性，第三者の保護の必要性等を考慮して，判断すべきであると考えられる。

31）　松野 1984: 281 頁。

32）　良永 1988: 109 頁，川井 1997: 37 頁，川井 2008: 165 頁。

る場合，ＢＣ関係は「対抗問題」ではないので，Ｃは対抗要件は必要としないが，所有権の証明手段ないし「権利保護資格要件」として登記が要求される，という説明の中で用いられる[33]。これは，後に述べる「権利保護資格要件」と区別する意味で，「権利行使資格要件」と呼ぶことができる[34]。

〔2〕　つぎに，96条3項の第三者が保護を受けるための要件として，対抗要件（不動産登記）には限られないが，「権利保護資格要件」が必要であると説かれる[35]。

〔3〕　さらに，この用語の適用範囲は拡大しており，無権利の法理の適用場面における権利取得要件を補強する付加的要件としても用いられる。例えば，94条2項の第三者にも，本来の意味の対抗要件ではないが「権利資格要件」が必要であるというコンテクストで用いられる[36]。また，取得時効による権利取得においても，「対抗要件」（177条，178条）とは異なるが，占有者による権利取得を補強しうる要件として用いられている[37]。

以上の用語法をすべて含むとすれば，この用語は《対抗要件とは異なる意味で要求される登記・引渡し》というほどの漠然とした意味をもつにすぎず，第三者保護法理における要件としての理論的意味を明らかにするものとはなりえない。そこで，私見としては，「権利保護資格要件」を前記〔2〕の意味を中核に，つぎのように限定して用いる。すなわち，《第三者Ｃの前主Ｂおよび前々主Ａの間の権利移転原因が失効したが，Ｂがいったん権利者となった事実は覆

33）　我妻＝有泉 1983: 159 頁，好美 1980: 19 頁，鎌田 1984: 117 頁，川井 1997: 37 頁，58–59 頁。

34）　下森 1983: 62 頁参照。また，債権の譲受人の債務者に対する「対抗要件」（467 条 1 項）もこれに加え，「権利行使要件」として位置づける見解として，池田 2002: 90–92 頁がある。

35）　鎌田 1982: 61 頁（最判昭和 49 年 9 月 26 日民集 28 巻 6 号 1213 頁に対する評釈）。そこでは，「第三者が物権取得者でない場合にも，その保護を全然否定してしまうのではなく，対抗要件を備えた物権取得者と同程度に高度の・確実な利害関係を取得していさえすれば，取消の効果を否定ないし制限してもよいということになる」（下線は引用者）という形で，権利保護（資格）要件の内容が具体的に提示された。この見解につき，「単に詐欺を知らないだけではなく，自らの権利確保のためになすべきことをしておくべきだ，という議論」（下線は引用者）として理解する見方もある（内田 2005: 85 頁）。

36）　川井 2005a: 165 頁，川井 2008: 165 頁。

37）　これは，「不動産登記の権利保護機能」または「権利喪失防止機能あるいは保全機能」とも呼ばれている（良永 1988: 110 頁）。

滅されないために，潜在的にはＢからの権利取得の可能性をもつＣが，Ｂから
Ａへの権利復帰を阻止してまでも権利保護を受けることを正当化するに値する
要件》として解釈する（以下では，とくに断らない限り，「権利保護資格要件」の用語を
この意味で用いる）。

対抗要件と権利保護資格要件との相違は，つぎの２点に求めることができる。
すなわち，──

①　対抗要件の場合，競合する当事者双方が対抗要件を備えずに権利を主張
するときは，双方ともに優先権を主張できない（いわゆる両すくみ状態）になる
のに対し，権利保護資格要件は，第三者がそれを具備してはじめて第三者が保
護されることから[38]，第三者Ｃが権利保護資格要件を備えないときは，競合す
る相手方（原権利者）Ａへの権利復帰が優先する。

②　対抗要件の場合，対等関係にある競合者間の権利取得の優劣を確定しう
る客観的・形式的・画一的な基準としての登記（不動産）または引渡し（動産）
に限定されるが（177条・178条），権利保護資格要件は，第三者Ｃがその相手方
Ｂと形成した実質的な利害関係の深さを──競合する原権利者Ａを保護すべき
事情との利益衡量において──測る具体的基準であるから，個別事案に応じ，
仮登記，引渡し，代金支払など，第三者Ｃが原権利者Ａ（被詐欺者など）よりも
保護に値するだけの深い利害関係を形成したことを示す表象を柔軟に，比較的
広く含みうるものと解される。

㈡　**第三者保護の効果**

権利保護資格の法理では，第三者Ｃは，いったんＡから権利を承継取得した
Ｂを介して，当該権利を承継取得する。ＡはＢからの権利復帰を妨げられるに
すぎず，当初から移転しなかった権利を剥奪される効果をもつものではない点
に，無権利者と取り引きした者による権利取得の法理（前述(ii)(ウ)）との違いが
あると解される。

---

38)　第三者が権利保護資格要件を具備していることについては，第三者自身が主張・立証
責任を負うと解される。

⑷　**類型化のメリット──疑似問題の識別**
　（ⅰ）　**対抗の法理と無権利者と取り引きした者による権利取得の法理との識別**
　（ア）　**対抗の法理に混入する無権利者と取り引きした者による権利取得の法理**
　　　　（その1）
　以上にモデル化したような第三者保護法理の類型化により，多様な形態の物
権変動相互間の関係を明確化し，従来混同されがちであった別個の問題を識別
し，要件・効果の解釈方法を明確にし，より首尾一貫した形で議論を整理する
ことができる。
　対抗の法理が無権利者と取り引きした者による権利取得の法理と混同される
例として，すでに対抗の問題と公信の問題との混同が挙げられている。すなわ
ち，所有権の二重譲渡の法的構成に関する公信力説によれば，譲渡人Aは第1
譲受人Bへの第1譲渡によって完全に無権利者となるゆえに，第2譲受人Cは
無権利者Aからの取得者となり，その者の権利取得が認められるのは，無権利
の法理によってのみ可能であるから，Cには善意（および無過失）が必要になる
と説明される[39]。
　しかし，元々は真の所有者Aがもつ権利について，当初から無権利者のBと
取り引きした第三者Cが保護され，結果的にCの権利取得が認められること
（94条2項，192条などが典型例）と，元々の権利者AからBが権利を取得したが，
これを第三者Cに「対抗」できない結果，Cの権利取得が認められ，Bは権利
取得ができないことになること（177条，178条，467条が典型例）とは，理論的に
別問題と解すべきである。このような違いを肯定する見解は，前者を「対抗の
問題」，後者を「公信の問題」と呼んで区別する[40]。問題の焦点は，二重譲渡
をした譲渡人Aが無権利者になるとみるべきか否かである。この点は，二重譲
渡人Aは「無権利者」にはならないとみる方が，日本民法の構造（176条と177
条との関係）に適していると解される。なぜなら，「一七七条の存在が二重譲渡

---

39)　公信力説の分析については，滝沢 1987: 31-34 頁参照。
40)　星野教授は「権利を取得または回復してもこれを『対抗することができない』という
　　ことと，『公信力』によって別の人が権利を『取得する』ということとは，明らかに違う」
　　とみて，対抗問題に公信力の観念を持ち込もうとする公信力説に対して批判的である（星
　　野 1986: 134 頁）。

を法律上も可能にした」のであり，「『売主は無権利』であるとする前提自体が，一七七条がある以上は出てこないのではないか」と考えられるからである[41]。そして，二重譲渡人Aが無権利者にはならないと解するからには，第三者たる第二譲受人Cの権利取得は，原始取得でも，法定取得でもなく，前主Aの権利の承継取得であるとみることができる。これはきわめて自然な感覚であろう。

(イ) **対抗の法理に混入する無権利者と取り引きした者による権利取得の法理**
(その2)

もっとも，一見すると対抗の法理の適用領域の問題であるにもかかわらず，実質的には無権利の法理を適用すべきと解される場面もあることに注意を要する。

例えば，A所有地 a 上にBの通行地役権が存在するが未登記だった場合，Aから承役地 a を譲り受けた第三者Cに対し，Bは未登記のまま通行地役権を対抗できるかという問題がある。周知のように，判例はこの問題について独特の法理を展開している。すなわち，――

「〔AB間の〕譲渡の時に，〔①〕右承役地〔 a 〕が要役地の所有者〔B〕によって継続的に通路として使用されていることがその位置，形状，構造等の<u>物理的状況から客観的に明らかであり</u>，かつ，〔②〕<u>譲受人〔C〕がそのことを認識していたか又は認識することが可能であったとき</u>は，譲受人〔C〕は，通行地役権が設定されていることを知らなかったとしても，特段の事情がない限り，地役権設定登記の欠缺を主張するについて正当な利益を有する第三者に当たらない」（〔　〕内および下線は引用者による）[42]。

この判旨の解釈をめぐっては，(a)とくに判旨②下線部に着目し，177条の「第三者」の主観的要件に関する悪意・有過失者排除説と親和性をもつとの解

---

41)　星野1986: 147頁，149頁。星野教授の民法解釈方法は，文理解釈，論理解釈，沿革的研究，比較法的研究，利益考量論（「利益考量の手法」により，「現在の段階における価値判断」によって解釈の仕方を決定する。「価値判断法学」といわれる）に基づいている（同前130頁）。
42)　本書第5章2(1)(ii)(ア)，同所注18参照。

釈，(b)とくに判旨①に着目し，地役権は承役地に物的に付着する負担であり，それが外部から客観的に認識可能な状態になっているときは，それによって地役権の公示があったものと解されるから，地役権の存在を知り，または知りえたＣは登記の欠缺を主張する正当な利益をもつ「第三者」(177条) に当たらないとの解釈，(c)判旨①・②の状況があるときは，Ｃが登記の欠缺を主張することが信義則に反するものとして，理論的には背信的悪意者排除論にも共通する論理としての信義則が適用されたとの解釈などがある[43]。

　(a)説によれば，177条の「第三者」について善意・悪意不問，背信的悪意者排除説をとってきた判例の変更になるが，判旨自体はそのことを示していない。のみならず，その後の判例でも，例えば，他人Ａの所有地の一部につき，土地所有権または通行地役権を時効取得したものの未登記のＢが，同土地をＡから譲り受けた第三者Ｃに権利取得を対抗できるかが問題となった事案において，善意・悪意不問，背信的悪意者排除説の立場が堅持されている[44]。したがって，本判決が177条の「第三者」に関して（一般的に）悪意・有過失者排除説を採用したとか，その方向に向かっていると解釈することは妥当でない。

　他方，(c)説に関しては，判旨自体が，本件事案でＣがＢの登記の欠缺を主張できないのは，「譲受人〔Ｃ〕がいわゆる背信的悪意者であることを理由とするものではない」と述べ，背信的悪意者排除の法理が適用されないことを明示し，原判決においてＢの通行地役権確認請求を認容すべき理由として，「原審が上告人〔Ｃ〕を背信的悪意者であるとしたことは，措辞適切を欠く」と付言する一方で，前記判旨中①・②の要件を満たす「譲受人〔Ｃ〕が地役権者〔Ｂ〕

---

43) 　(a)説への接近を示唆するものとして，松岡1999: 14頁，大野1998: 214頁，(b)説の要素を重視するものとして，野澤1999: 25頁，向峠2003: 365頁，(c)説的理解を示すものとして，近藤1998a: 114頁，近藤1998b: 239頁，川井1998: 107頁，横山1999: 64頁などがある。

44) 　最判平成18年1月17日民集60巻1号27頁・判タ1206号73頁。事案につき，本書第5章2(1)(ii)(イ)，同所注25参照。Ａ所有地 *a* の一部について土地所有権または通行地役権を時効取得したＢに対し，土地 *a* を譲り受けたＣ（時効完成後の第三者に当たる）が土地所有権の確認，妨害排除等を請求したもの。判旨は，背信的悪意者排除説に立ち，たんにＢが土地 *a* の一部を通路（コンクリート舗装されている）として使用していた等の事実を知っていただけでは，登記の欠缺を主張するにつき正当な利益を有する第三者に当たらないとは必ずしもいえないとして，Ｃが「背信的悪意者」に当たるか否か等について審理を尽くさせるべく，原判決破棄・差戻しとした。

に対して地役権設定登記の欠缺を主張することは，通常は信義に反するものというべきである」と述べている点に注目すれば，判旨は(c)説によるようにも解される。

　しかし，(b)説をベースに，さらにそれを展開して解釈することも可能であると思われる。すなわち，〔1〕本判決が背信的悪意者排除論をとらなかった理由は，「譲受人〔C〕が承役地を譲り受けた時に地役権の設定されていることを知っていたことを要するものではない」と述べているように，悪意者のみならず，善意・有過失者も包含すべきと解したからであるが，さらに，〔2〕なぜここでは悪意・有過失者が排除されるべきかの理由が問題になる。その理由は，本件事案におけるＢＣ間の実体法上の法律関係自体が，もはや対抗の法理の適用場面を逸脱していると解したからではなかろうか。つまり，土地 a 上にＢが通行地役権をもつ部分については，ＢとＣとが対等にＡからの権利取得を争うべき関係にはない。なぜなら，土地 a 上の通路部分は，Ｂというよりも，承役地 a に物的に付着した権利というべきであるから，ＣがＡから土地 a を取得した時点で，通行地役権の負担が付着し，通行地役権という部分的権能を当初から欠いた所有権をＣが譲り受けたものと解釈することができる。そうだとすれば，Ｃがそうした欠缺のない所有権の取得をＢに主張するためには，少なくとも無権利の法理によって第三者が保護されるための要件を備えていなければならない。そのことの表現が，本判決で採用された《通行地役権が存在していながらそのことを登記しておかなかった者はそのために，そのような負担が存在しないと信じた善意・無過失の第三者には対抗できない》という論理に表れていると解釈することができよう。

　このような解釈，つまり，判例はこの問題が本質的に，対抗の法理の適用場面ではなく，無権利の法理の適用場面と解していたとみられることは，判旨の以下のような論理にも現れている。すなわち，前記の判旨①・②の事情があるときは，「譲受人は，通行地役権が設定されていることを知らないで承役地を譲り受けた場合であっても，何らかの通行権の負担のあるものとしてこれを譲り受けたものというべき」（下線は引用者）とされている。

　このように，第三者保護法理の類型化は，一見ある法理の適用場面とみられる中に混入した別の法理を識別し，後者の法理に照らした要件・効果の検証を

可能にするであろう。

(ii) 無権利者と取り引きした者による権利取得の法理と権利保護資格の法理との識別

無権利の法理の現れである 94 条 2 項と，権利保護資格の法理の現れである 96 条 3 項との関係については，これらをいずれも「権利外観法理」ないし「表見法理」とみて，同類の第三者保護法理として捉える見解が根強く存在する。例えば，「本項〔96 条 3 項〕は，94 条 2 項とともに，表見法理の一環をなす規定と位置づけるべきであるから，『善意』の意味や証明責任についても，94 条 2 項と同じように解すべきであろう（善意のみならず無過失を要するか，など）」といった見解である[45]。

しかしながら，既述のように（前述 1，2(3)(ii)・(iii)），94 条 2 項と 96 条 3 項とは，実体的法律関係，実体要件と要件事実，第三者 C が権利取得するに至る法的構成および権利移転プロセスのいずれの点でも異なっており，別異の法理であるといえる。実際，この区別は，以下のような事例で明確に現れる[46]。すなわち，――

---

45) 四宮＝能見 2005: 207 頁。大村 2007: 89-96 頁も，94 条 2 項と 96 条 3 項とを「第三者保護」として一括して取り扱う。ほかに，石田 1992: 361 頁など。問題の根源の 1 つは，取消しの遡及効の肯定にある。なぜなら，詐欺取消しにより，被詐欺者から相手方への権利移転が遡及的に消滅するとなれば，この相手方と取り引きした第三者は無権利者からの取得者となり，その点で 94 条 2 項との共通性をもつかにみえるからである。内田 2005: 83 頁もこの立場に立脚し，96 条 3 項（取消前に現れた第三者を遡及効から保護する趣旨の規定と解する）によって保護されない，取消後の第三者の保護を，94 条 2 項の類推適用によって図ろうとする。

しかし，取消しの遡及効の意味については，遡及効否定説（債権的効果説）も有力化している（本書第 3 章 3 参照）。また，そうした解釈は，日本民法の物権変動における意思主義と無因主義との結合可能性によっても支持することができる（本書第 1 章 2，第 9 章 1 参照）。この立場に立つと，①96 条 3 項は権利外観法理ないし表見法理の一環と解すべきではない（なぜなら，物権変動の側面からみても，96 条 3 項の第三者は，94 条 2 項の第三者とは異なり，無権利者からの取得者とはいえないからである），②取消前の第三者の保護と取消後の第三者の保護とを区別する理由はなくなるということを前提とした解釈への道が拓かれる（本書第 9 章 1(1)）。

46) 以下の設例は，最判平成 15 年 6 月 13 日集民 210 号 143 頁・裁時 1341 号 12 頁・判時 1831 号 99 頁・判タ 1128 号 370 頁をモデルにしている。

土地aを所有するAがBに騙されて，Bが土地aを時価より2割高で買い取り，1か月以内に代金全額を支払うという約定の下で，売買契約を締結した。その後，Bが土地aの測量や地目変更のために用いると偽り，Aから土地aについて不動産登記に必要な書面の交付ないし情報の提供，白紙委任状，印鑑証明書などの交付を受け，代金支払前にAからBへの所有権移転登記を済ませてしまった。

　この場合，Aは，Bの詐欺を理由に売却の意思表示を取り消し（96条1項），所有権移転義務，その他の売買契約上の債務を消滅させ，Bに対して所有権移転登記の抹消登記手続を請求することが考えられる。あるいは，Bの代金支払時期の到来後は，AはBに代金支払を催告し，催告期間内に支払がなければ売買契約を解除し（541条），抹消登記手続を請求するかも知れない。いずれにせよ，AはBとの間でいったん生じた債権・債務関係を解消し，かかる原状回復の一環として所有権移転登記の抹消登記手続を請求することが考えられる。

　しかし，本件事案のように，Aが登記名義を回復する前に，Bが土地aを第三者Cに譲渡するなどして，すでにC名義の登記が存在する場合は，Cは96条3項の「善意の第三者」または545条1項但書の「第三者」として保護される余地が出てくるかのようにもみえる。さらに，CがBから土地aを譲り受けた時点がAの取消しまたは解除の後であった場合は，判例法理によれば，Cは177条の「第三者」として保護され，Aに所有権取得を対抗することができるかのようにもみえる[47]。

　そこで，Aとしては，詐欺取消しや契約解除を主張することは止め，もっぱら所有権に基づき，Cに対して抹消登記手続請求などの権利主張をすることが予想される。これに対し，Cは，94条2項の類推適用（または94条2項および110条の法意の適用）により，第三者として保護されると反論することが可能とも考えられる[48]。では，表意者Aが詐欺によって意思表示をした場合や，相手方Bの債務不履行があった場合において，原権利者Aと第三者Cとの紛争の解決ルールたるべき96条3項や545条1項ただし書（または177条）は，Aの主張いかんによって適用されたり，されなかったりする結果になるのかという疑

---

47) 大判昭和17年9月30日民集21巻911頁。

問が生じる。ここでは，96条3項・545条1項ただし書または177条と，94条2項（および110条）との適用関係や各規定の適用範囲をどのように整理すべきかという問題が顕在化する。

この問題は，権利保護資格の法理（および対抗の法理）と無権理者と取り引きした者による権利取得の法理とが区別されるべき別個の法理であることを明らかにすることによって説明可能となる。すなわち，96条3項・545条1項ただし書または177条による「第三者」の保護は，いずれもAからBにいったん所有権が移転した後に問題となるのに対し，前記事案では，まだ所有権は（詐欺を受けて売買の意思表示をしたものの）Aの下にあって一度もBに移転しておらず，Bは元々の無権利者であるから，Cは94条2項またはその類推適用における「第三者」として保護される余地があるにとどまり，96条3項，545条1項ただし書，177条の「第三者」には当たらない，と解釈することができる[49]。

(iii) 権利保護資格の法理と対抗の法理との識別

最後に，権利保護資格の法理と対抗の法理とを区別することは，以下のような事案で意味をもつ[50]。すなわち，――

　　　Aがその所有地 a をBに売却して移転登記し，Bはさらに土地 a についてCと売買予約をし，所有権移転請求権保全の仮登記（不登法105条2号）を済ませたとす

---

48)　実際，前掲（注46）最判平成15年6月13日集民210号143頁・裁時1341号12頁・判時1831号99頁・判タ1128号370頁では，Aはそのように主張し，これに対してC（さらにCからの転々得者D）は94条2項の類推適用を主張した（判旨は，AのC・Dに対する抹消登記手続請求を棄却した原判決を破棄・差戻しとした）。なお，Aの不注意の程度がより重い事案において，「94条2項，110条の類推適用により」，AのCに対する抹消登記手続請求を棄却したものとして，最判平成18年2月23日裁時1406号7頁・判タ1205号120頁がある。

49)　松尾2004: 113頁参照。もっとも，さらに進んで，仮にAB間では所有権譲渡の意思表示（176条）があった場合，土地 a の所有権帰属をめぐるAC間の紛争の解決基準たるべき適用規範は，(a)96条3項ないし545条1項ただし書か，(b)177条か，(c)94条2項（類推適用）か，なお検討の余地が残るであろう。その場合，これらの規範適用は排他的ではなく，競合ないし重畳適用が認められるであろうか。この問題は，どの規範を適用するかによってA・Cが所有権を確保するために必要な要件に相違が出てくると考えられるだけに，実務上も重要である。

50)　以下の設例は，最判昭和49年9月26日民集28巻6号1213頁をモデルにしている。

る。他方，Aが詐欺を理由にしてBへの土地 a の売却の意思表示を取り消したとする（96 条 1 項・2 項）。この場合，Cが予約完結権を行使して本登記手続をし，土地 a の所有権を確保しようとしたのに対し，AがBおよびCに対し，それぞれ抹消登記手続を請求した場合，Aの請求は認められるであろうか。

　ここで，AC間に対抗の法理を適用すると，ACのうちで先に対抗要件（登記）を回復または具備した方が優先することになる[51]。それはしばしば偶然の結果に左右されることになるが，それもACが実際に対等関係に立つとすれば，正当化されるかも知れない。しかし，詐欺の被害者で取消権を行使したAと第三者Cとは対等関係ではなく，第 1 次的には，Aへの権利復帰が比較優位をもつべき問題（仮に登記がBにあり，Cへの移転もAへの復帰もされていない場合には，相互に優先権を主張できないのではなく，本来的にはAに回復されるべき問題）である。そして，第 2 次的に，Cが善意，その他の権利保護資格要件を備えた場合には，BからAへの権利復帰を阻止して，BからAの権利取得が保護される余地があるとみるべきである。

　したがって，Aから仮登記の抹消登記手続請求を受けたCは，自らが善意であり（96 条 3 項），かつ仮登記まで得たことによって権利保護資格要件を備えていることを主張・立証することにより，Aの請求を拒むことができるものと解される。

　また，もし判例のように[52]，Cの登場がAによる取消しの意思表示の後であった場合に限り，AC間は対抗問題になるとの解釈によれば，Cは詐欺取消しの事実について悪意であっても保護される余地があり，それはAにとってあまりに不公平であると解されるが，そのような価値判断が生じる理由も，元々AC間が対等関係とはいえず，Cが権利保護資格要件を備えていなければ，A自身がまだ登記名義の回復をはじめ，権利復帰の手続を完了していなくとも，Aへの権利復帰を優先させるべきであるとの判断が前提にあるからであろう。

---

51)　判例は，Cの登場がAの取消しの意思表示後の場合は，AC間を対抗問題とみて対抗要件の回復または具備の先後によって優劣関係を決する。大判昭和 17 年 9 月 30 日民集 21 巻 911 頁。
52)　大判昭和 17 年 9 月 30 日民集 21 巻 911 頁。

そうであるとすれば，Ｃの登場がＡによる取消しの前であろうと後であろう
と，第三者の権利保護資格の法理を適用し，Ｃ自身が権利保護資格の具備を主
張・立証した場合にのみ権利保護を認めるという解釈をする必要がある。

第7章

対抗の法理と対抗要件

1 実体的法律関係

(1) 「対抗」へのアプローチ

(i) 実体的法律関係・法律要件・法律効果の一体的把握

　対抗要件（民法177条・178条，352条，467条など）の具備によって競合者間の権利帰属が確定される法律関係はどのような性質をもち，その具体的内容としてどのような事案類型が含まれるであろうか。このことを明らかにするためには，①かかる対抗要件規定が適用される法律関係の実質（以下，実体的法律関係と呼ぶ），②対抗要件規定の要件および③その効果を一体的に把握する必要がある。なぜなら，①の捉え方によって②や③の解釈に相違を生じ，三者は全体として「対抗」の実体法的意味を構成していると考えられるからである。そうした一体的把握により，対抗の法理を無権利者と取り引きした者による権利取得の法理および権利保護資格の法理から識別し，物権変動法理を類型化するための指標が浮かび上がってくるものと考えられる。

(ii) 「対抗」の手続法的・実体法的意味の交錯

　しかしながら，「対抗」の概念は，手続法から実体法に及ぶ広範な意味の広がりをもっていることに注意を要する。

　まず，訴訟の場面では，物権の帰属をめぐる原告・被告間の請求・抗弁・再抗弁……における攻撃・防御方法の中で，例えば，被告が「原告は登記をもた

ないから所有権取得を被告に対抗できない」といった形で用いられる。そして，対抗要件の有無やその効果に関する主張・立証を，どちらの当事者が，どの段階で，どのような形で行うべきかについては，(a-1) 請求原因説，(a-2-1) 事実抗弁説，(a-2-2) 第三者抗弁説（再抗弁説），(a-2-3) 権利抗弁説などの間で争いがある。例えば，A所有不動産を譲り受けたBが，当該不動産を占有するCに対して所有権に基づく明渡請求訴訟を提起した場合，(a-1) 請求原因説によれば，Bは自らが請求原因の中で登記の具備を主張・立証しなければならない。これに対し，(a-2-1) 事実抗弁説によれば，Cが抗弁の中でBの登記の不存在を主張・立証すべきであり，(a-2-2) 第三者抗弁説（再抗弁説）によれば，Cは抗弁の中で自らが 177 条の「第三者」に当たることを主張・立証すれば足り，これに対してBが再抗弁の中で，対抗要件の具備または対抗要件を具備しなくともCに対抗できる事実についての主張・立証責任を負うことになる。さらに，(a-2-3) 権利抗弁説によれば，Cは抗弁の中で，たんに「第三者」に当たることだけでなく，第三者としての権利的地位を自ら主張すること（Bが登記を備えるまではBの所有権取得を認めない）を要する[1]。

　つぎに，なぜ物権変動が生じても，対抗要件を備えなければ，第三者に「対抗」できないかにつき，実体法上の物権変動プロセスに一歩踏み込んだ説明方法として，(b-1) 法定証拠説，(b-2-1) 否認権説，(b-2-2) 反対事実主張説などがある。例えば，Aが所有不動産をBに譲渡し（未登記），その後Cに二重譲渡して移転登記を済ませた場合，(b-1) 法定証拠説によれば，時間的に先行する物権変動は後行の物権変動に優先するが，Cは登記を備えることにより，AC間の譲渡がAB間の譲渡に先行した旨の法定証拠を取得し，裁判官はそれに拘束されるとするのに対し，(b-2-1) 否認権説は，AB間の譲渡はCがBの登記の欠缺を積極的に主張することによって否認される結果，Cに対する関係では効力を生じないとみる。また，(b-2-2) 反対事実主張説は，CがAB間の譲渡と両立しない事実を主張すれば，AB間の譲渡は生じなかったことになると説明する[2]。

---

1)　舟橋編 1967: 250–254 頁〔原島重義〕，舟橋＝徳本編 1997: 432–438 頁〔原島重義＝児玉寛〕，本書第 10 章 2。

さらに，なぜ先行の物権変動に遅れる後行の物権変動でも，先に対抗要件を備えれば優先するかにつき，実体法上の権利変動プロセスにより深く立ち入り，とりわけ，対抗要件を備えない物権（変動）の法的性質にまで踏み込んだ説明方法として，(c-1-1) 債権的効力説，(c-1-2) 相対的無効説，(c-1-3) 不完全物権変動説，(c-1-4) 二段階物権変動説，(c-2-1) 優先的効力説，(c-2-2) 法定取得・失権説，(c-3) 公信力説などが唱えられている。例えば，前段落の二重譲渡の設例では，対抗要件を備えないＡＢ間の譲渡につき，(c-1) これを何らかの意味で完全ではない，不完全な譲渡とみるが，(c-2) 譲渡は完全だが，なおもＡには譲渡権能があるとみるか，(c-3) Ａは完全な無権利者になったとみるかにより，捉え方が異なる。すなわち，(c-1-1) 債権的効力説は，ＡＢ間の譲渡は債権的効力をもつにすぎないとみる。(c-1-2) 相対的無効説は，ＡＢ間の譲渡は当事者間では完全に有効だが，第三者Ｃに対しては無効であると解する。(c-1-3) 不完全物権変動説は，ＡＢ間の譲渡は不完全な譲渡にすぎないとみる。また，(c-1-4) 二段階物権変動説は，176 条の意思表示は相対的物権（債権の効力をもつ）の移転を生じさせるにすぎず，177 条の登記によって第三者対抗力を備え，絶対的物権の移転に至るとみる。これらに対し，(c-2-1) 優先的効力説は，第 1 譲受人Ｂも第 2 譲受人Ｃも完全な所有権を取得するが（多重所有権状態の発生），対抗要件を備えた方が備えない方に優先すると解する。また，(c-2-2) 法定取得・失権説は，第 1 譲渡によってＢは完全所有権を取得するが，Ｂが登記をしない限り，法律がＡに譲渡権能を留保しており，それに基いて譲り受けたＣが登記すれば，未登記であることについて帰責事由あるＢは所有権を失権するとみる。さらに，(c-3) 公信力説は，第 1 譲渡によって譲渡人Ａは完全に無権利者となるが，第 2 譲受人Ｃが善意（かつ無過失）の場合は，例外的に，無権利者Ａからの取得が認められると説明する[3]。

しかも，こうした《登記等の対抗要件を備えなければ第三者に「対抗」する

---

2) 舟橋編 1967: 245–250 頁〔原島〕，舟橋＝徳本編 1997: 423–432 頁〔原島＝児玉〕，舟橋 1960: 142–147 頁。

3) 舟橋編 1967: 245–250 頁〔原島〕，舟橋＝徳本編 1997: 423–432 頁〔原島＝児玉〕，舟橋 1960: 142–143 頁，於保 1952: 1–25 頁，我妻＝有泉 1983: 148–151 頁，滝沢 1987: 262–292 頁，加藤 2003: 86–94 頁，松尾＝古積 2005: 62–66 頁〔松尾弘〕。

ことができない》ということの手続法的意味と実体法的意味は，実際にはしばしば交錯的に主張される。そこで，本書では，議論をさらに深めるうえで避けて通れない準備作業として，最も根底にある問題を発掘するために，まずは「対抗」の実体法的意味をより明確にすることを試みる。

(iii) 「対抗」の実体的法律関係の二側面

　従来，「対抗」の実体法的意味を明らかにするために，その典型例である民法177条の文言に照らして，①「登記を備えなければ対抗できない物権変動（『物権の得喪及び変更』）の範囲」の問題と，②「登記を備えなければ対抗できない『第三者』の範囲」の問題という2つの視角から，判例・学説の整理が行われてきた。本書では，これら2つの議論を「対抗」の実体的法律関係を明らかにする題材として関連づけて考え，前者①は，登記等の対抗要件を備えなければ自ら物権変動を「対抗」することができない者の法的地位を，後者②は，登記等の対抗要件を備えなければその者に対して物権変動を「対抗」できないとされる者の法的地位を問題にする形で，2つの側面から同一の法律関係を照射するものとして捉え直すことにより，一定の権利主張の衝突構造の内実＝「対抗」の本質に迫ってみたい。

(2) 対抗要件を備えなければ自らが物権変動を「対抗」できない者

　物権の設定・移転は当事者の意思表示のみによって効力を生じる（民法176条。意思主義）にもかかわらず，不動産物権の得喪・変更は登記をしなければ第三者に対抗することができない（民法177条。対抗要件主義）。このように登記をしなければ対抗することができないという形で，一定の不利益を受けるという意味で制約を受ける者がどのような法的地位にある者かは，従来177条の《登記がなければ対抗できない物権変動の範囲》として論じられてきた[4]。それによれば，まず，(a)177条はあらゆる物権変動の当事者に適用されると解する無制限説がある。その根拠は，①177条に適用を制限する文言がないこと，②第

---

4) 判例・学説につき，池田 1984: 137–196 頁，遠藤＝水本＝北川＝伊藤監修 1997: 91–108 頁〔北山元章〕。

三者の利益保護・取引の円滑確保からは物権変動原因によって取扱いを異にするのは好ましくないこと，③物権変動の公示は広範かつ画一的に行われることが公示の原則の要請に合致することなどである[5]。この見解は，手続法上の要請ないし公示の理念をより強く反映した見解であるといえる。

これに対し，(b)登記（対抗要件）を必要とすることの実体法上の意味により一層注目し，それに従って177条の適用を一定範囲の物権変動の当事者に限定しようとする制限説が展開された。それは，(b-1) 176条に次ぐ177条の条文上の位置関係に鑑みて，意思表示に基づく物権変動の当事者に限定されると解する意思表示限定説[6]，(b-2) 実体法上「対抗問題」を想定してその領域を画定し，177条の適用がそれに限定されるとみる対抗問題限定説[7]，(b-3) 登記がなければ対抗できない物権変動の範囲を一般的基準によって演繹的に推論するのではなく，個々の物権変動ごとに177条の適用の要否を検証すべきとする個別的検討説[8]などに分化してきた。このうち，(b-1) 意思表示限定説に対しては，そのモデルであるフランス民法の対抗要件主義と日本民法の対抗要件主義との相違に留意し，元々意思主義規定しかなかったところに対抗要件主義規定を付加した経緯をもつフランス法では，「登記が対抗要件としての意味を持つのは売買等〔の意思表示〕による物権変動の場合に限られるのはごく自然」であるのに対し，176条と177条の「両条を同時に採用し」，「両条の重みが平等と見られる日本」では，177条はそれ自体の価値判断をもつゆえに，その適用範囲を176条の枠内に限定して解釈すべき必然性はないと批判されている[9]。また，

---

5) 末川 1956: 120–121 頁（ただし，無制限説もまったく例外を認めない趣旨ではない），我妻＝有泉 1983: 93 頁。

6) 大判明治 39 年 1 月 31 日民録 12 輯 91 頁，大判明治 39 年 6 月 29 日民録 12 輯 1058 頁。石坂 1917a: 199–220 頁，石坂 1917b: 457–480 頁，舟橋編 1967: 270 頁〔原島〕，於保 1966: 101 頁，122 頁，滝沢 1987: 37–42 頁，200–202 頁，224–226 頁（ただし，177 条の適用範囲の拡大可能性も否定していない。「相続，時効，取消・解除に関する限り，問題は第一に，それぞれの制度における基本的な権変動のシステムが十分明確にされていないという点にあり，これを克服した上で，改めて，一七七条適用の当否を検討し直すべきであろう」とする。同前 201 頁）。

7) 末川 1956: 121 頁，舟橋 1960: 159 頁，川島 1960: 164 頁，近江 2006: 91 頁，近江 2020a: 90 頁。

8) 星野 1986: 153 頁，154 頁。

9) 星野 1986: 146–153 頁。

(b-2) 対抗問題限定説に対しては，意思表示限定説に対する批判に加え，抽象的に「対抗問題」を措定し，そこから「演繹」して177条の適用範囲を狭く限定するという「観念的な議論に由来する」解釈方法自体も批判されている[10]。

　ちなみに，判例は，大審院判例[11]の判旨を根拠に，一般には(a)無制限説であると解されているが[12]，実際には，登記なしに対抗可能な物権変動も少なからず認めており（後述(i)，(ii)参照），それらの蓄積も踏まえると，実質的には，(b-3) 個別的検討説に接近しているともみられる[13]。しかし，仮にそうであるとしても，そこに何らかの傾向なり一般的基準なりが見出されるかどうかは，なお探求に値する。そこで，以下，学説・判例の大まかな動向に限定してではあるが，具体的に検証する。

(i) 所有権取得者・喪失者（譲渡人）

　(ア) 売買・贈与・交換契約等を原因とする所有権移転の意思表示に基づく承継取得者に177条が適用されることには異論がない。公用収用，強制競売，担保権の実行としての競売，公売による所有権取得者も同様である[14]。

　(イ) これに対し，原始取得者については検討の余地がある。例えば，A所有地に対し，付合の目的物に対して権原（242条ただし書）をもつ者Bが当該権原に基づいて附属物の所有権を取得した場合，この所有権の取得をAからの土地所有権の譲受人C（第三者）に主張する関係につき，対抗の法理の適用範囲とみる見解[15]と，これを否定する見解がある[16]。

　(ウ) 他方，袋地所有権に付随する囲繞地通行権（民法210条〜213条）の取得につき，判例は，A所有の袋地を譲り受けたBは，袋地の所有権取得について

---

10)　星野 1986: 153 頁。第 5 章 2(1)参照。

11)　大連判明治 41 年 12 月 15 日民録 14 輯 1301 頁。

12)　近江 2006: 91 頁，近江 2020a: 90 頁。

13)　星野 1976: 52 頁は，今日の判例は「実質的には制限説をとっている」と評価する。

14)　大判明治 38 年 4 月 24 日民録 11 輯 568 頁。末川 1956: 124 頁，舟橋 1960: 173 頁。

15)　最判昭和 35 年 3 月 1 日民集 14 巻 3 号 307 頁。舟橋 1960: 367 頁，我妻＝有泉 1983: 308-309 頁（権原自体の対抗要件または附属物の明認方法による）。

16)　大判昭和 17 年 2 月 24 日民集 21 巻 151 頁。我妻 1942: 205 頁（後に改説。前掲注 15・我妻＝有泉 1983: 308-309 頁）。この場合，善意の第三者Cの保護は無権利の法理によることになろう。

未登記でも，囲繞地所有者Ｃやその利用者Ｄに対し，囲繞地通行権を主張しうるとする[17]。

　これは，前述(イ)における対抗の法理の適用否定説とともに，附属物の帰属を確定する法的ルールとして，対抗要件以前に社会的に承認されたルールが存在するか否かの問題になると考えられる。

　(エ)　時効取得については，議論の詳細には立ち入らないが，大まかな立場の対立はつぎのようになろう。例えば，Ａ所有地をＢが時効取得したが未登記である一方，当該土地をＣがＡから譲り受けて移転登記をした場合については，(a)第三者Ｃの出現時期がＢの時効完成の前か後かを問わず，Ｂの時効取得にはつねに177条が適用され，ＢがＣに所有権取得を対抗するには登記を要するとの見解（登記尊重説）[18]，(b)177条の適用を否定し，Ｂはつねに登記なしにＣに時効取得を主張しうるとの見解（占有尊重説）[19]，(c)折衷的に，Ｃの出現が時効完成前であれば，ＢはＡに対する関係（当事者関係）に準じて，Ｃに対して登記なしに所有権取得を主張しうる（177条の適用否定）が，Ｃの出現が時効完成後のときは，登記がなければ対抗できない（177条の適用肯定）との見解（判例）[20]，(d)ＡＢ間において，それぞれ売買等の有効な原因契約があったが未登記の場合，原因契約が無効または失効した場合，境界紛争が問題になっている場合等の類型ごとに検討する見解[21]が対立する。ここでは，取得時効の性質について，それ自体が独自の実体法上の権利変動原因としてどの程度の権利帰属の確定力を

---

17)　最判昭和47年4月14日民集26巻3号483頁。これに対し，加藤2003: 123頁は，あくまでも対抗の法理に従い，未登記のＢはＣに対して自ら囲繞地通行権を主張することはできないが，Ｂは債権者代位権（423条）により，ＡのＣに対する囲繞地通行権を代位行使しうると解する。

18)　山野目2012: 60–61頁，広中1982: 156頁（ただし，2つの例外を認める。まず，①Ａ所有地を占有するＢの取得時効の完成を知ってＡと取り引きした第三者Ｃは「背信的悪意者」として取り扱われるべきであるとする（同前157頁）。つぎに，②境界紛争における係争地を時効取得したＢは，隣地をＡから譲り受けて登記した第三者Ｃに対し，「自己の時効取得……に気づかうべき状態になかった」ことを立証すれば，Ｃに対して「一七七条適用の基礎の欠如」を主張でき，ＣはＢの登記欠缺を主張できないとする。同前158頁）。

19)　舟橋1960: 170–173頁。ただし，時効取得者の勝訴判決確定後は，登記をしなければ第三者に対抗しえないとの制限を設ける（同前172頁）。

20)　判例の準則の簡明な整理につき，内田2005: 447–448頁。

21)　内田2005: 449頁。さらに，池田1984: 143–162頁参照。

もつとみるか，あるいは他の原因による権利変動の証明機能を中心にみるか，時効観の対立にも絡む前提問題が存在する。

　(オ)　また，①法定相続，②相続分指定，③「相続させる」旨の遺言（特定財産承継遺言。遺産分割方法の指定の性質をもち，相続分を超える場合は相続分指定の性質を併有する），④遺贈，⑤他の共同相続人による相続放棄，⑥遺産分割，⑦遺留分減殺請求（平成 30 年民法改正前）による取得についても，177 条の適用肯定説と否定説とが交錯してきた。判例は，前記のうち，④遺贈（遺言執行者がない場合。1013 条参照）・⑥遺産分割・⑦遺留分減殺請求（平成 30 年民法改正前）について，かつそれぞれ遺贈の効力発生・遺産分割の成立・遺留分減殺請求の意思表示（民法改正前）の後に現れた第三者に対する関係には 177 条を適用し，①法定相続・②相続分指定・③特定財産承継遺言・⑤他の共同相続人による相続放棄の場合には，登記なしに共同相続人が所有権（または共有持分権）の取得を第三者（他の共同相続人の債権者，他の共同相続人からその共有持分権の処分を受けた者など）に対して主張することを認めた[22]。これは，(a)相続財産の帰属をめぐり，被相続人から共同相続人・受遺者・相続債権者に一定の優位性を与えるべきか[23]，あるいは(b)相続財産についても相続開始と同時に一般の経済取引の対象に編入し，被相続人との法律関係をもつ者と，共同相続人の債権者・共同相続人からの取得者等の取引相手方との法的地位の対等性を承認すべきか，法政策的価値判断とも絡む問題であると考えられる[24]。

　なお，平成 30 年民法改正により，「相続による権利の承継」は，法定相続分（900 条，901 条）を超える部分については，登記，登録その他の対抗要件を備え

---

22)　松尾 2003: 74-77 頁参照。

23)　例えば，山野目 2012: 63-64 頁は，遺産分割につき，遡及効（909 条本文）を根拠に，共同相続人Ａの持分権を遺産分割によって取得したＢが未登記の場合でも，遺産分割後にＡから持分権を譲り受けたＣに対して権利取得を主張できるとし，第三者Ｃは無権利者からの取得者として，94 条 2 項の類推適用によって保護されるにすぎないとみる。

24)　広中 1982: 113-114 頁，151-153 頁は，遺贈および遺産分割による所有権取得にも 177 条の適用を認める。このうち，受遺者が権利取得を知らない間に第三者が相続人からの権利取得を確定的なものとする可能性は，「当の遺贈者が受遺者に遺言を知らせないまま死亡したこと」に起因し，受遺者はかかる不利益を甘受すべきとする（同前 114 頁）。ただし，遺産分割の存在を知る第三者の悪意は「背信的悪意」と評価すべきとも解しており（同前 153 頁），この解釈によって一般経済取引との差別化を図る余地も窺われる。

なければ，第三者に対抗することができないものとされた（899条の2第1項）。この「相続による権利の承継」には，②相続分指定，③特定財産承継遺言，⑥遺産分割による承継が含まれるものと解されている。177条とは別に899条の2を創設した理由は，②相続分の指定，③特定財産承継遺言，⑥遺産分割による権利承継は，法定相続分についての当然承継（対抗要件を備えなくとも第三者に対抗可能。896条本文，898条1項・2項，899条，最判昭和38年2月22日民集17巻1号235頁）と，それを超える部分についての「意思表示による特定承継」（対抗要件を備えなければ第三者に対抗不能。最判昭和46年1月26日民集25巻1号90頁〔遺産分割によって法定相続分を超える権利を取得した相続人は，これを登記しなければ，遺産分割後に現れた第三者に権利取得を対抗できないとした〕）との中間類型ないし結合型の新規律として，「対抗要件主義の特則」が必要であると考えられたからである。これらの権利承継は，法定相続分については法律の規定（896条本文，898条1項・2項，899条）により，それを超える部分は遺産分割等の意思表示によって生じるが（遺産＝共有説に基づく移転主義的解釈に親和的），しかし，いずれの部分の権利移転も法律の規定（909条本文，985条1項）によって相続開始時に生じるものとされる（遺産＝合有説に基づく宣言主義的解釈に親和的）。このように，899条の2には，移転主義的理解と宣言主義的理解の融合が見出される[25]。また，そうであるとすれば，④遺贈のうち，相続人に対する特定遺贈についても，③特定財産承継遺言との実体法上の権利移転の構造に差異を認めがたいゆえに，899条の2第1項の準用または類推適用を認めるべきである[26]。その結果，同民法改正後は，従来の判例によって対抗要件なしに権利取得が認められた②相続分指定および③特定財産承継遺言定による権利承継であっても，法定相続分を超える部分は，対抗要件を備えなければ，第三者に対抗することができないことが明確にされた（遺産分割による権利承継とは異なり，相続分の指定および特定財産承継遺言による権利承継は，相続による承継として，対抗要件を備えなくとも，第三者に対抗することができると解した従来の判例法理〔相続分の指定に関して，最判平成5年7月19日家月46巻5号23頁，特定財産承継遺言に関して，最判平成14年6月10日家月55巻1号77頁〕

---

25) 本条の改正に際しての議論につき，松尾 2024: 48–50 頁参照。
26) 松尾 2024: 49 頁。

は899条の2第1項によって変更された。その結果,「相続による権利の承継は,遺産の分割によるものかどうかにかかわらず」,法定相続分を超える部分については,対抗要件を備えなければ第三者に対抗することができないことになった)。

　もっとも,899条の2第1項がいう「対抗要件を備えなければ,第三者に対抗することができない」の意味を,177条の「登記をしなければ,第三者に対抗することができない」の意味とまったく同様に解釈すべきかどうかは,議論の余地がある。前述したように,②相続分の指定,③特定財産承継遺言,④相続人に対する特定遺贈,⑥遺産分割による権利承継は,いずれも法律の規定（909条本文,985条1項）によって相続開始時に生じるものとされており,このことは,受益相続人と他の共同相続人からその法定相続分の譲渡等を受けた「第三者」との間では,受益相続人への権利帰属にプライオリティを付与すべきであり,「第三者」が②・③・④の遺言および⑥の遺産分割について悪意の場合は,受益相続人を優先すべきであるという価値判断を成り立たせうる。また,②相続分の指定遺言,③特定財産承継遺言,④特定遺贈および⑥遺産分割の調停・審判はいずれも要式行為であり,善意・悪意の対象がより明確である。したがって,これらの行為について悪意の「第三者」（相続債権者等）に対しては,遺言または遺産分割による相続財産の帰属を優先させることが,177条の特則としての899条の2の趣旨に適合するものと考えられる[27]。

　なお,⑦遺留分減殺請求権は,平成30年民法改正により,遺留分侵害額に相当する金銭支払請求権（遺留分侵害額請求権）へと改正されたため（1046条1項）,物権変動の効果をもつものではなくなった。

　(カ) 所有権取得の対抗ではなく,所有権譲渡（所有権喪失）の対抗も問題になる。例えば,建物を他人Bに譲渡したがなお登記を保有する者Aが,土地所有者Pから土地の無権原占有を理由とする建物収去・土地明渡しおよび損害賠償を請求されたり,土地を他人Bに譲渡したがなお登記を保有する者Aが,Pから土地工作物責任を追及された場合である。これらの場合にも,177条の適用を認め,Aが土地の無権原占有者や工作物責任負担者としての責任を追及された場合,Aは所有権を譲渡したこと（したがって,最早所有者でないこと）を対抗

---

27)　松尾 2024: 50–51 頁。

できないとの見解がある[28]。Aは建物や土地を第三者Cに譲渡して登記することによってCを所有者とすることのできる「処分権を保有している」といえることを根拠とする[29]。これに対し，AからBへの完全な所有権移転を認めたうえで，無権利者となったA（登記名義人）の責任を権利外観法理（94条2項の類推適用＝無権利の法理）によって根拠づけるべきとする見解もある[30]。この問題は，自ら登記が可能であるにもかかわらず，Bに移転登記をしていないAには，なお実体的な所有権が帰属していると解されるか否かにより，それを肯定すれば，変則的ながら，対抗の法理によって処理されることになろう。

(ⅱ)　用益物権取得者・喪失者（譲渡人）

(ア)　地上権・永小作権の取得者に177条が適用されることには異論がない。

(イ)　これに対し，②地役権の取得については議論がある。例えば，土地（承役地）所有者Aから通行地役権の設定を受けた要役地所有者Bが，Aから承役地を譲り受けたCに対して当該通行地役権の取得を主張する関係への177条の適用が問題になっている。判例（平成10年）は，177条の適用を制限し，Bの通行地役権（未登記）について悪意または認識可能性をもつ第三者（承役地譲受人）Cに対し，Bによる未登記通行地役権の主張を認めている[31]。

　もっとも，別の判例（平成18年）は，通行地役権の時効取得に177条を適用することも再確認している[32]。しかし，前者の判例（平成10年）では，通行地役権の対象地（分譲地の一部）は分譲当初から公道への通路として設計・造成され，その後一貫して通路として継続的に利用され，周囲の土地所有者にも要役

---

28)　最判平成6年2月8日民集48巻2号373頁。もっとも，Pが自らBを所有者と認めることは妨げない趣旨と解される。後掲注83参照。

29)　我妻＝有泉 1983: 172頁。

30)　最判昭和47年12月7日民集26巻10号1829頁における大隅健一郎裁判官の意見。「この〔94条2項の類推適用〕法理を本件に適用すれば，Pが善意であるかぎり，Aは本件建物の所有権が自己にない旨を主張して，その収去義務を免れることはできない」とする。

31)　最判平成10年2月13日民集52巻1号65頁（本書第5章2(1)(ⅱ)参照）。

32)　最判平成18年1月17日民集60巻1号27頁。A所有通路の所有権または通行地役権をBが時効取得したが未登記のうちに，当該通路をCがAから買って登記した場合に，BC関係は177条の射程範囲に入ることを前提に，Cが177条の第三者に当たるか否かについて，背信的悪意者排除論を適用した。

地—承役地関係が客観的に明らかであり，未登記ながら当該通行地役権の要役地所有者Bへの帰属の確定性・終局性の程度が高かったとみることができる。このことを前提にすると，Aからの承役地譲受人Cは当初から（未登記ながら）通行地役権の負担付の土地を取得していたことになり，登記どおりに何の負担もない土地であることへのCの信頼保護の方法は権利外観法理（94条2項の類推適用）による場合に接近するともいえる。本判決が第三者保護の要件として実質的に善意・無過失を要求したことは，その意味で平仄がとれているともいえる。これに対し，平成18年判決の事案では，通行地役権の対象地は，当初から通路として開設されたものではなく，一部建物や車庫等の敷地としても利用され，公図上の位置も不明確であったという事情がある。それはいまだ一般経済取引上の対象地であったともいえよう。したがって，かかる土地を時効取得したBに対し，時効完成後に同土地を所有者Aから購入して移転登記を備えたCは，平成10年判決の事案のように，たんにBの通行地役権の存在を知りまたは知りえただけでは，Bの通行地役権（未登記）の対抗を受けることはなく，さらに，CがAから譲渡を受けた時点で，「Bが多年にわたり当該不動産を占有している事実を認識しており，Bの登記の欠缺を主張することが信義に反するものと認められる事情が存在」し，Cが「背信的悪意者に当たる」場合でなければ，Bから通行地役権の時効取得の対抗を受けないとしたものである。こうして，平成18年判決は，通行地役権の時効取得についても，177条および一般の対抗の法理の適用があることを再確認したものと解される。こうした前提事実の相違，とりわけ未登記通行地役権の要役地（所有者B）への帰属の確定性・終局性についての社会的承認度の相違に鑑みれば，平成10年判決と同18年判決との間には判例としての矛盾ないし不整合はないものと解される。

　⒅　入会権の取得は，それ自体としては登記できず（不動産登記法3条），そもそも慣習上内容が多様の入会権を画一的形式で公示することは困難である。それゆえ，入会権取得者には177条の適用は否定され，登記なしに第三者に対抗できると解されている[33]。

33）　大判明治36年6月19日民録9輯759頁，大判大正6年11月28日民録23輯2018頁，大判大正10年11月28日民録27輯2045頁。末川 1956: 117頁。

(エ)　他方，地上権者Aが地上権をBに譲渡した後に地主Pから地代支払請求を受けた場合，地上権の喪失（譲渡）をPに「対抗」するには，地上権の移転登記を要する[34]。前述(i)(カ)とも共通する問題であると解される。

(iii)　担保物権取得者

占有を伴って成立・存続し，公示される留置権（295条）を除き，不動産の先取特権（337条〜340条），不動産質権・抵当権（177条，374条2項），動産質権（352条），債権質（364条）は各々の規定に従って登記・引渡し・通知をしなければ，取得ないし対抗することができない。では，A所有不動産に抵当権の設定を受けた抵当権者Bは，抵当不動産の付加一体物に対しても抵当権を取得するが，当該抵当不動産から分離・搬出された従物，付加一体物，付合物について，これを取得した第三者CとBとの関係は対抗関係であろうか。(a)分離・搬出後も目的物（動産）に対して抵当権の効力が及んでいると解釈すれば，第三者Cの保護は無権利の法理（即時取得に関する192条以下など）によることになろうが，(b)分離・搬出によって目的物（動産）に対して抵当権の効力が及んでいることの対抗要件がいったん消滅するとすれば[35]，A所有動産をめぐり，BとCのいずれが先に対抗要件（178条の引渡しか）を具備するかによって優先関係が決まることになり，対抗の法理の適用場面とされる余地が残ることになろう。ここでも分離・搬出物のBへの帰属の確定性・終局性についての判断が前提問題になるように思われる。

(iv)　債権の取得者

金銭債権の譲受人，賃借権の取得者など，債権の取得者も，当該債権の帰属を前提とする主張をする場合は，所有権，その他の物権の取得者に準じて考えてよいであろう（前述(i)，(ii)参照）。

---

34)　大判明治39年2月6日民録12輯174頁。
35)　遠藤＝水本＝北川＝伊藤監修 1997: 108–143頁〔永野厚郎＝牧野利秋〕，道垣内 2005: 180頁，道垣内 2017: 184–185頁，古積 2020: 88頁（公示の消滅と解する）。なお，私見は，抵当権設定者が分離・搬出した場合は，動産所有権をめぐる対抗問題（178条）として，また，無権限者が分離・搬出した場合は，善意取得の問題（192条〜194条）として処理すべきであると解する（松尾 2011: 772–775頁）。

(v) 処分の制限特約をさせた者

共有不動産についての不分割契約（256条1項ただし書，不動産登記法59条6号）をした共有者，永小作権の譲渡・転貸禁止特約（272条ただし書，不動産登記法79条3号）をした地主など，処分制限をした者は，その旨の登記（不動産登記法59条6号・79条3号など）をしなければ，第三者（新たに共有持分権を取得した者，永小作権の譲受人・転借人など）に対抗できない[36]。

(vi) 制限物権の消滅によって負担を免れた目的物所有者

(ア) 消滅時効，放棄，混同，地上権消滅請求などによって地上権，抵当権等の制限物権が消滅した場合，その目的物の所有者は，その登記をしなければ，物権の消滅を第三者（地上権，抵当権の被担保債権の譲受人など）に対抗できないと解されている[37]。

(イ) 他方，それらの物権の客体の滅失，物権自体の存続期間の経過，弁済による被担保債権の消滅に伴う抵当権自体の消滅等の場合は，対抗要件としての登記は必要でないと解されている[38]。これらは，権利それ自体の絶対的消滅が認められる法律関係であるとすれば，無権利者と取り引きした者による権利取得の法理の適用場面であり，第三者保護も同法理の適用が認められる限りで図られるべきであると解される[39]。

(3) 対抗要件を備えなければその者に対して物権変動を「対抗」できない者

以上と反対に，物権変動を「対抗」される者——すなわち，物権変動の当事者が登記（不動産）または引渡し（動産）を備えなければ，当該物権変動を対抗できない者——には，どのような立場の者が含まれるであろうか。これは，主

---

36) 末川 1956: 128–129 頁，篠塚編 1977: 524 頁〔鎌田薫＝篠塚昭次〕，松浦 1993: 539–576 頁。
37) 末川 1956: 129–130 頁，篠塚編 1977: 524–525 頁〔鎌田＝篠塚〕，柚木 1939: 83–86 頁（混同による消滅は登記不要とする），広中 1982: 133–134 頁。
38) 末川 1956: 129–130 頁，舟橋 1960: 175 頁（ただし，混同による消滅が登記簿上明瞭な場合は，抹消登記がなくとも対抗可能とする），篠塚編 1977: 524–525 頁〔鎌田＝篠塚〕，柚木 1939: 83–86 頁。
39) 例えば，94条2項（類推適用），468条1項など。

に不動産物権変動（177条）に関して《登記がなければ対抗できない第三者の範囲》として議論されてきた問題である[40)]。

この「対抗」される者の範囲の問題については，「対抗」する者の範囲の問題（前述(2)）について，無制限説をとった判例（前掲注11）と同日付の判決（後掲注42）が，あえて制限説をとったことを契機にして，議論が活発化し，(a)無制限説[41)]も唱えられたが，次第に，(b)制限説が有力化してきた。しかし，制限説の中でも第三者の範囲の画定基準は動揺しており，(b–1–1) 判例が「対抗トハ彼此利害相反スル時ニ於テ始メテ発生スル事項」とみたうえで，「当事者若クハ其包括承継人ニ非スシテ不動産ニ関スル物権ノ得喪及ヒ変更ノ登記欠缺ヲ主張スル正当ノ利益ヲ有スル者」[42)]と定式化し，第三者の行為態様の評価にまで及びうるような抽象度の高い一般的基準を提示したことを受け，一方ではこれを実質化すべく，(b–1–2)「問題となる物権変動と両立し得ない権利関係に立つ者」[43)]，所有権の取得を理由に権利を主張するなど「当該不動産に関して有効な取引関係に立てる」者[44)]といった基準に示されるように，例外ケースのみを除外するという比較的消極的な観点からの定式化がある。その背景には，公示の原則の限界を一定程度は承認せざるをえないという認識があったとも解されるが[45)]，これら（b–1）説の立場によれば，除外範囲は最小限にすべきものと

40）学説・判例につき，鎌田 1984: 67–135 頁，遠藤＝水本＝北川＝伊藤監修 1997: 108–143 頁〔永野厚郎＝牧野利秋〕。

41）鳩山 1955: 37–88 頁。無制限説を徹底すれば，例えば，A所有不動産を取得したが未登記のBは，偽造登記の名義人Cから登記名義を取得したDに対しても，登記なしには所有権取得を対抗できず，Dに対する抹消登記請求は，Aに主張させるか，Aに代位して主張しうることになる。我妻＝有泉 1983: 165 頁。

42）大連判明治 41 年 12 月 15 日民録 14 輯 1276 頁，末川 1956: 106 頁，川島 1960: 167 頁。

43）川島 1960: 168 頁。

44）さらにこれは，①「同一不動産について，結局において互いに相容れない権利を有する者」と，②「特定の不動産物権者の地位にある者に対して契約上の権利義務を有する者」との二種に分類し，①は一方の権利取得を認めれば他方のそれを認めることができなくなるという問題であるが，②は「不動産物権が移転したという事実の確実な証明の問題」であるとする。これを「権利資格保護要件」とし，地主が借地権者に地代請求や解約等をする関係，債権譲受人が債務者に請求する関係，法人の設立の主張（民法旧 45 条 2 項），株式会社に対する株式譲渡の主張（会社 131 条。商法旧 206 条 1 項）などで用いられている「対抗することができない」の意味はこれに当たるとする。我妻＝有泉 1983: 154–159 頁。ここで「権利資格保護要件」というのは，本書で「権利行使資格要件」と呼ぶものに当たる（本書第 6 章 2 (3)(iii)(イ))。

いう判断が働く傾向があり，賃借人，一般債権者等をも含む素地を残している。

これに対し，他方では，(b-2) 177条等の対抗要件規定が保護しようとする者の一般原則化ないし「対抗問題」を想定し，それに従って「第三者」の範囲をより積極的に制限しようとする立場（対抗問題限定説）[46]もある。そのような観点からは，第三者の範囲の画定基準としても，論理上互いに相容れない権利を主張する関係，両立しえない物権相互間の優先的効力を争う関係，同一客体上の物的支配を相争う相互関係[47]といった，より積極的な定式化が試みられた。以下，主要な類型に即して，その概要を検証してみよう。

(i) 物権取得者

所有権，用益物権，担保物権などの物権取得者は，第三者の典型例であり，物権変動を対抗する者と相互に対等な（互換的な）立場に立つことになる。

(ii) 特定債権者

債権行為と物権行為との概念的区別を認めない立場によれば，物権取得を目的とする特定債権者は前述(i)物権取得者と同様に扱われうる。また，債権行為と物権行為とを概念的に区別する立場によっても，177条等の対抗要件規定の「第三者」に特定債権者が含まれると解釈することが，理論上ただちに不可能になるわけではない。理由は，第1に，177条等の対抗要件規定にはたんに「第三者」と規定するのみで限定を加えておらず，第2に，第三者をどの範囲の者に限定すべきかは，法政策的価値判断に従い，「対抗」の実体法的意味の解釈に依存するからである。しかし，特定債権者の保護方法としては，当事者ＡＢ間で物権変動を生じさせる法律行為が特定債権者Ｃに対して詐害行為に当たる場合には，Ｃは詐害行為取消権（民法424条）を行使することもできる[48]。

---

45) 例えば，制限説の理由として，「公示の原則を貫くことが不可能と考えられるようになったこと」に求め，「個々の取引関係の安全を図る」という観点から「登記を要求することが不適当と考えられる場合には，登記を必要としないもの」と捉える立場（我妻＝有泉 1983: 154頁）などである。

46) 末弘 1921: 166–169頁，於保 1966: 124頁，舟橋 1960: 154–158頁，182頁，近江 2006: 79–80頁，近江 2020a: 77–78頁。

47) 舟橋 1960: 157頁，179–182頁，於保 1966: 189頁。

実際，特定債権者は第三者に当たらないと解する見解もある[49]。

(iii) **賃借人・使用借主**

物権変動の目的物に対する特定物債権者，例えば賃借人および使用借主については，それぞれさらに検討を要する。

(ア) まず，賃借人に関しては，賃貸物をAから譲り受けたCが賃借人Bに対し，①賃借権の負担のない物権取得およびそれに基づく賃貸物の明渡請求を対抗しようとする場合と，②賃借人Bに対し，賃借権を承認しつつ，賃貸人として賃料請求したり，解約申入れをする場合がある。

前者①は，前述(ii)特定債権者に対する意味での「対抗」に含まれるものと解釈しうる[50]。

他方，後者②については，(a)「対抗」に含めて解釈する——したがって，CがBに賃料請求や解約申入れをするためには対抗要件の具備を要するとみる——立場[51]，(b)対抗要件とは異なるが，権利行使資格要件（としての登記）を要求する立場[52]，(c)いずれの意味でも登記を不要と解する立場[53]がある。(c)説は，CB間は同一不動産上の物権的支配を相争う関係にないことを理由とする。し

---

48)　平井 1993: 169-195 頁。
49)　舟橋 1960: 200-201 頁。
50)　不動産賃借権は登記すれば，その不動産について物権を取得した者にも対抗することができる（605 条）。もっとも，平成 29 年改正前民法 605 条は「……物権を取得した者に対しても，その効力を生ずる」と規定していた。これを対抗関係肯定の理由に挙げる見解もあった（近江 2006: 81 頁）。これに対し，平成 29 年改正民法は，605 条を「……物権を取得した者その他の第三者に対抗することができる」と改正した。この修正は，①賃借人と第三者との関係を「対抗」の範疇に含める一方で，②第三者（賃貸不動産の譲受人）が賃借権を承継するか否かはそれとは別個の問題であるとして，独立の規律（605 条の 2，605 条の 3）を設けたことによるものである。
51)　大判昭和 8 年 5 月 9 日民集 12 巻 1123 頁（賃料請求），最判昭和 25 年 11 月 30 日民集 4 巻 11 号 607 頁（解約申入れ），最判昭和 49 年 3 月 19 日民集 28 巻 2 号 325 頁（賃料請求）など。星野 1976: 60 頁は，Cの移転登記さえあれば，CからBへの通知を不要とする立場として，判例の結論を支持する。
52)　内田 2005: 453 頁，山野目 2012: 43-44 頁。権利行使資格要件と対抗要件との相違は，債権譲渡を受けた者の債務者に対する対抗要件（467 条 1 項）と第三者に対する対抗要件（467 条 2 項）との違いによって説明されている。（本書第 6 章 2(3)(iii)(イ)，同所注 33，34）。
53)　川島 1960: 168-169 頁，舟橋 1960: 189-190 頁，鎌田 1984: 117 頁（AからBへの通知またはBの承諾で足りるとする）。

かし，ＣがＢの賃借権を認める・認めないにかかわらず，特定物債権者ＢがＣへの所有権の帰属を争う以上，「対抗」の関係が生じることを否定できないと思われる。したがって，このことはまた使用借主の場合にも妥当するものと解される。

なお，平成 29 年民法改正は，後者②の問題について，とくに規定を設け，不動産の賃借権が対抗要件（605 条，借地借家法 10 条・31 条，その他の法令の規定による）を備えた場合において，その不動産が譲渡されたときは，原則として，その不動産の賃貸人たる地位は，その譲受人に移転するものとした（605 条の 2 第 1 項）。ただし，賃貸人の地位の移転（したがって，それに基づく賃料支払請求，契約解除など）は，賃貸不動産について「所有権移転の登記をしなければ，賃借人に対抗することができない」（605 条の 2 第 3 項）と明文で定めた[54]。

(イ)　使用借主は，賃借人と異なり，賃料請求を受けることはなく，不動産についても使用借権の登記はできず（不動産登記法 3 条），対抗要件を備える方法（民法 605 条，借地借家法 10 条・31 条参照）も用意されておらず，返還時期の規定（597 条 2 項・3 項），相続の対象とならないこと（599 条）など，賃借権よりも財産権性（896 条参照）が稀薄であるなどの違いがある。しかしなお，使用借主Ｂも，特定物債権者として，当該目的物の所有者Ａからの譲渡人Ｃへの所有権帰属を争う限り，177 条等の対抗要件規定の第三者に当たると解すべきであろう[55]。

(iv)　差押債権者，仮差押債権者，配当加入申立債権者，仮処分債権者

これらの債権者は物権変動の対象である特定の目的物に対して法律上の利害関係を形成するに至っており，第三者に当たることには異論ないであろう。例えば，Ａ所有不動産を譲り受けたＢは，Ａの債権者で当該不動産を差し押さえたＣに対し，第三者異議の訴えを提起するためには，対抗要件（登記）を要する[56]。

---

54)　これは，本文前記(a)説によるものと解される。
55)　末川 1956: 109–110 頁。
56)　大判昭和 14 年 5 月 24 日民集 18 巻 623 頁，最判昭和 31 年 4 月 24 日民集 10 巻 4 号 417 頁。舟橋 1960: 190–191 頁。

もっとも，これらの第三者に対し，Ｂが仮登記（不動産登記法 105 条）を備え
ただけでも対抗することができるか否かは争われている。これは，意思主義
（176 条）と対抗要件主義（177 条）との境界線上の問題であると解されるが，Ｂ
がすでに「実体上所有権を取得している場合」は，意思主義の原則に鑑み，差
押債権者Ｃは仮登記権利者Ｂの本登記承諾請求（不動産登記法 109 条 1 項）を拒否
することができず，第三者異議も拒否することができないものと解される[57]。

(v)　一般債権者

　一般債権者が「第三者」に含まれるか否かは，見解が分かれている。(a)包含
説[58]に対し，(b)非包含説[59]がある。他方，(c)「第三者」に当たるか否かを論じ
ることは意味がないとの見解[60]もある。包含説の観点からは，一般債権者はそ
の資格で差押・仮差押・仮処分・配当加入しうる（その場合は「第三者」に当たる。
前述(iv)）だけでなく，ＡからＢが譲り受けた不動産（未登記）に対し，Ａの一般
債権者Ｃはそれを一般担保として引当てにしており，必要があれば債権者代位
権に基づいて保存登記が可能である点などが挙げられる[61]。しかし，対抗問題
限定説の観点からは，一般債権者はいまだ特定不動産について物的支配を争う
段階にはなく，その法的地位の保護手段としては詐害行為取消権（424 条）を
行使することができる点も挙げられよう[62]。したがって，最終的には，対抗要
件規定の趣旨を無制限説的に解釈するか，対抗問題限定説的に解釈するかの基

---

57)　東京高判昭和 57 年 11 月 30 日判時 1064 号 59 頁（確定），松尾 1999: 407 頁，山木戸
　　 1992: 105-106 頁。ちなみに，Ｂの仮登記が担保仮登記の場合は，強制競売等の開始決定が
　　 Ｂによる清算金支払債務の弁済後（清算金がないときは清算期間の経過後）にされた申立
　　 てに基づく場合のみ，Ｃに対抗することができ（仮登記担保法 15 条 2 項），第三者異議の
　　 訴えを提起することができる。
58)　大判明治 36 年 6 月 15 日民録 9 輯 705 頁，大判明治 36 年 3 月 6 日民録 9 輯 241 頁，大
　　 判昭和 11 年 7 月 31 日民集 15 巻 1587 頁。末川 1956: 110 頁，柚木 1939: 120 頁，我妻＝有
　　 泉 1983: 158 頁。
59)　大判大正 4 年 7 月 12 日民集 1126 頁。舟橋 1960: 199-200 頁，田井ほか 2005: 69 頁〔田
　　 井義信〕（物権の債権に対する優先的効力，債権の非排他性を理由とする）。
60)　鈴木 1994: 136 頁，加藤 1979: 54-55 頁，近江 2006: 81 頁，近江 2020a: 81 頁。於保
　　 1952: 10 頁注 12 もすでに同旨か。
61)　末川 1956: 110 頁，大判昭和 17 年 12 月 18 日民集 21 巻 1199 頁。
62)　坂本 1985: 107 頁。

本指針によることになろう。

(vi) 譲渡人の前主

譲受人Ｂの前主Ａ（譲渡人）は当事者であるから第三者に当たらないが，Ａの前主Ｐ（Ｂからみれば前々主）も第三者に当たらないと解されている。ＰはＡＢ間の物権移転を否認しても，それによって有効となる法律上の権利をもたないことを理由とする[63]。しかし，そうであれば，例えば，ＡがＰから譲り受けてＢに転売した不動産につき，Ｐが新たにＡと取り引きし，移転登記を受けた場合は，Ｐが第三者に当たる可能性も排除できないであろう。また，Ｐの前主Ｑ（Ｂからみれば前々々主），……との関係についても同様である。

(vii) 無権利者，不法行為者，背信的悪意者

（ア）　偽造登記の名義人，相続欠格者または相続人廃除を受けた者でありながら相続財産の登記名義人になっている者，登記手続の過誤による不実の登記名義人，被担保債権が消滅した抵当権登記の名義人などの無権利者は，そうした形式と実体との乖離についての故意・過失の有無にかかわらず，「第三者」に当たらないと解される[64]。

（イ）　物権変動の目的物に対する不法占拠者，その他の不法行為者も「第三者」に当たらないとされている。その結果，例えば，ＡからＢが譲り受けたが未登記の不動産を侵害した不法行為者Ｃに対し，Ｂは未登記のまま，妨害排除請求，損害賠償請求ができると解されている[65]。誰に原状回復や損害賠償すべきかについて不法行為者Ｃがもつ利害が「正当な利益」（前述(3)冒頭（b-1-1）説）に当たらないとはいえないであろうが，仮にその後当該不動産をＡから二重に譲り受けて対抗要件を具備したＤが現れても，①Ｃの保護手段としては債権の

63）　川島 1960: 172 頁，舟橋 1960: 201-202 頁，近江 2006: 82 頁，近江 2020a: 82 頁。最判昭和 43 年 11 月 19 日民集 22 巻 12 号 2692 頁。

64）　末川 1956: 112-114 頁，我妻 = 有泉 1983: 162 頁以下，165-166 頁，舟橋 1960: 192-199 頁。

65）　大判明治 41 年 12 月 15 日民録 14 輯 1276 頁（一般論），大判大正 10 年 12 月 10 日民録 27 輯 2103 頁（損害賠償請求），最判昭和 25 年 12 月 19 日民集 4 巻 12 号 660 頁（明渡請求と損害賠償請求）。近江 2006: 83 頁，近江 2020a: 82 頁。

準占有者への弁済（478条）が考えられるし，②Ｄが取得した対抗力の効果は対抗要件具備時から生じると解されることから（後述3(1)），損害賠償金に関するＢＤ間の調整基準についても支障ないと解されるからである。

　(ｳ)　さらに，前述(ｲ)の延長として，詐欺・強迫，その他の不公正な手段によって物権変動当事者の登記を妨げた者（不動産登記法5条），背信的悪意者など，登記欠缺の主張を認めることが信義に反すると認められる者も，「第三者」に当たらないと解される[66]。その際，この③背信的悪意の問題と，第三者の主観的要件に関する善意・悪意の問題（後述2(2)）とは，観点を異にする別個の問題とみるべきである。すなわち，前者は，対抗要件を備えない物権変動の対抗を受ける者の行為態様の悪性を理由に，第三者性そのものが否定されるべき場合であるのに対し，後者は，物権変動の存在についての第三者の認識ないし認識可能性が手続法上の公示の要請や対抗の実体法上の意味に与える影響との関係で第三者が対抗不能の主張をするための要件とすべきか否かの問題とみられるからである[67]。

(ⅷ)　無権利者と取り引きした者

　前述(ⅶ)の無権利者自身ではなく，その無権利者からの取得者との関係は「対抗」の範疇に入るか，換言すればこの者も177条等の対抗要件規定の「第三者」に当たるであろうか。(a)「対抗」からは外して解釈する見解[68]に対し，(b)かかる無権利者と取り引きした者による権利取得の法理によって保護される第三者も対抗要件規定（177条）の第三者に含まれるという解釈もある[69]。真の権利者Ａの所有物につき，無権利者Ｂと取り引きしながら，第三者としての保護を主張するＣの法的地位と，所有者Ｂからの取得を主張するＣの法的地位とを同一視することはできないことから，(a)説が妥当であると解する。

---

66)　近江 2006: 83–86 頁，近江 2020a: 83–86 頁。
67)　松尾 1994: 95–96 頁，106–110 頁，山野目 2012: 52 頁。
68)　広中 1982: 131–132 頁は，Ａの意思能力の欠如，錯誤（95条）による無効の意思表示の相手方Ｂと取り引きした第三者ＣとＡとの関係は，対抗関係の論理的前提を欠くとし，第三者Ｃの保護は94条2項の類推適用によるべきとする。
69)　川井 1990: 28–34 頁。前掲注41 も参照。

(ix)　取消し・解除によって権利を失った者からの取得者

　Aから所有物の譲渡を受けたBがそれをCに処分した場合において，Aの意思表示が取り消されたり，AB間の契約が解除されたときに，第三者Cは権利者からの取得者か，無権利者からの取得者かについては，争いがある。

　(ア)　取消前または解除前に現れた第三者Cについては，(a)取消しの効果を遡及効無効とみて，Cは無権利者からの取得者（その保護は94条2項の類推適用等の無権利の法理による）とみる見解と，(b)取消しの効果を相手方Bに原状回復債務を生じさせるにすぎない債権的効果であり，Cは権利者からの取得者とみて，(b-1)　AC間を対抗関係とみる見解と，(b-2)　Aへの権利復帰に優位性を認めつつ，第三者Cが自ら権利保護資格要件を備えた場合に限って保護に値するとみる見解（権利保護資格要件説）がある[70]。

　(イ)　他方，取消後または解除後の第三者については，(a)権利者からの取得者とみて，(a-1)本来の「対抗」の問題とみる見解[71]と，(a-2)それとは区別して，「177条の転用」ないし権利保護要件の問題とみる見解[72]，これらと異なり，(b)B＝無権利説を基点として，権利外観法理（94条2項の類推適用など）による問題処理の方向性を示唆する見解がある[73]。

　(ウ)　判例は，前述(ア)取消前の第三者CとAとの関係については(a)説，前述(イ)取消後の第三者CとAとの関係については(b-1)説をとり，第三者の出現の前後で適用条文およびその前提となる法律関係を「区別」する[74]。これに対し，94条2項の類推適用と同一の判断を177条の枠内で行うことにより，判例法理の(ア)(a)と(イ)(a-1)とを177条の枠組に包摂することによって矛盾を回避し

---

70)　前述第5章2(3)(iii)参照。
71)　柚木 1939: 75–76頁，我妻＝有泉 1983: 166頁，末川 1960: 122–123頁，舟橋 1960: 162–163頁（ただし「多少の疑い」を留保する），広中 1982: 128–131頁。判例は，詐欺による土地売却の意思表示を取り消した売主Aは，取消後に買主Bから取得して登記を備えた第三者Cに対し，「民法第177条ニ依リ登記ヲ為スニ非サレハ……第三者ニ対抗スルコトヲ得サルヲ本則」とする（大判昭和17年9月30日民集21巻911頁，922頁）。解除についても同様である（大判明治42年10月22日刑録15輯1433頁，大判昭和14年7月7日民集18巻11号748頁）。
72)　近江 2006: 79–80頁，近江 2020a: 78–79頁，本書第6章2(3)(iii)。
73)　内田 2005: 444頁・446頁，山野目 2012: 57–58頁。
74)　大村 2007: 242頁は，この区別には理由があるとして，肯定的にみる。

ようとする試みもある[75]。それは，対抗の法理に無権利の法理を吸収しつつ拡大する試みとみることができよう。しかし，対抗の法理と無権利の法理との間には，権利帰属の確定ルールに関して，元々の権利者からの取得か，まったくの無権利者からの取得かという出発点に起因して，異なる法理としての溝が存在するようにも思われる（本書第6章2(3)(i)，(ii)。ただし，後述4後半部分も参照）。

(4) 「対抗」の実体的法律関係の本質——権利帰属の浮動性

以上，177条等の対抗要件規定の適用対象となるか，あるいは「対抗」関係に立つか否か，議論されている主要な局面を整理すると，表7-1のようになる。

すでにみたように，個々の問題については，対抗要件規定の適用対象となるか，したがって，「対抗」の問題というべきか，議論が収束しない事案類型も少なくない（図表7-1のⅠ❶④時効取得者，⑤相続，⑥譲渡，❷②通行地役権の取得者，Ⅱ❷特定債権者，❸賃借人等，❺一般債権者など）。しかし，対抗要件規定の適用について比較的争いのない場面においては，①物権変動を対抗する者（図表7-1のⅠ❶①，❷①，❸，❹，❺，❻①）と対抗される者（図表7-1のⅡ❶，❷，❹）との間にいずれかの側に格別の優位性を与えるべき関係にはなく，価値評価の等価性が見出されること，そのことは，無権利の法理の場合のように，本来は真の権利者に帰属している権利について，あるいは権利保護資格の法理の場合のように，本来は取消権者等の原権利者に復帰すべき権利について，例外的にどのような要件の下で第三者を保護すべきかという法律関係と比較すると，争われている権利帰属の確定性（終局性）の程度が相対的に弱く，その意味で，権利帰属が浮動的状態にあると特徴づけることができよう。このように権利帰属の浮動性（非確定性，非終局性）が「対抗」の実体的法律関係の本質を特徴づけ，この特色が競合者間の「対等関係」（本書第6章2(3)(i)(ア)）という特色を規定し，それゆえにこそ登記等，権利帰属を確定するためにできるだけ画一的で客観的で明快な基準が要請されることになろう。

このことは，すでに川井教授が，対抗の法理（対抗要件主義）の特色として批判的に指摘した，「およそ権利者と第三者とのいずれを保護することが望まし

---

75) 川井 1990: 15–38 頁，鎌田 1992: 109 頁。

図表 7-1 「対抗」関係（主要局面）

I 物権変動を対抗する者の地位	II 物権変動を対抗される者の地位
❶所有権取得者・喪失者（譲渡人）（①契約，②権原による附属，③通行権の法定取得・設定，④取得時効，⑤相続，⑥譲渡） ❷用益物権（①地上権・永小作権，②地役権）取得者・喪失者（譲渡人） ❸担保物権取得者 ❹債権の取得者 ❺処分の制限特約をさせた者 ❻制限物権の消滅によって負担を免れた目的物所有者（①消滅時効等，②目的物滅失等）	❶物権取得者 ❷特定債権者 ❸賃借人・使用借主 ❹差押債権者，仮差押債権者，配当加入申立債権者，仮処分債権者 ❺一般債権者
	❻譲渡人の前主 ❼無権利者，不法行為者，背信的悪意者 ❽無権利者と取り引きした者 ❾取消し・解除によって権利を失った者からの取得者

いかという正当性の考慮を受けつけず，もっぱら不動産の取引における自由競争原理を貫き，形式的に登記の前後で権利の優劣を決しようとするもの」という特徴づけの一面の妥当性を再確認させる要素もある[76]。たしかに，「対抗」においても「正当性」の考慮を受けつける余地がまったくないとはいえない（前述(3)(vii)など）。しかし，その内容や考慮の方法は，真の権利者や原権利者（取消権等を行使した者）の優位性を否定してまでも第三者を保護すべき「正当性」とは自ら異なるものというべきであろう。

　従来，「対抗」の特質が，食うか食われるかの関係，物（権）的支配を相争う関係係，対等な関係……と表現された所以も，かかる権利帰属の浮動性に起因すると考えられる。それは，市場ないし競争の基本関係を特徴づける法的表現といえるかも知れない。「対抗」の実体的法律関係を規定するこの特色は，つぎにみる対抗要件の内容や効果の解釈にも影響を及ぼすものと考えられる。

76）　川井 1990: 20 頁。ここでいわれる「正当性の考慮」とは，競合者のいずれか一方を他方よりも有利に扱うべき価値判断を働かせることであると解される。判例上，正当性の考慮を導入した典型例が，177 条の「第三者」の範囲に関する制限説（大判明治 41 年 12 月15 日民録 14 輯 1276 頁）であった。

2 第三者保護の要件

(1) 第三者自身の対抗要件具備の要否

対抗要件は，物権変動の当事者がそれを備えなければ第三者に対抗できないという点で，第三者保護の機能を果たしている。そこで，第三者保護機能の観点から捉えた場合，対抗要件の内容はどのようなものであろうか。

まず，物権変動の当事者に対して対抗不能の効果を生じさせるために，第三者自身が対抗要件を備えている必要があるか。

判例は，第三者自らは対抗要件を備えている必要はないと解しており[77]，それに賛成する学説が多い[78]。この立場によれば，物権変動の当事者も第三者もともに対抗要件未具備（不動産であれば，双方未登記）の場合には，(a)当事者も第三者もともに対抗不能の抗弁を提出することができる。その結果，いわゆる両すくみ状態になり，いずれか先に対抗要件を備えた者が権利を取得するものと解することになる[79]。

これに対し，(b)フランス法と同様に，第三者は自ら対抗要件を備えなければ対抗不能の抗弁を提出することができず，その結果，双方対抗要件未具備の場合は，第 1 契約が優先するという解釈もある[80]。

しかし，第 1 契約優先主義は，第 1 契約による権利帰属効果の確定性（終局性）を支える制度的環境なしには，貫徹することが困難であろう。とりわけ，不動産の売買や抵当権設定に際して公証人が介在し，公正証書によって行われる場合は，不動産売買契約や抵当権設定契約による物権帰属の確定度は一層高まるものと解される[81]。これに対し，日本民法のように不動産に関する物権契

---

77) 大判昭和 9 年 5 月 1 日民集 13 巻 734 頁。その結果，第三者自身が対抗要件を備えていなくとも，当事者が対抗要件を備えていないので物権変動を認めない旨の抗弁を提出できる。他方，第三者自身が対抗要件まで備えていれば，所有権取得を主張する者に対して，所有権喪失の抗弁を提出しうる。

78) 舟橋 1960: 190 頁，我妻＝有泉 1983: 158-159 頁。

79) 最判昭和 33 年 7 月 29 日民集 12 巻 12 号 1879 頁参照。舟橋 1960: 148 頁。

80) 滝沢 1987: 227 頁，285 頁のほか，諸学説につき，舟橋＝徳本編 1997: 444-445 頁〔原島＝児玉〕。判例として，大判明治 32 年 4 月 12 日民録 5 輯 4 巻 23 頁（立木につき，公示制度も明認方法もなかった場合）。ボアソナード旧民法草案における第 1 契約優先主義につき，松尾 1994: 92-93 頁。

約についても方式は要求されておらず，無方式の合意でも可能とされている制度的環境の下では，たんなる物権契約による権利帰属の確定性・終局性は比較的弱く，それだけに画一的で客観的な登記等の対抗要件が必要とされているとみることができる。こうした方式自由の契約がもつ国家からの自由・私的自治の保障機能および取引費用の削減機能は，そうした契約による物権帰属の確定性・終局性の弱さとトレード・オフの関係にあり，どちらがより進歩的という関係にはないというべきであろう。

(2)　第三者の主観的態様

　対抗要件を備えない物権変動の当事者に対し，第三者が対抗不能の抗弁を提出する際に，第三者が善意（かつ無過失）でなければならないかは争われている。(a)悪意者排除説ないし (a') 悪意または有過失者排除説もあるが[82]，日本民法の対抗要件に課された権利帰属の画一的・客観的な確定基準としての機能（前述(1)）を軽視することができず，このことに鑑みれば，(b)善意・悪意不問／背信的悪意者排除説の妥当性は強いとみるべきであろう[83]。

　このような形で，善意・悪意不問が妥当性をもつとすれば，悪意の第二譲受人の行為態様がただちに不法行為や横領を構成するとの法的評価を受けるものと形式的・画一的には即断できないと考えられる。

(3)　主張・立証責任

　また，物権変動を対抗する者と対抗される者との法的地位の対等性，競合する当事者のいずれかの優位性の欠如（前述1(4)）は，対抗要件の具備をめぐる主張・立証責任の所在や要件事実論にも影響を与えているとみられる。とりわけ，法実務で概ね採用されているといわれる権利抗弁説（対抗要件の存在・不存在を基礎づける事実関係が訴訟上主張されていても，権利者が権利を行使する意思を自ら表

---

81)　フランスの不動産取引における公証人の介在とその意義につき，今村 2018: 24–26 頁参照。

82)　本書第 6 章 2 (4)(i)(イ)，同所注 42 参照)。

83)　我妻＝有泉 1983: 159–161 頁。善意・悪意不問の理由として，譲渡人自身が第三者は悪意であると証言するような場合に，第三者が善意（不知）の反証をすることは極めて困難であるという点も挙げている。

明しない限り，裁判所がこれを斟酌して裁判することはできない）は，ここでの競合者に対する法的価値判断としての対等性を象徴的に表していることが再確認されよう[84]。

3　第三者保護の効果

(1)　対抗力の発生時期

　最後に，対抗（不能）の効果の面からも，「対抗」の特色を確認しておこう。既述のように，第三者自身は対抗要件を具備しなくとも対抗不能の抗弁を提出し，当事者間の物権変動を否定する効果を享受しうるが，自ら対抗要件を具備するまでは，たとえ自分自身が物権取得者であったとしても，相手方（＝物権変動の当事者）から同様に対抗不能の抗弁を受ける。では，一歩進んで，第三者自身が対抗要件を具備した場合，その効果（対抗力）はどの時点から生じるであろうか。この点も，既述のように，日本民法における対抗要件がもつ権利帰属の確定機能を重視するとすれば，対抗力の発生時期についても対抗要件具備（不動産であれば登記）の時とする解釈[85]には説得力があるというべきであろう。それゆえにまた，仮登記に基づいて本登記が行われた場合も，対抗力ないし権利帰属の確定効は本登記時から生じると解される[86]。したがって，仮登記に基づいて本登記をした者から，仮登記後の中間処分によって登記・引渡しを得た者に対する損害賠償請求は，否定すべきであろう[87]。

(2)　対抗要件具備の効果

　対抗要件未具備の物権変動がもつ権利帰属の確定性・終局性の弱さ，換言すれば浮動性（＝対抗要件がもつ権利帰属の確定機能の重要性。前述 1 (4)）に鑑みれば，例えば，二重譲渡においては，いずれか一方の譲受人が対抗要件を具備するま

---

84)　松尾 1994: 210–216 頁。

85)　舟橋 1960: 150 頁，我妻＝有泉 1983: 173 頁，176 頁（AからBへの譲渡・引渡し（未登記）後，AからCに二重譲渡・所有権移転登記がされた場合，Bが引渡しを受けた後の使用・収益は不法行為にも不当利得にもならない。同前 176 頁）。

86)　対抗力非遡及説として，我妻＝有泉 1983: 174–176 頁，舟橋 1960: 204–206 頁。

87)　最判昭和 36 年 6 月 29 日民集 1764 頁，最判昭和 54 年 9 月 11 日判時 944 号 52 頁。

では譲渡人にはなおいずれかの当事者に対抗要件を具備させて譲渡を確定する権能が残っていると解される。その結果，先に対抗要件を具備した譲受人は，たとえ第二譲受人であったとしても，なお権利者である譲渡人からの承継取得をしたものと解すべきであり，第一譲受人からの取得でも，無権利者からの取得でもない。譲渡人Ａからの承継取得となる[88]。若干問題になるのは，譲受人からの転得者の法的地位である。

（ⅰ）背信的悪意者からの転得者（非背信的悪意）

例えば，ＡからＢへの譲渡についてＣが背信的悪意者であったとしても，ＡＣ間の譲渡が公序良俗違反（民法90条）でない限り，Ｃは177条の「対抗要件の半面で敗れた」としても，いったんは「実体上の権利を得た」とみられることから，Ｃからの転得者Ｄは，自らがＢに対する関係で背信的悪意でない限り，いったんＣに移った所有権を承継取得する[89]。

（ⅱ）非背信的悪意者からの転得者が背信的悪意の場合

反対に，ＡからＢへの譲渡について背信的悪意でないＣから譲渡を受けたＤ（移転登記もＡ・Ｃを経て取得）が，Ｂに対する関係で背信的悪意者に当たる場合，所有権の帰属先がＢになるかＤになるかも問題である。この点については，(a)ＤはＢに対する関係で背信的悪意である以上，たとえ善意者Ｃを介して登記まで取得しても，所有権取得をＢに対抗することができないとする見解（相対的構成）がある。その根拠として，①背信的悪意者排除論は相対的に適用されるものである，②絶対的構成をとると善意の第三者を介在させることによって悪意の遮断が可能となるなどの理由が挙げられる[90]。

これに対しては，(b)いったん非背信的悪意者であるＣ（登記済）が登場すれ

88）　もっとも，当事者ＡＢ間の物権変動が未登記で，かつＣが対抗要件を具備した場合であっても，第三者ＣがＡＢ間の物権変動を「承認」すれば，Ｃが対抗要件を具備したままであっても，Ｂへの物権帰属が認められる。大判明治39年10月10日民録12輯1219頁，大判昭和7年7月11日法学2巻2号230頁。舟橋 1960: 148頁，我妻＝有泉 1983: 153頁。

89）　最判平成8年10月29日民集50巻9号2506頁。我妻＝有泉 1983: 164頁，近江 2006: 87頁，近江 2020a: 87頁。

90）　東京高判昭和57年8月31日判時1055号47頁。近江 2006: 88頁，近江 2020a: 88頁。

ば、そこでＢＣ関係における所有権帰属は確定し、Ｃ以後の取得者にＢに対する関係で背信的悪意者（登記済）が現れても、その所有権取得をＢは否定できないとする見解（絶対的構成）も有力である。その理由は、①既登記の第二譲受人Ｃからの転得者Ｄ以後についてもＢによる背信的悪意者の主張が認められるとすれば、そうしたＢの攻撃手段の（場合によっては濫用的・逸脱的な）行使に煩わされることをおそれるなどして、取引の円滑性が阻害されること、②Ｂの所有権取得がＤに優先するとすれば、ＤはＣに追奪担保責任を追及する結果、取引の安定性も阻害されること、③この場合、仮に背信的悪意者ＤからＣに対する追奪担保責任の追及が認められないとの解釈論をとりうるとしても、ＤはＡに対して不当利得返還請求をするなどの調整が必要になり、権利関係が錯綜すること、Ｂの所有権取得がＤに優先するとすれば、ＡＢ間の所有権移転も、ＡＣ間の所有権移転も、ともに有効であったことになってしまうことなどである[91]。

　思うに、背信的悪意者排除の法理は、対抗要件を具備した者による権利取得を否定する一方で、対抗要件を具備しない者の権利取得を認める例外的法理であるから、ＢＣ間での適用にとどめ、取引が進行した段階（Ｄが登場した段階）では認めるべきではないと解され、この点からも絶対的構成を支持したい。

4　小括──「対抗」の根源にある意思主義補完機能としての対抗要件主義の確定性とその限界

　以上の考察をまとめると、物権変動における「対抗」の実体法的意味は、《物権をもつ者（Ａ）から当該物権を取得した者（Ｂ）が対抗要件を備えない場合には、Ｂの権利帰属がなお浮動的状態にあることから、第三者（Ｃ）は、その善意・悪意にかかわらず、かつ自らは対抗要件を備えていなくとも、物権取得者（Ｂ）の対抗要件の未具備を理由にＢの権利取得（またはＡの権利喪失）を認

91）　ちなみに、Ｃ自身がＢに対する関係で背信的悪意者に当たる場合は、①Ｂの所有権取得がＣに優先する一方で、②Ｃは所有権を取得できなかったことを理由に、Ａの債務不履行責任を追及することになるので、ＡＢ間の所有権移転も、ＡＣ間の所有権移転も、ともに有効となる事態は回避される。

めない旨の権利抗弁を提出することができ，さらに，競合者（B・C等）のいずれかが対抗要件を備えたときは，元々物権をもっていた者（A）からの権利の承継取得が認められること》にあると総括することができよう。この意味において，対抗の法理は，無権利者と取り引きした者による権利取得の法理（権利取得は，真の権利者Aから，善意者Cによる法定取得となる）とも，権利保護資格の法理（権利取得は，取消し・解除の意思表示をしたAの相手方Bを経て，第三者Cへの承継取得になるが，Aへの権利復帰に優位性が認められ，Cは自らが善意，その他の権利保護資格要件を備えた場合にのみ保護される）とも異なる物権変動類型としての特徴づけが可能であるといえる。そして，かかる法理の特色を規定するのが，対抗要件具備前における権利帰属の浮動性であり，それゆえの権利帰属をめぐって争う競合者間の法的価値評価の対等性，それゆえの対抗要件に期待される権利帰属確定機能の重要性，それゆえの対抗要件の客観性と画一性の要請が帰結されるということができよう。

　もっとも，対抗の法理と無権利者と取り引きした者による権利取得の法理および権利保護資格の法理との両境界線は，つねに画然と区別ができるほど明白であるとはいえず，境界線はしばしば動揺していることにも注意を要する。このことは，例えば，同じく未登記通行地役権の取得であっても，(a)通常の177条の枠組内のルールで物権帰属が判断される場合のほか，(b)当該通行地役権の要役地所有者への帰属の確定性（終局性）の度合いが，対抗要件具備以前にすでに実質的に相当強い場合は，第三者保護の方法としても実際には無権利者と取り引きした者による権利取得の法理に近い権利帰属の確定ルールが採用されていることによく表れている（前述1(2)(ⅱ)(イ)）[92]。

　その背景には，日本民法の物権変動ルールの基本構造として，①当事者間の私的自治領域においてできるだけ簡易で迅速な物権変動を実現しようとする意思主義規範と，②それゆえに必然的に生じる権利帰属の浮動性を解決し，権利帰属を確定する基準としての対抗要件主義による（少なくともこの場面における）補完機能の決定的重要性との密接不可分な関係が存在する。したがってまた，それゆえに，①における権利帰属の浮動性が他のルールによって解決され，権利帰属の確定性が高まるに応じて，②の対抗要件主義の機能が後退することもありうるとみるべきであろう。

210

92) また，例えば，ＡがＢに対して建物の建築資金を融資する際に，建物完成後はただち
にＢのために抵当権（順位1番）を設定する合意（将来の抵当権設定の合意）をしたが，
建物完成後，ＢはＣから融資を受けるためにＣに抵当権（順位1番）を設定してしまった
場合を考えてみよう。一般的には，ＡＣ関係はいわゆる対抗問題として対抗の法理が適用
され，登記の先後によって優劣が確定される。しかし，①仮にＣが背信的悪意者に当たる
場合は第三者から除外されるが，そればかりでなく，②ＡＢ間の消費貸借が詐欺に当たる
として取り消された場合は，ＡＣ間には権利保護資格の法理（96条3項）が適用され，本
来はＡの抵当権（順位1番）が設定されるはずであるが，権利資格保護要件を備えた善意
の第三者を保護すべきであると考えられる場合もありうることに注意すべきである。この
場合もまた，第三者Ｃの保護法理として，対抗の法理ないし背信的悪意者排除の法理と権
利保護資格の法理との境界線も事案に応じて流動的でありうる。

第8章

無権利の法理と権利取得要件

1 実体的法律関係

(1) 無権利概念の多義性と無権利者からの取得の諸類型

物権変動の基本原則の1つとして,「何ぴとも自己のもつ以上の権利を他人に移転することはできない。」(Nemo plus juris ad alienum transferre potest, quam ipse habet.) というルールが知られている[1]。この原則は,所有権の客体について唯一の帰属者が存在することを想定する絶対的所有権制度の下では,絶対的所有権概念それ自体の帰結として,直接の明文規定がなくとも当然に妥当するものと観念されているように思われる[2]。それは《無から有は生じない》という即物的な比喩に擬えれば,絶対的所有権秩序の下で取り引きする一般市民にも受

---

1) この表現は,Ulpianus D. 50. 17. 54 に由来する。ただし,同法文は,無遺言相続における法定相続人が,相続財産における債務と切り離して積極財産だけを他人に譲渡することを禁じた趣旨であり,今日のように無権利の法理として抽象化されるような広い適用範囲をもつ一般原則ではなかったと考えられることに注意を要する (Gaius, *Institutiones*, II. 35; 松尾 1992: 236 頁注 18 参照)。この原則の妥当範囲の限定性は,所有秩序および権利概念の発達の程度と深く関係しており,この点に関するその後の展開も考慮に入れ,この原則の内容と妥当範囲を再確認する必要がある。

2) ただし,"Nemo pulus juris ..." 原則の意味や妥当範囲については,一見するよりも広い解釈の幅があることに留意すべきである (前掲注 1 参照)。例えば,仮に正当な原因に基づく物の取得者であれば無権原者とはされず,複数の正当原因が競合するときは取得原因間の優劣を判断することによって物の帰属を決定するような相対的所有秩序の下では,この原則の存在により,譲渡人の法的地位の優劣によってその者から引渡しを受けた譲受人の法的地位自体に優劣の差が出てくることが考えられる。

図表 8-1　無権利の法理と外観法理

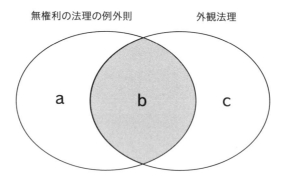

け容れやすい道理かも知れない。また，無権利者と取り引きした相手方は，一定の要件を具備した場合にはじめて，当該取引の内容どおりの権利取得が認められる旨を定めた明文規定（94条2項，192条など）は，あえて例外則を定めることにより，この原則をいわば裏側から間接的に規定しているともいえる[3]。そこで，本書では，この「何ぴとも自己のもつ以上の権利を他人に移転することはできない」という原則および一定の場合にその例外として無権利者と取り引きした者による権利取得を認める法理が日本民法の下でも妥当しているものと解し，それらを全体として「無権利の法理」と呼ぶことにする。無権利の法理の具体的内容とその適用範囲は，国家の所有権秩序の内容を具体的に形づくり，特徴づけるものとして一般的に重要であるが，本書のテーマである権利移転の態様に応じた第三者保護の要件・効果の相違という観点からは，無権利の法理の例外則の内容と適用範囲，およびそれと対抗の法理との関係を明らかにすることが焦点になる。

　無権利の法理の例外則の典型例として，「権利外観法理」（Rechtsscheinstheorie）または「表見法理」（la théorie de l'apparence）（以下「外観法理」と総称する）がある。もっとも，無権利の法理と外観法理との関係については，第1に，無権利の法

---

[3] 日本民法上，原則を直接に規定せず，その例外規定や附属規定を通じて間接的に定めることは，他にも例がある（物権的請求権に関する189条〜196条など）。

理の例外則が外観法理によってカバーし尽くされているか，第2に，外観法理は無権利の法理の適用場面以外にも及ぶものであるかを確認する余地がある[4]。

第1点に関しては，無権利の法理の例外としては，外観法理のほか，取得時効（162条）[5]もそうした効果をもつことがある（図表8-1のaの領域）。

また，第2点に関しては，外観法理の適用範囲（外延）は広く，①無権利者と取り引きした相手方の権利取得を認める制度（94条2項とその類推適用，192条～195条）のほか，②無権代理行為または無権代表行為の相手方との取引（法律行為）の効果を本人に帰属させる制度（109条・110条・112条，一般法人法77条5項），③権利者らしい外観を備えた者に対する履行を有効と認めて義務者を解放する制度（478条，480条）も含むと解されている（図表8-1のcの領域）[6]。これら①～③は，外観を優先させる目的が外観と真の権利関係が異なることについて事情を知らない第三者の信頼保護にあることに着目して「信頼保護法理（制度）」とも総称される[7]。さらに，④二重譲渡の第2譲受人をあえて「無権利者からの取得者」と構成し，善意・無過失で登記を具備した等の要件の下で保護するという解釈により，いわゆる対抗問題も外観法理の射程に含まれると解釈

---

4) 本書は，第1点につき，無権利の法理の例外則は外観法理によっては尽くされておらず，第2点につき，外観法理は無権利の法理の例外則以外にも及びうるという理解に立つ。ちなみに，本書の表題としても「物権変動における『対抗の法理』と『外観法理』の間」とする方が，より直截的で分かりやすいとも考えたが，無権利の法理の例外則＝外観法理とは捉え切れないこと，および外観法理は無権利者と取り引きした相手方の権利取得を認める法理に限定されて用いられてはいないことから，《無権利の法理を前提にしつつ，無権利者と取り引きした相手方の権利取得を認める法理》という意味でも，「無権利の法理」の用語を（広義に）用いている。

5) 取得時効では，真の所有者Aによる占有の喪失（占有者Cの自主占有の非中断）と占有者Cによる自主占有と20年間の占有継続（またはCによる善意・無過失の自主占有開始と10年間の占有継続）により，権利取得が認められる（162条）。それは占有継続の効果や証拠法上の効果の側面ももつことから，本書の直接の考察対象とはしない。より本質的には，取得時効自体をどこまで独立した権利取得原因として扱うべきかが問題である。本書第7章1(2)(i)(エ)参照。

6) 四宮＝能見2005: 178頁，近江2001: 158頁（「権利外観保護法理」と表現），近江2018: 201頁（同前），近江2005: 295-299頁（「外観信頼の保護」と表現），近江2020b: 261-262（「外観信頼に対する保護」），内田2005a: 53頁，181-203頁，内田2005b: 55頁（478条），淡路2002: 527頁・530頁（478条）。

7) 安永1977: 1頁以下，安永1979: 127頁以下，多田1996: 42-66頁，四宮＝能見2005: 178頁。また，英米法の禁反言（estoppel）の法理も信頼保護制度に含まれるとされる（多田1996: 17頁，27-30頁）。

第8章 無権利の法理と権利取得要件 215

する立場もある（公信力説）。これは，前記①に属する動産の善意取得
（Gutgläubiger Erwerb）（もっとも，占有取得の効果という側面をもつ）および不動産登記
の公信力（Öffentlicher Glaube des Grundbuchs）[8]について妥当する公信力の概念を，
同一権利者からの競合取得者にも拡張し，「公信の原則」として把握するもの
である。あるいはまた，④'不動産物権変動の対抗要件主義（177条）の解釈そ
れ自体をも「信頼保護制度」として，前記①〜③の問題の一環として位置づけ
るという立場もある[9]。このように，外観法理ないし信頼保護制度は，無権利
の法理を超える広い範囲の問題をカバーする。

　しかし，これら①〜④'のうち，前記④・④'の問題は，取引の目的物に対
して当初から純粋に無権利の者と取り引きした相手方の権利取得を認める前記
①とは，問題の社会的類型および権利取得法理の性質が異なる点も無視し難い。
それゆえ，前記①・②・④・④'（外観法理ないし信頼保護法理）を一括して無権
利の法理の例外則とみうるか，それとも無権利の法理の例外則はより限定的に，
例えば前記①・②に限定して理解すべきかが問題になる[10]。

　この問題への解答を困難にしている理由は，ある者が「無権利者」であると
いっても，その無権利性の内実が一様でないことにある。その結果，無権利者
と取り引きした者の権利取得（いわゆる無権利者からの権利取得）が認められるパ
ターンも多様である。そこで，無権利の法理（およびその例外則）の適用範囲と
その限界を画定し，それに応じた第三者保護の要件・効果の解釈論を展開する
には，この無権利性の多様性の広がりと限界を全体として把握する必要がある。
本書では，そのための分析道具として，無権利者からの取得の問題を生じさせ
る事案の基本的相違に従い，ひとまず以下の3分類を用いる。

（i）　元来の無権利者からの取得型（第1類型）
　Aの所有物について当初からまったく所有権をもたないB（例えば，Aからの
仮装譲渡の譲受人，賃借人，受寄者，盗取者など）が，それを自己の所有物であると

---

8)　例えば，ドイツ民法932条，892条。
9)　多田 1996: 56-60頁。
10)　前記③は，信頼保護の効果が権利取得ではなく，債務消滅であるから，ここではひと
　　まず考察の対象から外して考える。

称してＣと譲渡行為をしたとする。この場合，ＡＢ間では当初から権利移転の事実がまったく存在していないにもかかわらず，一定の要件の下でＣの権利取得が認められることがある。例として，94条2項の（類推）適用，192条の適用により，「無権利者」Ｂと取り引きした相手方Ｃも，一定の要件を満たすときは権利を取得する。以下，これを元来無権利者からの取得型と呼ぶ。この類型は無権利の法理を前提とする権利取得の典型例といえる（後述(2)）。

(ii) 形式的所有者からの取得型（第2類型）

Ａの所有物についてまったく無権利者とはいえないが，完全な所有者ともいえないＢ（例えば，Ａが所有する財産にＢのために譲渡担保権を設定した場合，Ａが所有物をＢに「信託的に譲渡」した場合，Ａが所有物をＢに信託した場合など。形の上では，ＡＢ間の目的に応じた実体権の移転も含めて，Ｂへの所有権移転が存在する。本書では，そのようなＢの地位を便宜的に「形式的所有者」と呼ぶ）が，ＡＢ間における処分禁止の合意に反し，それを自己の所有物であると称してＣと処分行為をした場合も，一定の要件（第1類型と同じか，それよりも緩和された要件）の下でＣの所有権取得が認められる可能性がある。例として，譲渡担保権者Ｂがその目的物を，①債権の弁済期到来前，②弁済期到来後（・受戻権消滅前），または③譲渡担保権消滅後に第三者Ｃに売却した（あるいはＢの債権者Ｃが差し押さえた）のに対し，ＡがＣに所有権移転登記の抹消や目的物の返還請求をした（あるいは第三者異議の訴えを提起した）場合がある。以下，これを形式的所有者からの取得型と呼ぶ。

もっとも，Ｃの権利取得が認められるときの法的構成およびそのための要件解釈として，Ｂにどのような権利がどのような形で帰属しているとみるかにより，適用されるべき実体法規の選択とその解釈が分かれる。概して，(a)Ｂの権利者性を認めれば，対抗の法理に包摂する方向に，(b)Ｂの無権利者性を無視できないものとみれば，無権利の法理の例外則による権利取得に依拠する方向になると考えられ，いずれがより相応しいかが問題になる（後述(3)）。

(iii) 元来所有者からの取得型（第3類型）

これは，事案類型としてはＢが元々所有していた財産をＡに処分したが（176条），Ａが対抗要件（177条・178条）を備えないうちにＢがＣにも二重処分

第8章　無権利の法理と権利取得要件　217

したという二重譲渡型であり，基本的には無権利の法理の問題ではなく，対抗の法理の問題である。しかし，例外的に特殊な事情から無権利の法理の拡張可能性が問題になることがありうる。それは，Aへの権利帰属性を例外的に高めるような事情が存在する場合である。

　例えば，①すでに紹介した例として，分譲地内で公道へのアクセスを確保するために開発当初から計画・開設された私道（敷地はB所有）に宅地（要役地）所有者Aのために通行地役権が設定されたが未登記だった場合に，同私道敷（承役地）を含む宅地をBからCが譲り受けて移転登記し，Aの通行を妨害したところ，AがCに妨害排除請求をした事案である[11]。Cがどのような要件の下でAの地役権の負担のない所有権を取得しうるかにつき，原則どおり対抗の法理（同法理に関する判例は，Cの善意・悪意不問，背信的悪意の場合にのみAに対抗不能）をストレートに適用してよいかが問題になる。既述のように，判例・学説上このような特殊事情の下では，Cが悪意または有過失の場合にまで所有権取得を認める帰結を疑問とし，対抗の法理の適用を制限する傾向も見出される[12]。

　また，②AがBから宅地を購入して代金も完済したが，登記手続を依頼した司法書士によってAの抵当権設定登記と停止条件付代物弁済契約に基づく所有権移転請求権保全仮登記がされてしまい，他方，Bが同宅地をCに二重売却し，Cから転得したDが移転登記を済ませ，Aに被担保債権の弁済を提供して抵当権設定登記等の抹消登記手続を請求した事案（実質的に二重譲渡の事案）では，正面から無権利の法理の例外則の適用（94条2項の類推適用）が認められた[13]。

　以下，これらの事案に見られる問題類型を元来所有者からの取得型と呼ぶ。この類型では，対抗の法理の前線と無権利の法理の前線が交錯している。判例も前記のように，対抗の法理を緩和して解釈・適用する場合と，無権利者と取り引きした者による権利取得の法理をストレートに適用する場合があるが，い

---

11)　最判平成10年2月13日民集52巻1号65頁（本書第6章2(4)(i)(イ)参照）。なお，後述(4)(ii)も参照。

12)　本書第5章2(1)(ii)(ア)，第6章2(4)(i)(イ)参照。同判決の解釈において，通行地役権の特殊性を重視するものとして，岡本1999: 169–197頁，石田（剛）1998: 110–111頁，田髙2008: 153–154頁参照。

13)　例えば，最判昭和45年11月19日民集24巻12号1916頁。この点につき，本書第5章3(2)参照。

ずれにせよ対抗問題であることを理由にただちに対抗の法理をストレートに適用することはしていない。これについては，理論上も，(a)原則どおり対抗の法理の枠内にあるものと解して処理すべきか，あるいは(b)無権利の法理の適用を認めるべきか，検討の余地がある（後述(4)）。

以下では，これら(i)～(iii)の3類型について実体的法律関係の特質を明らかにし（以下(2)～(4)），その相違を踏まえて（以下(5)），Bの無権利性の実体に適合した相手方Cの権利取得の要件・効果を確認する（以下2，3）。

(2) 元来の無権利者からの取得型（第1類型）

(i) 民法94条2項の類推適用とその限界

Aの所有物に対し，当初から所有権をもっていなかった元来無権利者Bと取り引きした相手方C（真正権利者Aからみれば第三者）に権利取得を認める法理にも，複数の形態がある。それは，無権利者と取り引きしたにもかかわらず，なぜ《無から有を生じる》かのような権利取得が認められるか，それをどのように説明するかについての実体的な法理構造の相違による。以下，その主要類型の特色を概観する。

元来無権利者からの取得型の典型例の1つとして，通謀虚偽表示（94条2項）およびその類推適用がある。民法94条2項は，表意者Aとその相手方Bが通謀して行った虚偽の意思表示の無効（およびその裏側にある隠匿行為の有効）につき，それを知らない第三者C（Aの意思表示の相手方Bからの転得者，Bの債権者など）に対し，通謀虚偽表示の無効（および隠匿行為の有効）を主張することを認めないことによって保護する趣旨である。しかし，不実登記などの虚偽の外観に対する第三者の信頼を保護する94条2項の類推適用の判例法理が展開されて独自の要件論が形成されるに伴い，それは通謀虚偽表示という固有のコンテクストを越えて[14]，「信頼保護の一般規範的性格」帯び，「一般的・包括的な信頼保護規範」になりつつある[15]。

その中で形成された要件論は，①真正権利者Aに権利喪失という不利益を負

---

14) なお，94条2項の類推適用は，「類推適用」といいながら，不実外観の作出・存置に対する所有者の責任（その効果は所有権喪失）の問題であるから，94条2項そのものとも法的性質が異なることに注意を要する。

担させるに足りる帰責事由（虚偽外観の形成・存置意思など），および②無権利者Bと取り引きした相手方（Aからみれば第三者）Cの信頼を保護すべき事由（信頼保護事由。外観に対応する権利の不存在についての善意など）の存在を要求する[16]。したがって，Aの帰責事由（①）またはCの信頼保護事由（②）のいずれかを欠くときは，Cの権利取得は認められない。例えば，入会権は登記することができないため（不動産登記法3条参照），入会地が入会団体Aの代表者等B所有名義で登記されていた場合，CがBを所有者と信じて取り引きしても，Cは94条2項の適用または類推適用によって保護されない。Aは権利の実体と外観の不一致について帰責事由を欠くと解されるからである[17]。他方，入会地の状況から入会権の存在を認識していた（または認識可能であった）Cは信頼保護事由を欠くものとも解される。

　さらに，要件①・②の充足判断に際しては，帰責事由と信頼保護事由との相関的評価が可能であると解されている。つまり，真正権利者Aの帰責事由が重い（強い）ときは，第三者Cの保護事由は軽減（緩和）される一方[18]，Aの帰責事由が軽い（弱い）ときは，Cの保護事由を加重（厳格化）する解釈方法である。

---

15) 多田 1996: 60–61 頁。もっとも，そのような「一般的・包括的な信頼保護規範の存在を認めることは，信頼保護規範の例外的性格に照らして，大きな問題を含んでいる」と批判的にみられている（同前 61 頁）。

16) 四宮＝能見 2005: 178 頁，近江 2001: 158–159 頁，238 頁，近江 2018: 208 頁，内田 2005: 53 頁。このうち，Aの帰責事由（①）が妥当する根拠（帰責の原理）は，「意思にもとづいて虚偽の外形を作出・存続させた」点の与因または危険引受けの意思に求められている（多田 1996: 61 頁，295 頁。多田説は信頼保護における帰責の原理としては，原因主義〔与因主義〕・過失主義・危険主義を検討したうえで，危険主義に与する。同前 247–283 頁）。

17) 最判昭和 43 年 12 月 17 日集民 93 号 233 頁・判時 554 号 33 頁，最判昭和 57 年 7 月 1 日民集 36 巻 6 号 891 頁。後者は「入会権については現行法上これを登記する途が開かれていないため……，入会権の対象である山林原野についての法律関係は，登記によってではなく実質的な権利関係によって処理すべきものであるから，本件山林についてB〔神社〕名義に所有権移転登記が経由されていることをとらえて，入会権者AとBとの間で仮装の譲渡契約があつたとか又はこれと同視すべき事情があつたものとして，民法 94 条 2 項を適用又は類推適用するのは相当でない」とており，Aの帰責事由（要件①）の欠如が理由とされていると解される。なお，共有の性質をもたない入会権につき，登記なしに第三者に対抗しうるとしたものとして，大判大正 10 年 11 月 28 日民録 27 輯 2045 頁（第三者から入会権者に対する入会権不存在確認請求を棄却）。

18) もっとも，外観法理ないし信頼保護制度の趣旨からして，最低限第三者Cの善意は必要であると解される。

例えば，A自身の作出した第1外観（BのAに対する所有権移転請求権を保全する仮登記など）に基づいてBが第2外観（AからBへの所有権移転登記など）を作出（または承認）し，Bと取り引きしたCが第2外観を信頼した場合，Cが第2外観に従った権利を取得するためには，「外観尊重および取引保護の要請」に基づき，「94条2項，110条の法意」に照らし，善意のほかに無過失まで要するとの判例法理が形成されている（いわゆる意思・外形非対応型）[19]。94条2項の類推適用に110条の類推適用が追加される理由は，Aが自ら作出（または承認）した外観を越える外形が作出されているからである。その意味で，それは94条2項と110条の重畳的類推適用ともいうべき解釈方法である。しかし，このような相関的評価（とくに信頼保護事由の加重による帰責事由の軽減）は，真正権利者の権利喪失に通じるものであることから，それによる帰責要件の緩和がどこまで可能か，その限界づけが重要な問題になる。

　この点について，94条2項類推適用の判例上は，虚偽の外観作出に対する真実の権利者の積極的関与がない場合（外形他人作出型といわれる事例）には，外観の「放置」といった客観的状態それ自体というよりも，真実の権利者によるその「承認」に象徴される意思的要素（虚偽外観の存置意思）の存在が最低限必要であると解されている。このことは，無権利の法理の例外則の効果である《無から有を生じる》かのような帰結の根拠が，あくまでも真の権利者の「意思」に求められていることを意味する点に留意すべきである[20]。この点を確認した判例として，つぎのものが注目される。

【最判平成15年6月13日集民210号143頁・裁時1341号12頁】[21]
　Aが土地・建物の売買契約をBと締結し，代金支払と引き換えに所有権移転および所有権移転登記手続を行う旨を約定したが，B代表者Pの言葉巧みな要求に乗せられ，白紙委任状・登記済証・印鑑登録証明書等を安易に交付し，補

---

19)　最判昭和43年10月17日民集22巻10号2188頁，最判昭和45年6月2日民集24巻6号456頁，最判昭和45年11月19日民集24巻12号1916頁，最判昭和47年11月28日民集26巻9号1715頁，最判昭和52年12月8日判時879号70頁，最判平成12年12月19日判時1737号35頁など。
20)　松尾 2004: 113頁。

充後の委任状の写しの記載（事前に所有権移転をしてよい，売買に関する一切の権限を委任するなど）がＡＢ間の合意に反することを認識しながら，確認・訂正しなかったことなど，相当軽率な行為を重ねた結果，Ｐにより，実体的にはいまだ発生していない所有権譲渡の外観（所有権移転登記）が形成された。さらに，その10日後にＢからＣへ，その13日後にＣからＤへと接着した時期に所有権移転登記が行われたが，Ｂが約定どおりに代金を支払わなかったことから，ＡがＢ・Ｃ・Ｄを相手に所有権に基づき，所有権移転登記の抹消登記手続を請求した。

　1審は，Ａの前記軽率な行為に帰責事由を認め，民法94条2項・110条の類推適用により，Ａは善意・無過失のＣ・Ｄに対し，所有権移転がないことを対抗できないとした[22]。原審も1審判決を認容し，Ａの控訴を棄却した[23]。

　これに対し，最高裁は，原審認定の事実が仮に認められるとすれば，Ａは「本件土地建物の虚偽の権利の帰属を示す外観の作出につき何ら積極的な関与をしておらず，本件第1登記〔ＡＢ間の所有権移転登記〕を放置していたとみることもできない」ことを理由に，「民法94条2項，110条の法意に照らしても，Ｂに本件土地建物の所有権が移転していないことをＣ・Ｄらに対抗し得ないとする事情はない」とした（原審判決破棄・差戻し）[24]。

　本判決が，破棄・差戻しの理由とした「審理不尽」の対象は，〔1〕Ａは第1登記がされることを「承諾」していなかったにもかかわらず，Ａによる印鑑証明書交付から27日後に第1登記，その10日後に第2登記，その13日後に第3登記と，「接着した時期」に第1～第3登記がされている点，〔2〕①Ａは「不動産取引の経験のない者」であるのに対し，不動産業者Ｂの代表者Ｐの

---

21)　判時1831号99頁・判タ1128号370頁・金商1184号55頁。本判決については，古積2003: 108頁，武川2003: 115–120頁，谷本2003: 73頁，谷本2004: 90頁，塩崎2004: 69–76頁，吉岡2004: 91–97頁，川井2004: 69–71頁，田原＝印藤2004: 4–5頁，田中2004: 103–106頁，澤田2004: 23–43頁，太矢2004: 71頁，橋本2004: 89頁，松尾2004: 112–113頁参照。

22)　大阪地判平成13年1月18日（大阪地裁平11ⁿ7266号）。

23)　大阪高判平成14年3月26日（大阪高裁平13ネ539号）。

24)　差戻しとされた理由は，「審理不尽」のために94条2項・110条の類推適用に関する「法令の適用を誤った違法がある」と指摘された。

「言葉巧みな申入れ」を信じて前記書類を交付したものであるから，「Aには，本件土地建物につき虚偽の権利帰属を示すような外観を作出する意図は全くなかった」のであり，かつ②Aが第1登記の事実を知ったのは前記印鑑証明書交付から1か月半ほどで，その時点ではすでに第3登記までされていたから，Aには第1登記の「承認」も「同登記の存在を知りながらこれを放置していた」事情もなく，③前記書類の交付に際して不安を抱いたAやその妻が「度重なる問い合わせ」をしたが，Pは「言葉巧みな説明をして言い逃れをしていた」ことから，本件所有権移転登記を防止するのは困難な状況にあった」などの点である（強調は引用者による。以下同じ）。最高裁は，これら〔1〕・〔2〕の事実が存在したとすれば，94条2項の類推適用はもとより，94条2項と110条の重畳的類推適用も認められないと判断したものとみられる。

　この平成15年判決の重要な意義は，前記引用判旨（強調部分）から看取されるように，真の所有者が虚偽外観の形成を意図するか，形成された虚偽外観を承諾（承認）し，または認識して放置するのでなければ，94条2項の類推適用はもちろん，たとえ第三者が善意・無過失でも，94条2項と110条との重畳的類推適用すらできないことを明確にしたことにある。その結果，この種の事案では外形存置意思の存在が帰責事由の本質をなし，帰責要件の最低限度を画するとともに，第三者の権利取得の根拠となることを明らかにしたとみてよいであろう。

　もっとも，本事案においては，重要な問題点が未解決のまま残されている。その1つは，真の所有者の軽率な行為の帰責性の法的評価方法である。本判決は，Aやその妻がP（B代表者）に対して「度重なる問い合わせ」をしていたという事実を認定したうえで，それに対してPが「言葉巧みな説明をして言い逃れをしていた」ことにより，不動産登記に必要な書類を安易にPに交付するなどのAの帰責性の遮断ないし中和を認めているようにも解される。しかし，仮にそのような相手方の違法行為による表意者（真の権利者）の帰責性の遮断・中和が認められるとしても，そのような解釈が法律行為の当事者間の相対的関係（例えば，本件のように不動産取引の素人である真の所有者Aと不動産取引に長けて言葉巧みな言い逃れのできる相手方Bとの関係）のみで判断されてよいか（それは善意の第三者にとっては予期することが困難な事情といえる）は，なお検討の余地がある。と

いうのも，この点に対する判断次第では，《真の所有者の軽率な行為の帰責性が，その程度によっては，帰責要件の最低限度を画するとみられた外形存置意思の要素を代替しうる》かどうか，それが肯定される一般的な可能性を本判決も完全には排除していないかも知れないと解されるからである[25]。

　もう1つの残された問題は，本件では，ＡＢ間の法律関係は詐欺取消しまたは債務不履行解除によって債権・債務関係を消滅・清算させて解決されるべきであると解されるが，その場合には，Ａは取消しまたは解除の効果を善意のＣ・Ｄに主張できなくなってしまうかどうか（96条3項，545条1項ただし書）である。この点に関する私見は，96条3項および545条1項ただし書はすでに第三者Ｃへの権利移転が生じたことを前提にして適用される，第三者の権利保護資格要件を定めた規範であるから，たんにＢと債権契約をしたにすぎないＣを保護する趣旨ではないものと解する[26]。

【最判平成18年2月23日民集60巻2号546頁】[27]

　ＡはＢの仲介によってＰからその所有不動産を7500万円で購入して移転登記を済ませた（平成8年1月）。Ａはこの不動産（以下，本件不動産）の管理をＢに依頼し，いったんこれをＱに賃貸していた（平成8年7月から）。その後，本件不動産をＡがＢに4300万円で売却する旨の売買契約書（平成11年11月7日付）をＢが作成し，Ａはその内容を確認せずに署名・捺印した。ＡはＢに依頼して

---

25)　まさにこの点が問題になった事案において，「94条2項，110条の類推適用」により，第三者の権利取得を認めた例が，つぎにみる最判平成18年2月23日民集60巻2号546頁である。

26)　後述第8章1(1)参照。したがって，本件のように所有権がＡの許から出ておらず，Ｂは終始無権利者で，いわんやＣへの権利移転が生じる余地のなかった事案では，96条3項も545条1項ただし書も適用の余地がなかったものと解する。もっとも，本件では，第三者保護規定があるためにＡは自らが不利になることを恐れて，あえて詐欺取消しや契約解除を主張しなかったとも考えられる。しかし，仮にその主張をしていたとしても，96条3項および545条1項ただし書の第三者保護規定は適用される余地がないものと解する。

27)　裁民219号481頁，裁時1406号7頁，判タ1205号120頁，金商1253号14頁。本件評釈として，高田2006: 115頁，佐久間2006a: 18–24頁，佐久間2006b: 19頁，浅井2006: 51頁，村中2006: 37–44頁，武川2006: 407–415頁，武川2007: 54–58頁，良永2006: 62–66頁，荒木2006: 1頁，中山2006: 156頁，渡邉2006: 184頁，中舎2006: 6頁，黒田2007: 57頁，磯村2007: 66–67頁，増森2007a: 112頁，増森2007b: 221頁，吉田2007: 49–54頁参照。

いた他の土地の管理等に必要であるとしてBから求められるまま，登記済証，
印鑑証明書および実印をBに交付し（平成11年9月～平成12年2月），Bが本件
不動産の登記申請書に実印を押印した時（平成12年2月1日）もこれを漫然と見
ていた。Bはこれらの書類を用いてAからBへの本件不動産の所有権移転登記
を行い，その後本件不動産をCに3500万円で売却し（平成12年3月），移転登
記をした（同4月）。そこで，AがCに対し，所有権に基づく抹消登記手続を請
求した。

　第1審[28]および第2審[29]は，①AがBに対して当該不動産の購入・管理等に
ついて代理権を授与していたこと，②BがAに無断で当該不動産を自己名義に
したうえでCに売却したこと，③CはBが本件不動産の所有者であると信じた
ことには正当の理由があることを認定し，①は本件不動産の売却・移転登記に
関する110条の基本代理権ないしそれに準じる権限の授与に当たるから，BC
間の売買ではBがAの代理人として行為したものではないものの，110条が類
推適用されるべきであるとして，Aの請求を棄却した[30]。Aが上告受理申立て
をした。

　判旨はつぎのように述べ，Aの上告を棄却した。「Bが本件不動産の登記済
証，上告人〔A〕の印鑑登録証明書及び上告人〔A〕を申請者とする登記申請
書を用いて本件登記手続をすることができたのは，上記のような上告人〔A〕
の余りにも不注意な行為によるものであり，Bによって虚偽の外観（不実の登
記）が作出されたことについての上告人〔A〕の帰責性の程度は，自ら外観の
作出に積極的に関与した場合やこれを知りながらあえて放置した場合と同視し
得るほど重いものというべきである。そして，前記確定事実によれば，被上告
人〔C〕は，Bが所有者であるとの外観を信じ，また，そのように信ずること
について過失がなかったというのであるから，民法94条2項，110条の類推

---

28)　大分地判平成14年4月19日民集60巻2号552頁・判時1842号79頁・金商1253号
　　24頁。

29)　福岡高判平成15年3月28日判タ1134号220頁・金商1253号18頁。宇佐見2004:
　　194-198頁，高森2005: 10-13頁。

30)　本件では，Bは「Aの代理人として」ではなく，いったん自己（B）名義に所有権移
　　転登記したうえで，「自己（B）の所有物として」当該不動産をCに譲渡しているから，
　　110条を直接適用することはできないものと解されたと思われる。

適用により，上告人〔A〕は，Bが本件不動産の所有権を取得していないことを被上告人〔C〕に対し主張することができないものと解するのが相当である」（下線は引用者）。

　この判旨（とくに下線部）には，先に示唆した《真の所有者の軽率な行為の帰責性が，その程度によっては，帰責要件の最低限度を画するとみられた外形存置意思の要素を代替しうる》ことを認めるかにみえる記述が見出される。それが「余りにも不注意な行為」による意思の代替をあっさり認めたものか，あくまでも「自ら外観の作出に積極的に関与した場合やこれを知りながらあえて放置した場合と同視し得るほど重い」との評価自体に無視できない重みがあるとみるべきか，解釈の余地がある。私見は後者に立ち，本件は94条2項の類推適用肯定例の中でもきわめて特殊な事案と解する[31]。それゆえ，根拠条文についても，94条2項の類推適用のみならず，原審がもっぱらそれに拠った110条の類推適用も付加し，「民法94条2項，110条の類推適用により」と表現したものと解される[32]。

　実質的にも，本判決の事案には，前記最判平成15年とは相当異なる要素が見出される。例えば，①Aが所有不動産の賃貸等に係る管理を自らの意思でBに任せていた，②そのために必要とも考えられない本件不動産の登記済証を合理的理由なしにBに預け，数か月間にわたって放置していた，③Bから本件不動産とは別の土地の登記手続に必要だといわれ，2回にわたって印鑑登録証明書4通をBに交付した，④本件不動産を売却する意思がないにもかかわらず，Bのいうがままに本件売買契約書に署名・押印するなど，Bによって本件不動産がほしいままに処分されかねない状況を生じさせ，これを放置していた，⑤

---

31)　94条2項の類推適用判例の類型上，本件を「新たな類型」，「新たなタイプ」と位置づけるものとして，佐久間 2006a: 18–21 頁，吉田 2007: 50–52 頁。

32)　本判決が原審と異なり，94条2項に加えて110条を付加したことにどれほどの実質的意味があるかは不明であるが，原判決の理由づけを否定ないし修正する趣旨ではなく，むしろ，94条2項の類推適用が認められない事案に110条の類推適用を認めるとバランスを失する旨のAの反論に応え，反対に，本件は110条の類推適用によっても第三者の保護が認められるほど，94条2項を類推適用してもバランスを失しない事案であることを確認する趣旨のように思われる。

本件登記がされた当時も，Ｂのいうがままに実印を渡し，ＢがＡの面前でこれ
を本件不動産の登記申請書に押捺したのに，その内容を確認したり使途を問い
ただしたりすることもなく漫然とこれを見ていた，といった点が挙げられる。
ここでは，権利者Ａの「帰責性の程度」は，ただたんに「重い」のではなく，
「自ら外観の作出に積極的に関与した場合やこれを知りながらあえて放置した
場合と同視しうるほど重い」，つまり，Ａの意思に帰責性の根拠を求める判例
法理を実質的に逸脱するものではないことをあえて確認したうえで，94条2
項（および110条）の類推適用を認め，Ｃの権利取得・Ａの権利喪失を肯定した
点が看過されるべきではない。

(ii)　不動産の付合における権原による附属物所有権の留保と合成物の所有権取得
　　民法94条2項の類推適用は，ほかにも様々な場面に展開しうる。例えば，
ＡがＢ所有地に賃借権（242条ただし書の「権原」に当たると解される）を取得して
播種・植栽した植物に対し，Ｂから当該土地の所有権を取得して移転登記した
Ｃは，Ａが権原によって附属させた当該植物につき，当該土地とともに所有権
を取得しうるであろうか。当該附属物の所有権をめぐるＡＣ間の紛争に適用す
べきルールについては，(a)一方では，Ａの権原に基づく所有権の留保をＣに対
しても主張しうるかどうかの問題であるから対抗の法理を適用し，ＡとＣの対
抗要件（Ａの権原自体の対抗要件または附属物の明認方法と，Ｃの対抗要件）の先後に
よるとの解釈が考えられる[33]。他方では，(b)Ａが所有権を留保する附属物に対
するＣの権利取得は，94条2項の類推適用によるべきであるとの解釈も考え
られる[34]。
　　私見としては，①Ａが元々所有していた附属物（種子・植物）とＢが元々所有
していた被附属物（土地）とが付合した場合でも，当該附属物そのものの所有
権帰属の問題は，被附属物の所有権の客体の範囲に関する問題に当然に吸収さ
れてしまうとは解されないこと，②附属物は元来も付合後もＡの所有物であり，
それについてＢは元来無権利者であったこと，③そのような附属物について悪

---

33)　最判昭和35年3月1日民集14巻3号307頁，舟橋1960: 367頁，我妻＝有泉1983:
　　308-309頁（我妻1942: 205頁から改説），新田1984: 27頁。本書第7章1⑵ⅰⅰ。
34)　大判昭和17年2月24日民集21巻151頁，我妻1942: 205頁，広中1982: 409-410頁。

意のＣにまで所有権を取得させる必要はないと考えられることから，(b) 94条2項の類推適用説によるべきであろう。このように，本節(ii)における事例も，元来無権利者からの取得型の事案に加えて解釈することができよう。

(iii)　無権限者による処分

前述(i)における平成18年判決にもみられるように，94条2項の類推適用は，無権代理人Ｂと取り引きした相手方Ｃ（本人Ａからみれば第三者）に権利取得を認める法理（表見代理）とも密接に関連する。この場合も，Ａによる代理権授与表示（109条本文）とＣの善意・無過失（109条ただし書），Ａによる基本代理権の授与とＢの行為を権限内と信じたことについてのＣの正当理由（110条），Ａによる代理権の授与（消滅の非表示）と代理権消滅に関するＣの善意（112条本文）・無過失（112条ただし書）により，権利取得の保護が認められる[35]。これらの例外法理は，前述(i)とともに，法律行為の効果のレベルにおける第三者保護といえる。

この表見代理の法理は，法人の代表者による権限違反行為の相手方（法人からみれば第三者）保護の法理にも共通する面をもつと解される。例えば，法人Ａの代表者Ｂが定款等によって制限された権限を越えて相手方Ｃ（法人Ａからみれば第三者）と法律行為をした場合，Ｃが「善意の第三者」であれば権利取得の保護を受ける（民法旧54条，一般法人法77条5項・197条）[36]。

また，この法理の延長として，⑤理事会設置法人の理事が，「重要な財産の処分及び譲受け」，「多額の借財」，その他の理事会専決事項につき，理事会決議を得ずに行為した場合，その相手方がどのような要件の下で保護されるかという問題への応用方法が問われる。ちなみに，会社の取締役が取締役会決議を経ずに，「重要な財産の処分及び譲受け」，「多額の借財」等（商法旧260条2項，

---

35)　信頼保護法理としての表見代理につき，多田1996: 48–56頁，63–66頁参照。

36)　なお，代理理事の定めがない場合は，理事はたとえ2人以上ある場合でも「各自，一般社団法人を代表する」（一般法人法77条2項）から，「一般社団法人の業務は，……理事の過半数をもって決定する」旨の規定（一般法人法76条2項）は法人内部における権限の制限にとどまり，それ反して過半数の理事の同意なしに相手方と法律行為をしても，有効と解される。もっとも，相手方の行為態様次第では，法人に対する権利行使が信義則違反または権利濫用として認められない余地はあろう（民法1条2項，3項）。

会社法 362 条 4 項）をした場合につき，(a)判例は，取締役会決議を欠く代表取締役の取引行為は内部的意思決定を欠くにとどまるから原則として有効であるが，理事会決議を欠くことを相手方が知りまたは知り得べかりしとき（悪意または有過失）は例外的に無効と解する（93 条ただし書〔改正前。改正後 93 条 1 項ただし書〕類推適用説）[37]。他方で，(b)会社の内部的意思決定手続である取締役会決議を欠いても代表取締役の代表行為は有効であり，会社は悪意（または重過失）の第三者に対して一般悪意の抗弁（法的性質としては信義則違反または権利濫用の抗弁か）を提出しうるにとどまるとの解釈[38]，(c)取締役会決議を要することは代表権の制限を意味すると解し，関連法規（民法旧 54 条，商法旧 261 条 3 項・78 条 2 項，一般法人法 77 条 5 項・197 条）に従い，その制限を善意の第三者には対抗することができないという見解[39]などがある。

　これについては，権限違反の内容ないし無権限性の程度と第三者保護要件とのバランスという観点から，〔1〕代表理事の定めのない法人の理事が過半数の同意を得ずにした行為（有効。ただし，前掲注 36 参照），〔2〕定款等による代表理事の代表権制限に違反する行為（第三者保護要件は善意）に比較して，〔3〕理事会決議を欠く代表理事の行為の無権限性の程度の方が高いとすれば，第三者保護要件をより厳格にする意味で，第三者に善意のみならず，無過失をも要求する前記(a)説および判例に理由があるとみるべきであろう[40]。

　さらに進んで，法人の代表者が，法人の目的の範囲（34 条）に属しない行為をした場合，相手方の権利取得はどうなるであろうか。例えば，A 法人の代表者 B が A の目的の範囲外の法律行為により，A 所有地を C に譲渡し，所有権移転登記をした場合である。目的の範囲を権利能力の範囲と解し，それを逸脱した BC 間の行為そのものを無効とみれば，94 条 2 項の類推適用は困難であるとも解される[41]。

　いずれにせよ，以上の問題は，代理行為ないし代表行為に特有の問題も含む

37）　最判昭和 40 年 9 月 22 日民集 19 巻 6 号 1657 頁。
38）　大隅＝今井 1992: 186 頁，198-199 頁，鈴木 1994: 192-193 頁。
39）　前田 2018: 507-508 頁，513 頁。第三者は善意であれば，過失の有無を問わないとする。
　　　山田 1998: 91 頁。
40）　なお，第三者に重過失があるときも会社は「無効を主張できる」との見解もある。龍
　　　田 2005: 108-109 頁，弥永 2021: 201-202 頁。

ことから，本書では以上のような視点の整理にとどめる。

(iv) 即時取得制度の展開とその限界
(ア) **所有権・質権・譲渡担保権・先取特権等の即時取得**

元来無権利者からの取得型の中には，もっぱら法律行為論のレベルで第三者を保護する制度（前述(i)，(ii)および(iii)）とは別の第三者保護制度として，即時取得がある。即時取得制度は，取引行為としては法律行為論上の保護と関連するが，さらに占有の効果も加わるという二面性をもつ。そして，後者の占有の効果という面では，典型的な表見法理よりも，むしろ取得時効と接点をもつといえるかも知れない。実際，動産の即時取得においては，真の所有者Aの所有物をBが自己所有物として第三者Cと取り引きしたときは，Cの善意・無過失のみならず，目的物の占有取得により，CはBとの取引内容に従い，所有権，質権，譲渡担保権，不動産賃貸・旅店宿泊・運輸の動産先取特権を取得する（192条，319条）[42]。

このことは，一面では，即時取得制度の沿革に由来する。すなわち，即時取得制度は，〔1〕占有を伴うゲヴェーレ的所有の承継取得の保護とそのための旧所有者の回復請求の制限，〔2〕旧所有者の所有権の喪失，〔3〕善意取得者による所有権の原始取得というプロセスを経て発達した制度であるとされる[43]。このうち，〔3〕段階へと発展したことの背景には，近代における所有権の絶対性・観念性の形成があるとみられている。

なお，即時取得制度においても，権利取得の要件として，たしかに真正権利者の帰責事由と第三者の信頼保護事由が見出されうる。すなわち，真の権利者（所有者）の帰責性の相違（占有委託物の場合と占有離脱物の場合）は，第三者保護の

41）　他方，目的の範囲を行為能力の範囲と解すれば，無権限者による処分として扱いうるであろうか。しかし，私見は，目的の範囲は権利能力の範囲と解する。

42）　319条が即時取得の規定を準用する理由は，これら3種の先取特権が債権者の期待の保護を趣旨とするからであり，その趣旨に鑑み，善意・無過失の判定時期は，第三者Aの所有物がBの目的物の範囲に加入したことを債権者が知った時と解すべきである（道垣内2008: 54–56頁参照）。また，手形・小切手の善意取得も，取得者の善意かつ無重過失および占有取得によって認められる（手形法16条2項・77条1項1号，小切手法21条）。

43）　田島1933: 7–482頁，川島1987: 245–258頁。

要件・効果の相違（192条と193条・194条）に反映しており，占有離脱物の場合は，192条の要件のほか，2年間の回復可能期間の経過が必要になる（193条）[44]。なお，第三者の信頼保護の要請が私人間での取引よりも一般的に高いと考えられる市場での取得の場合は，盗品・遺失物の所有者が2年以内に回復請求する場合でも代価弁償義務が課される（194条）。ただし，即時取得制度における真の権利者の帰責性の内容は，94条2項（の類推適用）のそれとは質的に異なることに注意を要する（後述2(1)(i)末尾および(ii)参照）。

(イ)　動産先取特権の競合における善意者保護

　ある財産（B所有）がすでに他人Aの権利の客体になっていることを知らずに自己の権利の客体になったと信じた者Cの信頼を法律上保護し，善意者に権利の取得ないし優先権を認める制度が存在する。例えば，B所有動産に対して不動産賃貸・旅店宿泊・運輸の先取特権（第1順位の先取特権）または動産質権を取得した者Cは[45]，当該動産に対してすでにAの動産保存の先取特権（第2順位の先取特権），動産売買の先取特権，種苗・肥料供給の先取特権または農業・工業労務の先取特権（第3順位の先取特権）が存在していた場合，当該動産につき，Aが保存の費用を支出したこと，売主Aへの代金が未払であること，Aが供給した種苗・肥料（代金未払）の利用後1年以内に土地から生じた果実であること，Aの農業・工業の労務（賃金未払）の果実として1年以内に生じた果実であることを知らなかったとき（善意）は，そうした信頼が（これらの先取特権が認められた趣旨である債権者の通常の期待として）保護され，第1順位の先取特権または動産質権の優先権が認められる（民法330条2項前段，334条）。ただし，Aが当該動産を保存したことによってCも利益を得ている場合は，Aの動産保存の先取特権の存在をCが知らなかったとき（善意）でも，優先権は認められない（330条2項後段）。これはB所有動産をめぐってAC間で競合する担保物権間の優先順位の調整問題であるが，そこでは対抗要件のような画一的基準によってではなく，信頼保護の要請[46]，債権者間の利益衡量（330条2項後段参

---

44)　もっとも，盗品・遺失物の回復可能期間中（盗難・遺失から2年間）の所有権の帰属者は，真の所有者か占有者か議論がある（後述注91および該当本文参照）。

45)　ちなみに，当該動産がB所有でなかったときは，これらの先取特権の即時取得の可否が問題になる（319条）。

第8章　無権利の法理と権利取得要件　　231

照）などを含む複数の基準により，権利の優先順位が確定されていることが注目される。

㈡ 即時取得と対抗の法理との交錯

即時取得の制度は，様々な場面で対抗の法理と交錯する。前記㈡（330条2項）の問題も，一方では，所有者Bから競合する内容の権利を取得したAC間の優先権の問題とみれば，対抗の法理の適用場面とみうる。しかし，他方では，すでにAの第2順位・第3順位の先取特権（占有取得を要件としない）が成立している目的物（その限りではAの権利の客体）に対し，後から第1順位の先取特権（占有取得を要件とする）を取得しながら，優先権を主張できるための要件の問題とみれば，無権利の法理の例外則的な側面も看守することができる。

もっとも，つぎのような事例では，対抗の法理と即時取得（無権利の法理の例外則）との区別は明白である。例えば，Aが所有する動産をBに売却し，占有改定をした。その後，Aがこの動産をDに売却し，現実の引渡しをした。そこで，BがDに対し，所有権に基づく返還請求をしたとする。この場合，Bの所有権取得はAの占有改定（183条）によって対抗要件（178条）を具備しているから，BはDに対して所有権取得を対抗することができる（対抗の法理）。しかし，DがAとの売買よって善意・無過失で現実の引渡しを受けたときは，即時取得（192条）の抗弁を主張することができる（無権利の法理の例外則）[47]。このことは，Aが所有する動産の上にBのために譲渡担保権を設定し，占有改定をした後に，Aが当該動産をDに売却して現実の引渡しをした場合にも妥当する[48]。

他方，所有権留保売買における買主Bが留保売主Aとの約定に反して目的物を第三者Cに処分した場合は，もっぱらCの保護は無権利の法理の例外則としての即時取得（192条）の問題になると解される[49]。さらに，買主Bが当該目的物を第三者Cに転売することを留保売主Aが容認または委託していた場合は，かかるA（およびB）の意思の効果としてCは所有権を取得するし，そのよう

46）　民法330条2項前段の趣旨は，「これらの先取特権の趣旨は債権者の通常の期待を保護することにあるが，他の先取特権が存在していても，それを債権者が知らない限り，やはり期待が形成されてしまうからである」とされる（道垣内 2008: 73 頁）。

47）　売買に基づいて引渡しを受けたDは，善意・平穏・公然（186条1項）かつ無過失であったと推定される（188条。最判昭和41年6月9日民集20巻5号1011頁）。

な容認または委託がない場合でも，買主Ｃが，たとえ所有権留保売買であることを知っていたとしても，留保売主Ａの容認または委託があると信じ，かつ信じたことに過失がないときは，192条の類推適用により，Ｃは所有権を取得しうると解すべきであろう[50]。

　また，所有権留保売買の買主Ｂが，目的物に対して第三者Ｃのために譲渡担保権を設定し，占有改定をした後に，留保売主Ａがその目的物をＢから取り戻してＣに売却し，引き渡した場合について，下記の判例はＣの譲渡担保権に基づくＡへの損害賠償請求を否定している。ここでも，ＢＣ間の権利取得行為には無権利の法理が適用されている（判例は占有改定による即時取得を否定するので，ここでは例外則の適用は認められない）。

【最判昭和58年3月18日判時1095号104頁・判タ512号112頁】[51]
　Ａが所有するクラブ店舗内の動産等を代金完済までＡへの所有権留保特約を付して買い受け，引き渡しを受けたＢが，その債権者Ｃに対する担保として当該動産を譲渡担保に供し，占有改定をした。その後，ＢがＡに代金を完済しなかったことから，Ａが本件動産をＤに売却し，現実の引渡しをした。これに対し，ＣがＡを相手に，譲渡担保権相当の損害賠償を請求した。原審はその一部

---

48)　最判昭和30年6月2日民集9巻7号855頁。ＡがＢから融資を受ける担保として，Ａ所有動産（映写機）にＢのために譲渡担保権を設定し，占有改定をした。Ａはこの動産を利用してＢからの借入金を返済しようとしたが，成功せず，当該動産をＤに売却して現実の引渡しをした（Ｄは当該動産に関するＡの未払代金を肩代わりして所有権を取得したと主張し，現実の占有を取得）。そこで，ＢがＡとの合意に基づく弁済期の経過，譲渡担保権の実行（帰属清算）および受戻権の消滅を理由に，Ｄに対して所有権に基づく返還を請求した。Ｂの請求を認容した第1審判決を取り消して請求を棄却した第2審判決を，最高裁は破棄・差戻し（Ｂは占有改定によって対抗要件を備えており，所有権を対抗しうる。他方，Ｄからの即時取得の主張はなし）。

49)　もっとも，実際には，目的物の性質や価格，転買人（第三者Ｃ）の職業や注意義務により，悪意または過失が認定され，即時取得の成立が否定されることも少なくないとされる。

50)　道垣内2008: 359-360頁も，権利濫用法理の適用を批判し，ＢＣ間の「当該転売が，〔ＡからＢへの〕委任の範囲内にあると信じ，かつ，信じたことに過失のなかった第三者は，192条により目的物の所有権を有効に取得すると解すべき」であるとする。

51)　金法1042号127頁，金商684号3頁。本件につき，松本1984: 110-115頁，田山1984: 144頁，堀内1984: 49-50頁参照。

を認容したことから，Aが上告した。

　最高裁は，Aの上告を容れ，原審がCのAに対する損害賠償請求を一部認容した部分を破棄・自判した。すなわち，「Aは買主であるBが代金の分割払を怠ったため本件売買契約の目的である賃借権等及び本件不動産を何時でも他に処分することができる権利を有していたのに対し，CはAが右の処分をする前に残代金を提供しなければAに対し本件動産についての譲渡担保権を主張できない立場にあったことが明らかであるが，……CがAに右の処分を暫く猶予するよう要請したのに対し，Aはこれに応じるかのような態度を示したものの，猶予する旨を約束するまでには至らなかったというのであるから，AとC間の前記の法律関係にはなんらの変更も生じなかった……。

　したがって，Aがその処分をしても，CがAの右の態度を信頼した結果支出した費用につきこれを損害として賠償すべきであるか否かの問題が生じることはあっても，もともとAに対して主張できない譲渡担保権についてその侵害があったものということはできないから，CはAに対し譲渡担保権の喪失を損害としてその賠償を請求することはできない」とした。

　以上のような事案のほかに，即時取得の問題か，対抗要件の問題かが争われている事案もある。例えば，債権者AのためにBが所有する不動産に抵当権が設定された後に，抵当不動産から分離・搬出された動産を第三者Cが取得した場合である。これについては，(a)抵当権の効力が当然に消滅するとの見解（分離によって付加一体物（370条）でなくなると解する），(b)抵当権の効力は存続し，第三者Cが即時取得（192条）するまで抵当権の追及力が認められるとの見解，(c)抵当権の効力は存続するが，対抗力は消滅し，第三者Cは対抗要件（178条の引渡し）を具備することによって優先するとの見解がある[52]。(b)即時取得説と(c)対抗要件説との違いは，Cが悪意で引渡しを受けた場合の権利取得の肯否（(b)説は否定，(c)説は肯定）として現れる。

　しかしながら，この問題については，抵当目的物の一部の分離・搬出を誰が行ったかによって区別すべきであろう。すなわち，分離・搬出が抵当目的物の

---

52)　学説につき，近江 1998: 134–138 頁，高木 2005: 131–132 頁参照。

所有者であるＢ自身によって行われたときは，Ｂが同一目的物をＡとＣに二重
譲渡したのと同様の問題とみて，対抗の法理を適用し，引渡し（178条）の有
無によってＣの権利主張の可否を決すべきであろう。これに反し，分離・搬出
が所有者Ｂ以外の者により，Ｂの承諾なしに行われたときは，無権利の法理を
適用し，Ｃは即時取得（192条）によって保護されるにとどまると解すべきで
あろう。

　ちなみに，判例は，工場抵当権の目的物であるトラックスケール（貨物をト
ラックに積載したまま貨物の正味重量を計算する装置で，入出荷管理・在庫管理などに使用
する）を，工場所有者Ｂでない者Ｐが抵当権者Ａの同意なしに工場から分離し，
第三者Ｃに譲渡し，引渡しをしたケースで，即時取得の適用可能性を認めてい
る[53]。

(3)　形式的所有者からの取得型（第2類型）

　形式的所有者からの取得型の特色は，第三者Ｃの法的地位が，完全な無権利
者Ｂからの取得ということはできず，さりとて完全な所有者Ｂからの取得者と
もいえないという，前主Ｂの権利帰属の浮動性にある。つまり，所有者Ａ（第
三者からみれば前々主）から相手方Ｂ（同前主）への所有権移転に何らかの実体的
意味があり，表示に対応する権利移転の実体がまったく存在しないとはいえな
いが，法的形式（＝売買等の原因に基づく所有権移転の合意があった旨の形式と登記等が
ある）と経済的実質（＝所有権を実質的・終局的に譲渡する意思は当事者間にない）と
の間にギャップがある場合である。仮にＡＢ間の法律関係の実体の相違に応じ，

---

53)　すなわち，「工場抵当法2条の規定により工場に属する土地又は建物とともに抵当権の
　　目的とされた動産が，抵当権者の同意を得ないで，備付けられた工場から搬出された場合
　　には，第三者において即時取得をしない限りは，抵当権者は搬出された目的動産をもとの
　　備付場所である工場に戻すことを求めることができるものと解するのが相当である。けだ
　　し，抵当権者の同意を得ないで工場から搬出された右動産については，第三者が即時取得
　　をしない限りは，抵当権の効力が及んでおり，第三者の占有する当該動産に対し抵当権を
　　行使することができるのであり（同法5条参照），右抵当権の担保価値を保全するために
　　は，目的動産の処分等を禁止するだけでは足りず，搬出された目的動産をもとの備付場所
　　に戻して原状を回復すべき必要があるからである」（最判昭和57年3月12日民集36巻3
　　号349頁。下線は引用者による）。なお，本判決の位置づけにつき，松尾2011: 774-775頁
　　参照。

それが①虚偽表示の場合→②譲渡担保，その他の目的の信託的譲渡，制定法に基づく信託の場合→③いったん成立した譲渡原因の無効・取消し・解除の場合，……と変容するに従い，Ｃの保護法理にどのような相違が生じるかという観点から検討するとすれば，形式的所有者からの取得型は②に位置づけられる。このようにＡＢ間に所有権譲渡がまったく存在しなかったとはいえない場合，Ｃの保護は何を根拠に，どのように図られるべきであろうか。

（i）　譲渡担保権者による処分の相手方

　形式的所有者からの取得型の典型事案は，Ａから譲渡担保権の設定を受けた譲渡担保権者Ｂが目的物を第三者Ｃに処分した場合である。例えば，Ａが所有地をその債権者Ｂへの譲渡担保に供し，登記名義もＢに移したが，Ｂが同土地を第三者Ｃ売却し，移転登記も済ませた場合，ＡＣ関係にはどの法規定ないし法理が適用されるであろうか。この問題は，譲渡担保権の法的性質の理解ないし法的構成——(a)譲渡担保権者Ｂの権利を所有権とみる所有権的構成，(b-1)Ｂの権利を担保権とみる一方，譲渡担保設定者Ａの権利を設定者留保権（物権）とみる見解，(b-2)同じくＢの権利を担保権とみる一方，Ａの権利を所有権とみる見解など[54]——，譲渡担保権の形態（売渡担保と譲渡担保），その実行および清算の方法（帰属清算型と処分清算型），譲渡担保権者による処分の時期（弁済期到来前，弁済期到来後，譲渡担保権消滅後）により，結論が分かれるか否か，検討の余地がある。

　判例は，ＣはＡＢ間における譲渡担保権設定についての善意・悪意を問わず，所有権を取得しうるとする[55]。そして，Ｂの実体的権利者性が最も稀薄な場合であると考えられるケース，すなわち，被担保債権の消滅によるＢの譲渡担保権消滅後にＢが目的不動産をＣに処分して移転登記をした場合も，ＡがＣに対して返還請求をするには対抗要件が必要であり，それなしに所有権の復帰を対抗するには，Ｃが背信的悪意者であることを必要とする[56]。したがって，譲渡

---

54)　譲渡担保権の法的構成につき，参照。
55)　大判大正 9 年 9 月 25 日民録 26 輯 1389 頁，最判昭和 34 年 9 月 3 日民集 13 巻 11 号 1357 頁，最大判昭和 49 年 10 月 23 日民集 28 巻 7 号 1473 頁，最判昭和 57 年 4 月 23 日金法 1007 号 43 頁，最判昭和 62 年 2 月 12 日民集 41 巻 1 号 67 頁。

担保権者Bから処分を受けたCに対し，Bとの合意に基づいて受戻しへの期待をもつAは177条の第三者の地位に立つ（ＡＣ間は対抗関係）と解されているとみられる[57]。

　さらに，判例は，Ａの債務の弁済期到来後・清算前に，Bが譲渡担保不動産を第三者Cに処分したときは，Cが「背信的悪意者」に当たる場合でも，Cはその所有権を「確定的に」取得し，Aは債務を弁済してCから目的物を受け戻すことはできないとする[58]。その理由は，譲渡担保権の被担保債権の弁済期到来後は，譲渡担保契約が帰属清算型か処分清算型かを問わず，譲渡担保権者が目的物の処分権能を取得するから，その効果を確保するためにも，Cの主観的態様を問わないとする点にある。この場合，被担保債権の弁済期到来後にBが目的物をCに処分したときはAは受戻権を失い，Bに対する清算金支払請求権（Cの引渡請求に対しても留置権によって担保されうる）をもつにすぎないとすれば，ＡＣ間は177条の第三者に当たらないようにも解される。しかし，Cが対抗要件を具備していないときは，Aはその欠缺を主張してCの権利取得を否定することができる地位にあると解されるから，ＡＣ関係はなお177条の適用対象であるとも解される。

　ちなみに，ＡＢ間が仮登記担保契約である場合において，清算期間経過後にBが目的不動産を第三者Cに処分したときは，Aは受戻権を失い，Cの所有権取得が確定するが（仮登記担保契約に関する法律11条ただし書），その際にも第三者Cの善意・悪意は不問か，悪意者排除かが問題になる。とりわけ，Cが対抗要件まで取得した場合でも，Bが譲渡担保権者であること（ないし清算終了前であること）について悪意のCにも目的物の所有権取得を認めうるかが焦点になる。

　学説には，基本的視点として，(a)判例と同様の177条適用説（対抗問題説），

---

56)　最判昭和62年11月12日判時1261号71頁・判タ655号106頁。

57)　いわゆる対抗問題につき，判例は善意・悪意不問説をとる（大判明治44年12月25日民録17輯909頁，最判昭和30年5月31日民集9巻6号774頁ほか）。

58)　最判平成6年2月22日民集48巻2号414頁。AはBに対して清算金がある場合に，清算金との引換給付を請求することができる（留置権等に基づく）にとどまる。本判決につき，道垣内1994: 118頁，道垣内1995: 145頁，道垣内2000: 96頁，松岡1995: 73頁，山野目1995: 79頁，大西1995: 49頁，鳥谷部1995: 52頁，鳥谷部2018: 198頁，鎌野1996: 60頁，水上1994: 208頁，吉田1999: 93頁，湯浅2001: 204頁，瀬戸口2023: 192頁参照。

(b-1) 94 条 2 項適用説[59]，(b-2) 94 条 2 項類推適用説，(c)信託法（旧）31 条（現27 条）類推適用説などがある[60]。

私見は，つぎのように考える。譲渡担保権者の無権利者性は，被担保債権の消滅等による譲渡担保権の消滅後，弁済期到来前，弁済期到来後・清算前の順に強いとも解される。しかし，すでに弁済期到来前の段階から，設定者には物権（所有権，設定者留保権など）が当初から一度も移転せずに帰属しているとすれば（担保的構成），その部分に関する譲渡担保権者の無権利者性は，どの段階でも一貫して認められるといえよう（この点で，いったん所有権移転が生じた後に復帰が生じる取消し・解除の場合と異なる）。また，その点について悪意の第三者を保護するのは妥当でない。したがって，第三者保護は 94 条 2 項の（類推）適用によるべきであろう。

(ii)　担保目的以外の信託的譲渡の場合

慣習法上認められた譲渡担保以外でも，信託的譲渡の場合において，BがAとの内部的合意（目的物の譲渡，その他の処分行為の禁止等）に反して，目的物をCに処分したときは，当該目的物の所有権の帰属を確定するためのルールが問題になる。一例として，「信託的譲渡」の譲受人からの取得者と譲渡人との争いに 177 条の適用があるか否かが争われた裁判例がある。

【大阪高判昭和 56 年 3 月 13 日行裁例集 32 巻 3 号 384 頁】[61]

Aは，経営不振のB会社がP信用金庫から融資を得られるよう，A所有不動産の所有名義をBに移転した（登記原因は売買）。しかし，B会社に対する租税

---

59)　譲渡担保設定者Aには設定者留保権（物権）が残り，譲渡担保権者Bは所有権から設定者留保権を引いた残りである譲渡担保権をもつにすぎないにもかかわらず，所有権移転原因たる意思表示に基づく登記をもつことは，端的に虚偽表示であるとみる見解である。道垣内 2008: 299–300 頁，315 頁，327 頁。

60)　学説・判例につき，田髙 1996: 165–170 頁，181–185 頁，髙木 2005: 359–361 頁参照。少なくとも，③段階，つまり，譲渡担保権消滅後における目的物の譲受人Cと譲渡担保権設定者A（所有者）との関係は，判例（前掲注 56）のように形式的に対抗の法理によって決するのではなく，無権利の法理およびその例外則によって処理されるべき事例類型と解すべきであろう。

61)　本判決に対する評釈として，岸田 1982: 228 頁，竹内 1983: 186 頁参照。

滞納処分として，当該不動産がＣ（国）によって差し押さえられ，差押登記が行われた。そこで，ＡがＣに対し，所有権に基づいて差押登記の抹消登記手続を請求した。これに対し，Ｃは，①Ａは本件不動産をＢ会社に「信託的に譲渡」したものであり，所有権は実体上Ｂに移転しているので，ＡはＢに目的違反処分の禁止を義務づけた「内部関係」をもって第三者に対抗できない，②仮にＡＢ間の売買が仮装であっても，94条2項の（類推）適用により，Ａは善意のＣに対して所有権移転の無効を対抗することができないなどと反論した。

原審は，ＡＢ間の信託的譲渡を認定し，Ｃが主張する前記①の論理に従ってＡの請求を棄却した。

大阪高判は，原審判断を認容し，「信託的譲渡」においては，「譲渡当事者間〔ＡＢ〕における譲渡目的の制限は第三者〔Ｃ〕に対抗することができず，対外関係においては，所有権は譲受人〔Ｂ〕に帰属する」。したがって，Ａは，本件物件が「実質的にはＡの所有に属する」旨の主張をすることはできないとした。また，ＡＢ間で信託的譲渡が行われた場合，Ｂの目的違反処分を禁止する「内部的制限」の存在を第三者Ｃが知っていたとしても，Ａはその制限を第三者Ｃに対抗することができない（第三者Ｃの善意・悪意不問）と解した[62]。

本判決は，信託的譲渡の譲受人Ｂから譲渡を受けたＣに対し，Ａは177条の第三者の地位に立つと解しているようである。しかし，信託的譲渡の実質を重視すれば，悪意のＣを保護するまでの必要はないものと解され（Ｃの悪意の主張・立証責任はＡにあると解される），Ｃの保護は94条2項の類推適用によって図るべきであろう。

(iii) 制定法（信託法）に基づく信託の場合

委託者Ａが受託者Ｂに信託した財産を，Ｂが第三者Ｃに処分した場合，それが信託の趣旨に合致するものであれば処分は完全に有効であるが，受託者Ｂの権限に違反するときは，受益者Ａ（自益信託の場合）または受益者Ｘ（他益信託の

---

62) 東京地判平成元年4月12日判タ713号145頁（Ａがその所有不動産をＢに信託的に譲渡したが，Ｂに対する国税の滞納処分として，当該不動産が国Ｃによって差し押さえられた事案で，ＡのＣに対する差押無効確認請求を棄却）。

場合）は，受託者Ｂの相手方ＣがＢとの取引行為の当時，当該行為が受託者Ｂの権限に属しないことを知っていた，または知らなかったことに重過失があったこと（悪意または重過失）を要件に[63]，ＢＣ間の行為を取り消し，Ｃが取得した財産をＢの下に返還させることができる（信託法27条）[64]。この場合，受託者Ｂの権限違反行為の法的性質が，〔1〕無効な行為か，〔2〕無権代理行為と同様の性質をもつか，〔3〕有効ではあるが詐害行為取消権の対象となる行為かが問われる。この問題は，受益者の法的地位の本質を，(a)信託財産に対する所有者的ないし物権的なものとみるか（物権説。したがって，権限違反行為によって処分された財産をＢの相手方Ｃ，さらにその転得者Ｄ……へと追及する効力をもつ）か，(b)受託者に対する債権的なものとみるか（債権説。権限違反行為によって処分された財産の取戻しは，詐害行為取消権の行使の効果として解釈する）か，受益権の法的性質論に通じる。(a)物権説は前記〔1〕または〔2〕の帰結に，(b)債権説は同〔3〕の帰結に結びつきやすいであろう[65]。この問題は，ＢＣ間の行為の効果としては前記実定法規（信託法27条）が存在するので，その解釈の枠内で議論されるが，Ｃからさらに財産を転得したＤによる権利取得の要件・効果の解釈に大きく影響するであろう。

　例えば，受託者Ｂが信託財産に属する不動産を権限違反処分によってＣに譲渡して移転登記し，さらに当該不動産をＣがＤに譲渡したとする。他方，受益者Ａ（自益信託の場合）またはＸ（他益信託の場合）は，ＢＣ間の行為を信託違反処分として取り消した場合，ＡまたはＸはＤに対し，当該不動産をＢの下に返還するよう請求できるであろうか。ＡまたはＸの取消しがＣＤ間の譲渡の前に行われた場合と同譲渡の後に行われた場合が考えられる。(a)物権説の立場からは，いずれの場合にも無権利の法理を適用し，Ｄの保護は94条2項の類推適

---

63)　相手方（第三者）の悪意または重過失の主張・立証責任は，受益者にあると解されている。また，当該財産について信託の登記・登録がされていた場合でも，ＡまたはＸがＢＣ間の法律行為を取り消すためには，Ｃの悪意または重過失を要する（信託法27条2項）。なお，この取消権は受益者が取消原因のあることを知った時から3か月または行為時から1年で時効消滅する（信託法27条4項）。

64)　また，この受託者の権限違反行為の取消権は，信託行為の定めにより，委託者Ａにも付与することができる（信託法145条2項2号・3号）。

65)　この点につき，(b)債権説からの検討として，松尾 2008: 104-118 頁参照。

用によることになるであろう（Dの善意の内容は，取消前に現れた場合はＢＣ間の処分が受託者の権限に違反することを知らなかったこと，取消後に現れた場合はＢＣ間の処分が取り消されたことも知らなかったことになる）[66]。

　これに対し，(b)債権説の立場からは，民法424条の解釈論に信託法27条の要件を加味して，Dが善意（・無重過失）のDに対しては，ＢＣ間の行為の取消しの効果を主張し，目的物の返還（引渡済みの場合），ＣＤ間の移転登記の抹消またはDからＢへの移転登記手続（移転登記済みの場合）等を請求することになろう。もっとも，(a)受益権の性質を物権的なものとみて，AまたはＸとDとの関係に無権利の法理を適用する場合の方が，(b)受益権の性質を債権とみて，債権者取消権の解釈による方がDの保護要件が軽くなるという不均衡が問題であるとすれば，(b)債権説の場合もDの保護要件は善意で足りると解すべきことになろう。もっとも，(a)物権説によれば，Dの保護要件として善意・無過失が要求されるという解釈が成り立つとすれば，(b)債権説によれば，それよりも緩和された要件（善意・無重過失）をもってDを保護しうることになる。

　いずれにせよ，Dが悪意の場合にまで権利取得を認める必要はないものと解され，AまたはＸとDとの関係に対抗の法理の適用は馴染まないものと解される。しかし，その一方で，Ｂは，信託目的による制約があるとはいえ，当該財産の所有者であるから，その処分はもはや無権利者の処分と解することはできず，無権利の法理の適用領域の限界を超えているものと解される[67]。むしろ，AまたはＸ・Ｄ関係は，ＣＤ間でいったん生じた権利移転の効果の取消しによるDからＣ（さらにＢ）への財産復帰に対してDの権利保護資格要件が問題になる法律関係とみて，Dは善意（かつ無重過失）であることは要求されるが，必ずしも対抗要件の具備までは求められないものと解すべきであろう[68]。

66）　もっとも，96条3項に関する判例のように，取消前の第三者の保護は94条2項によりつつ，取消後の第三者には対抗の法理を適用し，ＢＣ間の移転登記の抹消登記手続とＣＤ間の移転登記の先後によって解決するという解釈方法も考えられなくはない。なお，道垣内1996: 182頁参照。

67）　たしかに，すでに信託の登記・登録がされている財産についてもなおＣに悪意または重過失が認められなければAまたはＸによる取消しができないものとされ（信託法27条2項），旧法（旧信託法31条）以上に第三者および取引安全の保護が図られている。しかしなお，悪意または善意・重過失のＣの保護は否定されており，全般的な価値判断としてはＣからＢへの権利復帰にプライオリティがあると解される。

以上のような信託受益者の地位に比べると，譲渡担保権設定者または信託的譲渡人の法的地位は，実質的な所有者性が強いとみられ，また，その分だけ信託受託者の地位に比べると，譲渡担保権者または信託的譲受人の所有者性は弱く，それゆえに，これらの者の権限違反処分はなお無権利の法理（およびその例外則による第三者保護）の適用領域内にあるものと考えられる。

⑷　元来所有者からの取得型（第3類型）

(ⅰ)　二重譲渡型事案への94条2項の類推適用

　さらに，無権利者と取り引きした者による権利取得の法理の適用領域を拡大し，対抗の法理の典型的適用場面までも取り込もうとする解釈論が存在することは，よく知られている。例えば，Bが元々所有していた物をAに譲渡した後（意思主義の下では，この譲渡によってBは「無権利者」になったと構成される），Aがその対抗要件を具備する前に，Cとも譲渡契約を締結した場合，Cの対抗要件具備による権利取得（177条，178条）は無権利者からの取得となり，したがって，善意・無過失であることを要するとの解釈である[69]。しかしながら，このように典型的な対抗の法理の適用領域におけるBはなお権利者であり，Cへの処分は無権利者による処分とみることはできず，ただちに無権利の法理の適用領域に組み入れるべきでないと解されることは，既述のとおりである[70]。

　ところが，このような立場においてもなお，実質的な二重譲渡の事案であるにもかかわらず，一定の事情がある場合には，無権利の法理（およびその例外則）の適用が問題になることがある。実際，土地の二重譲渡をめぐる譲受人間の紛争に94条2項の類推適用を認めた判決例がある[71]。

　事案については，すでに紹介したが（本書第5章3⑵），本章のコンテクストに即して簡略に整理し直せば（本章での説明の便宜上，AとBの表記を逆にする），以

---

68)　この点につき，松尾 2008: 115 頁の旧説を改説する。

69)　いわゆる公信力説である。

70)　本書第6章2⑷(ⅰ)(ｱ)。

71)　最判昭和45年11月19日民集24巻12号1916頁。本判決につき，本書第5章3⑵参照。

下のとおりである。Bが所有する宅地をAに売却し，代金支払を完了して所有権を取得した。しかし，代金完済前に，AがBに対して所有権移転請求権保全の仮登記手続を求めた際に，Bが司法書士に依頼して，BがAから借用した金銭を期限までに返済しないことを停止条件とする代物弁済契約書を作成させ，同司法書士がAからも登記手続の委任を受け，Aのための抵当権設定登記および停止条件付代物弁済契約に基づく所有権移転請求権保全の仮登記をした。それから約3年後，Bは同宅地をCに売却して移転登記を済ませ，CはこれをDに転売し，移転登記を済ませた。DはAに対し，抵当権の被担保債権の弁済を提供したが，Aが受領拒絶したことから，これを弁済供託し，Aに対して，抵当権設定登記および所有権移転請求権保全の仮登記の抹消登記手続を請求した。第1審はDの請求を棄却し，第2審はDの抵当権設定登記の抹消登記手続請求は認めたが，所有権移転請求権保全の仮登記については，ＢＡ間の売買契約による実質的な権利関係と合致することを理由に，その抹消登記手続請求を棄却した。最高裁は，これを破棄し，Aの関与の下でBが作出した抵当権設定登記および停止条件付代物弁済契約に基づく所有権移転請求権保全の仮登記が無効であることについて，第三者Dが善意無過失であれば，Aはその無効を対抗できないと解し，Dが善意無過失の第三者に当たるか，およびDの弁済供託が適法に行われたかを審理すべく，原審に差し戻した。

　本判決は，「Aは，……真実はBから所有権を取得した所有者」であり，したがって，ＡＤ関係が実質的に対抗問題であることを認定しながら，いわばプラス・アルファーの要素として，「抵当権設定登記および停止条件付代物弁済契約に基づく所有権移転請求権保全の仮登記は……Aの意思に基づくもの」であることに着目して，いわゆる意思・外形非対応型に関する94条2項類推適用判例の法理を適用し，Aは善意・無過失の第三者に対して「実体上の権利関係」（Aは所有者である）が登記（Aは抵当権者と表示されている）と相違することを対抗することができないとしたものである。

　このような解釈方法に対しては，(a)本判決の論理を批判し，事案の実質に即して177条を適用することにより，所有権移転登記を取得したDへの所有権帰属を認め，実体関係に符合しない無効な抵当権登記と仮登記をもつAに対するDの抹消登記手続請求を認めるべきであるとする見解がある[72]。これに対し，

(b)あえて94条2項を類推適用し，第三者保護要件としての善意・無過失および有効な弁済供託をDに要求することにより，Aの利益にも配慮したことを評価する見解もある[73]。

　本件は，しいて単純化すれば，Bを起点とするA（第1譲受人）およびD（第2譲受人）への二重譲渡事案であるが，ＡＤ関係は，もっぱら対抗要件の具備の先後で優劣を決すべき対抗関係にあるとみることは妥当ではない。なぜなら，ＢＡ間の売買契約後，Aが所有権移転請求権保全の仮登記手続を求めたが，Bは抵当権設定登記および代物弁済契約に基づく所有権移転請求権保全の仮登記（不実の登記）の手続を行い，それについてAも一定の関与をしたこと，Aが代金を完済して所有権を取得したこと，しかし，Bが当該宅地をCに売却するまでに3年近くが経過したことに本事案の特色がある。そこには，Aへの所有権帰属の確定性を強める要素がある一方で，不実の外観の作出と存続に対するAの帰責性を問う余地もある。それゆえに，94条2項の類推適用の余地を認める(b)説が妥当であると解される。

(ii)　二重譲渡型事案への悪意または有過失者排除論の適用

　そして，このような解釈方法は，やはり実質的に二重譲渡類型に属する他の事案において，悪意または有過失者排除論をとった未登記通行地役権者Aが要役地所有者Bから要役地を譲り受けて所有権移転登記をしたCに対し，通行地役権の確認，通行妨害の禁止等を請求した事案で，Cが通行地役権について「認識していたか又は認識することが可能であったとき」は，CはAの地役権登記の欠缺を主張する正当な利益をもつ「第三者」に当たらないと判断した判例法理にも通じるものがある[74]。ここでも悪意または有過失者排除論がとられており，177条に関する判例法上の善意悪意不問・背信的悪意者排除論とは異なる法理が実質的には適用されているとみられる[75]。

　最判平成10年判決（前掲注74）に対するこのような解釈に対しては，批判も

---

72)　幾代 1971: 122–123 頁，下森 1988: 98–99 頁。
73)　星野 1972: 118–119 頁。
74)　最判平成 10 年 2 月 13 日民集 52 巻 1 号 65 頁。
75)　本書第 5 章 2 (1)(ii)(ア)，第 6 章 2 (4)(i)(イ)参照。

ある。石田剛教授は，同判決が対抗問題についての判例法理である背信的悪意者排除論[76]をとらず，「別の枠組に依拠したことに相応の合理性があり，それが地役権の特殊性を反映したものである，と捉える限りにおいて，本稿も松尾説と理解を共有している」とされつつ，つぎの2点で私見を批判される[77]。第1に，私見が本判決における「地役権の特殊性」は分譲地としての開発当初から一貫して通路として開設・管理されてきた承役地上に通行地役権が存在し，そのことが周辺地の利用者によっても認識され，かつ第三者にとっても認識可能であったような事情の下では，本件通行地役権は未登記ではあるが，その他の未登記物権に比べて権利帰属の確定性が高いと解される点に求めたことに対し[78]，石田説は「地役権の特殊性」は「通行地役権が占有権限を当然には内包しないために，仮に通行権の存在を認めても『通行させるだけ』なのであるから，承役地譲受人に生ずる不利益は比較的僅少である」点に求めている。また，第2に，本判決が通行地役権について「認識していたか又は認識することが可能であった」第三者を排除した（悪意または有過失者排除論）理由を法理論的にどのように説明すべきかについて，私見が本件では未登記通行地役権者と承役地譲受人との関係が対等・平等な対抗関係には立たず，前者への権利帰属のプライオリティが高いことから，第三者たる後者は仮に保護されるとしても無権利の法理の例外則の適用要件と少なくとも同程度のもの（第三者Cの善意・無過失）が求められるという意味で，実質的に無権利の法理（の例外則）の侵入が見出

---

76) 判例が依然としてこの立場を維持していることは，同判決後にやはり所有権および通行地役権の対抗をめぐる事案に関して下された，最判平成18年1月17日民集60巻1号27頁でも確認できる。前述第6章1(2)参照。

77) 石田2007: 169-170頁。

78) この点に関し，石田教授による私見の解釈にはやや誤解があるように思われる。私見では，物権の取得者が未登記であるにもかかわらず，その者への未登記物権の「帰属の確定性」が認められるのは，177条の原則に対する例外であるから，相当特殊な場合に限られると解する。そのような例外を認めた最判平成10年の事案もそうであるが，たんに通行地役権であるというだけでは不十分で，本文に例示したような特殊な事情があってはじめて，物権帰属の確定性が高まると解する。この点について石田教授は，「地上権や賃借権等の……利用権者が目的不動産を長期間占有利用していることが客観的に明らかな場合には，同様に『帰属の確定性が強い』ことになり……」と反論するが，私見はそのようには解しておらず，むしろそのような場合は典型的な対抗の法理の適用により，原則として登記を得た者（善意・悪意不問）への権利帰属が確定し，その者が背信的悪意の場合だけ未登記物権者の対抗を受けると解する。

第8章　無権利の法理と権利取得要件　　245

されると解したことに対し，石田説は「むしろ不法占拠者に対する妨害排除請求の局面で問題となる権利濫用法理と連続性がある」とする。

第1点に対しては，石田説のように「通行させるだけ」なのであるから承役地讓受人に生ずる不利益は比較的僅少である点に「地役権の特殊性」を認めるとすれば，そうした特殊性は通行地役権者一般に認められることになるように思われる。しかし，そこまで広く対抗の法理に対する例外を認めるべきではなく，最判平成10年の射程もそこまでは及ばないものと解する。

第2点に対しては，本判決のような事情の下で未登記通行地役権者が承役地讓受人（既登記）に対抗することが認められるときは，けっして無権原占有者ではなく，合法的な権原＝用益物権としての地役権をもつ者とみられるべきである。それは，事実上黙認的に認められるだけの通行にすぎないものとは異なり，したがって，その通行保護の法理が「不法占拠者に対する妨害排除請求の局面で問題になる権利濫用法理と連続性がある」とみることは妥当でない。むしろ，たんなる未登記通行地役権者であるよりも一歩進んで本判決のような事情があるときは，未登記通行地役権者にも合法的な権原が承認され，それゆえにこそ，そのような場合には承役地所有者（既登記）に対する地役権の登記請求まで認められて然るべきである[79]。仮に未登記通行地役権者を権利濫用法理で保護するときは，より積極的に地役権の登記請求権まで認めることはただちには困難である。加えて，承役地讓受人（既登記）が所有権に基づく妨害排除請求をすることは，とりわけこの者が善意であるときは，必ずしも権利濫用と評価されるべきではないと解する。

(5)　無権利の法理の限界

以上のように，無権利者と取り引きした者による権利取得の法理が適用される実体的法律関係は，元来無権利者からの取得型が中心であり（前述(2)），形式的所有者からの取得型では信託受託者Bによる処分の相手方Cなどの不適用場面が現れ（前述(3)），さらに元来所有者からの取得型では所有者Bから先行処分

---

79)　実際，最判平成10年12月18日民集52巻9号1975頁は，そのような登記請求を認める。

を受けたＡへの権利帰属の確定性がとくに強いと認められる事情がある場合（前述(4)(ⅰ)・(ⅱ)参照）に限定されると解される。

　では，これらの場合と対比して，もう１つ残された権利変動類型である，いわゆる復帰的物権変動の法律関係において無権利の法理はどのような形で適用可能であろうか。例えば，Ａが所有物をＢに譲渡し，ＢがこれをＣに処分したが，ＡからＢへの譲渡の原因が取消し・解除などによって失効した場合が典型的である。とりわけ，ＡＢ間の権利移転の効果がいわば遡及的に失効することが認められる場合，Ｃは「無権利者」と取り引きしたことになるのであろうか。この類型の物権変動の範囲は広く，例えば，Ａのための失踪宣告の取消しによる権利復帰（32条１項ただし書），Ａのための制限行為能力取消しによる権利復帰（121条，121条の２第１項），Ａが錯誤を理由に取消しを主張した場合の権利復帰（95条１項），Ａが詐欺または強迫を受けた場合の取消しによる権利復帰（96条１項，121条，121条の２第１項），Ｂの相続放棄による共同相続人Ａへの権利帰属（939条）などがある[80]。この類型も，ＡＢ間の権利移転効果の失効により，Ｂが遡って無権利者であったことになるものと解すれば（遡及的無効），Ｂと取り引きしたＣの法的地位は，元来権利者からの取得型のＣに類するものとして，無権利の法理が広く適用されると解釈することになろう。

　しかし，Ｂは最初から最後までずっと無権利者であった者（盗取者，賃借人，使用借主，受寄者，公序良俗違反の法律行為による取得者など）と異なり，いやしくもＡからＢへの権利移転がいったんは存在したという事実は，たとえＡＢ間の権利移転原因が取消し・解除等によって後に失効したとしても――あたかも消しゴムで消し去るかのように――消去することはできない[81]。この点において，いったん取得した権利の移転原因が失効した者Ｂの法的地位と，元来無権利者Ｂの法的地位との相違は，その者と取り引きしたＣの法的地位および真の権利者Ａの法的地位との比較において，無視することのできない違いであるように思われる。したがって，この類型ではＢからＡへの権利復帰という新たな物権変動の存在を認めざるをえないと解される。しかし，他方で，この物権変動は，

---

80)　いわゆる「相続と登記」に関する一連の問題群については，水野 2005: 195–219 頁参照。
81)　これは，無因主義の帰結である（本書第１章２参照）。

第８章　無権利の法理と権利取得要件　　247

Bが元々自分でもっていた権利を自分の意思に基づいてAに処分し，それがやはりB自身のもっていた権利を自分の意思に基づいてCに処分した行為と相容れないことになった場合（対抗の法理の典型的な適用場面）とも異なり，元の所有者Aの意思に従って原状回復を強いられるものである。したがって，これらの両側面に配慮しながら，この類型の物権変動に対しては，無権利の法理は元来所有者からの取得型の場合（前述(4)）とのバランスを考慮して，取消し・解除等による権利移転の失効（またはその原因の発生）後も権利復帰のための手続をとらずに長期間放置している間に善意（・無過失）の第三者が現れた場合などに限定して適用されることになろう。

2　第三者保護の要件

(1)　無権利の法理の例外則としての権利取得要件

(i)　無権利の法理の例外則による権利取得のメカニズム

無権利の法理とその例外則の適用範囲を踏まえて，つぎに問われるべきは，無権利者と取り引きしたにもかかわらず，なぜ権利取得が認められるのか，その帰結を正当化し，そのメカニズムを説明することのできる首尾一貫した法理（無権利の法理の例外則としての権利取得の法理）が見出されるかどうかである。

無権利の法理の例外則としての権利取得の要件（以下，便宜的に「権利取得要件」と呼ぶ）には，必然的に相互に結びついて1つの要件を構成する2つの要素がある。というのも，無権利の法理の例外則は，構造的には，①無権利者Bとその相手方C（第三者）との取引内容に応じた権利をCに帰属させること，および②それを可能にするために，真の権利者Aの権利をその限りで消滅させること，という2つの要素があってはじめて成立するからである。したがって，かかる例外則の構造に従い，権利取得要件も，①BC間の取引内容に従ったCの権利取得を正当化するに足る要件，および②Aの権利をCの権利取得を可能にする範囲で消滅させることを正当化するに足る要件という2つの面から構成される。この両者が相俟ってはじめて，あたかも《無から有が生じる》かのような帰結を正当化することができる。

このことは，無権利の法理の例外則の典型例である表見法理が，①本人（真

の権利者）の帰責性（帰責原理）と②第三者の正当な信頼保護（信頼原理）の両要素から成るものとされることによく現れているといえる[82]。なお，権利外観法理といわれるときは，信頼原理よりは取引安全が念頭に置かれており，外観を特定の相手方がどのように理解して然るべきであったかということよりも，それが取引社会においてどのように理解されるかが重視され，また，外観の存在が決定的な意味をもつとされる[83]。

　もっとも，無権利の法理の例外則にも多様な形態が存在することから，権利取得要件の2要素はつねに同じ内容のものとして要求されるものではない。例えば，94条2項およびその類推適用は，ＡＢ間における権利移転の意思表示の欠如ゆえにＢが無権利であり，その者からＣは権利取得できないというＡの主張を，Ａの帰責性の強さゆえに遮断することに主眼がある。これに対し，192条の即時取得は，Ｃの占有取得に伴う権利取得をＢＣ間の取引行為の内容に応じて保護することに主眼があるものと解される。それゆえに，両者は法的性格が大きく異なるともいえる[84]。

　しかし，他方で，そうした多様性があるだけに，同じく無権利の法理の例外則として要件間のバランスが大きく崩れているのは問題であり，規範としての均衡や適用事案類型の相違に応じて相応しい要件の相違やあるべき規範相互間の連続性を確認することは，個別規定間の整合的な解釈や規範の欠缺部分の発見と補充，そして，より首尾一貫した無権利の法理およびその例外則，その中核要件としての権利取得要件の抽出に寄与しうるであろう。本書は到底そこまでは及び得ないが，それに通じる考え方の糸口を探るものである。

　すでに確認したように，無権利の法理の例外則の適用場面で最も頻繁に現れる典型例である94条2項（の類推適用）と即時取得（192条～194条）を比較する

82）　前掲注16および該当本文参照。

83）　山本2005: 141頁。

84）　したがって，真の権利者側の帰責性と第三者側の信頼や取引安全を相関的に関連づけて，例えば，192条を本則とし，94条2項，109条，110条，112条等は，権利者側に一定の帰責事由が存在する場合に，192条の場合よりも，第三者が保護されるための要件（占有取得，過失等）を緩和したものとして，その限りで，192条の特別法（特別規定）として，解釈することは，無権利の法理の例外則の構造をあまりに単純化しすぎるものといえよう。

第8章　無権利の法理と権利取得要件　　249

と，少なからぬ要件上の相違が浮かび上がる。最大の相違は，即時取得で要求される占有取得の要否である。これは権利取得要件の中で理論的にどのような位置づけをもつものであろうか。

　ちなみに，即時取得は占有に公信力を付与したものと説明され，日本民法上は動産に限定されるが，登記・登録制度がある財産権について即時取得を認める場合には，一般に当該財産権の登記・登録に公信力が認められている[85]。この意味では，善意取得における占有取得要件は，登記・登録によって代替される素地をもつことが認められる。この点を考慮に入れた場合，即時取得における占有取得要件は，94条2項およびその類推適用の要件として，登記等の具備まで必要とするかという議論との関連性をどのように説明すべきかという問題に通じうる。

　94条2項およびその類推適用の要件として登記等の具備まで要しないとする見解の根拠の1つは，表意者の帰責性の強さ，および表意者と相手方との人的関係の特殊性によって虚偽の登記等が容易に回復されてしまった場合に，第三者にとっては登記等の取得が困難になる事態も想定されることに求められよう[86]。仮にこの説明が一定の妥当性をもつとすれば，即時取得の要件では本人（真の権利者）の帰責性がどの程度要求されているか，そして，本人の帰責性と第三者の占有取得ないし登記・登録等の取得は，権利取得要件の一般理論として，どのような関連性をもっているか（もつべきか）が問われよう。

　即時取得（192条）の要件としては，①無権利者Bとその相手方Cとの取引行為による，②Cの占有取得，③Cの占有取得時の善意，④それについての無過失である。ここでは，権利を失う真の権利者Aに関する要件は登場せず，この点は94条2項およびその類推適用との大きな相違である[87]。もっとも，盗

---

85)　例えば，ドイツ民法892条，地球温暖化対策の推進に関する法律39条など。もっとも，後者については，登録と離れた引渡しを観念することは困難である。

86)　本書第3章2参照。これに対し，登記等を必要とする見解は，第三者Cと表意者との関係を対抗関係と捉えて両者に対抗要件（177条，178条）を要求するか（川井1967: 96頁），あるいは第三者Cの権利資格要件として登記等を要求するという説明をしている（川井2005a: 165頁，川井2008: 165頁）。

87)　真の権利者の態様はまったく問題にされないとみてよいかはなお検討を要するが，94条2項の構造と192条〜194条との規範構造の間には，本文に述べるような相違がある。

品・遺失物（いわゆる占有離脱物）の場合には，一定期間，被害者・遺失主に回復請求権が認められていること（193条）に鑑みると，それ以外の物の場合（AがBに使用貸借，賃貸借，寄託した物など，A自らの意思に基づいて引き渡された物。いわゆる占有委託物）は，Aとの約定に反し，Aに無断で他人物売買をするようなBに占有を委託したという限りで，Bに信頼を置いたAにその意味での「帰責性」を見出しうるかも知れない。

　しかしながら，この意味の「帰責性」は，自ら相手方Bと通謀して虚偽表示をしたり，Bに無断でB名義の権利外観を作出したり，自分の知らない間に作出されたB名義の権利外観を知りながらあえて存置したようなAの帰責性とは本質的に性質が異なる。なぜなら，後者における虚偽の外観作出・存置は，正常な取引行為の枠を逸脱しているという意味で，まさにその点に虚偽の概観に従った権利喪失の責任を帰せられるべき行為であるのに対し，他人に使用貸借，賃貸借，寄託をすることは，無権限処分の高度の蓋然性や具体的な危険性を認識しながらあえてそうしたのでない限り，通常の取引の範囲に属する行為であり，それ自体はただちに権利喪失に通じる帰責性を問われるべき行為態様ではなく，その点では安心して取り引きできることが，近代取引法の理念に合致するものとみることができるからである。したがって，この場合にまで帰責性を問うことは，それがないように予防するためには取引をしないという選択しか残されないことを意味することになりかねない。しかも，この意味での帰責性が弱い盗品・遺失物の場合ですら，即時取得の要件を満たさないとされているのではなく，一定期間に限って回復請求権を許容するのみであり，しかも市場等で取得した第三者に対してはその者が取得に要した代価の弁償義務と引き換えでなければ回復できないものとされており（194条），この意味でも，占有委託の帰責性は，即時取得の要件としては不可欠の要件とまでいうことはできない。

　では，同じく無権利の法理の例外則（の典型例）でありながら，94条2項（の類推適用）と即時取得とは，権利取得法理としての接点を何らもつことのない別個の制度なのであろうか。

(ii)　真の権利者の権利喪失効果の発生原因

　しかし，翻って，94条2項（の類推適用）とともに，即時取得の場合も，真の権利者の権利喪失効果をもたらすのであるから，なぜ権利を失っても止むをえないのか，その理由を説明し，正当化する必要性は，いずれにしても残される。この点で，権利喪失効果の中心的ないし究極的な原因が，(a)真の権利者の意思ないし何らかの行為態様の効果に求められるのか，あるいは(b)真の権利者の意思，その他の行為態様といった真の権利者側の事情よりも，取得者側の事情を考慮した権利取得制度の帰結としての反射的効果に求められるのかが問われる。両者のうち，真の権利者の権利喪失効果の説明がより難しいのは，真の権利者の意思または行為態様が直接の権利取得要件とはならない後者の場合である。そこで，無権利の法理の例外則として，真の権利者の意思的要素に何らかの形で関連づけることなしに権利喪失効果を生じさせることが正当化されるかどうかが焦点になろう。

　この観点からみた場合，即時取得制度が，(b)取得者側の事情を考慮した権利取得効果を認める結果として反射的な権利喪失効果をもたらす制度であるといえるかどうかを，盗品・遺失物に関する例外規定の理解の仕方を含めて，検討する必要がある[88]。そのためには，①即時取得制度の沿革に加え[89]，②それが各々の主権国家の現在の法秩序の中に組み込まれたときに，とくに個人の意思の尊重に究極的な価値を認める個人主義的法体系における法律効果の究極的原因として，個々の社会構成員の意思を無視することができない場合に，その権利取得要件における意思的要素をどこに求めるかが明らかにされなければならない。もっとも，即時取得制度における意思的要素は，必ずしも94条2項（の類推適用）と同じ形で見出される必要はない。仮にそれが権利取得要件としてはもっぱら取得者側の事情を考慮要因とするとしても，即時取得の場合，潜在的には，真の権利者の側にも取得者の側にも，いずれの立場にも立つことが一般的にありうる——地位の互換性が高い——取引についての個々の社会構成員の一般的意思として，取得者が一定の要件を満たした場合には，真の権利者

---

88)　後述(iii)⑤参照。
89)　即時取得制度の沿革につき，田島1933，川島編1968: 81-91頁〔好美清光〕，川島＝川井編2007: 124-140頁〔好美清光〕，槇1984: 299-328頁参照。

として権利喪失効果を受けることを抽象的可能性として承認しているという形でも，(a)の意思的要素に相当する原因をなお見出しうるであろう。無権利の法理の例外則としての権利取得要件の中でも，占有取得ないし登記・登録に公信力を認めた制度が，取引行為に基づく善意・無過失での占有取得を要件とする（特別形態の権利取得要件として，公信要件と呼ぶ）場合には，このような形での権利喪失効果の原因の説明と正当化が可能であろう。

　その場合に重要なことは，権利喪失効果の原因をそのように抽象化された形での社会構成員の意思に求めることができるのは，社会構成員がごく一般的に，真の権利者側にも第三者側にも立つことがありうるという地位の流動性である。そして，かかる地位の流動性を担保しているのは，真の権利者Aとその相手方Bとの間の取引（賃貸借，使用貸借，寄託，……）も，Bとその相手方である第三者Cとの取引（動産購入，譲渡担保，質権設定，動産先取特権の発生原因となる不動産賃貸，動産売却など）も，取引社会で一般的に行われる通常のものであるということである[90]。このことが，一般の即時取得（192条）と，虚偽表示（94条2項）およびその類推適用とが本質的に異なる点である。虚偽表示の場合，相手方Bと第三者Cの関係は一般取引であるとしても，虚偽表示者Aとその者と通謀する相手方Bの関係はけっして通常の一般取引関係であるとはいえない。したがって，社会構成員が潜在的な可能性として通謀虚偽表示の表意者A側に立つことは一般的に想定されるべきではない以上，その者が受ける権利喪失効果の原因は，その者のより具体的に特定された意思的ないし行為態様的な要素に求められる必要がある。94条2項（の類推適用）において権利を失う真の権利者の帰責性が権利取得要件の絶対的要素とされる理由はここに求めることができるであろう。

　これに対し，即時取得の場合には，自らが動産の貸主・寄託者等（A）になることも，その買主・質権者等（C）になることも同じようにありうるときに，どのような場合であればAとして権利を失ってもやむをえず，どのような場合であればCとして権利取得の期待が保護されなければならないと考えるか，そ

---

90)　それゆえにAB関係が通常の取引関係とはいえない盗品・遺失物の場合には，権利取得要件として真の権利者の意思に関わらせる要素（所定の期間内に回復請求するかどうか，所定の代価弁償をしても取り戻すかどうかなど）が必要になる（193条，194条）。

こで成立しうる調整点（妥協点）が即時取得における占有取得の意味であると解される。したがって，それはたんに権利取得要件であるにとどまらず，権利喪失原因として，潜在的にＡの立場に立ちうる社会構成員が，権利喪失に服してもやむをえないと納得するに足る要件でなければならない。一般に，そのための占有取得（192条）が占有改定では足りず，一般外観上変更をきたすような占有取得が必要であるとされる理由は，たんに権利取得者側のみならず，真の権利者側の権利喪失原因を説得的に正当化しうるものでなければならない点に求められるのではなかろうか。そうであるとすれば，Ｃの占有取得は，ＡのＢに対する間接占有を実質的に消滅させるような態様である必要があろう。

(iii)　第三者側の権利取得要件の内容

　このように，仮に真の権利者側の権利喪失原因の究極的根拠には共通点が見出されるとしても，その構造ないし内容，したがってその説明の仕方には，同じく無権利の法理の例外則の中にも少なからぬ相違がある。このことは，第三者側が備えるべき権利取得要件の内容にも影響を与える。

　まず，真の権利者Ａとその相手方Ｂとの取引も，Ｂとその相手方（第三者）Ｃとの取引も社会構成員が一般的に頻繁に繰り返して行う即時取得の場合，Ｃが備えるべき権利取得要件は，それが同時に潜在的にＡの立場に立つこともありうる社会構成員が納得しうるように，Ａにとっての権利喪失要件としても通用するものでなければならない。それゆえに，無権利の法理の例外則の中では，取得者側の要件としては即時取得の場合が最も厳格になるべきものであろう。①無権利者Ｂとその相手方Ｃとの取引行為による，②Ｃの占有取得（ＡのＢに対する間接占有を実質的に失わせるような態様のもの），③Ｃの占有取得時の善意，④それについての無過失である。

　さらに，ＡとＣの地位の流動性がより低くなる盗品・遺失物の場合は，Ａの権利喪失要件をより厳格にするために特別ルールが設けられている（193条）。これを，⑤盗品・遺失物についての回復可能期間の経過という形で権利取得要件に付加することが可能である。もっとも，⑤を権利取得要件に含めるか否かは，盗品・遺失物の回復可能期間中にすでに即時取得が成立しているとみるか否か，換言すれば，回復可能期間中の所有者はＡかＣかという解釈問題の先決

問題になることに留意する必要がある[91]。

　これと比べると，すでに真の権利者Aの権利喪失原因が前提要件の中に組み込まれている 94 条 2 項の類推適用の場合，第三者C側の要件としては，占有取得や登記・登録等の移転は，それ自体としては必然的な要件とはならないと解される。なお，無過失の要否は，判例上は真の権利者の帰責性が比較的軽い（弱い）場合に，それとのバランス上第三者の権利保護要件を加重する意味で加えられることがある[92]。そのようなバランスのとり方に合理性がないとはいえないが，94 条 2 項の類推適用の場合，真の権利者の権利喪失原因の根拠としてその帰責性は不可欠であるから，第三者側の無過失を付加するとしても，真の権利者の帰責性を代替する要件とはなりえないと解すべきである。第三者がいかに善意・無過失であろうとも，真の権利者の帰責性なしには，94 条 2 項およびその類推適用によって権利を取得することはできない。この点に即時取得との相違があることは，前述したとおりである。

　しかし，即時取得にせよ，94 条 2 項およびその類推適用にせよ，それらについて形成された第三者の権利取得要件は，対抗の法理におけるCの保護要件に比べ[93]，典型的には元来権利者であった者の権利喪失効果をもたらす点で，権利喪失原因およびその要件の内容を権利取得要件にも連動させる結果，取得者（第三者）側の要件として善意が不可欠となることをはじめ，よりきめ細かな調整基準となっている点に特色がある。

　もっとも，善意の意味は，その対象に応じて多様であり，無権利の法理の例外則ごとに相違を確認する必要がある。その際，権利の実体と外観とのギャッ

91）　私見は，盗品・遺失物の即時取得の場合には，権利喪失原因として，究極的には潜在的にAの立場に立ちうる社会構成員の一般的意思に鑑みて，⑤が必要であると解することから，⑤も権利取得要件に加えるべきであると考える。というのも，《仮に自分がAの立場に立って盗難・遺失に遭遇したとしても，潜在的には盗品・遺失物についてCの立場に立つこともあり，その場合は回復可能期間経過前に即時取得することを望み，それゆえにやはり潜在的にAの立場に立ちうるとしてもそれを犠牲にしてもよい》という一般的意思を社会構成員が無条件にもっているとは解されないからである。

92）　94 条 2 項の適用の場合は第三者の無過失を不要としつつ，「類推適用」の場合は無過失まで求める見解がある（近江 2001: 153 頁，近江 2018: 208 頁）。

93）　基本的に，第三者Cは対抗要件の具備を要するが，善意・悪意は不問で，背信的悪意の場合には保護されない。前述第 6 章 2 参照。

プを生じさせたことについての真の権利者の帰責性の程度が，善意の内容や認
定方法に影響する場合も見出される。例えば，94条2項の適用事案では，第
三者Cが通謀虚偽表示ではないかとの疑いをもっていた場合でも，通謀虚偽表
示であると積極的に知らなかったときは，善意に当たるものと解されている[94]。

(2) 権利取得要件の主張・立証責任

(i) 192条の善意・無過失

　無権利の法理の例外則としての権利取得要件は，真の権利者の権利を消滅さ
せる一方，無権利者と取り引きした第三者の権利取得を特別に認めるものであ
るから，第三者が主張・立証すべきものである，と単純にいうことはできない。
むしろ，無権利の法理の例外則が妥当するような場面では，その前提状況自体
において，真の権利者側に権利喪失の帰責性を生じさせるような行為態様や，
第三者側に権利取得への信頼を高めさせるような占有状態の変更など，そもそ
もの出発点となる事情に大きな特色がある。そのような事態の存在を前提にす
れば，第三者が権利取得要件に該当する事実の主張・立証に関して負うべき負
担が大きなものになるとはただちにはいえない。もっとも，この点については，
判例・学説上見解の変遷があり，議論が続いている。

　即時取得の場合，第三者Cは，すでに目的物の占有を取得した状態から出発
するので（とくに真の権利者Aが第三者Cに目的物返還請求をする場合），Cの占有取
得の善意は推定され（186条1項），かつ取引行為を介した占有取得は前主の占
有が適法にされていたとの推定を許すので（188条），占有取得の無過失も推定
させる[95]。したがって，即時取得による所有権取得（ないし真の権利者の所有権喪
失）を主張する者Cは，売買等の取引行為により，相手方から占有取得をした
事実を主張・立証すれば足りる。したがって，真の権利者Aが第三者Cの悪意
または過失を根拠づける事実を主張・立証すべきであると解される[96]。

　例えば，Bから動産αを購入して引渡しを受けたCが，Bに動産αを賃貸し
ていた所有者Aから返還請求の訴えを提起された場合，Aは【請求原因】にお

---

94)　最判昭和62年1月20日訟月33巻9号2234頁。
95)　最判昭和41年6月9日民集20巻5号1011頁。
96)　この点については，本書第10章3(2)参照。

いて，①Aが動産 a をもと所有していたこと，②現在はCが動産 a をBが占有
していることを主張・立証し，Cは【抗弁】で，③BC間で動産 a の売買・譲
渡が行われたこと，④③の売買・譲渡に基づいてBが動産 a をCに引き渡した
ことを主張・立証することになる（192条に基づく所有権喪失の抗弁）。その際，⑤
動産 a の占有取得に際しての平穏・公然・善意は暫定真実として推定され
（186条1項），⑥同じく無過失も，取引行為によってCがBから占有取得をした
ときは，Cが信頼したBの占有は適法なものと推定される（188条）。そこで，
Aは【再抗弁】で，⑦Cが動産 a の占有取得時に前主Bの無権利について悪意
であったこと[97]，または⑦′Cが動産 a の占有取得時に前主Bを権利者と信じ
たことに過失があったことを基礎づける事実（評価根拠事実）を[98]，これに対し，
Cは【再々抗弁】で，⑧Cに過失があったとの評価を妨げる具体的事実（評価
障害事実）を主張・立証すべきことになるであろう。

　このように即時取得では，対抗の法理において当事者関係の対等性に基づく
私的自治を根拠にして第三者に権利抗弁が求められるのと異なり，第三者の権
利取得によりプライオリティを置いた主張・立証責任の分配が認められている
ことが確認できる。

(ii)　94条2項（の類推適用）の第三者の善意（無過失）

(ア)　学説

　では，94条2項（の類推適用）の場合はどうであろうか。この場合も，真の
権利者Aの意思的関与によって作出または存置された不実の外観がBに存在
したことが前提となっているから，これが実体的権利関係に合致していると信
じたCには無理からぬ事情があるように思われる[99]。

---

97)　⑦においてAは，Cの悪意を根拠づける事実として，Bが無権利者であることをCが
　　知っていたこと，またはBが権利者であることをCが疑っていた（半信半疑）ことを主
　　張・立証すればよいと解されている。司法研修所編 1999: 113–114 頁。民法 192 条の善意
　　とは，Aから占有を取得した時点でBがAを権利者であると誤信したことをいう（最判昭
　　和 26 年 11 月 27 日民集 5 巻 13 号 775 頁，最判昭和 41 年 6 月 9 日民集 20 巻 5 号 1011 頁）。
98)　⑦′においてAは，Cに過失があったと評価することを根拠づける具体的事実（評価根
　　拠事実），すなわち，取引の慣行，実情，従来の当事者間の関係などに鑑み，Bの処分権
　　限の有無に関してCに調査確認義務があり，かつCがその義務を懈怠したことを主張・立
　　証する必要がある。

実際，(a)不実外観の作出／存置に帰責性ある真の権利者Ａが第三者Ｃの悪意（または有過失）を主張・立証すべきであるとの見解（以下，真の権利者負担説という）が，有力説ないし多数説であるとされる[100]。その根拠は，①第三者Ｃに善意（・無過失）の証明責任を負わせると94条2項の信頼保護機能が減殺されること，②不実外観の作出または存置者に第三者Ｃの悪意について証明責任を負わせる方が公平に適うこと，③虚偽表示の当事者に第三者の悪意の証明責任を負わせるという考え方は，旧民法（証拠編50条）の立場であり，現行民法の起草者意思[101]でもあったこと，④表見代理，即時取得など，権利外観法理に属する他の制度では，本人ないし所有者の側が相手方の悪意の立証責任を負うと解されていることから，それらとのバランスを図るべきこと[102]などが挙げられる。

これに対し，(b)無権利者Ｂと取り引きしながらも例外的に権利取得を主張する第三者Ｃが自己の善意（・無過失）の主張・立証責任を負うとの見解（以下，第三者負担説という）もある[103]。その論拠として，法律要件分類説によれば，94条1項は権利障害規定であり，同2項がその例外規定であるから，2項による保護を受けようとする第三者が善意について立証責任を負うべきであるなどの理由が挙げられる。

〔イ〕　**判例**

判例は，(a)説から(b)説に移行していった。(a)真の権利者負担説に立つと解される（旧）判例には，以下のものがある。

99）　この旨を述べる（旧）判例として，大判昭和5年10月29日新聞3204号10頁（後掲注113）参照。

100）　我妻1965: 292頁，幾代1984: 258頁，乾1967: 100頁以下，平井1968: 73頁以下，石田1980: 156頁，小林1982: 10頁以下，小林2003: 190頁，松本1996: 80頁，田髙2005: 153頁，本書第10章3(1)など。

101）　広中編著1987: 143頁。

102）　もっとも，同じく権利外観法理の中でも，「善意」の主張・立証責任の所在に関する議論は一様ではないことに留意する必要がある。田髙2005: 154-160頁参照。

103）　川島1965: 281頁，四宮＝能見2005: 180頁（ただし，登記を信頼した第三者は，事実上善意と推定される），川井2005: 161頁，村上1975: 149頁，大江2020: 354頁（ただし，沿革は虚偽表示者主張・立証説に立っていたことを指摘する），佐久間2020: 127頁など。

【大判大正 11 年 5 月 23 日新聞 2011 号 21 頁】[104]

　Aが自己所有の不動産につき，B名義で所有権の保存登記をさせたが，Bの遺産相続人M・Nが当該不動産をCに売却したことから，AがM・NおよびCに対し，それぞれ遺産相続登記および所有権取得登記の抹消登記手続を求めた。Aの請求を認容した原判決を破棄・差戻し。判旨は「被上告人〔A〕カ其ノ所有ノ本件不動産ニ付田中すう〔B〕ヲシテ同人名義ノ保存登記ヲ為サシメ以テ之ヲすう〔B〕ノ所有ニ仮装シタルハ両者間ニ相通シテ仮装的ニ所有権ヲ移転シタルト同一ニ論スヘキモノニシテ其ノ無効ヲ以テ善意ノ第三者ニ対抗スルヲ得サレハ被上告人〔A〕ハすう〔B〕名義ノ保存登記ノ無効ヲ以テすう〔B〕ノ遺産相続人タル上告人仲野たま〔M〕及伊神やゑの〔N〕ヨリ本件不動産ヲ買受ケタル上告人赤尾清太郎〔C〕ニ対抗スルニハ清太郎〔C〕ノ悪意ヲ立証セサルヘカラス原判決ノ事実摘示ニヨレハすう〔B〕名義ノ保存登記カ仮装ニシテ真実ノ所有者カ被上告人〔A〕ナルノ事情ヲ知リナカラ本件不動産ヲ買受ケタリトノ事ハ清太郎〔C〕ノ明ニ否認スル所ナルニ拘ラス原院カ此ノ争点ノ判断ヲ遺脱シ単ニすう〔B〕名義ノ保存登記ニシテ仮装ナル以上ハたま〔M〕，やゑの〔N〕ハすう〔B〕ノ遺産相続人トシテ係争建物ニ付何等ノ権利ヲ取得スルノ理由ナク同人等ヨリ之ヲ買受ケタル清太郎〔C〕モ亦何等権利ヲ取得スルコトナキヤ弁ヲ俟タストノミ説示シ以テ被上告人〔A〕ノ清太郎〔C〕ニ対スル売買登記抹消ノ請求ヲ是認シタルハ理由不備ノ不法アルモノトス」とした（下線は引用者による。以下同じ）。

【大判昭和 5 年 10 月 29 日新聞 3204 号 10 頁】[105]

　AからBへ家屋の売買契約（通謀虚偽表示）が行われ，これをCが買い受けた。同家屋の敷地所有者XからAに対する建物収去・土地明渡請求を認容した原判決を破棄・差戻し。「上告人〔A〕カ訴外山口仁八〔B〕ニ対シ本件家屋ヲ売渡

---

104)　大判大正 11 年 5 月 23 日新聞 2011 号 21 頁。なお，大判昭和 5 年 10 月 29 日新聞 3204
　　号 10 頁は，第三者は善意であるという事実上の推定を受けるとする。下級審裁判例にも，
　　虚偽表示者主張・立証説に立つものがある。例えば，東京地判昭和 47 年 10 月 17 日判時
　　696 号 197 頁などがある。
105)　法律学説判例評論全集 19 巻民法 1522 頁，法律新報 242 号 10 頁。

シタル旨ノ売買契約カ契約当事者相通シテ為シタル虚偽ノ意思表示ニ基クモノ
ナリトスルモ右山口仁八〔B〕ヨリ更ニ本件家屋ヲ買受ケタル第三者〔C〕カ
善意ナルトキハ第三者〔C〕ハ本件家屋ノ所有権ヲ取得スヘキモノナレハ此ノ
場合ニ於テハ上告人〔A〕ハ本件家屋ノ所有権ヲ喪失スルコト論ヲ俟タサルカ
故ニ上告人〔A〕ニ対スル本訴請求〔土地明渡シ・損害賠償請求〕ハ失当ニ帰スヘ
シ従テ右訴外山口仁八〔B〕ヨリ更ニ本件家屋ヲ買受ケタル訴外岸田真須美
〔C〕カ果シテ善意ナリヤ否ハ重要ナル争点ナリト云ハサル可カラス<u>此ノ争点
ニ付原審ハ善意ナリトノ立証ナキノ故ヲ以テ上告人〔A〕ノ主張ヲ排斥シタリ
然レトモ他人間ニ本件家屋ノ売買契約締結セラレタルトキハ他ニ特別ノ事情ノ
認識ナキ以上第三者〔C〕ハ真実ノ契約アリタルモノト解スルハ通常ニシテ特
別ナル事情ノ認ムヘキモノナキ限リ一応前記岸田真須美〔C〕ヲ善意ノ第三者
ナリト推認スヘキハ理ノ当然トスル所ナレハ同人〔C〕ニ対シ悪意ヲ推認シタ
ル原判決ハ違法ナリ</u>」。

　しかし，その後の判例は，次第に(b)第三者負担説に傾斜してきたようにみえ
る[106]。まず，善意の主張責任は，第三者の側にあるとされた[107]。

---

106)　大判昭和17年9月8日新聞4799号10頁，最判昭和35年2月2日民集14巻1号36
　　　頁，最判昭和39年5月12日集民73号493頁，最判昭和41年12月22日民集20巻10号
　　　2168頁，最判昭和42年1月19日集民86号75頁，最判昭和42年6月29日判時491号
　　　52頁など。その経緯につき，田高2005: 151–152頁。
107)　すでに，94条2項の第三者の善意の主張責任が第三者の側にあるとした大審院判決と
　　　して，【大判昭和17年9月8日新聞4799号10頁】（法律学説判例評論全集31巻民法441
　　　頁，法学12巻315頁）がある。同判決は，つぎのように述べている「論旨ニ於テハ右虚
　　　偽ノ意思表示ノ無効ハ善意ノ第三者タル上告人ニ対抗シ得サルカ故ニ原審カ此点ニ付判断
　　　ヲ為ササリシハ審理ヲ尽ササルモノナリト云フモ<u>民法第94条第2項ハ虚偽ノ意思表示ヲ
　　　真実ナリト信シ之ニ信頼シテ其意思表示ノ効果ニ付利害関係ヲ生セシメタル第三者ヲ保護
　　　スルコトヲ目的トスルモノナルカ故ニ同条ニ所謂善意ノ第三者トハ右ノ如キ関係ヲ有スル
　　　者ニ限ルヘク広ク該意思表示ノ虚偽ナルコトヲ知ラサル第三者全部ヲ指スモノニ非サルカ
　　　故ニ右法条ノ保護ヲ受ケントスル当事者ハ相手方カ虚偽表示ナルコトヲ主張シタルトキハ
　　　之ニ対シ自己ハ其虚偽ナルコトヲ知ラス真実ナリト信シ之ニ信頼シテカクカクノ利害関係
　　　ヲ生セシメタル者ナルカ故ニ該意思表示ノ無効ナルコトノ之ヲ否定スル旨ヲ主張セサルヘ
　　　カラス即主張責任ヲ有ス</u>然ルニ記録ヲ精査スルモ原審ニ於テ上告人〔C〕ハ何等民法第94
　　　条第2項ニ関スル主張ヲ為シタル形跡ナキカ故ニ原審カ此点ニ付判断ヲ為ササリシコトヲ
　　　以テ違法ナリトハ為シ難シ」（原文の漢数字は，アラビア数字にした）。

【最判昭和 35 年 2 月 2 日民集 14 巻 1 号 36 頁】[108]

　Aは同棲していたBを介し，Cから営業資金の融通を受けていたが，Cから担保の提供を迫られたことから，AとBが便宜上通謀し，A所有不動産のBへの売買を仮装して所有権移転登記をしたうえで，Cのために抵当権を設定し，登記した。Aの相続人Pが，BおよびCに対し，不動産売買契約の無効を理由に，それぞれ所有権移転登記および抵当権設定登記の抹消登記手続を求めた。第 1 審，原審ともにPの請求を棄却したことから，Pが上告。Pは上告理由で，BおよびCが同一部落内に居住し，CはABの関係を知り，かつCがAの財産を直接担保に取ったのでは「如何にも宮原〔A〕の不動産をとつた様で世間体が悪いので」一応B名義にしてくれとBに頼んだ経緯があることなどを主張した。最高裁はAの上告を容れ，破棄・差戻し。判旨は「<u>被上告人活田〔C〕が民法 94 条 2 項の保護をうけるためには，同人において，自分が善意であつたことを主張，立証しなければならない</u>……（昭和 17 年(オ)第 520 号，同年 9 月 8 日大審院第 5 民事部判決参照）。しかるに，同被上告人〔C〕は，原審において，前記売買が虚偽表示によることを否認しているだけで，善意の主張をしていないにかかわらず，<u>原審は，活田〔C〕は右所有権移転行為が通謀虚偽表示であることを知らなかつたのであり，これを知つていたと認むべき証拠はない旨判示し，上告人〔P〕の請求を排斥したものであつて，原判決は，主張責任のある当事者によつて主張されていない事実につき判断をした違法があるといわなければならない</u>。のみならず，論旨摘録の証拠によれば，同被上告人〔C〕が善意であつたものとは，いまだにわかに断定しえないものがあるのであつて，原判決はまた，重要な証拠に対する判断を遺脱した結果理由不備の違法をおかしたものというべきである。されば，論旨は結局理由があり，原判決は破棄を免れない。」

　ついで，善意の立証責任も，第三者の側にあるとされた。

108）　本件評釈として，三淵 1960: 66 頁，村上 1961: 228 頁，谷田貝 1960: 87 頁，伊東 2003: 148 頁がある。

【最判昭和 41 年 12 月 22 日民集 20 巻 10 号 2168 頁】[109]

　Gに対して金銭消費貸借契約および連帯保証契約上の債務を負っていたAは，強制執行を免れるため，A所有のほとんど唯一の建物をBに仮装売買して所有権移転登記をし，Bはこの建物をCに売却して移転登記をした。Gは，ＡＢ間の売買が詐害行為に当たり，受益者Bおよび転得者Cは悪意であるとして，BおよびCに対し，それぞれ所有権移転登記の抹消登記手続を求めた。一審は，ＡＢ間の仮装売買は無効な行為であるから，これを詐害行為として取り消すことはできないとしてGの請求を棄却した。原審は，ＡＢ間の仮装売買は当然無効であるから詐害行為として取り消すことはできないとしたが，ＡＢ間およびＢＣ間の所有権移転登記は「いずれも実体上の権利を欠く無効の登記」であり，かつCはＡＢ間の「売買の仮装無効であることにつき善意であつたことを認めるに足る証拠」がないから，「本件不動産の真実の所有者」であるAはBおよびCに対してその抹消登記手続を求める権利をもつとした。そして，GはAに対する債権を保全するため，Aに代位して，BおよびCに対し，それぞれ所有権移転登記の抹消登記手続を求めうるとして，原判決を取り消し，Gの請求を認容した。BおよびCの上告に対し，上告棄却。「<u>第三者が民法第 94 条第 2 項の保護をうけるためには，自己が善意であつたことを立証しなければならないものと解するのが相当であるから</u>（当裁判所昭和 32 年(オ)335 号，同 35 年 2 月 2 日第 3 小法廷判決，民集 14 巻 36 頁参照），原審が，前記認定に基づき，被上告人〔G〕は訴外千葉〔A〕と大場〔B〕間の前記売買契約が無効であることをもつて上告人〔C〕に対抗しうる旨判断したのは正当であり，原判決に所論の違法は存しない。……なお，記録によれば，<u>上告人〔C〕が前記の点につき善意である旨主張していることは所論のとおりであるけれども，右善意の点につき立証のない本件においては，右の所論は原判決の結論に影響を及ぼすものではないか</u>ら，この点に関する所論も採用することができない」[110]。

　しかし，以上の判例の変遷から，判例が真の権利者負担説から第三者負担説

109）　本件評釈として，乾 1967: 100 頁，栗山 1967: 166 頁，平井 1968: 73 頁がある。

に転換したとみることは，必ずしも妥当でないように思われる。なぜなら，各判例の事案では，真の権利者の帰責性の程度，第三者とされる者の立場，両者の関係等が一様ではなく，善意の主張・立証責任に関する各々の判断には，そうした事案の個別事情が反映していると解されるからである。

(ウ) 私見

私見は，第三者の信頼保護および取引安全一般の確保を要請すべき基礎的な客観的事情の存否が，善意の主張・立証責任の分配を決定づけると考える。例えば，不実外観の形成または存置（94条2項およびその類推適用），代理権授与の表示（109条），過去に授与した代理権の消滅の不表示（112条），他人への占有委託（192条）と第三者の占有取得などは，第三者の権利取得にプライオリティを付与すべき基礎的・客観的事実と解されるから，これらの場合には，善意の主張・立証責任は基本的に真の権利者（無効主張者）の側に負わされるべきであろう。実際，前記の最判昭和35年および最判昭和41年が，(b)第三者負担説をとったにもかかわらず，その後の下級審裁判例には，(a)真の権利者負担説をとったものもある。

【東京地判昭和47年10月17日判時696号197頁】[111]

Aは自己の債務を代わって弁済してくれた連帯保証人Bに対して道義上の責任を感じていたことと，自己の債権者からの責任追及を免れるために，A所有の土地α・建物βの所有権をBに譲渡したかのような外観を作出するため，仮装の売買契約書を作成し，Bへの所有権移転登記をした。その後，Bは自己の

110）　なお，先の最判昭和35年およびこの最判昭和41年を引用し，上告人の第三者該当性を否定しつつ，善意の主張・立証責任が第三者の側にあるとしたものとして，最判昭和42年6月29日集民87号1397頁・判時491号52頁がある。すなわち，「民法94条2項所定の善意の第三者であることは，同条項の保護を受けようとする当事者において主張，立証しなければならないものと解するのが相当であって（昭和35年2月2日第3小法廷判決，民集14巻1号36頁。昭和41年12月22日第1小法廷判決参照），これと同趣旨に出た原審の判断は正当である。また，右条項にいわゆる第三者とは，虚偽の意思表示の当事者またはその一般承継人以外の者であって，その表示の目的につき法律上利害関係を有するに至った者をいうと解すべきところ，上告人尾上がかかる第三者に該当するとはいえない旨の原審の判断も，その挙示する証拠関係に照らし，正当として是認することができる」。本件評釈として，木ノ下2003: 147-157頁がある。

111）　判タ289号333頁。

債権者Cのために土地α・建物βに抵当権を設定・登記したが，Cがこの抵当権を実行し，D₁・D₂が競落した。AはD₁・D₂に対し，ＡＢ間の売買は仮装売買であるから所有権はＢに移転せず，したがって，Cのための抵当権の設定・登記は無効であり，同抵当権の実行によってD₁・D₂が競落しても所有権を取得しないこと，およびD₁・D₂は仮装売買の事実を知りながら競落したことを主張し，D₁・D₂に対して所有権移転登記の抹消登記手続を請求した。これに対し，D₁・D₂はＡＢ間売買が仮装売買であることを否認するとともに，仮にその事実が認められたとしても，D₁・D₂はそれについて「競落当時善意であった」と主張した。

　本判決は，Aの抹消登記手続請求を棄却した。すなわち，「民法94条2項にいう第三者とは，通謀虚偽表示の当事者から直接財産権を取得した者のみならず，その取得者からさらにこれを取得した転得者（その後の者も同様）も含まれるものと解する。そして，法文には，第三者が善意の場合には通謀虚偽表示の無効を当該第三者に対抗しえない旨を規定するので，法文の形式体裁だけからすれば，第三者の善意については，その第三者において主張立証責任を負うものとすべきもののようにも一応考えられる。しかし，法文の形式のみによってことを考えることは，必ずしも妥当ではなく，主張立証責任の公平な分配という基本的要請に思い致して考えると，虚偽表示の結果不動産登記簿に権利の設定または移転の登記がなされた場合のように，一般第三者がとかく信用しがちな外観が公式に作出されている場合には，通謀虚偽表示の当事者において，その外観ないしそのもととなった法律行為が通謀虚偽表示によってなされたことのほか，第三者（つまり訴訟の相手方）がそのことを知っていたこと換言すれば第三者の悪意についても，主張立証の責任があるものと解するのが正しいものと信ずる（この点に関し，最高裁昭和35年2月2日最高民集14巻1号36頁および最高裁昭和41年12月22日最高民集20巻10号2168頁は反対の解釈を示しているが，右解釈には賛成できない）」。そして，本件では，提出された証拠や証言によっても「前記通謀虚偽表示の点について被告ら〔D₁・D₂〕の悪意と認める資料とするには不十分で，他にこの点を裏づけるに足る資料はなく，心証としてはむしろ善意であったと考える。……以上の認定説示によれば，被告らが悪意であるとの証明がないゆえ，原告〔A〕の被告らに対する本訴請求はいずれも理由がない」（下

線は引用者による）。

　本判決は，「主張立証責任の公平な分配」の基準として，真の権利者Aによる不実外観の形成の帰責性を根拠にしてAに主張・立証を求め，前記・最判昭和35年および最判昭和41年に言及してあえて反対している。

　しかしまた，そうしたAの帰責性に(a)真の権利者負担説の論拠（の1つ）があるとすれば，善意の主張・立証責任がすべての事案において一律に真の権利者の側にあるものと画一的に解することは，むしろこの分配論拠に反することになるであろう。すなわち，たとえ(a)真の権利者負担説に立つとしても，Aの帰責性が相対的に低い場合や，第三者の保護事由にマイナス要素があるときは，第三者が善意の主張・立証責任を負うべきものと解する余地を残しているものとみられる。

　また，(b)第三者負担説に立った最判昭和41年の調査官解説も，ここでの主張・立証責任の分配基準を「民法94条2項の適用につきいずれの当事者をより多く優遇することが同条の制度の趣旨・目的に適合するか等」に求めている[112]。

　さらに，仮に(b)第三者負担説に立つとしても，不実外観の存在により，第三者Cにはさほど重い立証負担を課すことにはならず，第三者の善意は事実上推定されるとも解されており[113]，反対に真の権利者AがCの善意を覆すことはかなり難しいと解されるなど[114]，実質的には(a)真の権利者負担説に立つ場合と大きく異ならないとも考えられる。

　そうであるとすれば，例えば，Aがその所有地αを何らかの事情により，存在しない売買を原因としてB名義に所有権移転登記したまま，あえてこれを放置している間に，Bの債権者Cが土地αを差し押さえたことから，Aが第三者異議の訴えを提起する場合，Aは【請求原因】で，①Aが土地αの所有者であること，②CがBに対する債務名義に基づいて土地αを差し押さえたことを主

---

112)　栗山1973: 545頁。
113)　大判昭和5年10月29日法律学説判例評論全集19巻民法1522頁・新聞3204号10頁（前掲注99も参照），遠藤＝水本＝北川＝伊藤監修1989: 394頁〔藤原弘道〕。
114)　吉原2002: 40頁。

第8章　無権利の法理と権利取得要件　265

張・立証し，これに対してＣが【抗弁】で，③土地 *a* が所有権移転登記によってＢ名義になっていること，④Ｂへの所有権移転登記がＡＢ間の合意に基づく申請によって行われたことを主張・立証したときは，Ａは【再抗弁】で，⑤ＡＢ間の売買および所有権移転は存在しないこと，⑥⑤についてＣが悪意であることを主張・立証すべきであろう[115]。

3 第三者保護の効果

無権利の法理の例外則として第三者の権利取得を認める場合，最後に問題になるのは，その効果をどのように説明するかである。はたして「無権利者からの取得」とは，実体法上どのように説明すべき法現象なのであろうか。第三者Ｃの権利取得の側面を重視すれば，Ｃとその相手方Ｂとの取引行為に着目し，ＡからＢ，ＢからＣへの権利の移転として，承継取得とみることになろうし，真の所有者Ａの返還請求の否定（その結果としての権利喪失）の側面を重視すれば，いわばその反射的効果としてのＣにおける権利の発生を原始取得とみる余地もあろう。

例えば，94 条 2 項（の類推適用）については，(a)第三者Ｃが善意の場合，Ｃに対する関係では，ＡＢ間の譲渡が有効になり，権利はＡ→Ｂ→Ｃと移転したことになるとみる見解（承継取得説）が少なくない[116]。しかし，これに対しては，善意の第三者を保護するためにＡＢ間の通謀虚偽表示やそもそもＡＢ間にまったく存在しない取引を完全に「有効」なものとまでみなす必要はないのではないかという疑問が生じる。その一例として，「無効を善意の第三者に対抗できない」という意味は「Ａに対するＢの原状回復義務の遡及的効力のみがＣによって否認される（非遡及的取消と同様にみなされる）」との解釈がある[117]。

---

115) ちなみに，(b)第三者負担説に立てば，Ａの【再抗弁】⑤に対し，Ｃが【再々抗弁】で，⑥'土地 *a* がＢの所有であると信じたことを主張・立証すべきことになろう。

116) 四宮＝能見 2005: 166 頁，平野 2006: 180-181 頁，平野 2011: 171 頁，武川 1993: 232 頁。

117) 加賀山 1986: 6 頁。もっとも，この解釈も善意のＣが 94 条 2 項の効果を主張することにより，「ＢＡ間とＢＣ間で二重譲渡と類似の関係が発生しており，不動産物権変動の『対抗問題』が生じうる」とみており（同前 6 頁，14-15 頁），結果的には，Ｃはその権利をＢから承継取得するものと解さざるをないであろう。

これに対し，(b)善意の第三者Cの権利取得は真の権利者Aからの法定取得であるとみる見解もある。この見解は，無権利の法理によれば，第三者Cは無権利の相手方Bから権利を取得することはできず，真の権利者Aから剥奪された権利を一種の原始取得として法定取得すると解する[118]。

　他方，即時取得の場合は，真の所有者Aの下から盗取され，$B_1 \rightarrow B_2 \rightarrow B_3$……と転々した後，Cが取引行為によって取得したときはもちろん，AがBに賃貸，寄託等によって占有委託をしたときも，Cの相手方Bと真の権利者Aとの間の権利移転が擬制されるという構成は，94条2項およびその類推適用の場合以上に，実体法上想定しづらくなるように思われる。したがって，この場合も，第三者Cの権利取得は，真の権利者Aの権利が否定された結果の原始取得とみるべきであろう[119]。

　いずれにせよ，無権利の法理に対する例外則の効果は，その要件論と関連づけて理解する必要がある。既述のように，無権利の法理の例外則における第三者保護要件の構造が，①真の権利者Aの権利喪失と②第三者Cの権利取得の2側面から構成されることは，その要件が満たされた場合の効果論にも反映すると考えられ，Cの権利取得のプロセスは，Aの権利が否定されることと裏腹にCが権利を取得するものと解すべきであろう。この実体関係を直視すれば，権利移転のプロセスはA→B→Cの承継取得とみるよりも，A→Cの法定取得とみることが適切であろう。まさにここで，B→Cの承継取得がない点に，いずれもB→Cの承継取得が認められる対抗の法理の効果（本書第7章3）および権利保護資格の法理の効果（本書第9章3）との違いが見出されるものと考えられる。

---

118)　幾代 1986: 23 頁，米倉 1988: 42 頁，本書第 3 章 2，石田 1992: 322 頁。
119)　川島博士は，前主に権利があると信頼した者の信頼を保護する公信の原則の適用による権利取得は，「全き無権利者から完全権利者への転化」を生じさせる「権利関係の突然の転換」（取得者には無から有を，真の権利者には有から無を生じさせるもの）であり，「原始取得」であるとされる。これは，①ゲヴェーレ法における前主からゲヴェーレを承継取得した者に対する旧所有者の回復請求権の制限という構成から，②旧所有者の所有権の喪失という構成を経て，③近代法における新所有者による所有権の取得の構成へと移行した結果であるとみられている。川島 1987: 248-249 頁。

4　小括

　本章において考察した無権利の法理の例外則と，対抗の法理および第三者権利保護資格の法理との相違の根源は，第三者Cの相手方Bの無権利者性にある。しかしながら，Bの無権利者性は，けっして画一的内容のものではなく，一定の幅をもった概念である。例えば，Bが盗取者・遺失物横領者・無権原占有者，これらの者からの（悪意の）取得者，賃借人・受寄者，分譲当初から存在する通行地役権（未登記）の承役地所有者，弁済期到来前の譲渡担保権者・弁済期到来後・弁済受領前の譲渡担保権者，弁済受領後・登記回復前の元譲渡担保権者，その他の信託的譲渡の譲受人，受託者などにより，所有権（権利）の欠如の意味合いには少なからぬ相違がある（それはまた，真の権利者Aの権利者性の意味合いにも表裏一体的に影響を与える）。そのことが，Bと取り引きしたCの権利取得がはたしてどのような場合に認められるか，Cの法的保護の要件・効果に反映する。

　概して，〔1〕Bの無権利者性（Aの権利者性）が強い場合が，Cの権利取得における無権利の法理およびその例外則の適用領域であるのに対し，〔2〕Bの無権利者性（Aの権利者性）が弱い場合には，Cの権利取得における対抗の法理または第三者権利保護資格の法理の適用領域が広がってゆくものと解される。もっとも，〔1〕と〔2〕の境界領域は流動的であり，例えば，元来Bが権利者であっても（〔2〕領域），その後Aへの権利帰属の確定性を高めるような事情があれば，その分だけBの無権利性が強まり，Cの保護は対抗の法理ではなく，無権利の法理を前提とした例外則の適用（〔1〕領域）へと移行することもありうることが認められる。

　こうした無権利の法理の例外則による権利取得は，①一面では，無権利者Bを権利者と信じた第三者Cの信頼を保護すべきことへの社会的承認に支えられており，その際にはCの善意が絶対の要件になると解される。しかし，②他面では，無権利の法理の例外則による権利取得は，真の権利者Aの権利喪失の根拠となるようなAの意思的関与や，目的物の直接占有者Bに対するAの信頼付与が切断されていると認められるような事情にも根拠を求めることができる。この①と②が表裏一体となって，無権利の法理の例外則が構成されているもの

と考えられる。その結果，Ｃの権利取得にとって絶対の要件であるＣの善意の主張・立証責任は，①事由の存在ゆえに，真の権利者Ａに（Ｃの悪意についての）主張・立証責任を負担させることを基本とする（ただし，Ａの帰責性の弱さやＣの権利保護事由のマイナス要素の存在次第では，Ｃに善意の主張・立証責任が課されることもありうる）。その結果，無権利の法理の適用領域では，例外則の適用を受けるにもかかわらず，基本的に第三者の法的保護のプライオリティが相対的に高くなる状況が制度的に整備されていることが確認できる。この点が，つぎにみる第三者の権利保護資格の法理との比較の手がかりになるであろう。

第9章

権利保護資格の法理と
権利保護資格要件

1　実体的法律関係

⑴　物権変動法理における権利保護資格の法理の位置づけ

　物権変動の基本態様として，これまで2つの形態を考察した。すなわち，
（α）元々の権利者Bと取り引きした相手方C（Bとの間でBC間取引と競合的取引
をしていたAからみれば第三者）が権利を取得する態様の権利変動（前述第7章。以
下「権利者からの取得型＝α類型」と呼ぶ）および（β）元々の無権利者Bと取り引
きしたにもかかわらず相手方C（元々の権利者Aからみれば第三者）が権利を取得
する態様の権利変動（前述第8章。以下「無権利者からの取得型＝β類型」と呼ぶ）で
ある。

　しかし，物権変動には，これらの中間形態ともいうべき態様が，比較的広範
に存在する。それは，権利者Aとその相手方Bとの物権変動の原因に何らかの
瑕疵（無効・取消し・解除等），その他権利変動を覆す要因があり，いったん生じ
たものとされたAからBへの権利変動が生じなかったものとされたり，Bから
Aへの権利復帰──しばしば「復帰的物権変動」とも呼ばれる──が生じた結
果[1]，完全な意味では権利を取得しなかったBとの間で，Cが当該権利の取得
行為をした場合である。このように，（γ）元々の権利者とも無権利者ともい
えない状態の権利者Bと取り引きしたにもかかわらず，その相手方C（Bから
Aへの権利復帰を理由に権利帰属を争うAからみれば第三者）が権利を取得する態様の
権利変動を，以下では「権利回復原因をもつ者からの取得型＝γ類型」と呼ぶ

271

図表 9-1 物権変動の基本態様と権利帰属の確定法理（図）

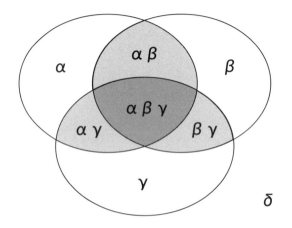

α：権利者からの取得型
　　（対抗の法理）
β：無権利者からの取得型
　　（無権利の法理の例外則）
γ：権利回復原因等をもつ者
　　からの取得型（権利保護
　　資格の法理）
δ：その他

（図表 9-1，図表 9-2 参照）。そして，この類型における権利帰属がいずれの法理に従って確定されるべきか，権利者からの取得型＝α類型におけると同様の対抗の法理か，無権利者からの取得型＝β類型におけると同様の無権利の法理の例外則か，あるいはそれらとは異なる第三の法理が存在するか，これが本節の問題である。

　この法理は，一方では，原権利者Aからいったん取得したと思われた権利をAに回復させるべき者Bと取得行為をした者C（第三者）の権利取得を確定すると同時に，Aへの権利復帰が生じなくなる基準を定める法理である点で，権

---

1) また，「物権変動の遡及的消滅」という用語も用いられる。このような表現も含めて，ここで「いったん生じたものとされた権利変動が生じなかったものとされる」という表現を用いた理由は，最初から物権変動が生じなかったとされる形態（法律行為の内容の実現不可能・強行法規違反・公序良俗違反等を理由とする不発生）と，完全に生じた物権変動の効果をあらためて原状に復帰させる形態（合意解除等を理由とする新発生）との間に，物権変動の効果を覆す多様な形態が存在し，これらを一言で漏れなく正確に表すことが難しいこと，および物権変動の不発生，遡及的消滅ならびに新たな発生の各境界も必ずしも明確とはいえないことによる。そして，「復帰的物権変動」の語は，無効のように「そもそも最初から物権変動が生じなかったかもしれない場合」をも含む緩やかな意味で，物権の遡及的消滅に対して用いられている。鈴木 1997: 79 頁。「物権変動の遡及的消滅」と「復帰的物権変動」との解釈方法上の比較として，本書第 4 章参照。

図表 9-2　物権変動の基本態様と権利帰属の確定法理（表）

物権変動の基本態様と典型例	A／Cの権利帰属確定基準に関する根拠条文	第三者保護の要件	主張・立証責任	第三者保護の効果
α B所有物のA・Cへの二重譲渡 AのBに対する選択債権の選択 BからAへの処分の停止条件成就	177* 411ただし書 127①，177	対抗要件	第三者C	承継取得
αβ （例）B地の開発当初から設定されたAのための未登記通行地役権設定後のB地（要役地）譲受人C （例）AB間における和解	177／94②類 696，177／94②類	対抗要件／ 権利取得要件	第三者C／ 地役権者A	承継取得／ 法定取得**
β A所有物についてBがCと処分行為 AのBへの処分行為の内容の実現不可能 AのBへの処分行為の内容の公序良俗違反 AのBへの処分行為の内容の強行法規違反 Aの意思能力欠如 Aの心裡留保（相手方悪意・有過失） AのBへの処分行為の虚偽表示 Aの錯誤	94②類，192	権利取得要件	原権利者A	法定取得
βγ AB共同相続財産全部のBによる処分 相続財産の表見相続人Bによる処分 AB共同相続財産の相続放棄者Bによる処分 Aの失踪宣告後・Bに移転した財産の処分を受けたC	94②類／110類 94②類／32①後類 939・94②類／32①後類 32①後	権利取得要件 ／権利保護資格要件	原権利者A／ 第三者C	法定取得
γ Aの制限行為能力による取消し Aが受けた詐欺による取消し Aが受けた強迫による取消し 本人AによるXB間の無権代理行為の追認 AB共同相続財産の遺産分割者Bによる処分 AによるBとの契約の法定解除	96③類 96③ 96③類 116ただし書 909ただし書 545①ただし書	権利保護資格要件	第三者C	承継取得
αγ AのBとの特約に基づく買戻し AのBへの手付交付等による約定解除 AからBへの処分の解除条件成就 AのBとの予約に基づく再売買 AからBへの処分行為の合意解除 共同相続人Aによる法定相続分を超える部分の権利承継と他の共同相続人Bから法定相続分に応じた持分を取得したC	579，177／545①ただし書 557，177／545①ただし書類 127②，177／545①ただし書類 556，177／545①ただし書類 177／545①ただし書類 899の2①	対抗要件／ 権利保護資格要件	第三者C	承継取得
αβγ AがBに設定した譲渡担保目的物の受戻しとBによる処分（弁済期前，受戻後，弁済期後）	177／94②類／ 545①ただし書類	対抗要件／ 権利取得要件 ／権利保護資格要件	第三者C	承継取得

権利取得要件：無権利の法理の例外則としての権利取得要件
①ただし書／後類：1項ただし書／後段類推適用
承継取得：権利者Bからの承継取得
法定取得：取得者Cへの権利発生と原権利者Aの権利喪失
　＊：　（未登記・未登録）動産の場合は178条（以下「177」について同じ）
＊＊：　地役権の負担のない所有権の取得

利者BからAとCへの新たな取得が複数競合した場合の優劣確定基準としての対抗の法理とは異なる。他方で，その法理は，元々の無権利者Bと取り引きした者Cに一定要件の下に権利取得を認める無権利の法理の例外則とも異なる。本書ではこれを，権利者でありながら原権利者Aへの潜在的な回復義務をもつ者Bと取り引きした第三者Cの権利取得が確定的なものとされ，原権利者Aの回復よりも優先して保護されるための資格要件（権利保護資格要件）を定める法理という意味で，第三者の「権利保護資格の法理」と呼ぶことにする。したがって，本書における「権利保護資格要件」の用語は，従来の「権利保護（資格）要件」の用法よりも，適用場面が限定されることになる[2]。

権利保護資格要件の特色は，対抗要件や権利取得要件と比べると，つぎの点に見出されるであろう。

まず，①γ類型における第三者Cへの権利帰属の確定は，前主Bの権利取得原因に付着した原権利者Aへの権利復帰の可能性を遮断することを意味するから，権利保護資格要件はそれを正当化するに足る理由を含んでいる必要がある。本書はその最低限の要素として，BからAへの権利復帰原因についての第三者Cの善意を必須の要件とみる。なぜなら，これから取得しようとする権利がBからAに復帰すべき権利であることを知っているCは（その原因が解消するまで）権利取得行為に立ち入ることを差し控えるか，そのリスクを織り込んで権利取得行為に立ち入るべきであると考えられるからである。この点で，権利保護資格要件は，β類型における権利取得要件（善意は必須）と共通性をもつ一方，α類型における対抗要件よりも厳格である。

しかし，②Cは権利者Bから取得していることから，権利保護資格要件はβ類型における権利取得要件よりも緩和されるべき側面を含んでいる。本書はこ

---

2) 従来，「権利保護（資格）要件」の用語は，①賃貸不動産の譲受人が賃借人に対して賃料請求するために求められる権利行使要件，②虚偽表示の相手方（無権利者）と取引行為をした第三者が権利取得するために善意（94条2項）のほかに不動産登記または動産引渡しを要するとの立場が求める追加的要件（鈴木 1997: 133–135頁）など，対抗要件（177条，178条）とは異なる理由で要求される登記・引渡しといった緩やかな意味で用いられている。これに対し，③本書では，本文に述べたように，権利者ではあるが（潜在的な）権利回復義務を負う前主から権利を確定的に取得するための要件として，①・②とは異なる意味で用いる。これらの用語法に関しては，本書第6章2⑶⑾⑷参照。

図表 9-3　対抗要件・権利取得要件・権利保護資格要件の比較

	対抗要件	権利取得要件	権利保護資格要件
主観的要件	善意・悪意不問	善意・無過失 善意 *1	善意 善意・無過失 *2
客観的要件	背信的悪意者排除	占有取得（占有改定を除く） 登記・引渡し不要 *1	履行の着手
第三者要件の未具備の効果	登記（不動産）	真の権利者への権利帰属が優先	原権利者への権利復帰が優先

*1：真の権利者の帰責性が高い場合（主観的要件緩和）
*2：民法 95 条 4 項・96 条 3 項，原権利者（制限行為能力者，被強迫者）への権利復帰の要請が高い場合（主観的要件厳格化）

の側面では，Cは主観的要件に関しては，少なくとも善意を必要とし（それに加えて，無過失も要すべきか否かは，権利保護資格要件が問題になる事案類型により，原権利者の帰責性，第三者の保護の必要性等を考慮して，判断すべきであると考えられる。契約解除〔545 条 1 項ただし書〕の場合等），客観的要件に関しては，即時取得における占有取得（占有改定を含まない）ほどの外形上完全な利害関係の形成までは要求されない（権利取得原因たる契約の履行の着手程度の利害関係の形成で足りる）と解する。

　こうして，③Cは以上の②および①とも相俟って，必ずしも対抗要件の具備までは要求されない結果，権利保護資格要件は，対抗要件と比較すれば，一面ではより厳格（善意まで要求）で，一面ではより緩やか（履行の着手で足りる）であると解される。

　こうしてみると，対抗要件・権利取得要件・権利保護資格要件は，その厳格度に応じた序列関係にはなく，相対的により厳格な面とより緩やかな面をもち，個々の権利帰属確定の場面において最も論理的で衡平な利益調整基準たりうることが求められているといえる（図表 9-3 参照）。では，一般的・抽象的にこうした位置づけをもつと想定される権利保護資格要件は，個々の法律関係における関連法規の解釈・適用の場面で実際に機能しうるであろうか。そのことを具体的に検証してみる必要がある。

⑵　**権利保護資格の法理の適用場面（その 1）――ＡＢ間の権利移転原因における瑕疵**

　AからBへの権利移転原因に何らかの瑕疵があるために，AがBから権利を

回復することが是認される場合がある。Aが取消権や解除権をもつ場合が典型的である。

(ⅰ) AによるBに対する意思表示の取消し

例えば，A所有の土地 a をBに売却する意思表示が，制限行為能力または詐欺もしくは強迫を理由に取り消された場合，Bから土地 a を取得したCの法的地位はどのような影響を受けるであろうか[3]。

(a)取消しの効果を遡及的無効とみる見解（遡及効貫徹説）は，AによるAB間の売買の意思表示の取消しにより，Bには所有権移転が生じなかったことになるから，Cは無権利者からの取得者となり，Cの保護は無権利の法理の例外則の適用による。この例外法理の適用範囲および適用方法により，さらに立場が分かれる。

その1つの立場として，(a-1) 取消しは判断能力が不十分な者または意思表示に欠陥があった者を保護するために，意思表示の効力を「根底から否定」しなければならず，「取引の安全を顧慮しないで」，第三者に対する関係も含めて「可能なかぎり原状に近い状態に置く」必要があり，「そのような行為を基礎として権利を取得した第三者は権利を失うほかはない」。それは「そもそも所有権移転の直接の根拠となった物権行為自体が遡及的に失効するのであるから，所有権は最初から乙〔原権利者の相手方B〕へは移らなかったことになる」ものとして説明される。この帰結は，第三者が取消前に出現した場合（失効の遡及により失権）と取消後に出現した場合（事後的失効の状態の継続によって権利取得不可）とで変わらない。さらに，第三者は「まったくの無権利者」であるから，その派生的帰結として，第三者に対して原権利者が権利主張をするのに登記等の対抗要件は必要でない。他方，第三者保護は，無権利者からの取得者の保護制度により，第三者が相手方を権利者と信じて取引に入り（善意），そう信じることに無理もない事情があり（無過失），かつ原権利者側にも「権利を失ってもやむ

---

3) 本章では，解釈方法の基本形態を抽出するにとどめ，学説を網羅的に分類・検討することには立ち入らない。学説の状況に関しては，舟橋編 1967: 283 頁以下〔原島重義〕，舟橋＝徳本編 1997: 487 頁以下〔原島重義＝児玉寛〕，近江 2006: 92 頁以下，2020a: 91 頁以下，池田 1984: 162 頁以下が詳細である。

をえない事由（帰責事由）がある場合」に限って保護する法理が妥当する。これを具体化した規範として，〔1〕取消前に出現した第三者は，詐欺取消しを「善意でかつ過失がない第三者に対抗することができない」とする 96 条 3 項によって保護されるにとどまる。被詐欺者が「欺されるのは軽率」であり，被強迫者や制限行為能力者ほどには保護する必要がないという「価値判断」に基づく。したがって，強迫および制限行為能力を理由とする取消しよりも前に出現した第三者は遡及的失権に服する。これに対し，〔2〕取消後に出現した第三者は，「本人に登記取戻しについて懈怠ありと認められるに至ったとき」に帰責事由が認められることから，「善意の第三者に対抗することができない」との 94 条 2 項を類推して保護されることになる[4]。

これに対し，(a-2) 取消前に登場していた第三者に対しても，94 条 2 項の類推適用によって取消しの遡及効から保護する解釈がすでにあり，この保護手段をどの時点から発動させうるかをめぐり，①表意者による追認可能時，②登記除去可能時，③登記除去「期待」可能時（ただし，いずれも詐欺取消しの場合は，取消前は 96 条 3 項が適用されるため，取消後にのみ 94 条 2 項を類推適用する）と，解釈が展開してきた[5]。もっとも，虚偽外形の作出・存置に対する真の権利者の帰責性を重視する 94 条 2 項類推適用を取消権者による登記回復懈怠の場合に容易に認めうるか，また取消前後での登記回復懈怠の帰責性の内容や第三者の善意の対象の質的相違を解釈上どう反映させるかなど，問題点も指摘されており，注目される[6]。

他方で，(a-3) 取消しの場合にもできるだけ対抗の法理を導入することにより，遡及効貫徹の範囲をより限定しようとする見解がある。例えば，取消しの

---

4) 四宮 1990: 4-12 頁，27-29 頁（なお，〔1〕・〔2〕いずれの場合も，第三者（丙）が保護されるときは，この者との関係では，原権利者（甲）とその相手方（乙）との「譲渡契約は有効とみなされる結果，目的物は甲―乙―丙と転々移転したことになり，丙甲間には対抗の問題は生じない」とされる。それゆえに，「第三者は登記を必要としない」という帰結が導かれている）。四宮＝能見 2018: 235 頁

5) 幾代 1986: 42-43 頁，下森 1977: 99 頁以下，加藤 2003: 141-146 頁（第三者は善意・無過失の場合に保護される），石田 2008: 220-221 頁（表意者が取り消さずにいたことまたは取り消しても登記を放置していたことが故意か重過失かにより，第三者保護要件として無重過失か無過失を求める）。

6) 佐久間 2023: 87-90 頁。

意思表示（およびそれに基づく返還請求）がされた時点以後は原権利者が対抗要件を備えなければ第三者に対抗できないとして[7]，または「取消をなしうるに至った時点」（取消可能時。例えば，表意者が詐欺に気づいた時，強迫状態が止んだ時，制限行為能力者自身が追認可能となった時または法定代理人が現実に取り消した時）を基準時にとり，①基準時前に登場（単なる契約締結ではなく，所有権取得登記の具備を指す）した第三者との関係ではいったん原権利者への所有権復帰を認めたうえで，この所有権に基づく給付の返還請求とこれに対する第三者の反論（第三者保護規定を根拠とする）によって処理し，②基準時（取消可能時）後に登場した第三者との関係は対抗問題として処理する見解がある[8]。このうち，①基準時前に登場（＝登記具備）した第三者に対しては，原権利者は原則として「登記がなくても」取消しによる「所有権回復を主張しうる」が，原権利者が取り消しうる状態になっても取消しおよび第三者からの登記回復をしなければ，すでに登場している第三者およびその承継人との関係でも，「問題は177条による処理に移行し」，121条本文による自己への所有権回復を主張できなくなると解する。また，詐欺取消しの場合は，基準時前に登場した善意の第三者は保護されるが（96条3項），この第三者自身が登記を具備している必要があるとする。その理由は，ここで第三者に登記不要とすると，「本当は基準時後にはじめて登場してきた」第三者が，その前主と「共謀して基準時前にすでに登場していた旨を主張する場合」に，原権利者がこれを否定することが困難であるゆえに，第三者は登記がなければ「自己が基準時前に登場していることを主張・立証することは許されない」とみるからである[9]。他方，②基準時後に新たに登場した第三者との関係は対抗問題となり，したがって，背信的悪意者排除論が妥当する。もっとも，典型的な二重譲渡の場合とは「微妙な差」が生じるとする。

---

7) 我妻＝有泉 1983: 95頁以下（ただし，追認しえない状態にある制限行為能力者が取り消した場合は取消後に対抗要件を備えた第三者にも優先する一方，追認可能になった者が長期間放置すれば94条2項の類推適用を認める），舟橋 1960: 161頁以下，162頁（ただし，取消前に登場した第三者に対してまで擬制的遡及効が及ぶことや，何ら公示されない取消しの意思表示の前後によって第三者に対する効果を峻別することへの疑問を留保する。同前163頁），川井 2005b: 43頁，近江 2006: 98頁，近江 2020a: 96–101頁。

8) 鈴木 1997: 95–123頁，鈴木 2007: 144頁以下。

9) この登記は，対抗要件としてではなく，「いわゆる権利保護資格要件として」の登記であると説明されている（鈴木 1997: 124頁注5参照）。

すなわち，一方では，原権利者が取消権をもつこと，または取り消したが登記を回復していないことを知って譲り受けた第三者に対する非難可能性は，単に第1譲渡を知る二重譲受人に対するそれよりも大きいと解される一方で，原権利者も「自らのなした移転登記の抹消を怠ったことに対する非難可能性は，単純な二重譲渡において登記を怠っていた第1譲受人に対するそれよりも大きい」といえる。その結果，ここで第三者が背信的悪意者になるか否かは，「一切の事情を考慮したうえでのきわめて微妙な判定」に基づくことになる[10]。このように，取消可能時を基準時とする遡及効貫徹範囲の限定説は，取消時を基準時とする見解よりも対抗問題として処理する範囲を一層広げる意味をもっているとみることができる[11]。加えて，取消前に「登場」した第三者も第三者保護規定（96条3項）によって保護されるためには登記を要するとみる点で，実質的に登記による問題解決の比重が高くなっている点に特色がある。

　判例は[12]，基本的に，(a)遡及効貫徹説に立脚するものとみられる[13]。ただし，2つの例外を認めている。第1に，詐欺取消しの場合は96条3項によって遡及効自体が制限され，第三者（「善意」が要件とされる）は対抗要件を備えた者には限定されない[14]。ただし，96条3項は「取消ノ遡及効ヲ制限スル趣旨」であるから，その適用は「取消前ヨリ既ニ其ノ行為ノ効力ニ付利害関係ヲ有セル第三者ニ限定」される[15]。したがって，第2に，取消後に利害関係を有するに至った第三者に対しては，取消しによる所有権の「復帰」という「物権変動ハ民法第177条ニ依リ登記ヲ為スニ非サレハ之ヲ以テ第三者ニ対抗スルコトヲ得

---

10)　鈴木 1997: 107–108 頁。
11)　このように，取消可能時基準説が遡及効の貫徹を取消時までとする通説・判例（取消時を基準とする二元説。後述）よりも早い時点で対抗問題の成立を認める背景には，「対抗問題の根本的発想」として，「すでに自己に有利な物権変動を登記しうる立場にある者が，その登記をしないでいる場合，および，自己の一方的意思表示によって自己に有利な物権変動を完結せしめうる立場にある者が，あえてその物権変動を完結せしめず，その結果，かかる物権変動の登記をなしえないでいる場合には，この者は，第三者の登場によって自己の権利が害される結果になっても仕方がない」との理解がある。鈴木 1997: 110–111 頁。
12)　判例につき，松尾 2000: 70–93 頁，151–159 頁参照。
13)　大判昭和4年2月20日民集8巻59頁。
14)　最判昭和49年9月26日民集28巻6号1213頁。
15)　大判昭和17年9月30日民集21巻911頁。

サル」という「本則」が適用される[16]。その結果，あたかも判例は，取消前に利害関係をもった第三者に対しては遡及効貫徹説を，取消後に利害関係をもった第三者に対しては遡及効制限説という形で，取消時を基準とする二元説に立つと解されている。

　以上に対し，(b)取消しの効果の遡及効それ自体を制限的に解する見解（遡及効制限説）がある。それにより，第三者の登場時期が取消しの前か後かによって区別することなく，同一の法理を適用して権利帰属を確定しうる。遡及効を制限的に解釈する方法として，遡及効が主張される先を相手方に限定して第三者には及ばないと解することによって相対的に捉える，遡及効が債権的な効果または第三者の出現を妨げない特殊な効果をもつと捉えるなど，様々な構成が考えられる。例えば，取消しは遡及効をもつが「第三者（177条）の登場を許容するという意味における法定の制限のついた物権変動」を生じさせると解する方法によれば，Ａの取消しの意思表示により，ＡＢ間の所有権移転まで遡及的に消滅するものではなく，ＡはＢに所有権を返還すべき義務を生じるにとどまるから，第三者Ｃはその登場がＡによる取消しの前か後かにかかわらず，権利者からの取得者となり，ＢからＣへの物権変動とＢからＡへの復帰的物権変動とが対抗問題になるとみる[17]。しかし，遡及効制限説に立つことがつねにＡＣ関係を対抗問題とみることには直結しないのではなかろうか。

　(c)私見は，(b)遡及効制限説と同様に，かつ立法過程の議論も参考にして，意思表示の取消しによる遡及効は債権的な効果（取得した権利を回復すべき債権・債務）を生じさせるものであると解する[18]。したがってまた，第三者Ｃの登場時期が取消しの前か後かにかかわらず，同一の法理に従って権利保護を図るべきである。もっとも，ＡＣ関係を対抗関係とみることは適切ではないと考える。なぜなら，Ａの意思表示の取消しの事実または取消原因の存在（取消しの潜在的可能性）について悪意のＣまでも保護する必要はないと解される一方で，善意

---

16)　大判昭和17年9月30日民集21巻911頁，最判昭和32年6月7日民集11巻6号999頁。

17)　広中1982: 129–131頁。その他，121条の立法沿革を踏まえた遡及効制限（否定）説につき，舟橋＝徳本編1997: 498–499頁〔原島＝児玉〕参照。

18)　本書第3章3。

のCにつねに不動産の登記や動産の引渡しまで求めるとすれば，善意者のための権利保護としては厳格にすぎると解されるからである。したがって，ＡＣ間の権利帰属の確定基準として，（善意・悪意不問の）対抗要件は相応しいとはいえない。そこで，この場面では，Ｂから権利を取得して引渡し等を受けたＣに対し，Ａが返還等を求めてきたときは，Ｃが善意で（主観的要件），かつ前主Ｂとの取引の履行段階に入ったこと（客観的要件）[19]により，権利保護資格要件（後述2）を具備したことを証明すれば，Ｃは確定的に権利を取得し，最早Ａの返還請求には服しないと解すべきであろう。問題はその実定法上の根拠である。

　まず，以上のこと（第三者の善意および履行の着手）は，取消しによるＢからＡへの権利復帰とＢから権利取得したＣとの関係に関する96条3項の解釈について妥当する。

　ついで，第三者保護規定のない強迫取消しおよび制限行為能力取消しに関しては，96条3項が詐欺取消しの場合にのみ第三者保護規定を設けた趣旨に反しない範囲で，第三者保護のための体系的・目的論的解釈をする必要である。この観点から，本書では，96条3項の「法意」ないし「趣旨」[20]に鑑みて，第三者保護要件をより厳格化し，第三者が強迫行為の存在または表意者の制限行為能力（取消前に現れた場合）およびそれらを理由とする取消しの事実（取消後に現れた場合）につき，善意・無過失であることが求められるものと解釈する[21]。

---

19)　客観的要件としては，第三者Ｃがその前主Ｂとの契約に基づいて登記，仮登記，目的物の引渡し，代金の全部または一部の支払いなど，すでに履行段階に入っていること，少なくとも履行の着手（557条1項参照）がされていることが必要であろう。

20)　舟橋編 1967: 286–287 頁〔原島〕は，詐欺取消し後の第三者および強迫取消前後の第三者保護として，96条3項の類推適用論（要件は第三者の善意）を提示する。なお，鎌田 2022: 132 頁は，「取消権者に被詐欺者や錯誤者・虚偽表示者以上に強い帰責性が認められる場合に限って，95条4項・96条3項および94条2項の『趣旨』を類推して取消し前の善意または善意無過失の転得者を保護するというのが精一杯のところ」（傍点は原文）とみる。

21)　このような主観的要件の厳格化に加え，客観的要件の厳格化（例えば，不動産登記または動産引渡しまで求めること）まで必要か否かが問題になる。しかし，無権利者からの取得要件と同程度まで厳格化する必要はないと考えられる。そこで，不動産の場合は登記のほか，不動産の引渡し，動産の場合は現実の引渡し，簡易の引渡し，指図による占有移転のほか，占有改定も権利保護資格要件となりうると解する。

(ⅱ)　ＡによるＡＢ間の契約解除（法定解除）

例えば，Ａがその所有地 *a* をＢに売却したが，Ｂが約定期日までに代金を支払わなかったことから，Ａが催告のうえ，Ｂとの売買契約を解除した場合，Ｂから土地 *a* を取得したＣの法的地位はどのような影響を受けるか。

(a)売買契約の解除により，その当然の効果として，買主は所有権を取得しなかったことになり，当然に売主に帰属すると解する立場がある。この場合，売買契約解除後，売主が所有権を回復するために特別な所有権移転の意思表示をすることを要しない（直接効果説または直接効果かつ物権的効果説）[22]。ただし，契約解除によって「第三者の権利を害することはできない」（545 条 1 項ただし書）から，買主Ｂからすでに所有権を取得していた第三者Ｃは所有権を確保しうる。しかし，その際に，(a-1) 第三者Ｃは対抗要件を備える必要はないとの見解[23]に対し，(a-2) Ｃは対抗要件を備えなければＡへの所有権回復の効果に服するとみる見解[24]，(a-3) Ｃは権利保護要件を備えなければＡへの所有権復帰が優先するとの見解[25]がある[26]。あるいは，(a-4) 直接効果説に立ちつつ，それを制約する 545 条 1 項ただし書の適用範囲を一定の時期までに第三者が登場した

---

22)　直接効果説は，「解除の効果は契約の遡及的消滅であり，その結果として，解除された契約に基づいて発生した物権変動も遡及的に消滅し原状に復する」と解する（我妻＝有泉 1983: 103 頁）。その結果，原権利者の所有権はまったく移転することなしに，終始原権利者に帰属していたことになり，占有や登記名義の不当利得返還請求の問題が残るにすぎない。もっとも，物権行為の独自性肯定説によれば，直接効果が債権行為と物権行為の双方に及ぶという二重の意味の直接効果説（＝直接効果かつ物権的効果説）に立つ場合に，解除によって物権変動までも遡及的に消滅し，物権が原状に復することになる。ただし，当初日本に導入された物権行為の無因性を前提とするドイツ型の直接効果説は契約によって生じた債権・債務を遡及的に消滅させるが，その履行行為たる物権行為・物権移転は解除によって害されないから，545 条ただし書は当然の規定と解された。北村 1985: 130–134 頁。

23)　ただし，解除後に現れた第三者については，(a-1-1) 解除の事実について悪意の場合は保護されないとの見解（高森 1986: 61–62 頁），(a-1-2) 取引安全保護のために遡及効を制限した 545 条 1 項ただし書が適用されないので，対抗要件を満たしても解除後の第三者は保護されない（三宅 1978: 285 頁以下，とくに 287 頁）との見解（しかし，このような場合でも，Ａが解除後（あるいは解除可能時到来後）相当期間登記を回復せずに放置していたときは，94 条 2 項の類推適用の余地が生じることは否定されないのではなかろうか）もある。

24)　加藤 1984: 65 頁。

25)　我妻 1954: 197 頁。

場面に限定する見解も有力である。例えば，契約解除時または原権利者が自己に解除権があることを知った時点（基準時）よりも前に登場した第三者（登記具備を要する）[27]は 545 条 1 項ただし書によって保護される一方，基準時後に登場した第三者は原権利者と「対抗関係」に立ち，対抗要件規定（177 条・178 条）によるとの解釈がある[28]。これは，直接効果説に立ちながらも，やはり原権利者と第三者との優劣関係を登記によって確定する比重を高めるものと解しうる。

判例も基本的に，売買契約解除の「当然ノ効果」として「買主ハ所有権ヲ取得シタルコトナキモノ看做サルヘク所有権ハ当然売主ニ帰属スルニ至ルモノ」と解し，売買契約解除以後に「特別ナル所有権移転ノ意思表示」を要しないとの直接効果説の立場に立つ[29]。そして，たとえ解除前に第三者Cがすでに所有権を取得していた物（木材）であっても，いまだ「引渡ヲ了セサル間ハ其所有権移転ヲ以テ第三者タルAニ対抗シ得サルモノ」とし，第三者Cに対抗要件（引渡し）の具備を求める[30]。他方，不動産売買契約解除後に現れた第三者Cに対しては，「売買契約ノ解除ニ因リ所有権カ売主ニ復帰スル場合ニ於テモ所有権ノ移転存スルヲ以テ民法第 177 条ヲ適用スヘキモノ」と解し，原権利者Aに対抗要件の具備を求めている[31]。しかも，その場合「第三者が善意であると否と，右不動産につき予告登記がなされていたと否とに拘らない」とされる[32]。しかし，第三者が解除の事実について悪意の場合はたとえ対抗要件まで具備しようとも原権利者の犠牲において保護すべきか疑問であり，判旨は形式的，ド

---

26)　川井 2005b: 45 頁，内田 2007: 100 頁，内田 2005: 85 頁（96 条 3 項によって第三者が保護されるために要求すべきとされる登記の意味に関する）。両者の相違は，不動産登記または動産占有がBにある場合，(a–2) 対抗要件と解すれば，この段階では権利帰属は確定しておらず，AかCのうち先に対抗要件を取得した方が優先するが，(a–3) 権利保護要件と解すれば，Cが権利保護要件を具備しない限り，Aへの権利帰属が優先する。

27)　ここでの登記も，対抗要件としての登記ではなく，いわゆる「権利保護資格要件」と解されている。鈴木 1997: 92 頁注 8，9 および該当本文参照。

28)　鈴木 1997: 88–91 頁。間接効果説による場合との相違は，基準時前に第三者がその前主と契約したが，まだ登記（権利保護資格要件）を具備する前に，原権利者が解除に基づく原状回復請求をした場合に，原権利者が勝訴しうる点に見出しうるにすぎない。

29)　大判大正 6 年 12 月 27 日民録 23 輯 2262 頁。

30)　大判大正 10 年 5 月 17 日民録 27 輯 929 頁。

31)　大判昭和 14 年 7 月 7 日民集 18 巻 11 号 748 頁。

32)　最判昭和 35 年 11 月 29 日民集 14 巻 13 号 2869 頁。

グマティックに対抗の法理を適用しているようにもみえる。

　(b)それに対し，契約解除はすでに発生した所有権移転をなかったものとするまでの効果をもたず，所有権を取得したBにAへの原状回復を義務づけるにすぎないとの立場（間接効果説，折衷説，原契約変容説など）[33]から，BからCへの所有権移転とBからAへの所有権復帰とが対抗関係に立つとの見解がある。この立場によれば，その結果，契約解除の前後を問わず，つねに対抗要件規定（177条・178条）が適用される（545条1項ただし書は177条に吸収される）ことになる。契約解除は「後発的な双務的均衡の喪失」を原因として原状回復を図る制度であり，その「遡及的構成」も「当事者間における給付物の原状回復を根拠づける観念的・論理的前提を創出する」という「目的的制限（相対性）」をもつ。それゆえに，「解除の遡及効はその目的からいって本来第三者に及ぼすべき筋合のものでない」，「取引安全をはかる必要のある」ものであり，「その遡及的失効に取消の場合におけるほど強い意味を与える必要は必ずしも存しない」ことから，「あらゆる関係にわたって当事者間の取引を根底からくつがえすことまでも含むものではない」とされる[34]。その結果，第三者は権利者と取り引きしたことになる（失権の遡及も事後的失効も生じない）一方，原権利者にも解除によって相手方からの「所有権の復帰」が認められ，「二重譲渡がなされたのと同じに考えるべきことになる」から，第三者保護は，第三者の出現が解除の前か後かを問わず，「対抗問題として処理される」と説明される[35]。

　(c)私見は，解除の効果については，(b)説と同様に，解除はすでに発生した権利変動を消滅させる効果をもたず，移転した権利や目的物をあらためて原状に

---

33)　ここでは，「間接効果説」とは解除によって既履行債務については新たな返還債務が発生し，未履行債務については履行を拒絶する抗弁権を生じると解釈する見解，「折衷説」とは既履行債務については新たな返還債務が発生するが（間接効果説と同じ），未履行債務については解除時に債務が消滅する（遡及的消滅ではない）と解釈する見解の意味で用いる。我妻 1954: 190 頁参照。原契約変容説は，解除によって契約関係は同一性を保ちながら原状回復の債権・債務関係へと変容し，既履行給付は原状回復義務になり，未履行給付は原状回復義務の発生と同時に履行済みとなって消滅する（原契約の変容による清算関係の一環として債務者は将来に向かって未履行債務から解放される）とみる。その結果，不当利得に基づく返還義務も生じない（四宮 1978: 202–209 頁）。

34)　四宮 1990: 17 頁，19–20 頁，22 頁。

35)　四宮 1990: 23 頁，41 頁，石田（穣）2008: 222 頁。

復する債権・債務を発生させるものと解する（その意味で債権的効果説といえる）。
したがって，遡及的消滅の問題を生じないゆえに，第三者Ｃの登場時期が解除
の前か後かにかかわらず，その権利保護は同一法理に従って決定されるべきで
あると解する。しかし，(b)説をとることがＡＣ関係を対抗関係とみることには
直結しないものと考える。

　なぜなら，第1に，解除原因の存在（解除の潜在的可能性）について悪意のＣ
は保護に値しないとはいえないとしても，Ａによる解除がされた事実について
悪意の第三者Ｃまで保護する必要はなく，その場合は原権利者への権利復帰を
優先させるべきであるという価値判断が民法体系上は是認されると解されるか
らである。というのも，解除前に登場した第三者が解除原因について悪意でも
保護される理由は，解除原因（債務不履行，権利や目的物の瑕疵等）があっても解
除されるべきものとは限らないからであると説明される。そのことと，詐欺取
消しの原因があってもただちに取消しがされるべきものとは限らないこととは，
原権利者と第三者の利害状況の点でさほど大きく異なるとはいえない場合もあ
る。しかるに，詐欺取消しの原因について悪意の者は96条3項によって権利
保護を受けることができない。現行民法の採用するこの価値判断を標準とすれ
ば，少なくとも解除がされた事実について悪意で権利を取得した第三者を保護
することは，民法体系上の価値判断として均衡を失するものといわざるをえな
い[36]。

　その一方で，第2に，第三者Ｃに権利保護のための要件として不動産登記や
動産引渡しまで求めるとすれば，Ｃが権利者からの取得者であること，および
解除の事実については善意であることが要求されることにも鑑みると，第三者
の権利保護要件としては厳格にすぎよう。

　以上の2点から，ＣＡ間の権利帰属の確定基準として，第三者の善意・悪意
を不問としたまま対抗要件を求めることは不適切で，この場面でも権利保護資
格の法理が適用されるべきであろう。したがって，例えば，Ｂから権利を取得
して引渡し等を受けたＣに対し，Ａが返還等を求めてきたときは，Ｃが善意で，

---

[36]　解除後に登場した第三者は善意でなければ権利保護に値しないことを支持する見解と
　して，高森1986: 61–62頁，川井2005b: 44頁（94条2項類推適用説による），石田2008:
　222頁，本書第3章4(3)，武川2006b: 73–74頁などがある。

かつ前主Bとの取引の履行段階に入ったことなど，権利保護資格要件（後述(2)）を具備したことを証明すれば，Cは確定的に権利を取得し，Aの返還請求には服しないと解すべきであろう。

(3) 権利保護資格の法理の適用場面（その2）──BからAへの権利移転の遡及効付与

AからBへといったん生じた権利移転の復帰とは別に，BからAへの権利移転が法律の効果によって（しばしば遡及的に）生じる場合がある。その結果，a 類型におけるようにBが自らの意思でAとCに同一の権利を二重譲渡した場合とはやや異なる状況が生じうる。

(i) BによるAへの無権代理行為の追認

例えば，B所有地 a を無権代理人XがBを無権代理してAに売却する旨の契約を締結し，登記もB名義からA名義に移転したとする。その後，Bが土地 a をCに売却し，代金の一部支払を受けてCに引渡しをする一方で，XA間の無権代理行為を追認した場合，AC間の権利帰属はどのような法理によって確定されるべきであろうか[37]。

(a)通説は，AC間を対抗問題として解釈している[38]。すなわち，Bの追認により，XA間の無権代理行為の効果（BからAへの権利移転）はXの無権代理行為時まで遡及する（116条本文）。しかし，その遡及効は「第三者〔＝C〕の権利を害することはできない」（116条ただし書）。では，その帰結としてCは対抗要件なしにBから権利取得することができるかというと，そのようには解されていない。すなわち，第三者Cにとって116条ただし書の存在意義は，BがXA間の無権代理行為を追認するとその遡及効（116条本文）によってBはXによる無権代理行為の時点で土地 a の所有権を失ったことになり，その後にBから譲

---

37) AはCに対して土地 a の明渡請求を，CはAに対して所有権移転登記の抹消登記手続請求または（真正な登記名義の回復を原因とする）移転登記手続請求をすることが考えられる。

38) 我妻 1965: 378 頁，川島 1965: 398 頁，幾代 1984: 360 頁，石田 1992: 449–450 頁，川井 2005a: 258 頁，川井 2008: 258 頁，加藤 2002: 323 頁，山本 2005: 326 頁，近江 2008: 271 頁，近江 2018: 260 頁，平野 2006: 372 頁，平野 2011: 378 頁。

り受けたＣは無権利者からの取得者になってしまうところ，116条ただし書によって無権代理行為の追認の遡及効が制限される結果，Ｃも権利者Ｂからの取得者としての地位を確保しうることにある。こうして，ＢＡとＢＣ間には二重譲渡と同様の事態が生じることになる。しかし，116条ただし書によるＣの保護はここまでに留まり，その先，ＡとＣのいずれが最終的に土地 a の所有権を取得するかは，対抗要件（177条）およびその解釈によって確定されることになる。そうであるとすれば，結局，ＡＣ間の相互に衝突する権利の優劣は対抗問題として対抗要件によって処理されることになり，116条ただし書は存在理由を失って「無用の空文となる」と解されている[39]。

　これに対し，(b)Ａ・Ｃがそれぞれ取得した地位がともに排他性を備える場合には，116条ただし書を適用する余地があるとみる解釈も注目される。例えば，①Ｂの所有地 a 上の立木 β をＸがＡに無権代理行為によって売却して明認方法を施す一方で，Ｂが土地 a をＣに売却して移転登記もした場合，ＢがＸＡ間の無権代理行為を追認しても，116条ただし書により，立木 β についてもＣが優先するものとされる[40]。同様に，②Ｂ所有動産 a の受寄者ＸがＢを無権代理してＡに売却して占有改定の意思表示（183条）をする一方で，Ｂが a をＣに売却して指図による占有移転（184条）をした後，ＢがＸの無権代理行為を追認した場合，対抗要件まで備えたＣの権利を追認によって覆すべきではなく，遡及効を制限する116条ただし書によってＣの優先が認められるべきであるとされる[41]。また，③Ｂの債権 a を無権代理人ＸがＡに譲渡して債務者Ｙに確定日付ある証書によって通知（468条2項）する一方で，Ｂが a をＣに譲渡してＹに確定日付ある通知をした後に，ＢがＸの無権代理行為を追認した場合[42]，④Ｂの債権 a についてＸがＢを無権代理して債務者Ａから弁済受領する一方で，Ｂの債権者Ｃが a を差し押さえ，転付命令を得た後，ＢがＸの弁済受領行為を追認した場合[43]，⑤Ｂ所有建物 a についてＸがＢを無権代理してＡに譲渡し，登

---

39)　四宮 1990: 29–30 頁，39 頁，40 頁。四宮＝能見 2005: 292–293 頁。ただし後掲注45および該当本文も参照。
40)　我妻＝有泉 1983: 95 頁。
41)　四宮＝能見 2018: 375 頁。
42)　四宮＝能見 2018: 375 頁。

記名義も移転する一方，BがαをCに賃貸して引渡しをした後，BがXの無権代理行為を追認した場合，いずれも116条ただし書によって追認の効果が制限され，Cが優先するとされる[44]。

さらに，⑥第三者Cが先行する無権代理行為の無効を前提として取引関係に入ってきたような場合，例えば，Xが無権代理行為によって土地αをAに売却して移転登記をした後，BがCに対し，XA間の土地売買（登記名義はAに移転済み）は無権代理行為によるもので無効であると述べてCに土地αを譲渡した場合，Cは116条ただし書の適用により，登記なしにAに優先して土地αの所有権を取得することができるという見解も示されている[45]。

(c)私見は，さらに進んで，ＡＣ関係は，前記(b)説が挙げる①〜⑥の諸場合に限らず，一般に対抗問題ではなく，むしろCの権利保護資格の問題であると解するものである。

まず，無権代理人Xと取り引きした相手方Aが後に本人Bの追認を受ける一方で，本人B自身が第三者Cに同一目的物を処分していた場合（BからCへの処分時期は，Xの無権代理行為の前，その後でBによる追認前およびその追認後の各場合が考えられる）のＡＣ関係を対抗関係とみる解釈には疑問がある。なぜなら，B所有地はCに対してはB自身によって売却される一方，Aに対してはXが当初は無権代理行為によって売却し，後にBが追認したものである。

この場合，〔1〕一方で，Aしては，Xが本人として自分の権利を処分するのではなく，代理人として他人（＝本人B）の権利を処分しようとしているのであるから，その代理権限を含め，それ相応の注意をして然るべきであり，その点はCとまったく対等とはいえない。そして，無権代理行為は追認がなければ有効にならない以上（113条，117条），すでに登記名義がBからAに移転してい

---

43)　大判昭和5年3月4日民集9巻299頁（無権代理行為に対抗要件を必要としない場合）。なお，譲渡禁止特約付債権が譲渡され，差押え（民事執行法152条。譲渡禁止特約の効力は差押えには及ばない）がされた後に，債権譲渡を債務者が承諾した場合（譲渡時に遡って債権譲渡は有効になると解されている。最判昭和52年3月17日民集31巻2号308頁）であっても，「116条の法意に照らし」，債権譲受人は債権譲渡の効力を差押債権者に主張できないとされた（最判平成9年6月5日民集51巻5号2053頁）。

44)　四宮＝能見 2018: 375-376頁。

45)　四宮＝能見 2005: 294頁（能見善久。なお，A，B等の表記は，本書の叙述に合わせて変更した）。

ても，その無効を信じてＣが取引関係に入ってくることは考えられ，かかるＣの権利取得は保護に値するといえる[46]。この点で，ＡＣ関係がＢを起点とする二重譲渡と同視しうるものであるとはいい難い。それゆえにまた，116条ただし書が対抗要件の規定（177条，178条）に代替されて「無用の空文となる」[47]とまではいえないであろう。

　しかし，〔2〕他方で，無権代理行為もただちに無効とはされておらず，本人が追認したうえで，別段の意思表示がなければ行為の当初から有効と扱いうるものである（113条，116条本文）。したがって，先の例とは逆に，ＣがＸＡ間の無権代理行為をＢが追認したことを知りながら，まだＡがその準備段階にあって登記を完了していなかったことから，あえてＢと取引関係に入り，登記さえ先に取得すれば優先すると解することまでをも是認する意味で，116条ただし書が「第三者の権利」を保護したものとも解されない。このように，ＡとＣは通常の対抗問題のように対等な立場にあるとみることは困難である。

　つぎに，以上のような事情から，ＡＣ間の権利帰属の優劣判断に際しては，ＸＡ間の無権代理行為およびそれに対するＢの認識内容や追認の有無について，Ｃの主観面をも考慮に入れて判断する必要があり，そのうえで116条ただし書の趣旨に従って権利保護に値する（＝権利保護資格をもつ）第三者に救済手段を提供したものと解すべきである。そうであるとすれば，Ｃの権利保護資格としては，一方で，Ｂによる無権代理行為の追認について善意であり[48]，かつ契約の履行段階（代金の全部または一部の支払，目的物の引渡し，登記，その他）に入って利害関係を形成する等，その権利取得が保護されるべき事情という意味での権利保護資格要件を備えていることが求められよう。他方で，Ｃはそのような権利保護資格要件を備えていれば，必ずしも対抗要件まで具備する必要はない（そこまで要求すると，必要な保護に欠ける場合があることによる）と解すべきであろう。

　Ｘによる無権代理行為の相手方Ａと本人Ｂ自身による処分の相手方Ｃとの間

---

46)　前述(b)説⑥参照。
47)　前掲注39および該当本文，前述(b)説参照。
48)　これは，①Ｘの無権代理行為自体を（したがって，その追認も）知らない場合のほか，②ＸのＡへの無権代理行為については知ったが，Ｂが追認を拒絶した（または拒絶するであろうと合理的に信じた）場合をも含むものと解すべきである。

の権利帰属の確定ルールに関する以上のような解釈方法論は，B自身が自己の権利をCに処分する一方で，同じ権利についてBからAへの移転が一部法律規定の効果も加わって生じるような場合にも応用可能であろうか。類似の事案類型について確認してみよう。

(ⅱ)　B所有財産に対するAの選択債権の選択

　例えば，Bの所有地 α・β についてAがそのいずれかの所有権を取得すべき選択債権を取得したが，Bが土地 α をCに譲渡した後に，選択権者（AB間の合意による〔Aに選択権を付与するなど〕，特約がない場合はB。406条）が α を選択した場合，それは「債権発生の時にさかのぼって」効力を生じるが（411条本文），このAの選択債権の遡及効は，「第三者の権利を害することはできない」との規定（411条ただし書）により，Cの所有権取得が優先するであろうか。

　この問題についても一般に，土地 α の所有権の帰属をめぐるAC間の優劣は，411条ただし書によってではなく，対抗要件によって確定される（対抗問題）と解されている。その理由は，土地 α は元々B所有であるから，Bが土地 α についてAとCに二重譲渡を行ったことになるにすぎないとみられる，という点にある。しかも，選択債権に基づく「選択」の場合，Aが対抗要件を具備することができるのは選択以後であるから，無権代理行為の「追認」の場合のように，追認以前に無権代理行為の時点でAがすでに対抗要件まで具備することがありうる場合と比べても，Cはもっぱら対抗要件によって保護されれば足りるということができ，411条ただし書の助けを借りる必要がないと解されている[49]。

　たしかに，①無権代理行為の場合は，XがBに無断でAへの移転登記を行うことがありうるのに対し，選択債権の場合はB自らがAの選択債権を生じさせており，それに基づいて選択がされた場合はB自身が土地 α の所有権移転登記手続を行うことが想定されているから，先にみた無権代理行為の例[50]と異なり，すでにA名義の登記がBによって行われているのに，それを無効と信じたCを保護すべきであるといったような事態は生じないであろう。また，②B所有の

---

49)　四宮 1990: 32頁。ただし，Aが α に対する所有権移転請求権を保全するために「仮登記をした場合は別」であるとする（同前32頁）。

50)　前述(ア)(b)説の⑥参照。

土地 a に対しては，ＡもＣもいずれかがプライオリティをもつような特別の財
産でない限り，ＡおよびＣの立場は対等とみられ，Ｃへの移転登記が先にされ
るか，Ａへの移転登記またはＡのための所有権移転請求権保全の仮登記（不動
産登記法 105 条 2 号）が先にされるかにより，土地 a の帰属が確定されることに
なろう[51]。

(iii)　ＢからＡへの停止条件付所有権譲渡における条件成就

　同様のことは，Ｂが所有地 a をＡに対して停止条件付きで贈与し，条件成就
の効果を遡及させる特約（127 条 3 項）をしたが，条件成就前にＢが土地 a をＣ
に譲渡し，その後，ＢＡ間贈与の停止条件が成就した場合にも妥当するであろ
う。この場合も，土地 a の所有権帰属をめぐるＡＣ間の優劣は，条件成就の遡
及効（127 条 3 項）ではなく，Ａへの移転登記またはＡのための所有権移転請求
権保全の仮登記（不動産登記法 105 条 2 号）が先にされるか，Ｃへの移転登記が先
にされるかによって確定されることになろう。土地 a に対するＡおよびＣの立
場は対等とみられるからである。しかし，例えば，土地 a がＡにとってたんな
る選択債権または停止条件付譲渡の目的物以上の意味をもつ場合はどうであろ
うか[52]。

(iv)　共同相続人Ｂから同Ａへの遺産分割等

　相続による権利移転をめぐっては，相続開始から遺産分割に至るまでの各局
面において，共同相続財産に属する権利の帰属に関して，法律の規定，被相続
人による遺言および共同相続人による意思表示の三者が絡んだ権利帰属の確定
ルールが形成されている。すなわち，第 1 に，法定相続それ自体の効果に関し
て，①共同相続人が各相続財産について取得する法定相続分に従った持分権の
帰属の効果（882 条，896 条，898 条，899 条，899 条の 2）が，第 2 に，被相続人に

---

51)　我妻＝有泉 1983: 94–95 頁。土地 a についてＡの選択債権成立後，Ｃのための地上権設
　　定登記が行われ，その後，選択債権者Ａへの所有権移転登記がされても，選択債権の遡及
　　効（411 条本文）は，Ｃの地上権（登記済）を覆すことができない（Ｃは無権利者から地
　　上権設定を受けたことにならない）という意味で，411 条ただし書にも存在意義がある
　　（梅 1921: 40 頁）。
52)　我妻＝有泉 1983: 94–95 頁。

よる遺言の効果に関して，②相続分の指定（902条），③特定財産承継遺言（1014条2項）等の遺産分割方法の指定，④遺言執行者がある場合における遺贈（985条，1013条），⑤遺言執行者がない場合における遺贈（985条）の効果が，第3に，共同相続人の意思表示が絡む場合の効果に関して，⑥遺産分割（909条），⑦相続放棄（939条）の効果が問題になる。

そして，これらの権利帰属確定ルールにおいても，対抗の法理と無権利の法理が交錯している。判例は，⑤遺贈（遺言執行者がない場合），⑥遺産分割（遺産分割後に現れた第三者との関係）については対抗の法理を適用し[53]，それ以外の権利取得（①法定相続分に従った持分の取得，②相続分の指定による取得，③特定財産承継遺言による取得，④遺言執行者がある場合における遺贈，⑦相続放棄者の法定相続分の取得）については，登記不要説をとることにより，共同相続人の権利取得を保護した[54]。

もっとも，平成30年改正民法899条の2により，⑥遺産分割による取得のほか，②相続分の指定および③特定財産承継遺言による権利取得も，法定相続分を超える部分については，対抗要件を備えなければ，第三者に対抗することができないものとされた[55]。また，同じく，④遺言執行者がある場合の遺贈に

---

53)　例えば，⑤に関し，最判昭和39年3月6日民集18巻3号437頁（受遺者は，遺言執行者がない場合，対抗要件を具備しなければ，当該財産について共同相続人の持分権を取得した第三者に対抗できない），⑥に関し，最判昭和46年1月26日民集25巻1号90頁（遺産分割により，相続分を超える持分権を取得した共同相続人は，遺産分割をした共同相続人の持分権を取得した第三者に対し，対抗要件を具備しなければ対抗しえない）などである。なお，平成30年改正前民法1031条による遺留分減殺請求権（同請求権行使後に現れた第三者との関係に関し，最判昭和35年7月19日民集14巻9号1779頁は，遺留分権利者は，遺留分減殺請求権行使後に現れた第三者に対し，対抗要件を具備しなければ対抗することができないものとした）は，平成30年民法改正（「民法及び家事事件手続法の一部を改正する法律」平成30年7月13日法律72号）により，遺留分侵害額請求権（金銭の支払請求権）へと変更されたことにより，第三者の権利取得との競合問題を生じさせることがなくなった。

54)　判例は，②相続分の指定ならびに③特定の遺産を特定の相続人に相続させる旨の遺産分割方法の指定による権利取得，④遺言執行者がある場合の遺贈による権利取得，⑦相続放棄による他の共同相続人の権利取得は，対抗要件を備えなくとも，第三者に対抗できると解した（②相続分の指定につき，最判平成5年7月19日家月46巻5号23頁，③特定財産承継遺言につき，最判平成14年6月10日家月55巻1号77頁，④遺言執行者がある場合〔平成30年改正前1013条〕の遺贈につき，最判昭和62年4月23日民集41巻3号474頁，⑦相続放棄による取得につき，最判昭和42年1月20日民集21巻1号16頁）。

ついては，当該遺贈に従った遺言の執行を妨げる相続人の行為は無効であるが（1013条1項，2項本文），その無効は善意の第三者に対抗することができないものとされた（1013条2項ただし書）[56]。

　その結果，平成30年民法改正後は，①遺言がない場合における法定相続分に従った持分の取得および⑦相続放棄による他の相続人による持分の取得の場合において，それらの持分について権利取得，差押え等の行為をした第三者の保護は，無権利の法理の例外則によることになるものと解される[57]。

　しかし，虚偽表示，まったくの他人名義の偽造登記等と比べ，①共同相続人の1人が，単独相続の登記をして第三者に処分した場合，当該共同相続人の持分を超える部分についての無権利性は，絶対的なものとはいえない（例えば，Pの共同相続人ＡＢのうち，Ｂが相続財産に属する土地aについて単独相続の登記をして，第三者Ｃに譲渡した場合におけるＡの持分2分の1に対するＢの無権利性）[58]。これに対し，⑦共同相続人の1人が，所定の期間内（915条1項，921条2号）に，家庭裁判所での申述（938条）により，相続を放棄したことにより，「初めから相続人とならなかったものとみなす」（939条）とされる結果，個々の相続財産に対する持分権を取得しなかったものとされる場合の無権利性は，絶対的なものであると解されている（例えば，共同相続人ＡＢのうち，Ｂが相続放棄をしたことにより，Ａの単独相続となったが，相続財産に属する土地aについてＢの債権者Ｃが債権者代位権を行使して共同相続の登記をし，Ｂの持分を差し押さえた場合におけるＢの持分2分の1に対する無権利性）[59]。

　その一方で，相続の発生により，他の共同相続人が個々の相続財産に対して

---

55)　なお，899条2第1項の「第三者」は，177条の「第三者」と異なり，相続分の指定，特定財産承継遺言，遺産分割について悪意の第三者を含まないものと解される。理由は，〔1〕相続財産の帰属確定に関しては，相続人の意思を優先すべきであること，〔2〕相続による権利取得は，遺言がある場合（985条1項）も，遺産分割による場合（909条本文）も，相続開始時に生じること，③相続分の指定遺言，特定財産承継遺言，遺産分割の調停・審判はいずれも要式行為であり，不要式行為で足りる176条の意思表示とは異なり，悪意の対象がより明確であることによる（松尾 2024: 50–51頁参照）。

56)　なお，遺言執行者がある場合でも，相続人の債権者（相続債権者を含む）が相続財産についてその権利を行使することは妨げられない（1013条3項）。

57)　その概要に関し，鎌田 2007: 133–150頁，松尾 2003: 74–78頁参照。

58)　我妻＝有泉 111–113頁参照。

59)　最判昭和42年1月20日民集21巻1号16頁。

もつ持分権自体（例えば，Ｐの共同相続人ＡＢのうち，土地 a についてＡが相続分２分の１に基づいて取得する持分２分の１）もまた，遺産分割までの暫定的・不確定的なものであり，その意味では，こちらもまた絶対的に取得され，帰属した権利とはいえない。したがって，例えば，共同相続人Ｂが相続財産である土地 a に対してもつ持分権の帰属をめぐる他の共同相続人Ａ（例えば，ＡＢ間の遺産分割による a の取得者）と第三者Ｃ（例えば， a に対するＢの持分権の譲受人やそれを差し押さえたＢの債権者）との関係を，単純な対抗関係とみることにも問題がある。ここでは，そうした問題の一例として，遺産分割による権利取得（前述⑥）の問題に焦点を当てて，さらに考察を加える。

　例えば，被相続人Ｐの共同相続人ＡおよびＢのうち，Ｂが相続財産に属する土地 a に対するＢの法定相続分に応じた持分権をＣに譲渡した後に，遺産分割によって a が共同相続人Ａに帰属するとされた場合，Ａは相続開始時に遡って a の所有権を取得したことになる（909条本文）。しかし，この遺産分割の遡及効によって「第三者の権利を害することはできない」（909条ただし書）とされる。では， a に対するＡの権利取得は，909条ただし書によってつねにＣに劣後するであろうか。

　(a)元来，遺産分割の遡及効（909条本文）は，遺産価値の実現や取引安全の確保を制約しながら，一部の共同相続人による中間処分を排除し，遺産分配をめぐる共同相続人間の利益を保護するという理念（宣言主義）に立脚する[60]。しかし，遺産分割が紛糾し，長期化することも少なくない実情，相続登記が必ずしも正確かつ迅速にされない実情，共同相続人の１人の持分について第三者が権利を取得するという事態の発生，遺産分割前であっても相続財産の財産価値の早期実現への要請，そのための取引安全の確保の必要性等により，遡及効の制限（909条ただし書）が設けられた（移転主義の観点からの遡及効の制約）[61]。その結果，遺産分割の遡及効の理念は骨抜きにされ，共同相続人たちの内部関係における効果や便宜をもつにすぎないものになった，との見解がある。この立場によれ

---

60)　この立場は，相続財産に属する個々の財産に対する共同相続人の持分の合有説に立脚する。

61)　この立場は，相続財産に属する個々の財産に対する共同相続人の持分の共有説に立脚する。

ば，遺産分割の遡及効は，そもそも第三者に影響を及ぼしうる趣旨のものではないから，①遺産分割前に出現した第三者はもちろん，②遺産分割後に登場した第三者にも影響を及ぼさないと解される（遺産分割の遡及効制限説）。したがって，ＡとＣはＢから持分権の二重処分を受けた関係になり，ＡＣ関係はつねに対抗問題として処理されるという解釈が成り立つ[62]。

　判例は，遺産分割による相続財産に対する権利取得につき，〔1〕遺産分割前に出現した第三者との関係（909条ただし書の適用が問題になる事案）については，態度を明確にしていないが，〔2〕遺産分割後に現れた第三者との関係につき，「遺産の分割は，相続開始の時にさかのぼつてその効力を生ずるものではあるが，第三者に対する関係においては，相続人が相続によりいつたん取得した権利につき<u>分割時に新たな変更を生ずるのと実質上異ならない</u>」から，遺産に属する不動産の分割には177条の適用があり，「分割により相続分と異なる権利を取得した相続人は，その旨の登記を経なければ，分割後に当該不動産につき権利を取得した第三者に対し，自己の権利の取得を対抗することができない」（下線は引用者）とし，対抗問題説に立っている[63]。この立場は，相続財産に属する個々の財産に対する共同相続人の持分の共有説および遺産分割の移転主義に親しむ[64]。これを支持する学説も，実質的理由として，第1に，共同相続人にとって，遺産分割の結果を登記することは，相続放棄の結果を登記することよりも容易である，第2に，第三者にとって，遺産分割の有無や内容を調査す

---

62)　四宮 1990: 33-36 頁。もっとも，909 条ただし書は，116 条ただし書や 411 条ただし書と異なり，遺産分割の遡及効をあえて制限し，それによってはじめて遡及効が第三者に及ばないことになる点で存在意義があるとされる（これに対し，無権代理行為の追認における本人Ｂや選択債権の選択における債務者Ｂは，目的物の所有者であるから，元来処分権をもつとされる。同前 39 頁）。

63)　その際，判例（最判昭和 46 年 1 月 26 日民集 25 巻 1 号 90 頁）は，相続放棄の遡及効（939 条。相続放棄者の持分権を取得した他の共同相続人は，その権利取得を登記なしに第三者〔相続放棄をしなければその共同相続人が取得したはずの持分権を取得したり，差し押さえた債権者等〕に対抗しうる〔最判昭和 42 年 1 月 20 日民集 21 巻 1 号 16 頁〕）との相違として，① 909 条ただし書の存在（939 条にはかかる遡及効の制限規定なし），②相続放棄には期間制限（915 条 1 項，921 条 2 号）があるので，遡及効を貫徹しても影響が及ぶ範囲は限定されるが，遺産分割には期間制限がないために，遺産分割前から第三者の出現する可能性が高いなどの点を挙げる。

64)　898 条 1 項，898 条 2 項，899 条の 2 第 1 項参照。

ることは，相続放棄の有無を調査することよりも困難であるといった利益衡量
的考慮要因も付加されている[65]。

（b）しかし，宣言主義の理念（909条本文）をできるだけ反映し，ＡＣ関係を対
抗の法理とは異なる観点から処理しようとする見解もなお有力である。この立
場は，対抗問題説（前述(a)）に対する批判として，第１に，ＢからＡへの遺産
分割について悪意の第三者も保護されてしまう，第２に，Ｂの債権者Ｃが債権
者代位によって共同相続登記をし，Ｂの法定相続分に従った持分権を取得した
り差し押さえて登記をすれば，Ａに優先することになると，たんなる保存行為
によって遺産分割の効果を否定する効果まで認める結果となる，第３に，第三
者の保護は94条2項の類推適用，32条1項後段の類推適用等によって善意者
を保護すべきであるなどの点を挙げる[66]。

（c）私見は，一方で，遺産分割が終了してそれに従った権利帰属が行われるま
での共同相続財産に対し，共同相続人Ａがもつ権利と第三者Ｃ（被相続人の債権
者，相続人の債権者等）がもつ権利は，同等ではないと解されることから，遺産
分割の遡及効（909条本文）の原則（宣言主義の要請。合有説）に鑑みて，ＡＣ関係
を対抗関係と把握すべきではないとの立場に立つ。したがって，ＢからＡへの
遺産分割について悪意の第三者が，Ａが対抗要件を具備する前に，Ｂの持分権
を取得して登記すれば優先することは是認されるべきでないと解する[67]。他方
で，暫定的・不確定的なものであれ，Ｂの持分権を取得した第三者Ｃは元々の
無権利者からの取得者ともいえない（移転主義の帰結。共有説）。したがって，第
三者の保護を無権利の法理の例外則によって図ることも理論的に整合的でない。
その結果，〔1〕遺産分割前に共同相続人Ａの権利を取得したＣを保護するため
の遺産分割の遡及効制限（909条ただし書），および〔2〕遺産分割によって共同

65）　星野 1973: 409 頁，遠藤 1980: 219 頁，品川 1995: 199 頁，二宮 2005: 374–375 頁，二宮
2024: 424 頁，川井 2005b: 61 頁，内田 2004: 431–432 頁。

66）　高木 1971: 170 頁，高木 1991: 67 頁，池田 1984: 185–187 頁，伊藤 2002: 336 頁，273 頁，
山野目 2012: 63–64 頁，潮見 2003: 157 頁，加藤（雅）2003: 161 頁。なお，浦野 2008: 85 頁
も参照。また，鎌田 2007: 146–149 頁は，94条2項の類推適用のほか，対抗問題自体を表
見法理の一環として理解する立場から，対抗問題として捉えることを前提にしつつ，背信
的悪意者排除論の認定を柔軟に行う方法も示唆する。

67）　民法909条ただし書の「第三者」に善意を要求する見解として，有地 2003: 425 頁，松
尾 2005: 574 頁，松尾 2024: 50–51 頁などがある。

相続人Aが自己の相続分に従った持分を超えて相続開始時に承継した権利を取得したCの保護（899条の2）とのバランスをとり，移転主義と宣言主義との調和を図る必要がある。そこで，〔1〕遺産分割前に現れたCおよび〔2〕遺産分割後に現れたCとAとの関係にも権利保護資格の法理を適用し，Cが善意（〔1〕遺産分割前に現れた第三者Cは，遺産分割については知りえないから，基本的に善意であるといえる一方，〔2〕遺産分割後に現れた第三者Cは，遺産分割について知らないこと）であり，かつBとの取引の履行段階に入るなどの権利保護資格要件（それは対抗要件に限定されない）を具備した場合に限り，権利取得の保護を認め，そうでない場合は，共同相続人Aへの共同相続財産帰属にプライオリティを認めるべきであろう[68]。

そして，この権利保護資格の法理は，遺産分割の場合にとどまらず，共同相続人間において相続財産を分配するための権利取得と第三者との関係が問題になる他の場面への拡張可能性をもつものと解される[69]。

すなわち，相続による権利承継の態様に関する前述①〜⑦のうち，遺産分割（前述⑥）のほか，899条の適用対象である，②相続分の指定（902条）および③特定財産承継遺言（1014条2項）による法定相続分に従った持分を超えて承継した権利に関する第三者との関係については，遺産分割におけると同様の解釈が妥当する。また，同⑤遺言執行者がない場合における遺贈（985条）と第三者との関係についても，899条が適用または類推適用されることから[70]，同様に解釈すべきである。

さらに，同④遺言執行者がある場合における遺贈による取得と第三者との関係については，第三者に善意が要求されている（1013条2項ただし書）。

そして，同①共同相続人が各相続財産について取得する法定相続分に従った持分の取得（882条，896条，898条，899条，899条の2）についても，第三者（例えば，Pの共同相続人ABのうち，BがPの相続財産に属する土地aについて単独相続の登記

68）　松尾2020: 36–37頁，松尾2024: 50–51頁参照。
69）　松尾2003: 77–78頁参照。このような解釈の可能性は，無権利者からの取得者とはいえない第三者Cの保護を，対抗要件でも94条2項の類推適用でもなく，32条1項後段の類推適用に求める見解（伊藤2002: 273頁）に示されているように思われる。水野2001: 173頁もこの方向性を示唆する。
70）　潮見2022: 375頁，622頁注32，松尾2024: 49–50頁参照。

第9章　権利保護資格の法理と権利保護資格要件　297

をし，第三者Ｃに譲渡して移転登記した場合）がＡの持分についても権利取得の保護
を受けるためには，善意を要件とするという見解がある[71]。

　残るは，同⑦相続放棄（939条）による承継に対する第三者（例えば，Ｐの共同
相続人ＡＢのうち，Ｂが相続を放棄したが，Ｂの債権者ＣがＰの相続財産に属する土地 a に
ついて債権者代位権に基づいてＡＢによる共同相続の登記をし，Ｂも持分2分の1を差し押
さえた場合）の保護である。この場合は，ＢがＰの権利を承継する余地がまっ
たくないとすれば，Ｃの保護は無権利の法理の例外則によるほかはないであろ
うか。

(4) 権利保護資格の法理の適用場面（その3）──原権利者の意思に基づく原状回復

　物権の原状回復的効果を生じる原因が，あらかじめそのような事態を想定し
た原権利者Ａの意思またはＡとその相手方Ｂとの合意にあり，かつ想定された
事態が生じた場合において，ＢからＡへの権利復帰とＢからＣへの権利移転が
競合したときに，権利帰属をめぐるＡＣ関係の争いはどのようなルールに従っ
て確定されるべきであろうか。

(i) ＡからＢへの権利移転行為に付された解除条件の成就

　例えば，Ａが所有地 a をＢに売却する際に，6か月以内に代金残額を完済し
なければ，ＡからＢへの所有権移転が遡ってなかったものとし（127条2項・3
項），その際は土地 a の使用利益，その他一定の費用をＢがＡに支払う旨の解
除条件付売買契約を締結し，ＡがＢに土地 a を引き渡し，所有権移転登記をし
たとする。その後，Ｂが土地 a をＣに売却し，代金の一部支払いを受けてＣに
引き渡したが，移転登記未了の間に，ＡＢ間で約定した解除条件が成就した場
合，ＡはＣに対して土地の明渡しを請求することができるであろうか。

　(a)一般に，ＡからＢに解除条件付きで移転した所有権は，解除条件の成就に
よってただちにＢからＡへ当然に「所有権の移転または所有権の復帰」（物権的
効果）が生じ，それによってＢは所有権を当然に失う一方，Ａはただちに所有

---

71) 我妻＝有泉 1983: 113 頁〔有泉亨〕。

権を回復するから，ＡのＢに対する目的物の返還請求権等は所有権に基づく物権的請求権になると解されている[72]。しかし，ＡからＣへの解除条件付所有権移転後，解除条件成就までの間に，Ｂがその目的物をＣに譲渡（中間処分）した場合，ＡＣ関係は対抗問題となり，対抗要件（177 条・不動産登記法 59 条 5 号「権利の消滅に関する定め」，178 条，467 条）によって決定されると解されている[73]。

(b)もっとも，対抗問題説に対しても，疑問がないわけではない。例えば，ＡＣ関係を対抗関係とみると，①ＣがＡＢ間における土地 a の譲渡契約に遡及効特約のある解除条件が付されていることを知りながら，Ｂから a を譲り受け，先にＢから移転登記を受けてしまえば，その後に解除条件が成就しても，Ａへの所有権復帰に優先してＣへの所有権帰属が認められることになる。さらには，②ＣがＡＢ間における土地 a の譲渡契約に付された遡及効特約のある解除条件が成就したことを知りながら，ＡがＢから登記名義を取り戻す前に，ＢからＣ名義に移転登記すれば，Ａへの所有権復帰に優先してＣへの所有権帰属が認められることになる。

しかし，法定解除の場合と同様，少なくとも②の場合にまで悪意のＣによる権利取得を保護すべきかは，検討の余地があると考えられる。反対に，Ｃが善意の場合，ＣがＢに代金の全部または一部を支払い，または土地 a の引渡しを受けたにもかかわらず，解除条件成就を理由にＢからＡに登記名義が戻されてしまうと，最早権利保護の余地がなくなってしまうとみることも問題ではなかろうか。むしろ，ここでも権利保護資格の法理を適用し，善意かつ取引行為の

---

72)　於保編 1967: 326 頁〔金山正信〕。
73)　於保編 1967: 328–329 頁〔金山〕，我妻＝有泉 1983: 103 頁。権利の消滅に関する定めとしては，解除条件付贈与・同賃貸借（昭和 39 年 12 月 15 日民甲 3957 号局長通達），期限（終期）付所有権移転（明治 32 年 12 月 28 日民刑 2059 号局長回答），受贈者の終身を期限とする終期付贈与（昭和 32 年 9 月 21 日民甲 1849 号局長回答），国有財産売払いにおける用途等の指定に反した場合に所有権移転の効力を否定する特約（昭和 31 年 2 月 9 日民甲 209 号局長通達）などが認められている。ただし，解除条件の成就や期限（終期）の到来によってＢの所有権が消滅する場合，所有権は原権利者Ａに復帰するとの理解を前提に，ＡからＢへの所有権移転登記の抹消手続ではなく，ＢからＡへの新たな所有権移転登記手続を申請すべきものとするのが実務である（大判大正 3 年 8 月 24 日民録 20 輯 658 頁）。したがって，解除条件付譲渡の譲渡人Ａは条件成就後，譲受人Ｂへの所有権移転登記の抹消登記手続を単独で申請することはできず，ＢからＡへの新たな所有権移転登記手続につき，Ｂと共同申請すべきことになる。

第 9 章　権利保護資格の法理と権利保護資格要件　　299

履行段階に入ったCの権利取得を認めるべきことも検討に値すると思われる。そして，これと同様の考慮は，その他の場合にも成り立ちうる。

(ⅱ) AのBとの特約に基づく買戻し，その他約定解除権の留保等
　例えば，Aが所有地aにつきBとの売買契約と同時に買戻しの特約を登記したときは，買戻しの効果は第三者に対しても生じるものとされる（581条1項，不動産登記法59条・96条）。その他，AB間の所有権移転原因となる契約において約定解除権が留保された場合，さらにはAB間で再売買の予約が行われた場合も，法定解除および解除条件の付款の場合と同様の問題が生じる。
　すなわち，──
　(a)一方では，AB間を対抗問題と捉え，対抗要件によって処理すべきであるという考え方が成り立つであろう[74]。
　(b)しかし，他方では，少なくとも解除権行使後は，そのことについて悪意のCに対しては，Aはたとえ登記を取り戻しておかなくとも，所有権復帰の効果を対抗できると解する余地があるように思われる。とくに約定解除の原因が法定解除の原因と同様に買主の債務不履行に関わる等，類似の機能を果たす場合，その効果について法定解除の場合と別異に解するときは，かえって均衡を失するであろう。
　これらはいずれも，物権の原状回復的な効果を生じる基礎が当事者の意思表示に存在する場合である。しかし，最早これらの事案は，AB間における土地aの売買契約が合意解除された場合（AC間は通常は対抗関係と解されている）とほとんど紙一重の相違にすぎないともいえる。

74）　買戻権ないし約定解除権の行使後は，それによってBからAに移転ないし復帰した所有権を登記しておかなければ，その後に生じた第三者に対抗できないことになろう。例えば，AがBに対して買戻特約付の所有権移転登記をし，その後買戻権を行使した場合，Aは所有権の復帰をも登記（所有権移転登記による。明治32年9月12日民刑1636号局長回答，大判大正5年4月11日民録22輯691頁）しておかなければ，Aの買戻権行使後にBから当該不動産の譲渡を受けて所有権移転登記をした第三者Cに対抗することができない（大判大正4年3月24日民録21輯275頁。BがCに抹消登記手続を請求し，Aは従参加人であった事案）。

⑸　権利保護資格の法理と他の法理との境界領域

〔i〕　AからBへの所有権移転原因たる契約の合意解除──対抗の法理との境界領域

　例えば，A所有地がBに売り渡され，さらにBからCに売り渡され，「それぞれ所有権を移転し」し，引渡しも行われたが，登記がまだAにある段階で，AB間の契約が合意解除された場合，合意解除前に所有権を取得した第三者Cは，Aに所有権取得を主張できるかが問題になった事例がある。

　⒜BからAへの所有権移転（復帰）とBからCへの所有権移転が対抗関係に立つとすれば，Cの登場（＝Bからの所有権取得）がAB間の合意の前か後かにかかわりなく，所有権帰属をめぐるAC間の優先関係は対抗要件（登記）の先後によって確定すべきことになるであろう。判例は，合意解除前に登場したCとAの関係が問題になった事案において，このことを認め，それゆえにCはBに代位してAに対して移転登記を請求することはできないとした[75]。すなわち，まず法定解除につき，「いわゆる遡及効を有する契約の解除が第三者の権利を害することを得ないものであることは民法545条1項但書の明定するところ」であるとする。そして，「合意解約は右にいう契約の解除ではないが，それが契約の時に遡つて効力を有する趣旨であるときは右契約解除の場合と別異に考うべき何らの理由もないから，右合意解約についても第三者の権利を害することを得ない」とする。しかし，「右いずれの場合においてもその第三者が本件のように不動産の所有権を取得した場合はその所有権について不動産登記の経由されていることを必要とするものであつて，もし右登記を経由していないときは第三者として保護するを得ないものと解すべきである。けだし右第三者を民法177条にいわゆる第三者の範囲から除外しこれを特に別異に遇すべき何らの理由もないからである」とした。ここでは，不動産売買契約の合意解除をした原権利者Aと，合意解除前に不動産所有権を取得した（しかも，代金を支払って引渡しを受けたが，移転登記を得ていなかった）第三者Cとの関係にも545条1項ただし書のルールが適用されるが，その際第三者は対抗要件の具備を要すると

---

75)　最判昭和33年6月14日民集12巻9号1449頁（BのAに対する移転登記手続請求のCによる代位およびそれが是認されることを前提とするCのBに対する移転登記手続請求を認めた第1審判決を認容し，AおよびBの控訴を棄却した原判決を破棄・差戻し）。

解釈したことが確認できる[76]。

(b)ところが，差戻控訴審は，一般論としては，最高裁判決に従い，「合意による契約の解除はこれにより第三者の権利を害することをえないことは民法第545条第1項但書の法意によるも明であるから，ＡＢ間の右土地の売買契約が解除せられるに先ち売買により右土地を取得したＣの権利は右契約解除により何等の影響を受けることはない」が，「ＡＢはたとえ右契約解除によりＣの権利に影響はないとしてもＣにおいて右土地につきその取得登記を経ていない以上Ａに対しその所有権を主張するをえない」ことをひとまず是認する。しかし，本件のように「ＣにおいてＢから右土地を買受けながらその取得登記を経ることができなかつたのはＡにおいてこれより先右土地をＢに売渡しながらＢのためその移転登記を経なかつたことによるものである」から，「このような場合にはＡはＣに対し右土地につき登記の欠缺を主張するにつき正当の利益を有しないものと認むべきである」と解し，結論的に「Ｃは右土地につきその取得登記を経ていなくてもなおＡに対しその所有権を主張することができる」[77]とした。ここでは，ＡＣ間関係は（ＡＢの合意解除前に）Ａ→Ｂ→Ｃという転々譲渡における前々主と後主との関係にあったから，ＣはＡに登記なしに権利取得を対抗することができるという解釈法理がとられていると考えることができる[78]。いずれにせよ，本判決は，合意解除の事案において，原権利者Ａと第三者Ｃとの関係には545条1項ただし書が準用（またはその法意が適用）される一方で，ＡＣ関係は対抗関係ではないと解釈する可能性を示唆した点で，重要である。

(c)私見は，法定解除から，解除条件付所有権移転の合意，買戻しの特約，その他の約定解除権の留保，再売買の予約を経て，合意解除へと，物権の原状回復的効果の発生根拠がより多く当事者の意思に存在する場合を通じて，原権利者Ａへの権利復帰とその相手方Ｂと取り引きした第三者Ｃへの権利移転との優劣は，第三者の登場時期（ＡＢ間の原状回復の前か後か）にかかわらず，法定解除

---

76) 原判決は，545条1項ただし書の「法意」に従って第三者の権利を擁護した。

77) 東京高判昭和30年10月13日民集12巻9号1467頁。

78) 不動産の譲受人Ｃは譲渡人Ｂの前（々）主Ａに対しては登記なしに所有権取得を主張することができる（いまだに登記名義をもつＡに対し，移転登記手続を請求することができる）。最判昭和39年2月13日判タ160号71頁。

の場合に関する私見に準じ，権利保護資格の法理によって解決されるべきもの
と解する。なぜなら，たとえもっぱら当事者間の契約に基づくＡＢ間の合意解
除による原状回復であれ，それが法定解除と同様の機能を果たす余地がある以
上，ＢＡ・ＢＣ関係をたんなる対抗関係とみて，Ｃの悪意（合意解除がされた事
実についての認識）を不問に付す一方で，Ｃが保護されるために対抗要件の具備
まで要求する（対抗の法理の適用による解決）よりも，Ｃが合意解除の事実につい
て善意で，かつＢとの取引の履行段階に入っていれば，権利取得の保護を認め
る方が，個別事案におけるＡＣ関係の実態に適合的な権利帰属の確定を可能に
すると解されるからである。

(ii)　ＡＢ間の所有権移転原因たる法律行為が無効の場合──無権利者と取り
　　引きした者による権利取得の法理との境界領域

　所有権がＡ→Ｂ→Ｃと移転する過程でＡＢ間の所有権移転原因が意思表示の
取消しや契約の解除によって失効した場合のＡＣ間の権利帰属確定ルールは[79]，
ＡＢ間の権利移転原因たる法律行為が無効だった場合（例えば，Ａの意思能力の欠
如〔3条の2〕）にも拡張可能であろうか。

　この問題については，すでに，(a)ＡＢ間の法律行為の「無効」も，ＡＢ間の
取引行為の「不存在」とは異なり，何らかの行為が存在した以上，その原状回
復を目的とする物権の「復帰」（復帰的物権変動）を観念することができるから，
取消し・解除の場合と同様に取り扱いうることを示唆する見方もある。例えば，
Ａ所有地αをＢに売却する旨の売買契約が締結され，αの引渡し，移転登記，
代金支払等がされている場合は，たとえ売買契約が「無効」であっても「不存
在」とは異なり，契約およびそれに基づく履行という事実が存在した以上，Ａ
からＢへのαの所有権移転プロセスが「すでにある程度は進行しはじめて」い
たとみる。そのプロセスの途中でＡから売買の無効の主張があった場合は，Ｂ
からＡへのαの返還，登記回復，代金払戻し等が完了することにより，Ｂから
Ａへの「所有権の復帰的変動が完了」し，αが「完全に」Ａの所有に復帰する
と解釈する。その結果，Ａが無効原因の存在を知り，かつそれを主張しうる状

───────────
79)　前述(2)(i)・(ii)。

第9章　権利保護資格の法理と権利保護資格要件　303

態になった時点（無効主張可能時）以降に登場した第三者ＣとＡとの関係は，「取消や解除の場合と同じく，対抗問題として」処理することができると解している[80]。

　この見解は，①意思能力の欠如を理由とする無効は，「表意者本人の保護を目的とする制度」であるから，表意者側からの無効主張しか認めるべきでなく（いわゆる相対的無効），（行為無能力）取消しと同様に取り扱うことができるとする[81]。

　また，②平成 29 年改正前民法 95 条の錯誤無効も，伝統的意思教説（Willensdogma）によれば意思の欠缺であるが，〔1〕「意思教説から離れ，関係者間の利益を衡量してみると」，詐欺・強迫によって「自己の本来の意図から逸脱した意思表示をした者」と，「他からなんらの圧力も加えられなかったのに自分だけで誤って真意から逸脱した者」では，「むしろ，前者をこそより強く保護すべき」であるという価値判断すら成立可能であるから，錯誤は詐欺・強迫取消しと平等に扱うべきであるとする[82]。このほか，詐欺・強迫取消しと錯誤無効（改正前民法 95 条）とが「近い」理由として，〔2〕錯誤無効は表意者側が無効主張をしない場合は相手方や第三者の側から主張できない（相対的無効）であること，〔3〕表意者自身に重過失がある場合は無効主張ができず，いつでも・誰でも法律行為の効力を否定できる「無効」とは異なること，〔4〕ドイツ民法（199 条 1 項）等でも錯誤の効果は取消しとされていることなどが挙げられる[83]。以上，〔1〕～〔4〕の論拠は，平成 29 年改正民法 95 条の錯誤取消しには一層妥当するものと考えられる。

　これに対し，③虚偽表示の無効は，「絶対的無効と取消との中間に存在する」とされる。しかし，ここでも，表意者―相手方間における秘匿行為に基づく合意の履行としての相手方から表意者への復帰的物権変動と，相手方―第三者間

80）　鈴木 1997: 140-142 頁。
81）　そのうえで，この立場によれば，原権利者は基準時＝原権利者が「契約の無効を主張しうるに至った時点」以前に登場した第三者に対しては原則として目的物の所有権が自己に帰属すること（復帰）を主張しうるが，基準時後に登場した第三者とは「対抗関係」に立つとされる。鈴木 1997: 140-142 頁。
82）　鈴木 1997: 131-133 頁。
83）　幾代 1984: 275-276 頁，鈴木 1997: 133 頁。

の転売による物権変動とが二重譲渡の関係に立ち，「対抗問題が生ずる」とみる。したがって，第三者は 94 条 2 項または 177 条のいずれかを援用して所有権を確保しうるとする。この場合，第三者は 177 条によれば登記が必要であるが，94 条 2 項によるときも「いわゆる権利保護資格要件としての意味」をもつ登記が要求されるとする[84]。

　さらに，④公序良俗違反または強行法規違反の契約に基づいて目的物の引渡し，不動産の登記等が行われた場合も，原権利者が相手方に対して占有，登記名義の返還等を求める「給付不当利得返還といういわゆる復帰的物権変動のプロセスとしての占有や登記等の回復の完了」により，原権利者は目的物の所有権を完全に回復するとみる。したがって，相手方から権利者への「復帰的物権変動」と相手方から第三者への物権変動が「一種の二重譲渡のごとき対抗の関係」に立ち，結局原権利者の登記回復と第三者への移転登記（なお，708 条参照）のいずれが先に行われるかによって「両者の権利の優劣が決せられる」とみる[85]。

　このように広範な意味の「復帰的物権変動」概念を承認する立場は，権利保護資格の法理，無権利の法理および対抗の法理を融合的・統一的に捉え，結果的には対抗の法理の適用範囲を拡大することを志向しているものと考えられる[86]。したがって，意思能力の欠如，錯誤（改正前民法 95 条），その他の理由による無効の場合も，（無効主張可能時以降に登場した）第三者の保護は，対抗の法理によって図られることになる。

　(b)このように，様々な原因による無効の効果を広く取消し・解除に近いものとして捉えようとする傾向に対しては，場面をより限定して，意思能力の欠如や錯誤（改正前民法 95 条）のように表意者の私的事由に基づく無効の場合については，その効果主張者の制限（表意者側からのみ主張できるという意味での「相対的無効」）や表意者が主張してはじめて法律行為が失効する点（「取消的無効」）に鑑みて，実質的に取消しと同様に解釈する傾向も拡大している[87]。その結果，

---

84)　鈴木 1997: 133–135 頁。
85)　鈴木 1997: 135–139 頁。
86)　実際この立場は，「契約（法律行為）の無効・取消・解除の三制度は，『契約の失効』とでもいうべき上位概念によって統括されるべき」とする（鈴木 1997: 146 頁）。

さらに進んで，第三者保護の法理としても，詐欺取消しに関する 96 条 3 項の類推適用を肯定する見解がある[88]。この点は，平成 29 年改正民法 95 条 4 項によって立法化された。

　これに対し，(c)私見は，法律行為の無効（意思能力の欠如〔3 条の 2〕など。錯誤の効果は取消しとされたことから〔平成 29 年改正民法 95 条〕，除かれる）と取消し・解除とを主としてその効果面の類似性にのみ着目して融合的に捉えようとする解釈方法には慎重であるべきであり，可能な限りその区別をなおも維持すべきであると解する[89]。その根拠は，両者を融合的に解釈することが，法律行為制度の根幹にある意思主義および私的自治の原理に相容れない面をもつと考えるからである。第 1 に，法律行為ないし意思表示の原理に従った「権利」の移転，その他の権利変動によって法律関係を定義し，説明する以上，意思ドグマとの批判は免れないかも知れないが，意思能力を欠いた表示が権利移転効果をもつと解することは困難であり[90]，意思能力の欠如の効果を取消し（ひとまず有効な権利移転が発生する）と同視することは困難である[91]。第 2 に，法律行為の内容の不確定や合意の不成立，実現不可能，不適法，社会的妥当性の欠如の場合も

---

87)　幾代 1984: 59 頁，276 頁，418 頁，内田 2005: 75 頁，近江 2008: 218-223 頁，平野 2006: 260 頁以下，とくに 288-289 頁。取消しと同様に扱うことにより，追認（122 条～ 125 条）や期間制限（126 条）の規定を類推適用する可能性も開かれる。

88)　幾代 1984: 277 頁，内田 2005: 86 頁，鈴木 2003: 144 頁，近江 2008: 223 頁，平野 2006: 291 頁。すでに，我妻 1965: 303-304 頁は，買主の詐欺によって錯誤に陥り，不動産を売った者は，善意の転得者が移転登記までしても，詐欺取消しは主張できないにもかかわらず（96 条 3 項），錯誤を主張すれば取り戻しうる（大判大正 11 年 3 月 22 日民集 1 巻 115 頁）点を問題視し，「この不都合を避けるために，詐欺に関する第三者保護規定の趣旨は，同じく表意者の保護を目的とする錯誤の主張をも制限すると解釈することができないものであろうか」としていた。

89)　すでに，94 条 2 項の類推適用については，この観点から取り扱った（本書第 8 章 1 (1)・(2)）。

90)　このことは，意思能力を欠く者が日常生活に必要な取引を行いうることを否定するものではない。成年被後見人の場合（9 条ただし書）に限らず，本人の便宜のための一種の目的論的解釈によって可能であると解する。同様の理由で，意思能力の欠如を理由とする無効と制限行為能力を理由とする取消しとの二重効を否定するものでもない。なお，熊谷 2003: 349-367 頁は「意思無能力法理」の根拠として，①「行為の不存在」とみうる場合，②「私的自治の正当性保障機能を維持するために，一定の者を排除」すべき場合，③「判断能力の低下した者」を保護すべき場合を識別し，各々の根拠に応じた判断枠組を探る。このうち，私的自治との関連は②で考慮されている。もっとも，それは①の場合をも当然に含む趣旨と解しうるであろうか。

306

権利変動の発生自体が承認されない場合があるが，それは権利概念を用いて私人間の法律関係を処理する法システムを採用することの当然の帰結である。その結果，①ＡＢ間の権利移転原因である法律行為が意思能力の欠如・錯誤・心裡留保（相手方が悪意または有過失）・虚偽表示等の意思の欠缺（不存在），および②法律行為の内容の不確定・実現不可能・強行法規違反・公序良俗違反等を理由に無効である場合，ＡからＢへの権利移転は発生せず（権利移転の不発生），Ｃは元々の無権利者Ｂと取り引きした第三者であるから，その保護法理は，原則として，無権利の法理の例外則によるものと解する。

　例えば，意思能力の欠如の場合には，第三者保護は無権利の法理の例外則（94条2項の類推適用など）によるべきであると解する[92]。なぜなら，権利移転効果が発生しているかどうかという問題と，無効や取消しを主張しうる者の範囲や期間制限の問題とは，関連しつつも別問題であり，権利移転の効果を発生させる意思を欠く意思能力の欠如の場合，なお権利は表意者の下にとどまっていると解すべきであり，第三者の保護は基本的に94条2項の類推適用によるべきであろう。その際に問題となる，表意者の帰責事由としては，表意者が無効を主張しうるのに主張しないまま放置したという事実があれば[93]，その点に着目して，94条2項を類推適用すべきである。もっとも，意思能力を欠く者の帰責性は弱い場合も考えられる[94]。しかし，第三者側の保護に値する事由（善意を要する）と表意者側の落ち度（帰責性）を要件判断に取り込み，権利帰属を争う表意者と第三者との主観的および客観的事情の比較を可能にする点で，規範構造としても94条2項の類推適用が相応しいものと考えられる[95]。

---

91)　意思能力の欠如の場合に取消しの関連規定（20条，121条，126条など）を類推適用することに対しては慎重な見解もある。川井 2005a: 21-22頁，川井 2008: 21-22頁，須永 2005: 254頁。

92)　四宮＝能見 2005: 199頁，川井 2005: 180-181頁，石田（穣）1992: 351頁。

93)　例えば，アルコールや薬物の使用により，自ら一時的な意思能力の欠如を招き，法律行為をした者が，その後，意思能力を回復し，自らの行為の結果を認識し，無効を主張しうるのに放置した場合などが考えられる。

94)　精神的な疾患などにより，法律行為の時に意思能力を欠いていた場合などが考えられる。

2 第三者保護の要件

(1) 権利保護資格要件の内容

(i) 権利者からの権利取得行為

以上に検討したように[96]，第三者の権利保護資格要件の特色は，現行民法の規定では 96 条 3 項，545 条 1 項ただし書，116 条ただし書，909 条ただし書，899 条の 2 第 1 項における「第三者」Ｃの権利取得に典型的にみられるように，①権利者たる前主Ｂからの，②Ｃによる権利取得行為の効果を，③瑕疵ある権利移転の原権利者ＡへのＢからの権利復帰（96 条 1 項・121 条本文，545 条 1 項），または権利者たる前主Ｂからの権利取得者Ａの権利取得の遡及効（116 条本文，909 条本文，985 条 1 項）を阻止して確定させるための要件に見出される。したがって，無権利者Ｂと取り引きした相手方Ｃの保護には適用されない。

また，第三者Ｃが権利者Ｂと取引行為をした場合であっても，権利変動がまだ生じていない段階からＣを保護するものではない。したがって，例えば，Ａが所有地 a をＢの詐欺（当初から代金を支払う積もりがないにもかかわらず，一括して支払うと欺罔した）によってＢに売却する旨の売買契約（所有権移転時期は代金支払時と約定）を締結したが，約定期日までに代金支払をしないまま，ＢがＡから預かった登記手続書類，印鑑証明書等を濫用してＢに移転登記し，第三者Ｃに転売・移転登記した場合，ＡＢ間ではいまだ権利移転が生じていないから，ＡがＢとの売買契約を取り消し，または解除し，Ｃに対して抹消登記手続（または真正な登記名義の回復を原因とする移転登記手続）を請求した場合，Ｃはたとえ善意であっても 96 条 3 項，545 条 1 項ただし書によっては保護されないものと解される[97]。

---

95) この場合，表意者の過失については，表意者側に主張・立証責任がある（表意者が，再抗弁で，意思能力の欠如に陥ったことにつき自己に過失がなかったことを主張・立証すべき）ものと解される。無権利の法理の例外則，とくに 94 条 2 項の類推適用による権利取得要件の主張・立証責任については，前述第 7 章 2 (2)参照。

96) とりわけ，前述(1)(ii)～(v)参照。

97) これに類するものとして，最判平成 15 年 6 月 13 日集民 210 号 143 頁・裁時 1341 号 12 頁・判時 1831 号 99 頁・判タ 1128 号 370 頁（Ｂの詐欺を理由とする取消しおよびＢの代金支払債務の不履行を理由とする解除も成立可能な事案）参照。

(ⅱ) 第三者の主観的態様

つぎに，権利保護資格要件は，瑕疵ある権利移転の原権利者への権利復帰や遡及的権利移転を阻止して第三者の権利取得を優先させることを正当化するものであるから，第三者にはそうした権利復帰または遡及的権利移転の事情についての善意を要求するものと解すべきである（95条4項，96条3項は，その現れと解しうる）。したがって，瑕疵ある権利移転の原権利者への権利復帰や遡及的権利移転の存在を認識している第三者（例えば，意思表示が取り消されたこと，契約解除がされたこと等，相手方から原権利者への権利回復原因が効力を生じたこと，無権代理行為が追認されたこと，遺産分割が行われたこと，相続分の指定または特定財産承継遺言，〔相続人への〕遺贈があること等を知る第三者）は，権利保護資格要件を満たさないものと解される。

(ⅲ) 対抗要件の要否

さらに，権利保護資格要件は，瑕疵ある権利移転の原権利者への権利復帰や遡及的移転を阻止して第三者の権利取得を優先しうる利益衡量上の要件として，対抗要件に限る必要はないが，不動産登記，動産引渡しのほか，不動産の引渡し，仮登記（不動産登記法108条）[98]，代金の授受等，第三者がその前主との取引行為の履行段階に入っていることを要求すると解すべきである[99]。なぜなら，①第三者（善意）がまだ履行段階になければ，原権利者への権利復帰等を優先させても，第三者の権利保護を大きく犠牲にすることはないと解されるからである[100]。また，②権利保護資格の法理が適用される事案類型では，第三者が履行段階に入っていない時点では，原権利者（たとえこの者がまだ対抗要件等を回復していなくとも）への権利復帰にプライオリティを認めるべきとの価値判断が働くと解されるからである。

---

98) この場合，第三者は所有権（1号仮登記の場合）または所有権移転請求権（2号仮登記の場合）をすでに取得していると解される。
99) これは基本的に履行の着手（557条1項参照）と同程度の要件と解してよいであろう。
100) この段階では，まだ第三者Cが権利取得していない場合も少なくないと解される。

(2) 主張・立証責任

　権利保護資格要件は，第三者がそれを具備した場合に，原権利者への権利復帰や法律上の遡及的権利移転を阻止しうる要件であるから，基本的に第三者が主張・立証責任を負うと解すべきである[101]。

(i) ＡによるＢへの意思表示の取消しの場合

　例えば，Ａが所有地 a をＢに売却・譲渡して移転登記を済ませ，ＢはＡを a をＣに転売・譲渡し，代金の一部の支払を受けて a をＣに引き渡したが，ＡがＢへの売却の意思表示をＢの詐欺を理由に取り消したとする。ＡがＣに対して a の返還を請求する場合，Ａは【請求原因】で，① Ａが a をもと所有していたこと，② Ｃが a を占有することを主張・立証しうる。Ｃは【抗弁】で，③ ＡとＢが a の売買契約を締結したことを主張・立証しうる（所有権喪失の抗弁）。Ａは【再抗弁】で，④ ＡＢ間の売買に取消原因があること，⑤ ＡがＢに対して取消しの意思表示をしたことを主張・立証しうる。問題はＣの【再々抗弁】である。第三者の登場時期が取消前の場合（取消しの遡及効とその制限規範〔96条3項〕が適用される）と取消後の場合〔177条・178条が適用される対抗問題とみる〕とで適用規範および実体要件を区別する判例・学説（通説とされる）によれば[102]，Ｃの登場がＡによる取消しの前であればＣは第三者保護規定（96条3項）によってのみ保護されるから，Ｃの【再々抗弁】は，(a-1) ⑥ ＢとＣが a の売買契約を締結したこと，⑦ ⑥ＢＣ間売買契約が⑤Ａによる取消しの意思表示に先立つこと，⑧ ＡＢ間売買契約がＢの詐欺に基づくことについてＣが善意であることを主張・立証すべきことになる。これに対し，第三者の登場時期が取消後の場合，Ｃの【再々抗弁】は，(a-2) ⑥ ＢとＣが a の売買契約を締結したことの主張・立証と，⑦ Ａが対抗要件を具備するまではＡによる a の所有権取得

---

101)　以下(i)・(ii)において略説する主張・立証責任については，本書第10章4(1)・(2)も参照。

102)　大判昭和17年9月30日民集21巻911頁，最判昭和32年6月7日民集11巻6号999頁。なお，遠藤＝水本＝北川＝伊藤監修 1997: 95頁〔北山元章〕参照。また，取消後，有効に登記を除去しうる状態の到来した時点までに現れた第三者には96条3項を適用し，それ以後に現れた第三者は94条2項の類推適用によって保護されるとの見解もある（遠藤＝水本＝北川＝伊藤監修 1997: 441頁〔三宅弘人〕参照）。

を認めない旨の主張となる。その際，これに加えて，⑥のＢＣ間売買が⑤のＡによる取消しの後であることをも要件とすると，両者の先後関係が不明の場合はＣの再々抗弁が認められず，Ｃに酷な結果になる（この点は，(a-1) ⑦についても同じ）。それを回避するためには，⑤・⑥の先後関係に関する主張・立証を要件から外す必要がある[103]。しかし，そうなれば結局Ｃは出現時期が取消前か取消後かを問わず，通常は主張・立証がより容易な再々抗弁 (a-2) を主張することになろう[104]。ところが，それによると，詐欺取消の原因について悪意のＣもつねに権利取得が認められて保護され，民法 96 条 3 項の規範性を維持することができない。これは，第三者の出現が取消しの意思表示の前か後かで適用規範を分けようとする実体要件論が要件事実論のレベルでは貫徹され難いこと示している[105]。さらに，判例・通説によれば，Ｃが取消後に出現した場合，Ｃが善意で，かつ a の引渡しを受ける等の履行に着手していたとしても，その後Ａが登記（対抗要件）を回復すればＣは権利保護を受けられないことになり，ＣにとってはＢとの取引がＡの取消しの前か後かという自ら与り知らない偶然の事情に左右されることになり，妥当でない。

　これに対し，私見は，第三者の出現時期が詐欺取消しの前か後かを問わず，96 条 3 項を適用すべきものと解することから，以上の難点を克服しうると考えられる。すなわち，Ｃの【再々抗弁】は，(b)⑥ ＢとＣが a の売買契約を締結したこと，⑦ Ｃが④の取消原因および⑤の取消しの事実を知らなかったこと（善意），⑧ Ｂとの契約に基づいて a の引渡しを受けて履行に着手していることの主張・立証となる[106]。こうして，Ｃは自ら権利保護資格要件の具備を主張・立証すべきである。

　なお，Ａの取消原因がＢの強迫による場合は，Ｃは【再々抗弁】でＢの強迫およびそれに基づくＡの取消しについて善意であり，かつ過失がなかったこと

103）　遠藤＝水本＝北川＝伊藤監修 1997: 96-97 頁〔北山〕。
104）　遠藤＝水本＝北川＝伊藤監修 1997: 96 頁〔北山〕。
105）　なお，ＢＣ間売買とＡの取消しとの先後関係不明の場合，Ｃは (a-1)・(a-2) の再々抗弁を「選択的または予備的に主張するという事実上の方策」によって対処できるので，(a-2) の再々抗弁の要件事実には，ＢＣ間売買がＡによる取消後であることの主張・立証も含まれるとの見解もある。遠藤＝水本＝北川＝伊藤監修 1997: 97-98 頁〔北山〕参照。
106）　松尾 2005: 221-223 頁【本書第 10 章】。

を基礎づける事実も主張・立証すべきものと解する（96条3項の「法意」ないし「趣旨」に依拠した体系的解釈に基づく。前述1(2)(i)末尾，前掲注21該当本文参照）。

　また，Aの取消原因がAの制限行為能力による場合は，Cの【再々抗弁】は⑥ BとCがαの売買契約を締結したこと，⑦ Cが取消原因および取消しの事実を知らなかったこと（善意），⑧ ⑥のBC間売買が⑤のAによる取消しの後であることの主張・立証と，⑨ Aが対抗要件を具備するまではAによるαの所有権取得を認めないという主張となろう。

(ii)　AによるBとの契約解除の場合

　例えば，Aがその所有地αをBに売却・譲渡して移転登記を済ませ，Bはαをcに転売・譲渡し，代金の一部支払いを受けてαを引き渡したが，Bが約定期日までに代金を支払わなかったことを理由にAが売買契約を解除したとする。AがCに対してαの返還を請求する場合，Aは【請求原因】で，① Aがαをもと所有していたこと，② 現在はαをBが占有していることを主張・立証しうる。これに対し，Cは【抗弁】として，③ AとBがαの売買契約を締結したことを主張・立証しうる（所有権喪失の抗弁）。これに対し，Aは【再抗弁】で，④ AB間の売買がBの債務不履行によって解除されたことを主張・立証したとする。ここでも問題はCの【再々抗弁】である。契約解除によって「第三者の権利を害することはできない」（545条1項ただし書）が，(a)この場合におけるBA・BC関係を対抗関係と解する見解によれば（判例は解除前に現れた第三者[107]も，解除後に現れた第三者[108]も，解除者と対抗関係に立つと捉えているという解釈がある[109]），BC間の売買・譲渡がAによる契約解除の前か後かを問わず，対抗の法理が適用される。その結果，CはBC間の売買がAB間の契約解除に先立つことを主張・立証する必要はなく，⑤ BとCがαの売買契約を締結したことを主張・立証し，かつ⑥ Aが対抗要件（登記）を具備するまではAへの所有権帰属を認めない，という権利主張をすることができる。この【再々抗弁】[110]

---

107)　大判大正10年5月17日民録27輯929頁，最判昭和33年6月14日民集12巻9号1449頁，最判昭和58年7月5日裁民139号259頁など。

108)　最判昭和35年11月29日民集14巻13号2869頁など。

109)　司法研修所編 2023: 130-133頁。

は，権利抗弁であると解される。また，Ｃが対抗要件（登記）まで具備している場合は，⑥の対抗要件の抗弁に代えて，⑥＇Ｃが対抗要件（登記）を具備したことを主張・立証することができる（所有権喪失の抗弁）。

　しかし，(b)私見では，契約解除においても，詐欺取消しによる第三者保護の場合と同様に[111]，債務不履行解除（541条，542条）にせよ，約定解除権の留保（557条，579条など）にせよ，契約不適合責任としての解除（564条）にせよ，解除権者Ａと第三者Ｃとの間では，相手方Ｂから解除権者Ａへの権利復帰が問題となっているゆえに，その他の条件がまったく同じであれば，対抗の法理とも無権利の法理とも異なり，解除権者Ａへの権利復帰にプライオリティを見出し，第三者Ｃは権利保護資格要件を備えた場合にのみ保護される，と解釈することが可能であろう[112]。この立場によれば，第三者Ｃは登記・引渡し・代金支払などの履行に着手し，第三者としての権利保護に値するだけの利害関係を築いていることを要する。この場合，Ｃの【(再々) 抗弁】は，⑤　ＢとＣが a の売買契約を締結したことに加え，⑥＂ＣがＡの解除について善意で，かつ登記・引渡し・代金支払などの履行に着手しており，第三者として保護に値する利害関係を形成していることを主張・立証する必要があろう[113]。

---

110)　あるいはＣによるＡＢ間売買の抗弁③，Ａによる契約解除の再抗弁④を前提とする【予備的抗弁】。司法研修所編 2023: 133 頁。

111)　詐欺取消しにおいても，詐欺を受けた表意者に不注意があったことは否定できない。

112)　この点に，対抗の法理とも無権利の法理の例外則とも異なるものとしての権利保護資格の法理の特色があるといえよう。これに対し，武川 2006: 68 頁，73–74 頁は，対抗問題説を批判する点では本書と認識を共有しつつ，解除では解除権者に比して第三取得者が優位に立つことを原則として予定しており，解除権者がかかる原則を覆す事情を示してはじめて解除の効果を対抗しうるとみて，①両者が未登記の場合は第三取得者が保護されること，②解除権者が第三者の悪意を立証することによって解除の効果を対抗しうるとみて，本書とは対照的な解釈を提示する。しかし，本書は，契約解除法理では，仮に事情が同等であれば，本来は原権利者に所有権を戻すべきとの価値判断があり，それゆえにこそ解除の事実について悪意の第三者は保護に値しない（第三者は解除について善意であることを要する）との実体要件が根拠づけられるものと解する。

113)　契約解除後の第三者が保護されるためには善意を要求すべきであるとの解釈として，前掲注 36 参照。さらに，解除前の第三者にも，解除原因についての善意を権利保護資格要件として要求することが理論的に不可能なわけではない。しかし，①545条１項ただし書では第三者の善意が要求されていないこと，②解除原因があっても解除されるべきものとは限らないこと，③解除原因であるＢの債務不履行はＡが想定して負担すべきリスクであることから，解除前の第三者には善意を要求すべきではないと考える。

(iii) ＸのしたＡへの無権代理行為のＢによる追認の場合

　例えば，Ｂ所有地 a について無権代理人ＸがＢを無権代理してＡに売却する旨の契約を締結し，登記名義もＢからＡに移転したとする。その後，Ｂが土地 a をＣに売却し，代金の一部支払いを受けてＣに引渡しをする一方で，ＸＡ間の無権代理行為を追認した。ＡがＣに土地 a の明渡請求をする場合，【請求原因】では，①　Ｂが②の売買契約当時土地 a を所有していたこと，②　ＸＡ間で土地 a の売買契約を締結し，移転登記をしたこと，③　Ｘは②の際にＢのためにすることを示したこと，④　ＢはＡに対し，②のＸの行為を追認したこと，⑤　Ｃが土地 a を占有していることを主張・立証する。Ｃは請求原因①・⑤を認め，②・③・④は知らないとし，【抗弁】で，⑥　ＢがＣに土地 a を売却したこと，⑦　Ｃは⑥の際にＡの登記はＸの無権代理行為によるもので無効であると知らされており，それを信じ，代金の一部を支払って引渡しも受けていることを主張・立証しうる。

　他方，ＣがＡに対し，ＢＡ間の所有権移転登記の抹消登記手続請求（または真正な登記名義の回復を原因とする移転登記手続請求）をすることも考えられる。その場合，Ｃは【請求原因】で，①　Ｂが②の売買契約当時土地 a を所有していたこと，②　ＢＣ間で土地 a の売買契約を締結したこと，③　土地 a についてＡ名義の所有権移転登記が存在することを主張・立証する。Ａは①・③を認め，②は知らないとし，【抗弁】で，④　ＸＡ間で土地 a の売買契約を締結し，移転登記をしたこと，⑤　Ｘは④の際にＢのためにすることを示したこと，⑥　ＢはＡに対し，④のＸの行為を追認したことを主張・立証する。これに対し，Ｃは④を認め，⑤・⑥は知らないとし，【再抗弁】で，⑦　Ｃは⑥の際にＡの登記はＸの無権代理行為によるもので無効であると知らされており，それを信じ，代金の一部を支払って引渡しも受けていることを主張・立証しうる。

(iv) ＢによるＡへの遺産分割の場合

　例えば，被相続人Ｐの共同相続人Ｂが，相続財産に属する土地 a について共同相続登記をし，Ｂの相続分に応じた持分権をＣに譲渡して移転登記する一方，ＡＢ間の遺産分割協議によって a が共同相続人Ａに帰属するとされたことから，ＡがＣに対してＢからの持分権取得登記の抹消登記手続を請求したとする。Ａ

は【請求原因】で，①　Ｐがαを所有していたこと，②　Ｐが死亡したこと，③　ＡとＢはＰの子であること，④　ＡＢ間でαをＡに帰属させる旨の遺産分割協議が成立したこと，⑤　αについてＢからＣへの持分権移転登記が存在することを主張・立証しうる。Ｃは①・②・⑤を認め，【抗弁】で，⑥　ＣはＢからαの持分権の譲渡を受け，⑦　Ｃは⑥の際にＡＢ間の遺産分割を知らず，かつ代金を支払って履行に着手していることを主張・立証しうる。

　他方，被相続人Ｐの共同相続人ＡＢが，遺産分割協議により，相続財産に属する土地αをＡに帰属させることにしたが，その旨の登記をしない間に，Ｂがαについて共同相続登記をし，Ｂの法定相続分に応じた持分権をＣに売却して移転登記したことから，ＡがＣに対して持分権移転登記の抹消登記手続を請求したとする。この場合，Ａは【請求原因】で，①　Ｐがαを所有していたこと，②　Ｐが死亡したこと，③　ＡとＢはＰの子であること，④　ＡＢ間でαをＡに帰属させる旨の遺産分割協議が成立したこと，⑤　αについてＢからＣへの持分権移転登記が存在することを主張・立証しうる。Ｃは①・②・⑤を認め，【抗弁】として，⑥　ＢとＣがαに対するＢの持分について売買契約を締結したこと，および⑦　Ｃが対抗要件（登記）を具備したこと（所有権喪失の抗弁），⑧　Ｃは⑥の際にＡＢ間の遺産分割を知らず，かつ代金を支払って履行に着手していることを主張・立証しうる。

　以上のように，第三者の権利保護資格要件の具備は，基本的に第三者の側で主張・立証すべきものと解される。

3　第三者保護の効果

(1)　第三者への権利帰属の確定

　本書の立場では，権保護資格要件の法理の適用場面のうち，①ＡからＢへの権利移転原因に瑕疵がある場合は，Ａによる意思表示の取消しの効果について遡及効制限説を，同じく契約解除の効果について債権的効果説をとるゆえに，第三者Ｃは権利者Ｂからの取得者となる。また，②ＢからＡへの遡及的権利移転の場合には，遡及効の制限規定（116条ただし書，411条ただし書，909条ただし書）により，また，③ＡとＢの合意に基づく原状回復はいったんＢに移転した

権利についてBと復帰を合意するものであるから，いずれの場合も，Bが遡って無権利者となることはなく，第三者Cも権利者Bからの取得者であるとみることができる。こうして，第三者の権利保護資格要件の適用場面のいずれにおいても，第三者の権利取得は権利者からの承継取得であるとみることができる。

　もっとも，AからB，BからCへと不動産が順次売買され，Cに引き渡されたが，Aに登記名義が残っている場合，権利保護資格要件を満たすCは，Aに対し，当該不動産の所有権を根拠に，真正な登記名義の回復を原因とする移転登記手続を請求できるかが問題になる。判例は，不動産の所有権がAからB，CからCへと順次譲渡されたにもかかわらず，登記名義がAに残っている場合は，CがAに対して真正な登記名義の回復を原因とする所有権移転登記手続を裁判上請求することはできないと解している。なぜなら，「物権変動の過程を忠実に登記記録に反映させようとする不動産登記法の原則」に反することになるからである[114]。この判例の射程は，前記の場合にも及ぶであろうか。この問題は，実体法上のCの権利取得のプロセスをどう解釈するかによると考えられる。

　(a)Cが，第三者保護規定により，取消しの遡及効によって所有権を回復したA（後述(2)(a)説参照）から，直接に所有権を取得するとすれば，前記判例の射程はこの場合には及ばず，CはAに対し，真正な登記名義の回復を原因とする移転登記手続を請求できるものと解される。

　これに対し，(b)CがBから所有権を取得するとすれば，Cはまず，AからBへの所有権移転登記手続を経たうえで，BからCへの所有権移転登記手続をすべきことになる。しかし，AがBへの所有権移転登記手続に協力することに応じない場合，AB間の売買契約は取消しによって失効していることから，BはAに対しては「登記手続……をすべきことを請求する権利」（423条の7）をもたないとすれば，前記判例の場合と異なり，債権者代位権を用いることができないことになる。その場合，前記判例の射程は及ばず，真正な登記名義の回復を原因とする移転登記手続を認めるべきであろう。

114）　最判平成22年12月16日民集64巻8号2050頁。

⑵ 原権利者への権利復帰の否定

その一方で，第三者が権利帰属をめぐって争う原権利者の請求の根拠となる
権利は何か。これについては，ＡＢ間の権利移転原因に瑕疵がある場合に，Ａ
による意思表示の取消しまたは契約解除により，物権変動の遡及的消滅が生じ
ると解すれば，ＡからＢへの所有権移転原因たるＡの意思表示の取消しまたは
ＡＢ間の契約の解除により，Ａには所有権に基づく返還請求権（物権的請求権）
が発生することになる。

実際，(a)遡及効を肯定する見解は，そのことを認める。もっとも，その認め
方は多様である。(a-1) ＡのＢに対する意思表示の取消しにより，所有権がＡ
からＢに移転しなかったとみる見解によれば，Ａは目的物を占有するＣに対し，
Ｃの占有が法律上の原因を欠くことを理由とする不当利得に基づく返還請求権
および当初からＡに帰属していたことになる所有権に基づく返還請求権の双方
が発生することを認める。もっとも，両者の請求権規範の統合調整が可能であ
り，その結果として生じる現実的請求権（所有権に基づく返還請求権および不当利得
に基づく返還請求権が統合された請求権）は，所有権に基づく返還請求権規範の作
用により，消滅時効に服しないものとみる[115]。

(a-2) 他方，原権利者は所有権移転原因たる意思表示ないし法律行為の取消
し・解除・無効の主張により，完全に回復した所有権に基づいて請求するので
はなく，物権回復プロセスの開始根拠となる限りでの所有権を取得し，それに
よって目的物の占有・登記・代金等を全部清算することによってはじめて物権
（所有権）が完全に復帰するとみる見解もある。この見解によれば，解除のほか，
取消し（さらには無効）の結果として原権利者は給付不当利得の返還請求権を取
得する[116]。同請求権は，履行不能の場合には権利に代わる価格賠償義務を発生
させる一方で，消滅時効に服する[117]。

しかし，(b)意思表示の取消しおよび契約解除の場合において，物権変動の遡
及的消滅を否定する本書の立場からは，取消しおよび契約解除によって原権利

---

115) 四宮 1990: 163-171 頁。
116) 鈴木 1997: 81 頁，86 頁，96 頁。
117) 鈴木 1976: 224-225 頁。もっとも，物権的請求権との調整・統合も志向する（同前
227-228 頁参照）。

者Aが取得する権利は，相手方Bに対して原状回復を求める債権的請求権であると解する。このような解釈は，物権変動の意思主義および有因・無因主義の理解とも関連する。すなわち，いやしくもいったん行われた権利移転は，たとえ権利移転の原因行為に瑕疵があったとしても，意思表示の取消しや契約解除という当事者の意思表示のみにより，あたかも鉛筆の跡を消しゴムで消すかのように，消し去ることはできないものと解すべきではなかろうか。なぜなら，たとえ物権変動の意思主義の下においても，いったん行われた《権利移転》は，最早たんに当事者間のみの合意とその対抗の問題ではなく，権利移転というそれ自体独立した社会的事象になっていると解されるからである[118]。

ただし，第三者Cが権利保護資格要件を欠く場合は，CのBからの所有権取得を否定しうるから，AはBから回復した所有権を根拠にして，目的物を占有するCに対して返還請求しうるものと解する。

4　第三者保護法理の体系化に向けて

(1)　第三者保護法理の基本類型

以上の考察により，物権変動のプロセスにおいて同一の権利の帰属をめぐって紛争が生じる主要な形態（それらは物権変動の基本態様ということもできる）として，①元々の権利者から競合的に権利取得した者が承継取得の優劣を争う対抗問題と，②元々の無権利者と取り引きした者の権利取得と真の権利者の権利喪失が問題になる無権利者からの取得の間に，③潜在的な権利復帰原因等をもつゆえに元々の完全な権利者とも無権利者ともいえない者から権利を取得した者の権利取得の確定と元々の権利者への権利復帰の否定が問題になる場合が存在することが明らかになった。そして，各々の場面の相違に応じて権利帰属の確定ルール（したがって，第三者保護のルール）が異なり（図表9-4参照），①には対抗の法理が，②には無権利の法理の例外則が，③には権利保護資格の法理が妥当し，これら三者は実体的な法律関係，第三者の権利保護要件の内容とその主張・立証責任の所在，および第三者の権利取得のプロセスについて，それぞれ異な

---

118)　本書第1章参照。

図表 9-4　権利帰属の確定法理の適用場面

α	対抗の法理	A ◯ ←——————— B ● ———————→ C ◯
β	無権利の法理 （の例外則）	A ● —·—·—·—·→ B ———————→ C ◯
γ	権利保護資格の法理	A ● —————→ B △ ———————→ C ◯

A・B・C：権利主体　　　　　　———————→：権利移転行為
●：帰属が確定した権利（紛争発生前）　—·—·—·→：権利移転行為の不存在または権利移転効果を生じさせない行為
◯：帰属が浮動的な権利　　　　　————→：復帰可能性のある権利移転行為
△：原権利者への復帰可能性のある権利

る特色をもつゆえに，識別可能であることが確認できたと思われる。

　このように対抗の法理と無権利の法理（の例外則）の識別，および両者の間隙に存在しうる権利保護資格の法理を確認することの意義は，第1に，従来の傾向としてみられた対抗の法理の拡大現象とそれによる画一的な——場合によっては硬直的な——解釈に対し，本来の対抗の法理の適用場面とは異なり，当事者間の主観的・客観的事情を考慮に入れて権利帰属を確定すべき場面が存在することを明らかにし，現実の紛争解決に適合した権利帰属の確定ルールを解釈上確立することにある。

　第2に，こうした権利帰属の確定ルールの基本類型の確認は，物権変動の基本態様に相応しい物権変動ルールからなる，権利帰属秩序の体系的構築に寄与しうると考えられる。

　以上のようにして，個別化と統一化の均衡のとれた法解釈方法がさらに探求されるべきである。しかし，そのためにはなお残された課題も少なくない。

(2)　今後の課題

　本書は，物権変動における権利帰属の確定基準の主要類型の析出と，各類型の識別基準（実体的要件，手続的要件，法律効果）の大まかな設定を試みたものにすぎない。したがって，以下の点についてなお検討を加えてゆく必要がある。

〔1〕　本書で提示した α・β・γ の各類型は必ずしもア・プリオリに排他的

に類別されているわけではなく，その他の物権変動態様に関する権利帰属確定基準の有無をさらに検証する必要がある。

〔2〕　いずれの領域に分類すべきか判断することが困難な交錯領域が存在することも，すでに個別的に言及したとおりであり[119]，各類型間の境界領域に属する問題の振り分けについて，個別具体的な紛争のレベルにまで立ち入った判断が必要である。その際には，取引の実態や個々の紛争類型における当事者の規範意識にまで踏み込んで，権利移転類型の相違に相応しい実体要件と要件事実を明らかにすることが求められよう。例えば，AがBに譲渡担保権を設定した場合，Bからその被担保債権の弁済期前，Aの受戻行為後または弁済期後に処分を受けた第三者Cと譲渡担保目的物の所有権の帰属を争うAとの法律関係においては，すでにみた対抗関係の要素，無権利者からの取得の要素のほか[120]，機能的にみれば，担保的意味をもつ解除条件の付款，約定解除権の留保，再売買の予約，合意解除等の復帰的物権変動に関する権利帰属の確定ルールとの均衡をも考慮に加え（図表9-2参照），全体的な視野の下で，諸判例を再検討する余地がある。

〔3〕　個々の類型における権利帰属の確定ルール，とくに第三者保護の要件のさらに詳細な内容を検討する必要がある。例えば，①無権利の法理の例外則である94条2項の類推適用において，真の権利者の帰責性が軽い場合（意思能力を欠く者，いわゆる意思・外形非対応型など）のカウンター・バランスとしての第三者保護要件の厳格化をどのように図るべきか。すでに第三者の主観的要件を加重する方法（94条2項と110条の重畳適用による善意・無過失の要求など）が示されているが，あるいは客観的要件を加重し，真の権利者が登記等の対抗要件を取り戻したときは最早第三者は移転登記請求などをして権利取得を主張できないという形で調整すべきではないかとも考えられる。

また，②第三者の権利保護資格要件の内容についても，客観的要件の一層の具体化（履行の着手から進んで，どのような場合に，どこまで求めるべきか），主観的要件の多様化（無過失を要求すべき場合）などの検討の余地がある。

---

119)　例えば，本書第5章2〜4ほか。
120)　本書第8章1(3)(i)参照。

〔**4**〕 本書で試みた権利帰属の決定基準の類型化につき，物権変動の基本原則である意思主義の視角からも考察し，とくに有因主義または無因主義との整合性を明らかにする必要がある。その際には，権利変動原因の瑕疵を理由とする取消しや解除の場合における権利復帰の具体的手続，不動産物権変動の場合におけるあるべき登記手続に踏み込んだ検討が求められよう[121]。

---

121) 例えば，取消しや解除が行われてもＡＢ間の権利変動そのものを消し去ることができないとすれば，Ｂ（または権利保護資格要件を具備していない第三者Ｃ）はＡに権利を返還する義務を負うから，その義務の履行として，当事者がそれを申請するのであれば，真正な登記名義の回復を目的ないし原因とする「移転登記」を認めるべきかどうか，あらためて問われるかも知れない。

第9章　権利保護資格の法理と権利保護資格要件　　321

第10章

要件事実論からの検討

1　対抗要件論の混迷と要件事実論のプリズム効果

　民法典には，ある者が一定の要件を備えなければ，権利変動の効果を他人に「対抗することができない」旨の規定が存在する[1]。その代表例が，不動産物権の得喪・変更を第三者に対抗するための登記（177条），動産物権の譲渡を第三者に対抗するための引渡し（178条），債権の譲渡を債務者，その他の第三者に対抗するための通知・承諾（467条）などである。また，通謀虚偽表示の無効は「善意の第三者に対抗することができない」（94条2項）し，詐欺による意思表示の取消しも「善意の第三者に対抗することができない」（96条3項）[2]。これらの規定はすべて，ある者が所定の要件を備えなければ，権利変動の効果を一定の者に「対抗することができない」と定める点で，共通の論理を用いている。しかし，それらが実体法上の法律要件・法律効果として，まったく同じことを意味するのかどうかをめぐり，判例・学説上の議論は錯綜し，容易に収束する見通しがない[3]。

---

1)　民法典では，41箇所でこの表現が用いられているとされる。加賀山 1986: 7頁。
2)　これらのほか，54条（改正前），112条本文，466条2項ただし書，468条1項，469条などでも，「対抗することができない」旨の規定がある。また，「対抗することができる」（468条2項），「第三者の権利を害することはできない」（116条ただし書，545条1項ただし書，909条ただし書）といった形でも，権利変動を主張するための要件が定められている。
3)　「対抗問題」の射程をめぐる議論の混迷状態につき，加賀山 1986: 6-9頁参照。

こうした対抗要件論の閉塞状況の下では，対抗要件規定の意味内容を，要件事実論の視点から分析することには，少なからぬ意義がある。なぜなら，個々の対抗要件規定につき，①対抗要件を具備した（またはしなかった）ことの主張・立証責任を誰が負うべきか，②どのような要件事実を主張すべきか，③どの段階で主張・立証すべきかを確認し，比較することにより，各規定の共通点と相違点を浮かび上がらせることが期待できるからである。それは，原告の請求（攻撃方法）と被告の抗弁（防御方法）という動態的コンテクストの中で，静態的な実体法規に埋め込まれたままの対抗要件規定の構成要素を分析し直す作業にほかならない。そうした成果は《要件事実論のプリズム効果》と呼ぶことができるであろう。

　意思主義に立脚する日本民法の権利変動システムの下では，対抗要件の主張・立証責任の問題は，「錯綜した当事者の主張を整理する際の“かなめ”の位置」を占める[4]。以下，本章では，まず，《対抗の法理》[5]が典型的に妥当する場面である権利譲渡の対抗要件（177条，178条，467条）――一般的に「対抗要件」というときはこれらを指す――の要件事実を確認する（後述2）。ついで，同じく「対抗することをえず」の文言が用いられる《無権利者と取り引きした者による権利取得の法理》[6]（94条2項など）の要件事実（後述3）および《第三者権利保護資格の法理》[7]（96条3項など）の要件事実（後述4）を確認する。そして，こうした要件事実論のプリズムを通して対抗要件規定の構造の異同を再確認することにより，対抗要件の本来的意味内容を明確にしてみたい。他方，そのことを踏まえて，実体法上の要件論（実体要件論）の観点から，従来の要件事実論

---

4)　司法研修所編 1998: 253 頁。

5)　二重譲渡の譲受人相互間のように，相互に対等な立場で権利取得を争う当事者間において権利帰属を確定する場面で妥当する法理を，本書では《対抗の法理》と呼ぶ。177条・178条・467条のほか，605条，借地借家法10条・31条，農地法18条などがある。

6)　元来の無権利者と法律行為をした者であっても，法律によって特別に権利取得が認められる場面で妥当する法理を，本書では《無権利者と取り引きした者による権利取得の法理》と呼ぶ。民法94条2項のほか，「対抗することができない」の文言は用いられないが，192条なども含まれる。

7)　いったん生じた権利変動の効果が取消し・解除などによって失効した場合に，当初の権利変動に基づいて権利を取得した第三者が，そのまま権利取得の保護を受ける場面において妥当する法理を，本書では《第三者権利保護資格の法理》と呼ぶ。96条3項のほか，「対抗することができない」の文言は用いられないものの，545条1項ただし書などがある。

の問題点を検証してみたい（後述 5）。

2　対抗の法理と要件事実

(1)　不動産物権変動の対抗要件

（i）　対抗要件（登記）の主張・立証責任と要件事実

　土地 a の所有者Aから売買契約を原因としてこれを譲り受けたXが，土地 a を占有するYに対し，所有権に基づく明渡請求訴訟を提起する場合，土地所有権取得の対抗要件（177 条）の主張・立証責任はXY間でどのように分配され，その場合の要件事実は具体的にどのようになるであろうか。これについては，対抗要件の実体法的構成とも関連しつつ，基本的に以下の 4 つの見解がある[8]。すなわち，──

　(a)原告Xが，請求原因の中で，対抗要件（登記）の具備まで主張・立証しなければならないとする見解（請求原因説）がある。その場合，Xが請求原因において主張・立証すべき要件事実は，──

　[1]　Aの土地所有，

　[2]　AX間の売買・譲渡，

　[3]　[2] に基づく登記の具備，および

　[4]　Yによる土地占有

となる。この見解は，AX間の売買・譲渡があっても，対抗要件を具備するまでは，実体法上の物権変動の効果発生を限定的に解する，債権的効果説，相対的無効説または不完全物権変動説に親しむ[9]。

　(b)これと対極的に，物権変動の効力を否定する被告Yが，抗弁の中で，原告Xには対抗要件（登記）が存在しないことを主張・証明する責任を負うとする見解（抗弁説）がある。ここで要求される抗弁は事実抗弁であることから，この見解は事実抗弁説とも呼ばれる。事実抗弁とは，例えば，売主の代金支払請

---

8)　以下の諸説の整理は，村上 1975: 189 頁以下，松本 1996: 269 頁以下，司法研修所編 1998: 249 頁以下，遠藤＝水本＝北川＝伊藤監修 1997: 85 頁以下，加藤＝細野 2002: 69 頁以下，加藤（新）2004: 66 頁以下，瀬戸口 2002: 86 頁以下による。

9)　松本 1996: 269–270 頁。

求に対する買主からの弁済，免除，錯誤の抗弁などのように，その抗弁を構成する事実関係がいったん主張されさえすれば，それが抗弁によって利益を受ける者によって主張されたか，その相手方によって主張されたかを問わず，つねに裁判所がこれを斟酌しなければならないものである[10]。その結果，前記(a)Xの主張 [1]，[2]，[4] に対し，Yが抗弁で，——

　[5]　ＡＹ間の売買・譲渡などによる所有権取得，

　[6]　Xの登記の不存在

を主張・立証すべきことになる。この見解は，対抗要件の不存在を物権変動の否認事由と解する否認権説のほか，不完全物権変動説とも親和的である[11]。

　(c)これら 2 説のいわば中間形態に属する見解もある。その 1 つとして，被告Yは，前記(a)Xの主張 [1]，[2]，[4] に対する抗弁の中で，——

　[5']　自らが民法 177 条の「第三者」[12]に当たること

を主張・立証すれば足り，これに対し，原告Xが，再抗弁の中で，——

　[6']　対抗要件具備の事実または対抗要件を具備しなくともYに対抗できる
　　　　事実（例えば，Yが背信的悪意者であるという事実）

につき，主張・立証責任を負うとする見解（第三者抗弁説）がある。この説は，対抗要件具備の主張・立証が，原告Xの再抗弁の中で行われるべきとする点で，再抗弁説とも呼ばれる。これを根拠づける立場として，証明責任の分配に関する規範説がある[13]。この説によれば，Yが抗弁で主張・立証すべき要件事実は，ＡＹ間の売買・譲渡などの所有権取得の事実だけで足りることになる。

　(d)もう 1 つの中間形態として，第三者抗弁説（再抗弁説）の要件事実に加え，第三者としての権利的地位を自ら主張する必要があると解する立場である。すなわち，被告Yは，前記 a) Xの主張 [1]，[2]，[4] に対する抗弁の中で，

　[5']　自分が民法 177 条の「第三者」に当たる事実（例えば，ＡＹ間の売買・譲
　　　　渡などの所有権取得の事実）の主張・立証に加え，——

---

10)　事実抗弁の概念およびこれと対照的な性質をもつ権利抗弁の概念については，後述(ii)
　　でさらに検討する。

11)　松本 1996: 270 頁。

12)　例えば，Aから所有権の譲渡を受けた物権取得者など，Xの登記の欠缺を主張する
　　「正当な利益」をもつ者であること。

13)　松本 1996: 270 頁。

〔6''〕「原告Xが対抗要件を具備するまでは，Xの土地所有権取得を認めない」

という主張（権利抗弁）までが必要であるとする見解（権利抗弁説）がある[14]。ここにいう権利抗弁とは，たとえそれを基礎づける事実関係が訴訟上主張されても，権利者が権利を行使する意思を自ら表明しない限り，裁判所がこれを斟酌して裁判することができないものである[15]。

これら4説のうち，(a)請求原因説は，日本民法では物権変動が当事者間の意思表示の合致のみによって生じ，登記は効力要件ではなくて対抗要件にすぎず，被告Yは登記のない物権変動を承認することが可能であること（176条，177条）と親しみにくい[16]。他方，(b)抗弁説（事実抗弁説）は，被告Yが自ら関与しない消極的事実について主張・立証責任を負わされるのは妥当でなく，その事実の存在が利益になる当事者に積極的事実を主張・立証させるべきであると批判される[17]。その結果，実質的には，(c)第三者抗弁説（再抗弁説）と(d)権利抗弁説とが拮抗する。学説上は，(c)第三者抗弁説が「多数説」とされる一方，「現在の実務」は概ね(d)権利抗弁説によるとみられている[18]。もっとも，被告Yの権利抗弁は，準備書面等に明示される必要はなく，第三者性の主張と併せ，全体として原告Xの対抗要件の不存在を問題とする趣旨が表れていればよいとされる[19]。また，YがXの対抗要件の有無を問題とする意思をもつかどうか不明なときは，裁判所が釈明権を行使してこれを明確にすることができる[20]。これらの点も考慮に入れると，両説の相違は縮小する。

(c)第三者抗弁説に対する(d)権利抗弁説からの批判は，原告Xの請求に対して

---

14) したがって，この説は，正確には，第三者抗弁＋権利抗弁説といわれるべきものである。

　　なお，Yは，〔6''〕の代わりに，〔6'''〕「ＡＹ間の売買・譲渡に基づき，不動産登記を具備した」旨の主張・立証をすることもできる。これにより，Yが確定的に所有権を取得する一方，Xの所有権取得はなかったことになるから，〔6'''〕の抗弁は所有権喪失の抗弁となる（司法研修所編 1999: 54-55 頁〔2006 改訂〕参照）。

15) 民訴法 246 条参照。権利抗弁の概念については，後述(2)でさらに検討を加える。

16) 松本 1996: 271 頁参照。

17) 司法研修所編 1998: 252 頁。

18) 松本 1996: 270 頁，瀬戸口 2002: 87 頁。

19) 司法研修所編 1998: 249 頁，瀬戸口 2002: 87 頁。

20) 松本 1996: 272 頁。

被告Ｙが「対抗要件の有無を問題とする趣旨で主張してはいない」場合でも，「第三者抗弁説では対抗要件に関する抗弁が当然に提出されていることになり，不適当な結果となる」点に向けられる[21]。これに当たる場合として，例えば，①Ａから土地を譲り受けたＸが，この土地の占有者Ｙに対して所有権に基づく明渡請求訴訟を提起したが，Ｙが抗弁でＡとの地上権設定契約の存在を主張した場合②Ａから動産の売却を受けたＸが，この動産を差し押さえたＹに対して第三者異議の訴えを提起したが，Ｙが欠席し，またはＡＸ間の売買は通謀虚偽表示で無効であるとＹが主張した場合③Ａから債権を譲り受けたＸが，この債権の債務者Ｙに対し，債務の履行を求める訴えを提起した場合，④ＡからＹに賃貸中の建物を譲り受けたＸが，Ｙに対して賃料の支払を求める訴えを提起した場合などが挙げられる。第三者抗弁説によれば，①〜④の場合に，Ｘが再抗弁で対抗要件の具備を主張・立証しなければならないことになる。

　しかし，①・③・④の例では，ＹがＸの対抗要件の具備の有無を問題にしない意思かどうか，不明であれば裁判所が釈明権を行使すべきであろう。それでもＹがＸの対抗要件の有無を問題にしないのであれば，第三者抗弁説といえども，対抗要件の具備についてＸに再抗弁で主張・立証させる必要はない。また，②のうち，ＹがＡＸ間の売買の無効を争うことを明確にしているときは，Ｘの対抗要件の有無を争点にする必要はなく，これも第三者抗弁説と矛盾するとはいえない[22]。したがって，「実務ではこのような場合〔前記①〜④の場合〕，対抗要件に関する抗弁は提出されていないとして事案を処理していることがあるが，第三者抗弁説では，その説明は困難である[23]」という事態は，実際はそれほど多くないと考えられる。

　これに対し，前記②の場合のうち，Ｙが欠席したときは，(c)第三者抗弁説によれば，対抗要件の具備をＸが再抗弁において主張・立証する責任を負うのは「むしろ当然」とされるのに対し[24]，(d)権利抗弁説によれば，ＹがＸの所有権取得を争わない以上，Ｘは再抗弁で対抗要件の具備を主張・立証する必要はな

21）　司法研修所編 1998: 250–252 頁。
22）　松本 1996: 272 頁。
23）　司法研修所編 1998: 252 頁。
24）　松本 1996: 272 頁。

いことになり，この点で(c)第三者抗弁説と(d)権利抗弁説との相違が顕在化する。では，両説のいずれが妥当であろうか。この問題は，前記のような要件事実論上の実質的相違点を踏まえながら，対抗要件（177条）の実体法上の意味，とりわけ，その基盤にある意思主義（176条）の規範的含意が，いずれの説とより親和的であるかを検討することによって判断する必要がある。

(ii) 意思主義・対抗要件主義の規範的含意と権利抗弁概念の評価

　日本民法の物権変動制度の特色は，意思主義（176条）と対抗要件主義（177条）とが同時に一括して採用された結果[25]，対抗要件主義は意思主義の単なる例外をなすというよりは，意思主義の規範性という目的を実現するための手段として当初から組み込まれたものとしての性質をもつ点にある[26]。176条の意思主義規定は，つぎの2つの規範的含意をもっと考えられる。①1つは，物権の設定・移転は当事者間における意思表示の合致の効果であり，その具体的内容（時期，条件，期限など）も証明方法も，可能な限り国家的束縛を排し，当事者の私的自治に委ねるべきであるという要請である。②もう1つは，物権の設定・移転に関する煩雑な手続を可能な限り回避し，取引費用を削減すべきであるという要請である[27]。そして，物権の設定・移転についても，当事者の意思に基づく広範な私的自治に委ねつつ，そこから必然的に生じる二重譲渡などの紛争の多発による取引費用の増大を回避し，2つの意思主義規範を両立させるために考案された手段が，対抗要件主義にほかならない。

　ここで注目されるのが，私的自治の貫徹という観点から権利抗弁の概念を再評価する見解である[28]。権利抗弁とは，事実関係の主張だけでなく，権利行使があった事実が権利者自身によって主張されなければ，裁判所が斟酌できない抗弁である。これは，ある抗弁を構成する事実関係が訴訟上主張されていれば，それが原告・被告のいずれによって主張されても，裁判所が職権で勘酌して裁

---

25)　星野 1986: 146 頁（初出 1983）。
26)　松尾 1995: 147–148 頁。
27)　筆者はかつて，①を意思主義規範A，②を意思主義規範Bと呼び，両規範が判例上も現実に妥当していることを検証した。松尾 1999: 391 頁以下。
28)　坂田 1994a: 795 頁以下，坂田 1994b: 973 頁以下（坂田 2001 所収。以下，引用は同書による）。

判の基礎となしうるものとしての事実抗弁[29]と対照的である。事実抗弁は，訴訟制度の目的の1つである真実発見や実体法の秩序維持に資する主張共通の原則に立脚し，弁論主義によって正当化される。

　これに対し，権利抗弁は，権利を基礎づける事実関係について主張・立証責任を負う権利者自身のイニシャティブにより，その事実関係の主張・立証だけでなく，当該権利を行使する意思が訴訟上表明されない限り，たとえ権利取得を窺わせる事実が訴訟上表れていても，裁判所が斟酌できない抗弁である。したがって，裁判所は，当事者の一方がある権利を取得したことを窺わせる事実が訴訟上表れているにもかかわらず，その当事者がこれを行使しない場合でも，その者に権利行使の意思の有無を確かめたり，促したりする釈明義務（民事訴訟法149条1項・2項）を負わない[30]。このような性質をもつ権利抗弁は，主張共通の原則の例外をなすが，処分権主義によって正当化される。つまり，権利抗弁が妥当するのは，被告独自の利益を訴訟上尊重しなければならないがゆえに，被告独自のイニシャティブに委ねられるべき場面であるといえる。そして，それは処分権主義によって弁論主義が制約される訴訟法上の問題であるが，実体法上の私的自治の貫徹にも通じる点が重視される。なぜなら，権利抗弁は「国家に対する自由領域を確保する」意味をもつからである[31]。こうして，訴訟法上は処分権主義によって根拠づけられる権利抗弁としての対抗要件の把握は，私的自治の貫徹という接点を介して，実体法上は権利変動の意思主義・対抗要件主義の原則に適合する対抗の法理の解釈であるといえよう。

　実際に，権利抗弁として取り扱われている抗弁として，㋐訴訟法上の抗弁として現れる取消権（120条），解除権（545条），相殺権（505条），建物買取請求権（借地借家法13条，14条），造作買取請求権（同33条）などの形成権——これらが行使されると，実体法上は永久的抗弁権として機能する——㋑実体法上は延期

---

29)　例えば，売主の代金支払請求や貸主の貸金返還請求に対する，買主や借主からの弁済，債務免除，錯誤などの抗弁がこれに当たるとされる。これはまた，「基礎となる事実から当然に法律効果を導いてよい場合」であるともいわれ，過失相殺（民法418条，722条2項。なお，最判昭和43年12月24日民集22巻13号3454頁参照）もこれに当たるとされる（谷口1987: 215-216頁）。
30)　最判昭和27年11月27日民集6巻10号1062頁（事案につき，後掲注32参照）。
31)　坂田2001: 252-266頁。なお，山本1993: 1頁参照。

330

的抗弁権として捉えられている同時履行の抗弁権（533条），留置権（295条）[32]，保証人の催告・検索の抗弁権（452条・453条），(ウ)時効の援用（145条），対抗要件に関する抗弁（177条，178条，467条）[33]が挙げられる[34]。

　もっとも，権利移転の意思主義・対抗要件主義と権利抗弁との接点としての私的自治の貫徹という観点からみた場合でも，権利抗弁の解釈としては，①権利者自身が訴訟上権利行使の意思表示をした場合のほか，②すでに訴訟外で権利者自身による権利行使のあったことが，権利者の主張のみならず，相手方の主張から明らかになった場合も，裁判所は当該抗弁を斟酌できると解する余地があろう[35]。これに対し，訴訟外でも訴訟上でもまだ権利行使がない場合は，裁判所は抗弁を斟酌することができない[36]。

　そして，対抗要件の抗弁が権利抗弁とされる理由は，それが当事者間の私的自治に委ねられるべき問題であると解される点にあるが，さらに，なぜ私的自治に委ねられて然るべきであるかといえば，対抗の法理における両当事者の地位の対等性ゆえに，実体法上も手続法上も，あえて当事者の一方にプライオリティーを認める必要がないからであると考えられる。

---

32)　最判昭和27年11月27日民集6巻10号1062頁（地主A〔原告〕が，借地上建物の譲受人B〔被告〕に対し，借地権の無断譲渡を理由に，建物収去・土地明渡しを請求した。これに対し，Bが建物買取請求権（現行借地借家法14条）を行使したが，「その代金の支払あるまで当該建物を留置する旨の抗弁を主張したことを認むべき証跡は存在しない」として，AのBに対する家屋明渡請求（予備的請求）を認容した）。

33)　東京地判昭和63年1月28日判時1283号121頁，判タ664号96頁（分譲地取得者相互間で設定された交錯的通行地役権に基づき，要役地所有者A〔原告〕が，承役地の買主B〔被告〕に対し，承役地上に設置された鉄板塀などの妨害排除を請求した事案。被告Bは「仮に本件通行地役権が成立したとしても，被告は，原告が対抗要件を具備するまでは，原告の通行地役権取得を認めない」との「対抗要件に関する権利抗弁」を主張した。これに対し，不動産業者たる被告Bは「本件通行地役権の存在を知悉して本件土地を含む本件第一土地を買い受けた者であるから，登記の欠缺を主張する正当な利益を有しない」との原告Aの再抗弁が認められた）。

34)　坂田1998: 201頁，坂田2001: 257-264頁，266-267頁参照。

35)　坂田1998: (34) 201頁。

36)　その場合，裁判所が権利行使（権利抗弁）を促すよう釈明する義務はないとされる（最判昭和27年11月27日民集6巻10号1062頁）。他方，そのような場合に，裁判所が釈明する権利をもつか（それが違法な釈明とならないか）については，判例の態度は明らかでない。坂田1998: 201頁。

⑵　動産物権変動の対抗要件

　権利抗弁としての対抗要件の把握は，動産譲渡における引渡しにも妥当する。例えば，Aが所有する動産をXに譲渡した後，Yにも二重譲渡して，引き渡したとする。XがYに対し，──

　　　［1］　当該動産はAが所有していたこと，
　　　［2］　AX間で売買・譲渡が行われたこと，
　　　［3］　当該動産をYが占有すること

を請求原因として，当該動産の所有権に基づく引渡請求訴訟を提起したとする。これに対し，Yは，対抗要件の抗弁として，──

　　　［4］　AY間における当該動産の売買・譲渡の事実を主張. 立証し，
　　　［5］　Xが対抗要件を具備するまではXの所有権取得を認めない

という権利主張をすることができる³⁷⁾。これは，不動産の二重譲渡の場合（前述 2 ⑴(i)）と同様に，権利抗弁にほかならない。

　なお，Yは，所有権譲渡の対抗要件（動産の場合は引渡し。民法 178 条）を具備したときは，確定的に所有権を取得し，Xの所有権取得はなかったことになるから，権利抗弁（前記［5］）の代わりに，

　　　［5'］　Aが前記［4］の売買・譲渡に基づき，当該動産をYに引き渡したこと

を主張・立証することができる。これは所有権喪失の抗弁であり，前述 2 ⑴(i)においてYが不動産登記を備えた場合と同様である³⁸⁾。もっとも，動産の場合は，不動産の二重譲渡事例にない特殊性も存在する。なぜなら，動産の引渡しは，登記と異なり，現実の引渡しのほか，簡易の引渡し，占有改定，指図による占有移転という複数の方法があり，かつ観念的引渡し（後二者）は，他の引渡方法と両立可能である。したがって，Yの対抗要件具備による所有権喪失の抗弁に対し，Xは再抗弁として，──

　　　［6］　Xの対抗要件具備がYの対抗要件に先立つこと

を主張・立証すべきことになる。

---

37)　司法研修所編 1999（2006 改訂）: 115 ～ 116 頁，大江 2003: 164 頁。
38)　司法研修所編 1999（2006 改訂）: 54 頁，116 頁。なお，前掲注⒁後段参照。

(3) 債権譲渡の対抗要件

債権譲渡の場合は，債権譲受人から債務者に対する履行請求の形で訴訟が提起されることが多いであろうが（もっとも，債権の二重譲渡の事例では，債権者Aが債務者Yに対してもつ債権の譲受人Xが，同一債権の譲受人Bに対し，債権確認訴訟を提起することも考えられる），そこでも対抗要件（債務者対抗要件および第三者対抗要件）の」性質が問題になる（467条1項・2項）。これらの対抗要件は，一般に権利抗弁であると解されている。すなわち，AのYに対する債権を譲り受けたXが，Yに対して債務の履行を求める訴えを提起したとする。この場合，Xが請求原因において債権・債務の発生原因事実を主張すれば，債務者であるYが正当な利益をもつ第三者であることも表れるから，Yとすれば「AがYに債権譲渡の通知をし，またはYが承諾しないかぎり，Xを債権者と認めない」という権利抗弁の主張をすることが必要になる[39]。

また，AのYに対する債権がXとBに二重に譲渡されたときは，YはXからの履行請求に対し，──

[1] AがBに債権譲渡をしたこと，および

[2] AからBへの債権譲渡につき，同債権譲渡以後にAがYに譲渡通知をしたこと，またはYがAまたはBに対して承諾したことを主張・立証し，かつ

[3] 「AからXへの債権譲渡につき，Aが確定日付ある証書による譲渡の通知をし，またはYが確定日付ある証書による承諾をしない限り，Xを債権者と認めない」

という権利抗弁の主張をする必要がある[40]。

---

39) 司法研修所編 1999（2006 改訂）: 126 頁，大江 2003: 74 頁，倉田監修 1981: 375–376 頁および同所註 35。判例として，大判昭和 2 年 1 月 28 日新聞 266 号 16 頁，最判昭和 56 年 10 月 13 日判時 1023 号 45 頁（池田 1982: 178 頁は，本件判旨につき，467 条 1 項の債務者対抗要件が具備されていなくとも，債務者は債権譲受人への「債権の帰属自体」を否定することはできず，弁済を拒みうるにすぎないことを示したものとして，「抗弁説」ないし「行使阻止説」としての特徴づけを示唆する）。

3 無権利者と取り引きした者による権利取得の法理と要件事実

(1) 虚偽表示と第三者

　以上のように，対抗の法理が妥当する場面における対抗要件の要件事実は，いずれも権利抗弁としての性質をもち，第三者による権利行使がなければ，裁判所は原告の対抗要件の不備を斟酌できないことが確認された。では，無権利者と取り引きした者による権利取得の法理が妥当する場面における善意者保護要件を，同様に要件事実のプリズムでみると，どのように映るであろうか。

　XがAと通謀してX所有地 a をAに仮装売買し，移転登記したところ，Aの債権者Bが土地 a を差し押さえたことから，Xが差押えの不許を求めて第三者異議の訴えを提起したとする。Xの請求原因は，——

　[1]　Xが土地 a の所有者であること，

　[2]　BがAに対する債務名義に基づいて土地 a を差し押さえたことである。

　　　Bは，[1]，[2] を認めたうえで，抗弁として，——

　[3]　土地 a が所有権移転登記によってA名義になっていること，

　[4]　Aへの所有権移転登記がXA間の合意に基づいて行われたこと

　　　を主張・立証しうる。Xは再抗弁として，——

　[5]　XA間の売買および所有権移転登記は仮装である旨の合意がある

　　　と主張しうる。Bは，再々抗弁として，——

　[6]　土地 a がAの所有であると信じたこと

を主張・立証することになる。

　第三者Bにとって，[3] は登記簿謄本によって容易に証明することができ，[4] も，とりわけXAが通謀の事実を認めているときは（[5] 参照），比較的容

---

40)　司法研修所編 1999（2006 改訂）: 130 頁，大江 2003: 78 頁。なお，倉田監修 1981:379 頁は，債権譲渡の第三者対抗要件は「物権変動における対抗要件のそれと全くパラレルに考えるべきである」とする。他方，債務者対抗要件については，それが必要とされる趣旨と物権変動の対抗要件が必要とされる趣旨は「全く異なる」から，「前者の主張・証明責任の分配につき後者のそれとのアナロジーを行おうとする見解の当否は，はなはだ疑問」とされる（同前 375 頁）。たとえ債権譲渡の第三者対抗要件と債務者対抗要件がともに権利抗弁の性質をもっとしても，両者の対抗要件の構造を同一に捉えることはできないであろう（池田 1982: 178 頁，池田 1983: 71 頁）。

易に立証することができよう。また，[6]についても，第三者B[41]が主張・立証責任を負うという判例[42]・学説[43]に対し，表意者Xが第三者Bの悪意を立証すべきであるとする旧判例[44]・有力説[45]がなお存在することにも留意する必要がある[46]。他方，Bが善意の立証責任を負うとする判例の理由も，「民法94条2項の適用につき何れの当事者を<u>より多く優遇する</u>ことが同条の制度の趣旨・目的に適合するか等」に求められていることが注目に値する[47]。そして，たとえBに「善意」（XA間の合意および移転登記が仮装であり，Xが所有者であることを知らなかったこと）の主張・立証責任が課されたとしても，不当に重い<u>立証負担</u>を課すことにはならず，むしろ，Bの善意は事実上推定され[48]，かえってXがBの善意を覆すことはかなり難しいと解される[49]。

　その結果，無権利の法理に基づく第三者の権利取得においては，対抗の法理におけるように，競合する権利取得者間が対等関係であるがゆえに，権利帰属の問題が当事者間の私的自治に委ねられ，第三者自身による権利行使（権利抗弁）が要求される場合とは異なり，仮に第三者が明示的には権利主張をしていない場合であっても，どちらかといえば第三者を「より多く優遇する」こと，つまり，第三者への権利帰属にプライオリティーを置いた主張・立証責任の分担が認められていることが確認できる。

41）　なお，本件では，Bが民法94条2項の「第三者」に当たることは，すでにXの請求原因[2]に表れている。

42）　大判昭和17年9月8日新聞4799号10頁，最判昭和35年2月2日民集14巻1号36頁，最判昭和41年12月22日民集20巻10号2168頁，最判昭和42年6月29日判時491号52頁など。

43）　川島1965: 281頁，四宮＝能見2002: 207頁（ただし，登記を信頼した第三者は，事実上善意と推定される），川井2000: 201頁など。

44）　大判大正11年5月23日新聞2011号21頁，大判昭和5年10月29日新聞3204号10頁。

45）　我妻1965: 292頁，幾代1984: 258頁など。なお，立法者（起草者）もこの立場に立っていたことにつき，広中編著1987: 143頁，大江2003: 147頁参照。

46）　この点については，本書第8章2(2)(ii)参照。

47）　栗山1973: 549頁。

48）　大判昭和5年10月29日評論19巻民1522頁，遠藤＝水本＝北川＝伊藤監修1989: 394頁〔藤原弘道〕。

49）　吉原2002: 40頁。

⑵ 即時取得

Aから動産 a を購入し，引渡しを受けたBが，その動産の所有者で，Aにこれを賃貸していたXから返還請求の訴えを提起されたとする。Xはその請求原因で，――

[1] Xが動産 a をもと所有していたこと，

[2] 現在は動産 a をBが占有していること

を主張・立証しうる。これに対し，Bは，所有権喪失の抗弁として，即時取得の主張をすることができる。その場合，Bは，――

[3] ＡＢ間で動産 a の売買・譲渡（取引行為）が行われたこと，

[4] [3] の売買・譲渡（取引行為）に基づき，Aが動産 a をBに引き渡したこと

を主張・立証すればよい。即時取得の要件は，[3]・[4] のほか，

[5] 動産 a の占有取得に際しての平穏，

[6] 公然，

[7] 善意，および

[8] 無過失

であるが，[5]・[6]・[7] は民法 186 条 1 項によって推定される[50]。また，[8] も，Bは取引行為の前主Aの占有に関する 188 条を通じて推定されるものと解されている[51]。

Xは，再抗弁として，――

[9] Bが動産 a の占有取得時に，前主Aの無権利について悪意であったこと，または

[9'] Bが動産 a の占有取得時に，前主Aを権利者と信じたことに過失があったこと

を主張・立証しなければならない。[9] においてXは，Bの悪意を根拠づける事実として，Aが無権利者であることをBが知っていたこと，またはAが権利者であることをBが疑っていた（半信半疑であった）ことを主張・立証すること

---

50) 暫定真実とされる。司法研修所編 1999（2006 改訂）：113 頁。

51) 最判昭和 41 年 6 月 9 日民集 20 巻 5 号 1011 頁。

ができるものと解されている[52]。また，［9'］では，Bに過失があったと評価することを根拠づける具体的事実（評価根拠事実），すなわち，取引の慣行，実情，従来の当事者間の関係などに鑑み，Aの処分権限の有無に関してBに調査確認義務があり，かつBがその義務を解怠したことを主張・立証すべきことになる。これに対し，Bは，再々抗弁として，Bに過失があったとの評価を妨げるような具体的事実（評価障害事実）を主張・立証すべきことになる。

　このように，要件事実論のレベルでみると，無権利の法理に属する即時取得においても，対抗の法理において当事者関係の対等性に基づく私的自治を根拠にして第三者に権利抗弁が求められるのと異なり，どちらかといえば第三者の権利取得によりプライオリティを置いた主張・立証責任の分配が認められていることが確認できるであろう。

4　第三者権利保護資格の法理と要件事実

(1)　詐欺取消しと第三者

　では，同じく第三者保護が問題になる意思表示の取消しや，契約の解除の場合はどうであろうか。例えば，Aがその所有地 a をBに売却・譲渡して移転登記を済ませ，さらにBは土地 a をCに転売・譲渡して移転登記を済ませたとする。AがBの詐欺を理由に売却の意思表示を取り消したことに基づき，Cに対して所有権移転登記の抹消登記手続を請求するためには，請求原因として，──

　［1］　Aが土地 a をもと所有していたこと，

　［2］　土地 a についてC名義の所有権登記があること

を主張・立証すればよい。Cは，抗弁として，──

　［3］　AとBとが土地 a について売買・譲渡をしたこと

を主張・立証することができる（所有権喪失の抗弁）。Aは，再抗弁として，──

---

52)　司法研修所編 1999（2006 改訂）：113–114 頁。民法 192 条の善意とは，Aから占有を取得した時点でBがAを権利者であると誤信したことをいうと解されている（最判昭和 26 年 11 月 27 日民集 5 巻 13 号 775 頁，最判昭和 41 年 6 月 9 日民集 20 巻 5 号 1011 頁）。

［4］　ＡＢ間の売買がＢの詐欺に基づくこと，および

［5］　ＡがＢに対して取消しの意思表示をしたこと

を主張・立証することができる。

　Ｃは，再々抗弁として，つぎの(a)または(b)のいずれかの方法をとることができるとされる[53]。まず，(a)——

［6］　ＢとＣとが土地aについて売買契約を締結したこと，

［7］　［6］のＢＣ間売買契約が［5］のＡによる取消しの意思表示に先立つこと，

［8］　ＡＢ間の売買契約がＢの詐欺に基づくことについてＣが善意であること

を主張・立証することである。これは，Ｃが取消前の第三者に当たる場合である。

　しかしまた，Ｃは，再々抗弁として，(b)——

［6］　ＢとＣとが土地aについて売買契約を締結したことを主張・立証し，かつ

［7'］　Ａが対抗要件を具備するまではＡによる土地aの所有権取得を認めないこと

を主張することもできると解される。しかも，これは，Ｃが取消後に現れた場合だけでなく，取消前に現れた場合でも可能であるとされる。その理由は，(b)において，［5］のＢＣ間売買が［6］のＡによる取消後であることを要件とすると，両者の「先後関係が不明の場合」には，Ｃは(a)・(b)いずれの再々抗弁も認められず，「酷な結果になる」からである。それを回避するためには，(a)または(b)のいずれかにおいて［5］のＢＣ間売買と［6］のＡによる取消しとの「先後関係を要件からはずす必要がある」が，「とりわけ不動産取引の場合には登記を重視すべきであるから，(b)の要件からそれをはずす方が妥当であろう」とされる[54]。その結果，Ｃとすれば，「通常は」主張・立証がより容易な(b)「のみを主張することになる」と考えられる。

---

53)　遠藤＝水本＝北川＝伊藤監修 1997: 96 頁〔北山元章〕。
54)　遠藤＝水本＝北川＝伊藤監修 1997: 96–97 頁〔北山〕。

ちなみに，実体要件論のレベルでは，詐欺による取消前に現れた善意の第三者は96条3項で保護される一方，取消後に現れた第三者と取消権者との関係は対抗問題になるとの解釈が，判例・通説であるとされる[55]。しかし，そのように第三者の出現が取消しの意思表示の前か後かで適用規範を分けようとする実体要件論は，要件事実論のレベルでは貫徹され難いことが，前記(b)によって示唆されていることに注意すべきである[56]。もっとも，Cの出現がAによる取消しの前か後かを問わず，(b)の再々抗弁を認めると，詐欺取消しの原因について悪意のCもつねに権利取得が認められて保護され，96条3項の規範性を維持することができない。

　したがって，(c)私見としては，第三者の出現時期が詐欺取消しの前か後かを問わず，96条3項を適用し，Cの権利取得を認めるためには，Cの善意，その他の権利保護資格要件を必要とするものと解する。要件事実論のレベルでは，Cは，再々抗弁において，(c)——

[6]　BとCとが土地αについて売買契約を締結したこと，

[7″]　ＡＢ間の売買契約がＢの詐欺に基づくことについてＣが善意であること，

[8′]　土地αの売買・譲渡に基づく移転登記引渡し，代金支払など，ＣがＢとの取引行為による債権・債務の履行段階に入り，実質的利害関係を形成するに至っていること

を主張・立証する必要があろう。これら［7″］および［8′］は，第三者Ｃが［6］に基づいて取得した権利を保護されるための資格として，第三者権利保護資格要件と呼ぶことができるであろう。

　その結果，詐欺取消しに対する第三者保護制度においては，要件事実論のレ

---

55)　大判昭和17年9月30日民集21巻911頁，最判昭和32年6月7日民集11巻6号999頁。なお，遠藤＝水本＝北川＝伊藤監修1997: 95頁〔北山〕参照。また，取消後，有効に登記を除去しうる状態の到来した時点までに現れた第三者には96条3項を適用し，それ以後に現れた第三者は94条2項の類推適用によって保護されるとの見解もある（遠藤＝水本＝北川＝伊藤監修1989: 441頁〔三宅弘人〕参照）。

56)　なお，ＢＣ間売買とＡの取消しとの先後関係不明の場合，Ｃは〈A〉・〈B〉の再々抗弁を「選択的または予備的に主張するという事実上の方策」によって対処できるので，〈B〉の再々抗弁の要件事実には，ＢＣ間売買がＡによる取消後であることの主張・立証も含まれるとの見解もある。遠藤＝水本＝北川＝伊藤監修1997: 97-98頁〔北山〕参照。

ベルでみると，権利取得のプライオリティーは，どちらかといえば原権利者Ａ
への権利復帰に置かれているとみることができよう。この点が，対抗の法理
（前述 2 (1)(ii)末尾参照）とも無権利の法理（前述 3 (1)末尾，同(2)末尾）とも異なるもの
としての，第三者権利保護資格の法理の特色であるということができよう。

(2) 解除と第三者

　Ｃが占有する不動産 a に対し，Ａが所有権に基づく明渡請求の訴えを提起し，
その請求原因として，――

　　［1］　Ａが不動産 a をもと所有していたこと，

　　［2］　現在は不動産 a をＣが占有していること

を主張・立証すべきことになる。これに対し，Ｃは，［1］，［2］を認めたうえ
で，所有権喪失の抗弁として，――

　　［3］　ＡＢ間の売買・譲渡の事実

を主張・立証することができる。これに対し，Ａは，再抗弁として，――

　　［4］　ＡＢ間の売買が，Ｂの債務不履行によって解除されたこと

を主張したとする。しかし，契約解除によって「第三者の権利を害することは
できない」（545条 1 項ただし書）。この場合におけるＢＡ・ＢＣ関係を対抗関係
と解する見解によれば，ＢＣ間の売買・譲渡がＡによる契約解除の前か後かを
問わず，前述した対抗の法理が適用される。その結果，Ｃは，再々抗弁におい
て，ＢＣ間の売買・譲渡がＡＢ間の契約解除に先立つことを主張・立証する必
要はなく，――

　　［5］　ＢＣ間の売買・譲渡を主張・立証し，かつ

　　［6］　Ａが対抗要件（登記）を具備するまではＡへの所有権帰属を認めない

という権利主張をすることができる。この再々抗弁ないし抗弁（これは，前記
［3］Ｃによる売買・譲渡の抗弁，および同［4］Ａによる解除の再抗弁をあらかじめ前提と
した，予備的抗弁として位置づけられる[57]）は，権利抗弁であると解される。また，
Ｃが対抗要件（登記）まで具備している場合は，［6］の対抗要件の抗弁に代え
て，――

---

57)　司法研修所編 1999（2006 改訂）：120 頁。

［6'］　Ｃが対抗要件（登記）を具備したこと

を主張・立証することができる。この抗弁は，所有権喪失の抗弁となる。

　　もっとも，ＡＢ間の契約が解除された場合のＢＡ・ＢＣ間に対抗の法理を適

用すべきかどうかは，議論の余地がある。たしかに，ＡＢ間の法律行為に無

効・取消原因がある場合とも異なり，Ｂによる債務不履行などの解除原因の存

在はＡが負うべきリスクであり，その意味ではＢＡ間の権利復帰をＢＣ間の権

利移転よりも優遇すべき理由はなく，両者を対等の対抗関係と捉えることがで

きるという主張も考えられる。判例も，解除前に現れた第三者（判例は対抗要件

を要求する）も，解除後に現れた第三者も，解除権者と対抗関係に立つもの

と捉えていると解されている。

　　しかしなお，実体要件論における法的評価としては，契約解除の場合も，詐

欺取消しの場合と同様，債務不履行解除（541条，542条）にせよ，約定解除権

の留保（557条，579条など）にせよ，契約不適合を理由とする解除（564条）にせ

よ，解除権者Ａと第三者Ｃとの間では，相手方Ｂから解除権者Ａへの権利「復

帰」が問題となっているがゆえに，その他の条件がまったく同じであれば，対

抗の法理とも無権利の法理とも異なり，どちらかといえば解除権者Ａへの権利

復帰にプライオリティーを見出し，第三者Ｃは権利保護資格要件を備えた場合

にのみ保護される，と解釈することが整合的であろう。この立場によれば，

第三者Ｃは，［5］ＢＣ間の売買・譲渡の際に，［4］ＡＢ間売買の解除について

善意であったこと，登記・引渡し・代金支払など，第三者としての権利保護に

値するだけの利害関係を築いていることを要する。このように解した場合，

Ｃの再々抗弁ないし予備的抗弁における要件事実として，［5］に加え，かつ

［6］に代えて，──

　　［6''］［5］　ＢＣ間の売買・譲渡の際に，ＡＢ間売買の解除について善意で

---

58)　大判大正10年5月17日民録27輯929頁，最判昭和33年6月14日民集12巻9号
　　1449頁，最判昭和58年7月5日集民139号259頁など。

59)　最判昭和35年11月29日民集14巻13号2869頁など。

60)　司法研修所編1999（2006改訂）：118頁，119頁。

61)　詐欺取消しにおいても，詐欺を受けた表意者に不注意があったことは否定できない。

62)　この点に，対抗の法理とも無権利の法理とも異なるものとしての，第三者権利保護の
　　法理の特色があるといえよう。

あったこと，および

[6'''] 　土地 a の売買・譲渡に基づく移転登記引渡し，代金支払など，Cが
　　　　 Bとの取引行為による債権・債務の履行段階に入り，実質的利害関係
　　　　 を形成するに至っており，第三者として保護に値する利害関係を形成
　　　　 していること

を主張・立証すべきであろう。

　こうしてみると，契約解除に対する第三者保護制度でも，要件事実論のレベ
ルでみると，権利取得のプライオリティは，どちらかといえば原権利者Aへの
権利復帰に置かれているとみることができよう。

5　「対抗することができない」という規定をめぐる実体要件論と要件事実論

(1)　要件事実論からの実体要件論の検証

　以上のように，要件事実論の観点から民法における「対抗することができな
い」という規定を分析すると，①《対抗の法理》においては，競合する権利取
得者間が対等関係であることから，権利帰属の確定がもっぱら当事者間の私的
自治に委ねられる。その結果，要件事実のレベルでも，一方の所有権取得者B
（原告）による所有権に基づく請求に対し，第三者C（被告）には権利抗弁（相互
に対抗要件を具備していない場合）または所有権喪失の抗弁（第三者Cが先に対抗要件
を具備した場合）が必要とされ，この抗弁段階が紛争の実質を形成する。これに
対し，例外的に，原告Bは，再抗弁として，被告Cが対抗要件の不存在を主張
する正当な利益をもたない第三者であることを主張・立証することができる
（前述2）[64]。

---

63)　このように，契約解除後の第三者が保護されるためには，解除の事実についての善意
　　を要求すべきであるとの解釈として，本書第3章4(3)参照。さらに，解除前の第三者にも，
　　解除原因についての善意を権利保護資格要件として要求することが，理論的に不可能なわ
　　けではない。しかし，①545条1項ただし書では第三者の善意が要求されていないこと，
　　②解除原因があっても解除されるとは限らないこと，③解除原因であるBの債務不履行は，
　　Aが想定すべき，ありうる（ありふれた）リスクであることから，解除前の第三者には善
　　意を要求すべきではないであろう。なお，本書第9章1(2)(ii)も参照。

342

他方，②《無権利者と取り引きした者による権利取得の法理》では，所有権に基づいて返還請求をする真の所有者Ｘ（原告）の再抗弁またはこれに対する善意者保護の要件を備えた取得者Ｂ（被告）の再々抗弁段階における，被告Ｂの主観的要件（善意または善意・無過失）を基礎づける要件事実の主張・立証が，紛争の実質を形成する。その場合，要件事実の主張・立証のレベルでも，真の権利者Ｘよりも，善意者保護の要件を備えた第三者Ｂに権利取得のプライオリティが与えられている（前述3(1)，(2)）。

　これに対し，③《第三者権利保護資格の法理》では，取消権，解除権などを行使した原権利者Ａ（原告）の請求に対し，第三者Ｃ（被告）の再々抗弁における権利保護資格要件を根拠づける要件事実の有無が争いの実質を構成するが，要件事実の主張・立証責任の分配のレベルでは，原権利者Ａへの権利復帰にプライオリティが認められ，第三者Ｃは自ら権利保護資格要件の具備を主張・立証しなければならない。その際，第三者の出現が取消しまたは解除の前か後かで権利保護資格要件を区別する実体要件論は，要件事実論上は貫徹困難であることも確認された（前述4）。

　このように，要件事実論のプリズムを通してみると，実体要件論のレベルでは同じ法理に服すると捉えられていた問題が，実は異なる法理に属する別問題であることを，より鮮明な形で再確認することができる。

(2) 実体要件論からの要件事実論の再検証

　他方，実体要件論の観点から，要件事実論における要件事実の捉え方や主張・立証の方法を再検証することにより，新たな問題点が見出されることも期待されよう。例えば，土地 a をＡから購入したＸが，土地 a を占有するＹに所有権に基づく明渡請求をする場合は，請求原因として，ＡＸ間の「売買」（555条）を主張・立証するだけでよいのか[65]，あるいは所有権の「譲渡行為」（176条）を基礎づける要件事実を主張・立証する必要があるのかは，要件事実論のレベルでも，より正確に議論されるべきである。実体要件論では，譲渡行為の

---

64)　例えば，第三者Ｃが背信的悪意者に当たることなど。大江 2003: 155 頁参照。なお，ここでは，「第三者」に関する善意・悪意不問説（判例）を前提とする。

原因たる売買契約，その他の債権契約（555条，549条，586条など）と，譲渡行為そのもの（176条）とは区別されているし，判例上も，所有権移転時期の認定をめぐり，「譲渡行為」ないし「物権移転行為」の存在を要件事実として認定するものも，けっして少なくないとみられるからである[66]。

　実体要件論におけるこのような動向に鑑みると，従来の要件事実論には若干の物足りなさが感じられる部分もないとはいえない。とりわけ，権利抗弁としての本来の対抗要件がもつ私的自治の貫徹機能（前述2(1)(ii)）を重視するときは，たんなる「売買契約」という，所有権移転の有無や時期についてはいまだ多様性ある要件事実のみによって所有権移転を容易に認定してしまうことが，所有権移転という紛争解決の「要」になる事実を曖昧にしてしまわないか，それが権利移転に関する私的自治の根幹を揺るがすことに通じはしないかが危惧される。そして，このことは，日本民法の意思主義と無因主義との結合可能性の中核にある所有権移転の意思表示の重要性に再び注意を喚起させる。それは，債権的意思表示と物権的意思表示の概念的区別（概念的分離主義）の下で，債権的意思表示によって生じる所有権移転の義務履行としての行われる，抽象的給付としての所有権移転の実在性を示すものにほかならない[67]。

　いずれにせよ，今後は，要件事実論と実体要件論との間で一層活発な相互検証が行われることにより，両者間に一層生産的で創造的な協働関係が築かれる必要があろう。

---

65)　加藤 2004: 64 頁は，特定物の場合，売買契約の要件事実で足りるとみる。最判昭和33年6月20日民集12巻10号1585頁を根拠とする。しかし，同判決は，債権契約のみによってただちに所有権が移転することを承認したものと一般化するには，やや特殊な事案に関する判断であり（買主が約定どおりに代金の大半を支払い，残代金も提供し，再三にわたって売主に対して履行を求めた事案で，履行を引き延ばす不誠実な売主の態度に対する制裁的意味をもつとも解される），実質的には所有権譲渡行為の存在を認定しうる場合でもあったことに留意する必要がある。この点につき，松尾 1999: 394 頁以下参照。

66)　この点については，松尾 1999: 402 頁以下参照。

67)　本書第1章2，5参照。

結　語

物権変動における第三者保護法理の意義

1　物権変動の態様と第三者保護法理の 3 類型

　本書では，物権変動における第三者保護規定を手がかりにして，物権の帰属を最終的に確定する民法の基本規定の構造について検討した。その結果，物権変動の当事者と第三者との間で，物権の帰属をめぐって紛争を生じた場合の解決ルールとして，対抗の法理，無権利者と取り引きした者による権利取得の法理および権利保護資格の法理という類型化を踏まえた第三者保護規定の解釈が，有用であることが確認できたと思われる。

　物権の帰属を最終的に確定する第三者保護法理に関する民法の基本ルールとして，対抗の法理，無権利者と取り引きした者による権利取得の法理および権利保護資格の法理の 3 類型が存在することは，平成 29 年民法改正により，95条 4 項，96 条 3 項が改正されたことにより，一層鮮明になったと考えられる。すなわち，対抗の法理に関する「第三者に対抗することができない」(177 条)，無権利者と取り引きした者による権利取得の法理に関する「善意の第三者に対抗することができない」(93 条 2 項，94 条 2 項)，および権利保護資格の法理に関する「善意でかつ過失がない第三者に対抗することができない」(95 条 4 項，96条 3 項) という文言の相違である。そして，こうした第三者保護規定の文言の相違の背景には，物権の帰属を最終的に確定する物権変動の基本原則と例外に関する法理が存在し，そのことが，第三者保護の要件，効果および要件事実の相違をもたらしているものと考えられる。

345

すなわち，対抗の法理の背景には，物権変動の意思主義という，権利の承継取得に関する基本法理（「序説」1⑵〔2〕にいう物権変動の本則2Ａ）が存在し，それに対する例外則が対抗の法理である。つぎに，権利保護資格の法理が妥当する典型例の1つである権利回復規定の背景には，物権変動の有因主義または無因主義による権利回復法理（「序説」1⑵〔3〕にいう物権変動の本則2Ｂ）が存在し，それに対する例外則が権利保護資格の法理である。さらに，無権利者と取り引きした者による権利取得の法理の背景には，「何ぴとも自己のもつ以上の権利を他人に移転することはできない」という物権変動（権利承継）の不存在の法理（「序説」1⑵〔4〕にいう物権変動の本則2Ｃ）が存在し，それに対する例外則が無権利者と取り引きした者による権利取得の法理である。

　もっとも，すでに本論で確認したように，これらの第三者保護法理の3類型は，あくまでも理念型である。すなわち，①元々の権利者から競合的に権利取得した者が承継取得の優劣を争う関係に妥当する対抗の法理，②元々の無権利者と取り引きした者の権利取得と真の権利者の権利喪失を生じさせる無権利者と取り引きした者による権利取得の法理，および③これら①と②の間において，潜在的な権利復帰原因等をもつゆえに元々の完全な権利者とも完全な無権利者ともいえない者から権利を取得した者への権利取得を確定し，元々の権利者への権利復帰を否定する権利保護資格の法理である（図表9-4参照）。したがって，第三者保護法理のどの類型に属すると識別すべきか，議論の余地のある規定も存在する。例えば，899条の2は，その文言上は177条と同様に，対抗要件を備えなければ，「第三者に対抗することができない」と規定するが，それが前提とする物権変動法理の相違を考慮に入れて，なおも対抗の法理が妥当するか，権利保護資格の法理が妥当するか，議論がある[1]。また，文言上は「第三者の権利を害することはできない」とする116条ただし書，545条1項ただし書，909条ただし書についても，同様である。そこでは，文言の相違が必ずしも決

1）　本書第9章1⑶ⅳ，松尾2020:36-37頁参照。議論の方向性として，⒜対抗の法理の規範的枠組みに従って解釈するもの（吉田2023:839-847頁，山本2024:607-671頁。もっとも，「第三者」の範囲について相続固有の事情を考慮しうる。田髙2018:57-59頁，水津2019:50-51頁，石田2024:673-691頁）と，⒝権利保護資格の法理の規範的枠組みに従って解釈するもの（松尾2020:32-37頁）がある。

定的でないことは，本論で確認したとおりである[2]。

　そして，このことを踏まえると，第三者保護規定が存在しない場合においても，第三者保護をどのように図るべきかが，必然的に問題になる。例えば，Ａがその所有物 a にＢのために譲渡担保権を設定し，Ｂが第三者Ｃに a を譲渡した場合において， a の所有権の帰属をめぐってＡとＣの間で紛争が生じたときは，その紛争解決基準となる a の所有権の帰属の確定基準については，ＢＣ間の処分が弁済期到来前か後か，弁済期到来後で譲渡担保権の実行前か後か，譲渡担保権の法的性質をどうみるか等も考慮に入れつつ，目的物を処分したＢの権利者性ないし無権利者性をどうみるかにより，Ｃの権利取得およびＡＣ間の法律関係にどのような物権変動法理を適用し，それを踏まえて関連規定の解釈をすることが問題になる[3]。

　また，Ａが所有する不動産 a のＢへの売却等による所有権移転につき，解除条件が成就した一方で，Ａがその所有権取得の登記をする前に，Ｂが a の所有権を第三者Ｃに売却する等の処分をした場合において， a の所有権の帰属をめぐるＡＣの間の紛争が生じたときも，同様の問題を生じる[4]。

　さらに，ＡＢ間における a の所有権移転原因に公序良俗違反，意思能力の欠如を理由とする無効，制限行為能力，強迫を理由とする取消し等があった場合において，ＡＣ間の権利帰属を確定するルールの選択，その解釈・適用の方法についても，議論がある[5]。

　本書では，そうした関連規定の物権変動法理上の性格づけや，複数の物権変動法理の境界領域にある事案への関連規定の解釈・適用の方法についても[6]，

---

2)　116条ただし書につき，本書第4章2(3)(i)，4(2)，第9章1(3)，2(1)，(2)(iii)，3(1)（権利保護資格の法理），545条1項ただし書につき，本書第3章4，第4章3(2)，第9章1(1)(ii)，2(1)(i)，(2)(ii)，3(1)，第10章4(2)（権利保護資格の法理），909条ただし書につき，本書第4章2(3)(iii)，第9章1(3)(iv)，2(1)(i)，3(1)（権利保護資格の法理）参照。

3)　本書第5章2(2)(ii)，第8章1(1)(ii)，(3)，第9章4(2)〔2〕参照。

4)　本書第3章1，4(2)(i)，(iii)（注62），第4章4(2)（図表4-1），第9章1(1)（図表9-2），(4)(i)参照。

5)　本書第1章2(3)(iv)，第4章1，3(3)(iii)，(iv)，4(2)（図表4-1），第8章1(5)，第9章1(1)（図表9-2），(2)(i)，(5)(ii)参照。

6)　そのような境界領域の問題には，適用規範の選択が問題になる事案，および適用可能な複数規定の融合的な解釈・適用が問題になりうる事案も含まれている。後者は，法解釈の方法としても，新たな問題を提起する。

あえて議論の叩き台を提供すべく，試論を展開した。今後は，それらの問題についての検討をさらに深め，比較法的な検討も踏まえて，より体系的で，かつ実務に適合した，精緻な物権変動論を構築する必要がある。

　そして，そのことは，物権変動における第三者保護法理の検討を通じて，物権変動法理における根本の問題である，物権的意思表示と債権的意思表示との概念的区別の意義，それを通じて，物権と債権の区別の意義という，物権法の根本問題の解明に通じている。このうち，本書では，対抗の法理とも無権利の法理とも異なる，第三者の権利保護資格の法理を識別することを通じて，物権的意思表示と債権的意思表示とを概念的に区別することが重要な意味をもつことを確認することができたと思われる。このことは，物権変動論から権利変動論への展開を考える場合の中心的な鍵を握ることになる。

2　第三者保護法理の類型を分けるもの――権利帰属の確定性

　物権変動における第三者保護法理の 3 類型が識別できるとしても，根本的な問題は，何がそれらを分ける決定的な根拠であるかということである。それは，各類型に跨る，あるいは各類型が交錯する形態の第三者保護の要件・効果を検討するうえでも，避けて通ることができない重要な問題である。これについて，本書での考察を通じて浮かび上がったことは，第三者保護法理の類型を分けるのは，《権利帰属の確定性》ともいうべき権利の帰属状態の相違である[7]。

　所有権を中核とする法秩序は，所有権をはじめとする権利（共有または準共有の持分を含む）が権利主体に固有のものとして確定的に帰属することが社会的に承認され，その侵害に対する救済が確実に行われることによって保たれている。しかし，いったん確定した権利の帰属は，取引，相続，その他の様々な理由により，権利主体の意思および法律の規定に基づき，既存の権利主体から他の権利主体へと移転することが頻繁に生じる。それはまさに経済活動を反映したものにほかならない。しかし，その際には，権利の移転前に確定していた権利帰

---

7)　本書第 5 章 2 (1)(ii)(ア)，(iii)，4，第 7 章 1 (2)(ii)(イ)，(iii)，(4)，2 (1)，3 (2)，4，第 8 章 1 (4)(i)，(ii)，(5)，4 参照。

属の状態は，新たに権利帰属が確定するまでの間，一瞬不安定ないし浮動的な状態になる。それは競争状態を生じさせる一方で，所有権秩序を動揺させ，経済活動を混乱させるおそれがある。そこで，そうした権利帰属の不安定状態ないし浮動的状態を再び権利帰属の確定状態にすることが社会的に要請される。そこで，権利帰属を確定するための様々な実体法規，すなわち，権利帰属の確定ルールが定められることになるが，それらを理論的・体系的に根拠づけ，必要な解釈の指針となる法理，すなわち，権利帰属の確定状態を終局的に創出する実体法理が，本書において検討してきた「対抗の法理」，「無権利者と取り引きした者による権利取得の法理」および「権利保護資格の法理」という第三者保護法理にほかならない。このように第三者保護法理は，一瞬不安定ないし浮動的になった権利帰属状態を再び確定させるための最後の拠り所となっている。したがって，第三者保護法理の内容は，権利帰属をめぐる取引費用を左右し，経済活動の効率性に大きく影響するものと考えられる。

　そして，いったん不安定ないし浮動的になった権利帰属を再び確定させるための要件は，そうした権利帰属の不安定ないし浮動的状態の発生原因となった法律関係の態様に依存する。それはまさに，権利帰属の不安定ないし浮動的状態を発生させるものとしての物権変動の形態にほかならない。この観点からも，第三者保護法理の３類型が，物権変動の本則２Ａ（権利承継の規律），その対極としての同２Ｃ（権利承継の不存在の規律）およびいわばそれらの中間にある同２Ｂ（権利回復等の規律）と密接に結びついている理由を再確認することができる。

　まず，〔1〕物権変動の本則２Ａに属する物権変動の意思主義は，権利帰属の確定した譲渡人と譲受人との意思表示のみによる物権変動という，譲受人の権利帰属状態の浮動性（例えば，二重譲渡等の可能性を孕んでいる）を生じさせる。この浮動性は，債権行為と物権行為の区別の仕方によっても左右されると考えられる（例えば，両者を区別することにより，他人物売買，まだ存在していない物の売買等も有効となり，取引形態は多様になるが，権利帰属の浮動性は高まる。一方，両者を区別しない場合，第一契約優先主義による権利確定の要請が高まることになるが，契約時期の前後を比較的容易に証明しうる制度的担保が必要になる）。

　他方，〔2〕物権変動の本則２Ｃである「何ぴとも自己のもつ以上の権利を他人に移転することはできない」（権利承継の不存在）は，真の権利者への権利帰

属の確定性が高い中で，それをあえて否定してまでも無権利者と取り引きした第三者を保護し，新たに権利帰属を確定するために，それに足る要件を満たすことが求められる。

　そして，〔3〕物権変動の本則2Bに属するものとして，権利移転原因が意思表示の取消し，契約解除等によって失効した場合においては，元の権利者への権利復帰をめぐり，権利帰属の浮動的状態を生じさせる。これを踏まえて，元の権利者への権利復帰を否定してまでも第三者に権利帰属を確定させる要件としての権利保護資格要件の内容を検討する必要がある。

　なお，位置づけの難しい物権変動として，権利帰属の確定した者の意思表示および法律の規定によって権利移転を生じる際に，権利帰属の浮動的状態が生じる場合がある。例えば，前述した，「相続による権利の承継」（899条の2第1項）は，被相続人の意思表示（遺言）または共同相続人の意思表示（遺産分割協議）と法律の規定（896条本文，898条1項・2項，899条，985条1項，909条本文）との結合による権利移転である点に特色がある。これを，先にみた物権変動の本則に位置づけるとすると，本則2A，2Bまたは2Cのいずれに属するものとみるべきであろうか。899条の2第1項の「第三者に対抗することができない」という形式的な文言を重視すれば，177条と同様に捉え，対抗の法理の背景にある本則2Aの例外則とみることになる。しかし，もっぱら権利者の意思表示に基づく権利承継である物権変動の本則2Aと異なり，前記の法律規定により，①法定相続分に当たる部分の権利承継は対抗要件を備えなくとも第三者に対抗可能とされ（899条の2第1項），かつ②法定相続分を超える部分についても，権利者の意思表示の効果は相続開始時から生じるものとされている（985条1項，909条本文）。これらの特殊性に鑑みれば，この①および②の形態の物権変動は，物権変動の本則2Aと2Bまたは2Cの中間にあるものとみる余地もある。なぜなら，法律の規定による共同相続人への相続開始時の権利移転にプライオリティを与える点を重視し，その例外として，それを否定してまでも第三者の権利取得を保護すべきものとする第三者保護の要件を位置づけるとすれば，①については，無権利者と取り引きした者による権利取得の法理（物権変動の本則2Cの例外則）との親近性を，②については，よりプライオリティの高い権利移転を否定してまでも第三者を保護すべき権利保護資格の法理（物権変

動の本則2Bの例外則）との親近性を検討する必要があるからである。いずれにせよ，物権変動の本則2A・2B・2Cおよびその各々の例外則は，権利帰属の浮動的状態を解消し，権利帰属を確定させるための理念型として用いることができるものと考えられる。

　また，権利帰属の確定性という観点からは，物権変動の本則自体が権利帰属の確定性を満たしていると解される場合には，その例外則としての第三者保護法理は不要となるはずである。そこで，この観点からの検討もさらに進める必要がある。例えば，物権変動の本則1に含まれる取得時効による権利取得が，権利帰属の確定性を満たしていると解される場合である（例えば，取引行為が介在しない，事実上の占有状態が平穏・公然に長期にわたって継続し，取得時効の要件が満たされている場合等）。この問題も含め，権利帰属の確定性を生じさせる基礎についての探求を，引き続きの検討課題としたい。

参考文献一覧

日本語文献（編著者名の五十音順。引用は，編著者名と出版年によって行う）

秋山靖浩＝伊藤栄寿＝大場浩之＝水津太郎『物権法〔第 3 版〕』（日本評論社，2022）

浅井弘章「判批」銀法 50 巻 12 号（2006）51 頁

荒木新五「判批」登記情報 538 号（2006）1 頁

有地亨『家族法概論〔新版〕』（法律文化社，2003）

淡路剛久『債権総論』（有斐閣，2002）

五十嵐清ほか『民法講義 1 総則〔改訂版〕』（有斐閣，1981）201 頁［稲本洋之助］

生熊長幸「譲渡担保権の対外的効力と二段物権変動説」太田知行＝荒川重勝＝生熊長幸編『民事法学への挑戦と新たな構築：鈴木禄弥先生追悼論集』（創文社，2008）341 頁

幾代通「判批」判評 184 号（1971）120 頁

幾代通「解除と第三者」法セ 126 号（1966）41 頁

幾代通「虚偽表示に対する善意の第三者と登記」民研 132 号（1968）29 頁，31 頁

幾代通「判批」判評 148 号（1971a）120 頁

幾代通「法律行為の取消と登記」磯村哲編集代表『民法学の基礎的課題：於保不二雄先生還暦記念（上）』（有斐閣，1971b）55 頁

幾代通「通謀虚偽表示に対する善意の第三者と登記——補論」奥田昌道編『現代私法学の課題と展望：林良平先生還暦記念論文集 下』（有斐閣，1982）

幾代通『民法総則〔第 2 版〕』（青林書院，1984）

幾代通『不動産物権変動の取消と登記』（一粒社，1986）

幾代通「法律行為の取消と登記——再論」民研 359 号（1987）8 頁

池田恒男「登記を要する物権変動」星野英一編集代表『民法講座 第 2 巻 物権(1)』（有斐閣，1984）137 頁

池田恒男「判批」判タ 1219 号（2006）40 頁

池田真朗「判批」判評 282 号（1982）178 頁

池田真朗「判批」判タ 505 号（1983）69 頁

池田真朗「ボアソナードにおける『第三者』の概念」法学研究 59 巻 6 号（1986）24 頁

池田真朗「対抗要件と権利保護要件・権利行使要件」池田真朗ほか『マルチラテラル民法』（有斐閣，2002）90 頁

石坂音四郎「意思表示以外ノ原因ニ基ク不動産物権変動ト登記（一）（二）」法協 35 巻 2 号（1917）199 頁，3 号（1917）457 頁

石田喜久夫「判批」民商 43 巻 3 号（1960）118 頁

石田喜久夫『物権法』（日本評論社，1977）

石田剛「判批」法教 215 号（1998）110 頁

石田剛「背信的悪意者排除論の一断面（2・完）」立教法学 74 号（2007）169 頁

石田剛「共同相続における法定相続分の取得と不動産登記」潮見佳男先生追悼論文集（家族法）刊行委員会編『家族法学の現在と未来』（信山社，2024）673 頁

石田穣『証拠法の再構成』（有斐閣，1980）

石田穣『民法総則』（悠々社，1992）

石田穣『民法体系(2)物権法』（信山社，2008）

磯村保「判批」ジュリスト 1332 号（2007）66 頁

伊東俊明「証明責任の分配(1)：虚偽表示における第三者の善意」『民事訴訟法判例百選〔第 3 版〕』（有斐閣，2003）148 頁

伊藤昌司『相続法』（有斐閣，2002）

伊藤進「判批」『民法判例百選 I〔第 5 版〕』（有斐閣，2001）56 頁

稲本洋之助『民法 II』（青林書院新社，1983）

稲本洋之助ほか『民法講義 5・契約』（有斐閣，1978）

乾昭三「判批」民商 57 巻 1 号（1967）100 頁

今村与一『意思主義をめぐる法的思索』（勁草書房，2018）

宇佐見大司「判批」判評 548 号（2004）194 頁

内田貴『民法 I 総則・物権総論〔第 2 版補訂版〕』（東京大学出版会，2000）

内田貴『民法 I 総則・物権総論〔第 3 版〕』（東京大学出版会，2005a）

内田貴『民法 II 債権各論〔第 2 版〕』（東京大学出版会，2007）

内田貴『民法 III 債権総論・担保物権〔第 3 版〕』（東京大学出版会，2005b）

内田貴『民法 IV 親族・相続〔補訂版〕』（東京大学出版会，2004）

梅謙次郎『民法要義 巻之三 債権編』（有斐閣，1921）

浦野由紀子「判批」『不動産取引判例百選〔第 3 版〕』（有斐閣，2008）85 頁

遠藤浩「判批」『家族法判例百選〔第 3 版〕』（有斐閣，1980）219 頁

遠藤浩＝水本浩＝北川善太郎＝伊藤滋夫監修『民法注解財産法 第 1 巻 民法総則』（青林書院，1989）394 頁

遠藤浩＝水本浩＝北川善太郎＝伊藤滋夫監修『民法注解 財産法 第 2 巻 物権法』（青林書院，1997）

近江幸治『担保物権法〔新版補正版〕』（弘文堂，1998）

近江幸治『民法総則〔第 6 版〕』（成文堂，2008）

近江幸治『民法講義 I〔第 3 版〕』（成文堂，2001）

近江幸治『民法講義 I〔第 7 版〕』（成文堂，2018）

近江幸治『民法講義 II』（成文堂，1990）

近江幸治『民法講義 II〔第 3 版〕』（成文堂，2006）

近江幸治『民法講義 II〔第 4 版〕』（成文堂，2020a）

近江幸治『民法講義 IV〔第 3 版〕』（成文堂，2005）

近江幸治『民法講義 IV〔第 4 版〕』（成文堂，2020b）

大江忠『要件事実民法(1)総則〔第 4 版〕〈補訂版〉』（第一法規，2020）

大江忠『ゼミナール要件事実』（第一法規，2003）

大隅健一郎＝今井宏『会社法論中巻〔第 3 版〕』（有斐閣，1992）

大西武士「判批」NBL 573 号（1995）49 頁

大野秀夫「判批」判評 477 号（1998）210 頁

大場浩之『物権変動の法的構造』（成文堂，2019）

大場浩之『物権債権峻別論批判』（成文堂，2023）

大村敦志『基本民法 I 総則・物権総論〔第 3 版〕』（有斐閣，2007）

大村敦志『新基本民法 I 総則編〔第 2 版〕』（有斐閣，2019）

岡本詔治「未登記通行地役権について――現代通行権裁判の一断面」日本法学 65 巻 4 号（1999）169 頁

岡本詔治『通行権裁判の現代的課題』（信山社，2010）

荻野奈緒＝馬場圭太＝齋藤由起＝山城一真「フランス債務法改正オルドナンス（2016 年 2 月 10 日のオルドナンス第 131 号）による民法典の改正」同志社法学 69 巻 1 号（2017）280 頁

奥田昌道ほか「奥田昌道先生に聞く・3」法時 82 巻 12 号（2010）94 頁

於保不二雄「公示なき物権の本質」法学論叢 58 巻 3 号（1952）1 頁

於保不二雄「ヘック『抽象的物権行為』」法学論叢 38 巻 3 号（1938）615 頁

於保不二雄『物権法 上』（有斐閣，1966）

於保不二雄『債権総論〔新版〕』（有斐閣，1972）

於保不二雄編『注釈民法(4)』（有斐閣，1967）

加賀山茂「対抗不能の一般理論について──対抗要件の一般理論のために」判タ 618 号（1986）6 頁

加藤一郎「クライネ『無因主義の歴史的制約』──東ドイツ法学への手がかりとして」法協 72 巻 3 号（1955）281 頁

加藤一郎「取消・解除と第三者」法教 7 号（1981）65 頁

加藤一郎「民法 177 条と対抗問題」谷口知平＝加藤一郎編『新版 民法演習 2（物権）』（有斐閣，1979）

加藤一郎『民法ノート上』（有斐閣，1984）

加藤一郎「判批」『不動産取引判例百選〔第 2 版〕』（有斐閣，1991）51 頁

加藤新太郎「所有権訴訟の抗弁と要件事実」司法書士 2004 年 6 月号 66 頁

加藤新太郎＝細野敦『要件事実の考え方と実務』（民事法研究会，2002）

加藤雅信『新民法大系 I 民法総則』（有斐閣，2002）

加藤雅信『新民法大系 II 物権法』（有斐閣，2003）

金山直樹「与える給付と担保する給付──それから 100 年，もう 1 つの歴史」西村重雄＝児玉寛編『日本民法典と西欧法伝統──日本民法典百年記念国際シンポジウム』（九州大学出版会，2000）337 頁

金山直樹『現代における契約と給付』（有斐閣，2013）

鎌田薫「対抗問題と第三者」星野英一編集代表『民法講座 第 2 巻 物権(1)』（有斐閣，1984）117 頁

鎌田薫「判批」『民法判例百選 I〔第 2 版〕』（有斐閣，1982）61 頁

鎌田薫『民法ノート物権法①』（日本評論社，1992）

鎌田薫『民法ノート物権法①〔第 4 版〕』（日本評論社，2022）

鎌野邦樹「判批」法セ 495 号（1996）60 頁

川井健「判批」判評 102 号（1967）96 頁

川井健「不動産物権変動における公示と公信」星野英一編集代表『私法学の新たな展開：我妻栄先生追悼論文集』（有斐閣，1975）314 頁

川井健「契約の解除（その 5）」法セ 412 号（1989）90 頁

川井健「不動産物権変動における公示と公信」同『不動産物権変動の公示と公信』（日本評論社，1990）28 頁

川井健『民法概論 2　物権』（有斐閣，1997）

川井健「判批」民商 119 巻 3 号（1998）103 頁

川井健『民法概論 1　民法総則〔第 2 版〕』（有斐閣，2000）

川井健「判批」NBL793 号（2004）69 頁

川井健『民法概論 1　民法総則〔第 3 版〕』（有斐閣，2005a）

川井健『民法概論 1　民法総則〔第 4 版〕』（有斐閣，2008）

川井健『民法概論 2　物権〔第 2 版〕』（有斐閣，2005b）

河上正二『担保物権法講義』（日本評論社，2015）

川島武宜「所有権法の理論」『川島武宜著作集 第 7 巻：所有権』（岩波書店，1981）

川島武宜『所有権法の理論〔新版〕』（岩波書店，1987）

川島武宜『民法 I 総論・物権』（有斐閣，1960）

川島武宜『民法総則』（有斐閣，1965）

川島武宜編『注釈民法(7)』（有斐閣，1968）

川島武宜＝川井健編『新版 注釈民法(7)』（有斐閣，2007）

岸田貞夫「判批」ジュリスト 772 号（1982）228 頁

北川善太郎『民法講要Ⅱ』（有斐閣，1993）

北村実「解除の効果」星野英一編集代表『民法講座第 5 巻 契約』（有斐閣，1985）130 頁

木ノ下一郎「判批」税 58 巻 9 号（2003）147 頁

木村常信「虚偽表示と一般債権者」産大法学 5 巻 3 号（1971）1 頁

熊谷士郎『意思無能力法理の再検討』（有信堂，2003）

栗山忍「判批」曹時 19 巻 3 号（1967）166 頁

栗山忍「判批」『最高裁判所判例解説 民事篇 昭和 41 年度』（法曹会，1973）545 頁

黒田直行「判批」JA 金融法務 426 号（2007）57 頁

古積健三郎「判批」法セ 48 巻 10 号（2003）108 頁

古積健三郎『担保物権法』（弘文堂，2020）

小林秀之「証明責任についての新視角からの若干の考察(6)」判時 1044 号（1982）10 頁

小林秀之『新証拠法〔第 2 版〕』（弘文堂，2003）

近藤崇晴「判解」ジュリスト 1134 号（1998a）112 頁

近藤崇晴「判解」曹時 50 巻 12 号（1998b）220 頁

近藤崇晴「判解」『最高裁判所判例解説 民事篇 平成 10 年度』（1998c）86 頁

坂田宏「権利抗弁概念の再評価——主張共通の原則の例外としての存在意義（一），（二・完）」民商
　　110 巻 4 = 5 号（1994a）795 頁，6 号（1994b）973 頁

坂田宏『民事訴訟における処分権主義』（有斐閣，2001）

坂本武憲「判批」ジュリスト 833 号（1985）107 頁

佐久間毅「判批」NBL 834 号（2006a）18 頁

佐久間毅「判批」判例セレクト 2006（2006b）19 頁

佐久間毅『民法の基礎 1 総則〔第 5 版〕』（有斐閣，2020）

佐久間毅『民法の基礎 2 物権〔第 3 版〕』（有斐閣，2023）

澤田省三「登記研究」679 号（2004）23 頁

塩崎勤「判批」登記インターネット 54 号（2004）69 頁

塩野宏「判批」『行政法判例百選Ⅰ』（有斐閣，1979）32 頁

潮見佳男『相続法〔第 2 版〕』（弘文堂，2022）

下森定『「民法九六条三項にいう第三者と登記」再論」薬師寺志光先生米寿祝賀記念論集編集委員会編
　　『民事法学の諸問題：薬師寺博士米寿記念』（総合労働研究所，1977）115 頁以下

下森定「法律行為の取消と登記——詐欺による取消を中心として」不動産登記制度研究会『不動産物
　　権変動の法理』（有斐閣，1983）

下森定「契約の解除と第三者」法セ 354 号（1984）95 頁

下森定「不実登記と民法九四条二項の類推適用」森泉章教授還暦記念『現代判例民法学の課題』（法学
　　書院，1988）87 頁

七戸克彦「2016 年フランス民法改正と物権変動論」法政研究 87 巻 3 号（2020）522 頁

品川孝次「判批」『家族法判例百選〔第 5 版〕』（有斐閣，1995）199 頁

篠塚昭次編『判例コンメンタール 3 民法Ⅰ（総則・物権）』（三省堂，1977）524 頁〔鎌田薫＝篠塚昭次〕

四宮和夫「遡及効と対抗要件」新潟大学法政理論 9 巻 3 号（1977）1 頁

四宮和夫『請求権競合論』（一粒社，1978）

四宮和夫『民法総則〔第 4 版〕』（弘文堂，1986）

四宮和夫『民法論集』（弘文堂，1990）

四宮和夫＝能見善久『民法総則〔第 5 版増補版〕』（弘文堂，2000）

四宮和夫＝能見善久『民法総則〔第 6 版〕』（弘文堂，2002）

四宮和夫＝能見善久『民法総則〔第 7 版〕』（弘文堂，2005）

四宮和夫＝能見善久『民法総則〔第 9 版〕』（弘文堂，2018）

司法研修所編『増補 民事訴訟における要件事実 第一巻』（法曹会，1998）

司法研修所編『4訂 紛争類型別の要件事実——民事訴訟における攻撃防御の構造』（法曹会，2023）

島津一郎編『注釈民法(3)』（有斐閣，1973）233頁［下森定］

白石健三「判解」曹時12巻5号（1960）94頁

水津太郎「相続と登記——相続による不動産物権の承継の対抗要件」ジュリスト1532号（2019）48頁

水津太郎「相続による権利および義務の承継——899条の2と902条の2について」法時92巻4号（2020）62頁

水津太郎「物権変動の規範的構造——原島重義＝児玉寛『対抗の意義』『登記がなければ対抗できない物権変動』法時94巻2号（2022）129頁

末川博「判批」民商34巻6号（1957）87頁

末川博「民事判例批評」法学論叢22巻3号（1929）412頁

末川博『物権法』（日本評論社，1956）

末弘厳太郎『物権法 上巻』（有斐閣，1921）

杉村章三郎「判批」法協74巻3号（1957）118頁

鈴木重信「判解」曹時23巻5号（1971）225頁

鈴木竹雄『会社法〔全訂第5版〕』（弘文堂，1994）

鈴木禄弥「判批」判評6号（1956）14頁

鈴木禄弥「法律行為の無効と給付物の取戻し」大阪市大法学雑誌9巻3=4号（1963）380頁

鈴木禄弥『物権法の研究』（創文社，1976）

鈴木禄弥『民法総則講義』（創文社，1984）

鈴木禄弥『債権法講義〔改訂版〕』（創文社，1987）

鈴木禄弥「復帰的物権変動と対抗問題」同『物権変動と対抗問題　民法論文集6』（創文社，1997）79頁（初出は，吉野衛編『民法と登記：香川最高裁判事退官記念論文集・上巻』（テイハン，1993），『谷口知平先生追悼論文集3 財産法・補遺』（信山社，1993），「復帰的物権変動と対抗問題」東海法学9号（1993））

鈴木禄弥『物的担保制度の分化』（創文社，1992）

鈴木禄弥『物権法講義〔4訂版〕』（創文社，1994）

鈴木禄弥『物権変動と対抗問題　民法論文集6』（創文社，1997）

鈴木禄弥『民法総則講義〔2訂版〕』（創文社，2003）

鈴木禄弥『物権法講義〔5訂正版〕』（創文社，2007）

鈴木禄弥＝生熊長幸「判批」判タ260号（1971）97頁

須永醇「判解」ジュリスト590号（1975）58頁

須永醇『新訂民法総則要論〔第2版〕』（勁草書房，2005）

瀬戸正二「判解」曹時20巻2号（1968）387頁

瀬戸口壮夫「不動産物権変動と対抗要件」伊藤滋夫＝山崎敏彦編『ケースブック要件事実・事実認定』（有斐閣，2002）86頁

園部秀穂「判解」判タ1005号（1999）50頁

田井義信ほか『新 物権・担保物権法〔第2版〕』（法律文化社，2005）69頁［田井義信］

高木多喜男「判批」『不動産取引判例百選〔第2版〕』（有斐閣，1991）67頁

高木多喜男「判批」法時43巻11号（1971）170頁

高木多喜男『担保物権法』（有斐閣，1984）

高木多喜男『担保物権法〔第4版〕』（有斐閣，2005）

鷹巣信孝『物権変動論の法理的検討』（九州大学出版会，1994）

高田淳「判批」法セ618号（2006）115頁

高橋滋「判批」『行政法判例百選Ⅰ〔第4版〕』（有斐閣，1999）12頁

滝沢聿代『物権変動の理論』（有斐閣，1987）

滝沢聿代『物権変動の理論Ⅱ』（有斐閣, 2009）

竹内康尋「判批」『租税判例百選〔第 2 版〕』（有斐閣, 1983）186 頁

高森八四郎「民法第 94 条 2 項と第 177 条」法時 42 巻 6 号（1970）125 頁

高森八四郎「契約の解除と第三者(1)(2)」関西大学法学論集 26 巻 1 号（1976a）80 頁, 2 号（1976b）71 頁

高森八四郎「判批」『民法の基本判例』（有斐閣, 1986）61 頁

高森八四郎「判批」民商 96 巻 6 号（1987）845 頁

高森八四郎「批判」リマークス 30 号（2005）10 頁

高柳信一「判批」『行政法判例百選Ⅰ〔第 2 版〕』（有斐閣, 1987）33 頁

田島順『民法一九二条の研究』（立命館出版部, 1933）

多田利隆『信頼保護における帰責の理論』（信山社, 1996）

多田利隆『対抗の法理と信頼保護の法理』（成文堂, 2019）

田髙寛貴『担保法体系の新たな展開――譲渡担保を中心として』（勁草書房, 1996）

田髙寛貴「善意・悪意を要件とする民法の規定の要件事実的分析」大塚直＝後藤巻則＝山野目章夫編
　　著『要件事実論と民法学との対話』（商事法務, 2005）150 頁

田髙寛貴『クロススタディ物権法』（日本評論社, 2008）

田髙寛貴「遺言による権利取得における登記の要否」法学研究 91 巻 2 号（2018）27 頁

龍田節『会社法〔第 10 版〕』（有斐閣, 2005）

田中教雄「日本民法九六条（詐欺・強迫）の立法過程――不当な勧誘に対処する手がりとして」香川
　　法学 13 巻 4 号（1994）515 頁

田中淳子「判批」法時 76 巻 10 号（2004）103 頁

谷口安平『口述民事訴訟法』（成文堂, 1987）

谷本誠司「判批」銀法 47 巻 14 号（2003）73 頁, 48 巻 4 号（2004）90 頁

田原睦夫＝印藤弘二「判批」金法 1697 号（2004）4 頁

玉田弘毅「判批」明治大学法制研究所紀要 4=5 号（1961）177 頁

玉田弘毅「判批」民商 67 巻 6 号（1973）138 頁

田山輝明「判批」受験新報 34 巻 3 号（1984）144 頁

田山輝明『物権法』（弘文堂, 1987）

月岡利男「S・ブーフホルツ著『無因性の原則と不動産法――不動産所有権譲渡行為と土地債務の沿
　　革』(1)」関西大学法学論集 31 巻 1 号（1981）265 頁

道垣内弘人「判批」法教 167 号（1994）118 頁

道垣内弘人「判批」法協 112 巻 7 号（1995）145 頁

道垣内弘人『信託法理と私法体系』（有斐閣, 1996）

道垣内弘人「判批」金法 1581 号（2000）96 頁

道垣内弘人『担保物権法〔第 2 版〕』（有斐閣, 2005）

道垣内弘人『担保物権法〔第 3 版〕』（有斐閣, 2008）

道垣内弘人『非典型担保法の課題』（有斐閣, 2015）

道垣内弘人『担保物権法〔第 4 版〕』（有斐閣, 2017）

富井政章『訂正 民法原論 第 2 巻（大正 12 年合冊版復刻）』（有斐閣, 1923/1985）

富井政章『民法原論 第 3 巻 債権総論 上』（有斐閣, 1929）

鳥谷部茂「判批」リマークス 11 号（1995）52 頁

鳥谷部茂「判批」『民法判例百選Ⅰ〔第 8 版〕』（有斐閣, 2018）198 頁

中川一郎「判批」税法 114 号（1960）28 頁

中舎寛樹「民法 96 条 3 項の意義」南山法学 15 巻 3=4 号（1992）1 頁

中舎寛樹「判批」リマークス 34 号（2006）6 頁

中舎寛樹『表見法理の研究』（日本評論社, 2014）

中山布紗「判批」北九州市立大学法政論集 34 巻 1=2 号（2006）156 頁

新田敏「附合」星野英一編集代表『民法講座第 3 巻物権(2)』（有斐閣，1984）27 頁

二宮周平『家族法〔第 2 版〕』（新世社，2005）

二宮周平『家族法〔第 6 版〕』（新世社，2024）

野澤正充「判批」リマークス 18 号（1999）22 頁

橋本恭宏「判批」Chukyo Lawyer 3 号（2004）89 頁

鳩山秀夫「不動産物権の得喪変更に関する公信主義及び公示主義を論ず」（初出は，法協 33 巻 7=9=12 号（1915）同『民法研究 第 2 巻』（岩波書店，1930）78 頁，同『債権法における信義誠実の原則』（有斐閣，1955）37 頁

花村四郎「虚偽ノ意思表示ト所謂第三者ノ意義」日本法政新誌 18 巻 5 号（1921）573 頁

林良平『物権法』（有斐閣，1951）

林良平「判批」法学論叢 68 巻 2 号（1960）99 頁

原島重義「『無因性』概念の系譜について——『無因性』概念の研究（その 1）」『九州大学法学部創立三十周年記念論文集：法と政治の研究』（有斐閣，1957a）451 頁

原島重義「『無因性』確立の意義について——『無因性』概念の研究（その 2）」法政研究 24 巻 1 号（1957b）71 頁

原島重義「『無因性』概念の一考察」私法 18 号（1957c）32 頁

平井一雄「遡及的無効と登記」法セ 212 号（1973）130 頁

平井宜雄「判批」法協 85 巻 1 号（1968）73 頁

平井宜雄「不動産の二重譲渡と詐害行為——action paulienne への回帰を意図して」太田知行 = 荒川重勝編『民事法学の新展開』（有斐閣，1993）169 頁

平野秀文「承継取得と原始取得」法教 526 号（2024）32 頁

平野裕之『民法総則〔第 2 版〕』（日本評論社，2006）

平野裕之『民法総則〔第 3 版〕』（日本評論社，2011）

広瀬稔「無因性理論についての一考察——ドイツ普通法学における所有権譲渡理論を中心として」法学論叢 77 巻 2 号（1965）44 頁

広中俊雄「法律行為における取消と不動産取引における第三者の保護」法時 49 巻 6 号（1977）56 頁

広中俊雄『債権各論講義〔第 5 版〕』（有斐閣，1979）

広中俊雄『物権法〔第 2 版〕』（青林書院，1982）

広中俊雄『物権法〔第 2 版増補〕』（青林書院，1987）

広中俊雄編著『民法修正案（前三編）の理由書』（有斐閣，1987）

太矢一彦「判批」銀法 48 巻 14 号（2004）71 頁

舟橋諄一『物権法』（有斐閣，1960）

舟橋諄一編『注釈民法(6)』（有斐閣，1967）

舟橋諄一 = 徳本鎭編『新版 注釈民法(6)』（有斐閣，1997）

ボードリ・ラカンチヌリ／松室至 = 飯田宏作 – 古賀廉造共訳『仏国民法正解 契約編上巻・下巻』（明治 21 年 11 月印行。日本立法資料全集・別巻 172，信山社，2000a）

ボードリ・ラカンチヌリ／松室至 = 飯田宏作 – 古賀廉造共訳同『仏国民法正解 売買編／賃貸借契約』（明治 22 年 11 月印行。日本立法資料全集・別巻 173，信山社，2000b）

法務大臣官房司法法制調査部監修『法典調査会 民法議事速記録一 日本近代立法資料叢書 1』（商事法務研究会，1983）

法務大臣官房司法法制調査部監修『法典調査会 民法議事速記録三 日本近代立法資料叢書 3』（商事法務研究会，1984）

法務大臣官房司法法制調査部監修『法律取調委員会 民法草案財産編人権ノ部議事筆記一 日本近代立法資料叢書 8』（商事法務研究会，1987）

法務大臣官房司法法制調査部監修『法典調査会 民法主査会議事速記録 日本近代立法資料叢書 13』（商事法務研究会，1988）

星野英一「判批」法協 89 巻 7 号（1972）112 頁

星野英一「判批」法協 90 巻 2 号（1973）409 頁

星野英一「判批」法協 93 巻 5 号（1976）821 頁

星野英一「物権変動における『対抗』問題と『公信』問題」同『民法論集 第 6 巻』（有斐閣，1986）153 頁

星野英一『民法概論Ⅱ』（良書普及会，1976）

星野英一『民法概論Ⅳ』（良書普及会，1975）

堀内仁「判批」手形研究 28 巻 2 号（1984）49 頁

前田庸『会社法入門〔第 13 版〕』（有斐閣，2018）

横悌次「即時取得」星野英一編集代表『民法講座 第 2 巻 物権(1)』（有斐閣，1984）299 頁

増森珠美「判解」ジュリスト 1333 号（2007a）112 頁

増森珠美「判解」曹時 59 巻 4 号（2007b）221 頁

松浦馨「『処分の制限』と民法一七七条」太田知行＝荒川重勝編『民事法学の新展開』（有斐閣，1993）539 頁

松岡久和「判批」判例セレクト '98（1999）14 頁

松岡久和「判批」民商 111 巻 6 号（1995）73 頁

松尾弘「ローマ法における所有概念と所有物譲渡法の構造」横浜市立大学論叢・社会科学系列 41 巻 3 号（1992）201 頁

松尾弘「所有権譲渡の『意思主義』と『第三者』の善意・悪意（2・完）」一橋論叢 111 巻 1 号（1994）91 頁

松尾弘「不動産譲渡法の形成過程における固有法と継受法の混交──所有権譲渡理論における『意思主義』の歴史的および体系的理解に向けて(Ⅱ)（3・完）」横浜国際経済法学 4 巻 1 号（1995）103 頁

松尾弘「日本民法の所有権譲渡における意思主義の規範性と妥当性」法学研究 72 巻 12 号（1999）391 頁

松尾弘『詐欺・強迫』（一粒社，2000）

松尾弘「信託法理における債権者取消権制度の展開」米倉明編著『信託法の新展開──その第一歩をめざして』（商事法務研究会，2008）104 頁

松尾弘「相続と登記──法定相続対抗要件不要の原則の検証」法時 75 巻 12 号（2003）74 頁

松尾弘「判批」法教 280 号（2004）113 頁

松尾弘「抵当権の追及効と対抗問題の射程」法学研究 84 巻 12 号（2011）761 頁

松尾弘「物権変動規定の交錯と物権変動法理の類型化──対抗の法理，無権利の法理および権利保護資格の法理の関係を中心に」司法研修所論集 122 号（2012a）80 頁

松尾弘『開発法学の基礎理論──良い統治のための法律学』（勁草書房，2012b）

松尾弘「相続による権利・義務の承継法理について」片山直也＝北居功＝武川幸嗣＝北澤安紀編『池田眞朗先生古稀記念論文集 民法と金融法の新時代』（慶應義塾大学出版会，2020）21 頁

松尾弘『民法』（慶應義塾大学出版会，2023）

松尾弘「相続登記の促進と民法・不動産登記法の改正」法時 96 巻 9 号（2024）48 頁

松尾弘＝古積健三郎『物権法〔第 2 版〕』（弘文堂，2008）

松坂佐一『民法提要 物権法〔第 4 版増訂〕』（有斐閣，1984）

松野民雄「登記の『権利資格保護要件』としての機能」明治大学大学院紀要 22 集(1)（1984）281 頁

松本恒雄「判批」民商 90 巻 4 号（1984）110 頁

松本博之『証明責任の分配──分配法理の基礎的研究〔新版〕』（信山社，1996）

水上敏「判解」曹時 49 巻 3 号（1997）145 頁

水上勉「判解」最高裁判解民平成 6 年度（1994）208 頁

水野紀子「『相続させる旨』の遺言の功罪」九貴忠彦編『遺言と遺留分 第 1 巻 遺言』（日本評論社，2001）173 頁

水野紀子「相続財産の取引安全における『相続と登記』判例と表見理論」『信託と信託法の広がり』

（財団法人・トラスト 60, 2005）195 頁

三淵乾太郎「判批」曹時 12 巻 4 号（1960）66 頁

三宅正男『契約法（総論）』（青林書院, 1978）

三宅正男「売買による所有権移転の考え方（1）～（14・完）」判時 996号～1042 号（1981～1982）

向峠仁志「判批」立命館法政論集 1 号（2003）349 頁

武川幸嗣「虚偽表示における対第三者効の法構造序説——そのフランス法的意義をめぐって」法学政
　　治学論究 12 号（1992）143 頁

武川幸嗣「民法九四条二項の『対抗不能』の法構造」法学政治学論究 17 号（1993）203 頁

武川幸嗣「法律行為の取消における第三者保護の法律構成序説——民法 96 条 3 項の意義と法理を中心
　　に」法学研究 69 巻 1 号（1996）513 頁

武川幸嗣「判批」民商 129 巻 3 号（2003）115 頁

武川幸嗣「判批」民商 135 巻 2 号（2006a）407 頁

武川幸嗣「解除の対第三者効力論（二・完）——売主保護の法的手段とその対第三者効」法学研究 79
　　巻 1 項（2006b）73 頁

武川幸嗣「判批」登記情報 47 巻 1 号（2007）54 頁

村上淳一「判批」法協 78 巻 2 号（1961）228 頁

村上博巳『証明責任の研究』（有斐閣, 1975）

村中玲子「判批」みんけん 592 号（2006）37 頁

村松俊夫「判批」金法 611 号（1971）20 頁

室井力「判批」『租税法判例百選〔第 3 版〕』（有斐閣, 1992）178 頁

森田修『強制履行の法学的構造』（東京大学出版会, 1995）

薬師寺志光「民事判例研究」法学志林 31 巻 10 号（1929）108 頁

安永正昭「民法における信頼保護の制度とその法律構成について(1)(2)」神戸法学雑誌 27 巻 1 号
　　（1977）1 頁, 2 号（1979）127 頁

谷田貝三郎「判批」民商 42 巻 6 号（1960）87 頁

弥永真生『リーガルマインド会社法〔第 15 版〕』（有斐閣, 2021）

柳沢秀吉「登記の公信力と民法 94 条 2 項, 96 条 3 項の意味」法学志林 70 巻 1 号（1972）71 頁

薮重夫「判批」北海道大学法学会論集 8 巻 1=2 号（1957）100 頁

山木戸克己『民事執行・保全法講義』（有斐閣, 1992）

山田晟「登記主義と有因主義との結合について」福井勇二郎編集代表『杉山教授還暦祝賀論文集』（岩
　　波書店, 1942）1 頁

山田晟「動産法における引渡主義と有因主義との結合——動産所有権譲渡の要件としての引渡」比較
　　法雑誌 2 号（1941）239 頁

山田卓生「法律行為の取消と登記」法学新報 79 巻 4 号（1972）1 頁

山田廣己「判批」『会社判例百選〔第 6 版〕』（有斐閣, 1998）91 頁

山野目章夫「判批」ジュリスト 1068 号（1995）79 頁

山野目章夫『物権法〔第 5 版〕』（日本評論社, 2012）

山本敬三「現代社会におけるリベラリズムと私的自治——私法関係における憲法原理の衝突（一），
　　（二・完）」法学論叢 133 巻 4 号（1993）1 頁, 5 号（1993）1 頁

山本敬三『民法講義 I 総則〔第 2 版〕』（有斐閣, 2005）

山本敬三「相続・遺言による不動産物権の承継とその対抗——民法 177 条からみた相続法改正の意義
　　とその正当化」潮見佳男先生追悼論文集（家族法）刊行委員会編『家族法学の現在と未来』（信山
　　社, 2024）607 頁

山本進一「わが民法における物権行為の独自性と無因性(1)」法律論叢 29 巻 1 号（1955）18 頁

山本進一「わが民法における物権行為の独自性と有因性(2)」法律論叢 29 巻 4=5 号（1956）55 頁

湯浅道男「判批」『民法判例百選 I〔第 5 版〕』（有斐閣, 2001）204 頁

柚木馨『債権各論：契約総論』（青林書院，1956）

柚木馨『判例物権法総論〔第3版〕』（巌松堂書店，1939）

横山美夏「判解」ジュリスト 1157 号（1999）63 頁

吉岡伸一「判批」判タ 1134 号（2004）91 頁

吉田克己「判批」判タ 1234 号（2007）49 頁

吉田克己『物権法Ⅱ』（信山社，2023）

吉田真澄「仮装登記と民法 94 条 2 項」判タ 276 号（1972）26 頁

吉田真澄「判批」平井宜雄編『民法の基本判例〔第2版〕』（法教増刊）（1999）93 頁

良永和隆「登記の保護機能(1)——『取得時効と登記』問題の解決に向けて」専修法学論集 48 号
（1988）109 頁

良永和隆「判批」ハイ・ローヤー 254 号（2006）62 頁

吉原省三「虚偽表示」伊藤滋夫＝山崎敏彦編著『ケースブック要件事実・事実認定』（有斐閣，2002）
40 頁

好美清光「契約の解除の効力」遠藤浩ほか監修『現代契約法大系 第 2 巻』（有斐閣，1974）

好美清光「物権変動論をめぐる現在の問題点」書斎の窓 299 号（1980）19 頁

好美清光『注釈民法(7)』（有斐閣，1968）

米倉明「法律行為(46)——虚偽表示(10)」法教 92 号（1988a）81 頁

米倉明「法律行為」法教 96 号（1988b）42 頁

我妻栄『判例民事法昭和四年』7 事件評釈（1929）30 頁

我妻栄「ヘック著『無因的物権行為論』」法協 56 巻 3 号（1938）554 頁

我妻栄『物権法（民法講義Ⅱ）』（岩波書店，1942）

我妻栄『債権各論 上巻（民法講義 V₁）』（岩波書店，1954）

我妻栄『新訂 民法総則』（岩波書店，1965）

我妻栄＝有泉亨補訂『新訂 物権法（民法講義Ⅱ）』（岩波書店，1983）

渡邉拓「判批」判時 1950 号（2006）184 頁

外国語文献（編著者名のアルファベット順。引用は，編著者名と出版年によって行う）

Arez, Das Abstraktionsprinzip – das einzig wahre?, *Juristische Arbeitsblätter*, 1998, S. 242 ff.

Baudry-Lacantinerie, Gabriel, *Précis de droit civil*, 3ᵉ ed., tome 2, 1888, tome 3, 1889.

von Bar, Christian (hrsg.), *Sachenrecht in Europas, Systematische Einführung und Gesetzestexte*, Bd. 1, 2, 3, 4, 5,
Universitätsverlag rasch, Osnabrück. 1999, 2000a, 2000b, 2001, 2002.

Boissonade, Gustav, *Projet de Code civil pour l'Empire Japon accompagne d'un Commentaire*, tome Ⅱ,
deuxième edition, 1883; tome Ⅲ, 1888; tome Ⅴ, 1889.

Breyhan, Christian, *Abstrakte Übereignung und Parteiwille in der Rechtsprechung*, 1929.

Carbonnier, Jean, *Droit Civil, IV/ Les Obligations*, 7ᵉ edition, 1972.

Colin et Capitant, *Traité de Droit Civil*, II, 1959.

Commission on European Contract Law, *The Principles of European Contract Law*, revised version, 1998.

Domat, Jean, *Les lois ciiviles dans leur ordre naturel*, 1689.

Enneccerus-Nipperdey, *Allgemeiner Teil des Bürgerlichen Rechts*, Bd. II, 15. Aufl., 1960.

Erman, *Handkommentar zum BGB*, Bd. I, 7. Aufl.

Flume, Werner, *Allgemeiner Teil des BGB*, II, 1977.

von Gierke, J., *Das Sachenrecht des bürgerlichen Rechts*, 4. Aufl., 1959.

Grigoleit, Hans Christoph, "Abstraktion und Willensmängel – Die Anfechtbarkeit des Verfügungsgeschäfts," *Archiv für Rechts- und Wirtschaftsphilosophie*, Bd. 199, Heft 4, 1999.

von Jhering, Rudolf, *Der Geist des römischen Rechts auf den verschiedenen Stufen seiner Entwicklung*, III, 10. Aufl., 1968.

Litten, Abstrakte Rechtsgeschäfte und Verkehrssicherheit, *Archiv für Rechts- und Wirtschaftsphilosophie*, Bd. 16, S. 439 ff., 1922/23.

Münchner Kommentar zum BGB, Bd. I., 2. Aufl., 1984.

Pacanowska, Isabel González and Carlos Díez Soto, "Contract and Transfer of Property," in: Antoni Vaquer (ed.), *European Private Law Beyond the Common Frame of Reference: Essays in Honour of Reinhard Zimmermann, Europa Law Publishing*, 2008, pp. 187-199.

Palandt, *BGB*, Bd. VII, 39. Aufl., 1980.

Peters, Kauf und Übereignung – zum sogenannten Abstraktionsprinzip, *Jura* 86, S. 459 ff., 1986.

Planiol et Ripert, *Traite Pratique de Droit Civil Français*, deuxième edition, III, 1952.

Pothier, Robert J., *Traité du Droit de Domaine de Propriété*, Oeuvres de Pothier, annotées et mises en corrélation par M. Bugnet, Tome IV, Paris, 1846.

Pothier, Robert J., *Traité du Contrat de Vente, Oeuvres de Pothier*, annotées et mises en corrélation par M. Bugnet, Tome III, Paris, 1847.

Pothier, Robert J., *Traité des Obligations, Oeuvres de Pothier*, annotées et mises en corrélation par M. Bugnet, Tome II, Paris, 1848.

Rother, Erfüllung durch abstraktes Rechtsgeschäft, *Archiv für civilistische Praxis*, Bd. 169, S. 3 ff., 1969.

Schindler, Kausale oder abstrakte Übereignung, in: Gerhardt Köbler/ Hermann Nehlsen, *Wirkungen europäischer Rechtskultur, Festschrift für Karl Kroeschell zum 70. Geburtstag*, S. 1033 ff., 1997.

Soergel-Siebert, *BGB*, Bd. I, 11. Aufl., 1978.

Stadler, Astrid, *Gestaltungsfreiheit und Verkehrsschutz durch Abstraktion: Eine rechtsvergleichende Studie zur abstrakten und kausalen Gestaltung rechtsgeschäftlicher Zuwendungen anhand des deutschen, schweizerischen, österreichischen, französischen und US-amerikanischen Rechts*, J. C. B. Mohr (Paul Siebeck), Tübingen, 1996.

Staudingers Kommentar zum BGB, Bd. I, 12. Aufl., 1980; Bd. III. 11. Aufl., 1956.

Wacke, Andreas, *Das Besitzkonstitut als Übergabesurrogat in Rechtsgeschichte und Rechtsdogmatik: Ursprung, Entwicklung und Grenzen des Traditionsprinzips im Mobiliarsachenrecht*, Hanstein-Verlag, 1974.

Wacke, Andreas, Eigentumserwerb des Käufers durch schlichten Konsens oder erst mit Übergabe? Unterschiede im Rezeptionsprozeß und ihre mögliche Überwindung, *Zeitschrift für Europäisches Privatrecht*, 2000, S. 301 ff.

Westermann-Westermann, *Sachenrecht*, 7. Aufl., 1998.

Wieling, Hans, *Handbuch des Sachenrechts* I, 1990.

Wieling, Hans, Das Abstrakitionsprinzip für Europa!, *Zeitschrift für Europäisches Privatrecht*, 2/2001, S. 301 ff.

初出一覧

本書各章の初出は下記の通りであるが，本書を構成するにあたり大幅な加筆・修正を加えている。

序　説　物権変動の態様と第三者保護の法理
書き下ろし

第1章　物権変動の意思主義と無因主義
「物権変動の意思主義と無因主義——第三者権利保護資格要件論の基礎づけ」清水曉ほか編『現代民法学の理論と課題：遠藤浩先生傘寿記念論文集』（第一法規，2002）181-206頁
「意思主義の下における所有権移転給付の実在性について」吉井啓子＝馬場圭太＝山城一真＝石尾智久編『民法学における伝統と変革：金山直樹先生古稀記念論集』（日本評論社，2025）65-81頁

第2章　物権変動の無因主義をめぐるヴァッケ-ヴィーリング論争
「物権変動の無因主義をめぐるヴァッケ-ヴィーリング論争」横浜国際社会科学研究8巻1号（2003）1-14頁

第3章　権利移転原因の失効と第三者の対抗要件
「権利移転原因の失効と第三者の対抗要件——虚偽表示，詐欺取消および解除を中心として」一橋論叢102巻1号（1990）78-102頁

第4章　物権変動の遡及的消滅の解釈
「物権変動の遡及的消滅の解釈」民事研修620号（2008）21-38頁

第5章　対抗の法理と無権利の法理の交錯
「不動産物権変動における対抗の法理と無権利の法理の交錯」川井健先生傘寿記念論文集刊行委員会編『取引法の変容と新たな展開』（日本評論社，2007）166-173頁

第6章　物権変動における第三者保護法理の類型化
「物権変動における『対抗の法理』と『無権利の法理』の間（1）——第三者保護法理の体系化と『権利保護資格の法理』の位置づけ」慶應法学6号（2006）371-393頁

第7章　対抗の法理と対抗要件
「物権変動における『対抗の法理』と『無権利の法理』の間（2）——第三者保護法理の体系化と『権利保護資格の法理』の位置づけ」慶應法学7号（2007）507-536頁

第8章　無権利の法理と権利取得要件
「物権変動における『対抗の法理』と『無権利の法理』の間（3）——第三者保護法理の体系化と『権利保護資格の法理』の位置づけ」慶應法学10号（2008）385-449頁

第9章　権利保護資格の法理と権利保護資格要件
「物権変動における『対抗の法理』と『無権利の法理』の間（4・完）——第三者保護法理の体系化と『権利保護資格の法理』の位置づけ」慶應法学13号（2009）187-237頁

第10章　要件事実論からの検討
「対抗要件を定める民法の規定の要件事実論的分析」大塚直＝後藤巻則＝山野目章夫編著『要件事実論と民法学との対話』（商事法務，2005）207-228頁

結　語　物権変動における第三者保護法理の意義
書き下ろし

事項索引

あ行

悪意者排除説　206
握取行為　67
与える給付　41
遺産分割　113, 188, 291, 294, 314
意思教説　116, 121, 304
意思主義　16, 43, 329
意思能力の欠如　122
意思表示限定説　185
遺贈　188
一体主義　56
一般債権者　199
移転主義　189, 294
遺留分侵害額請求権　190

か行

解除　96, 340
解除条件　298
買主危険負担主義　42
買戻し　300
間接効果説　119, 284
擬制的引渡し　41
94条2項の類推適用　152, 219, 257, 307
強行法規違反　121
共有説　189
虚偽表示　80, 334
契約解除　97, 312
契約の失効　123
権原と取得方式　68
原始取得　3
権利外観法理　202, 214
権利帰属の確定性　143, 206, 348
権利帰属の浮動性　203, 210, 235
権利行使資格要件　170, 197
権利抗弁説　182, 327
権利資格要件　169

権利保護資格の法理　159, 169, 271
権利保護資格要件　26, 121, 169, 241, 286,
　　308, 339, 341
権利保護要件　169, 202, 282
合意主義　56, 59
公示の原則　63
公序良俗違反　121
公信の原則　216
公信の問題　172
公信力説　183
抗弁説　325
合有説　189
個別的検討説　185

さ行

債権譲渡　333
債権説　241
債権的意思表示　17, 48
債権的効果説　325
債権の効力説　183
再抗弁説　326
詐害行為取消権　196
詐欺　87
詐欺取消し　337
事実抗弁説　182, 327
自然法学説　41
質権　230
私的自治　329, 344
手中物　67
承継取得　3
象徴的引渡し　60
譲渡担保権　217, 230, 236
所有権移転義務　50
所有権移転給付　46, 52
所有権留保　232
信託的譲渡　145, 238

信頼保護法理　215
請求原因説　182, 325
制限説　195
絶対的所有権制度　213
善意取得制度　75
宣言主義　189, 294
選択債権　112, 290
占有尊重説　187
相続による権利の承継　188
相続分（の）指定　188, 292
相続放棄　188, 293
相対的構成　208
相対的無効説　183, 325
遡及効　29
遡及効貫徹説　279
遡及効制限説　280
遡及的失権　109, 114
遡及的消滅　107, 124
即時取得　230, 250, 336

た行

第1契約優先主義　205
対抗　184
対抗の法理　133, 159, 167, 181, 203, 325
対抗の問題　172
対抗問題限定説　185, 196
対抗要件主義　329
　　──の特則　189
第三者権利保護資格の法理　337
第三者抗弁説　182, 326
註解学派　60
注釈学派　60
直接効果説　120, 282
同意の瑕疵　88
登記尊重説　187
動産先取特権　231
当然承継　189
特定債権者　196
特定財産承継遺言　188, 292

な行

二重譲渡　152
二段階物権変動説　183
認識可能性説　139, 144

は行

背信的悪意者　192, 200, 208
廃罷訴権　81
反対事実主張説　182
反対証書　81
パンデクテンの現代的慣用　68
引渡主義　41, 56
非手中物　67
否認権説　182, 326
表見法理　214, 248
不完全物権変動説　183, 325
付合　227
復帰的物権変動　22, 108, 115, 271, 303
物権行為　15
物権説　240
物権的意思表示　17, 48
物権変動　2
不法行為者　200
分離主義　56
法定解除　98, 282
法定取得・失権説　183
法定証拠説　182
法定相続　188
法律学的構成　76
本則　2

ま行

未登記通行地役権　135, 244
無因主義　16, 19, 23, 52, 55, 56
無因性　15
無権代理行為　111, 122, 286, 314
無権利者と取り引きした者による権利取得の法理　159, 168, 334
無権利の法理　150
無制限説　184, 195

事項索引　365

や・ら行

約定解除権の留保　　300

有因主義　　16, 20, 52, 56

有因性　　15

優先的効力説　　183

例外則　　2

判例索引

大審院・最高裁判所

大判明治 32 年 4 月 12 日民録 5 輯 4 巻 23 頁
……………………………………… 205

大判明治 36 年 3 月 6 日民録 9 輯 241 頁 …… 199

大判明治 36 年 6 月 15 日民録 9 輯 705 頁 …… 199

大判明治 36 年 6 月 19 日民録 9 輯 759 頁 …… 192

大判明治 38 年 4 月 24 日民録 11 輯 568 頁 …… 186

大判明治 39 年 1 月 31 日民録 12 輯 91 頁 …… 185

大判明治 39 年 2 月 6 日民録 12 輯 174 頁 …… 193

大判明治 39 年 6 月 29 日民録 12 輯 1058 頁 … 185

大判明治 39 年 10 月 10 日民録 12 輯 1219 頁
……………………………………… 208

大判明治 39 年 12 月 13 日刑録 12 輯 1360 頁
……………………………………… 30

大連判明治 41 年 12 月 15 日民録 14 輯 1276 頁
…………………………… 133, 195, 200, 204

大連判明治 41 年 12 月 15 日民録 14 輯 1301 頁
……………………………………… 186

大判明治 42 年 5 月 14 日民録 15 輯 498 頁 …… 99

大判明治 42 年 10 月 22 日刑録 15 輯 1433 頁
……………………………………… 202

大判明治 44 年 12 月 25 日民録 17 輯 909 頁
…………………………………… 149, 237

大判大正 3 年 8 月 24 日民録 20 輯 658 頁 …… 299

大判大正 4 年 3 月 24 日民録 21 輯 275 頁 …… 300

大判大正 4 年 7 月 12 日民集 1126 頁 ………… 199

大判大正 5 年 4 月 11 日民録 22 輯 691 頁 …… 300

大判大正 5 年 11 月 8 日民録 22 輯 2078 頁 …… 49

大判大正 5 年 11 月 17 日民録 22 輯 2089 頁 …… 83

大判大正 6 年 11 月 28 日民録 23 輯 2018 頁 … 192

大判大正 6 年 12 月 27 日民録 23 輯 2262 頁 … 283

大判大正 7 年 3 月 2 日民録 24 輯 423 頁 ………… 4

大判大正 8 年 7 月 5 日民録 25 輯 1258 頁 …… 49

大判大正 9 年 7 月 23 日民録 26 輯 1151 頁 …… 85

大判大正 9 年 9 月 2 日民録 26 輯 1389 頁 …… 147

大判大正 9 年 9 月 25 日民録 26 輯 1389 頁 …… 236

大判大正 10 年 5 月 17 日民録 27 輯 929 頁
………………… 96, 100, 283, 312, 341

大判大正 10 年 11 月 28 日民録 27 輯 2045 頁
……………………………………… 192, 220

大判大正 10 年 12 月 10 日民録 27 輯 2103 頁
……………………………………… 200

大判大正 11 年 3 月 22 日民集 1 巻 115 頁……… 306

大判大正 11 年 5 月 23 日新聞 2011 号 21 頁
…………………………… 162, 259, 335

大連判大正 14 年 7 月 8 日民集 4 巻 413 頁 ………… 4

大判昭和 2 年 1 月 28 日新聞 266 号 16 頁 …… 333

大判昭和 4 年 2 月 20 日民集 8 巻 59 頁 …… 31, 279

大判昭和 5 年 3 月 4 日民集 9 巻 299 頁 …… 288

大判昭和 5 年 10 月 29 日法律学説判例評論全集
　19 巻民法 1522 頁・新聞 3204 号 10 頁
………………… 162, 265, 258, 259, 335

大判昭和 7 年 3 月 18 日民集 11 巻 4 号 327 頁 … 87

大判昭和 7 年 7 月 11 日法学 2 巻 2 号 230 頁
……………………………………… 208

大判昭和 8 年 5 月 9 日民集 12 巻 1123 頁……… 197

大判昭和 9 年 5 月 1 日民集 13 巻 734 頁 ……… 205

大判昭和 11 年 7 月 31 日民集 15 巻 1587 頁 … 199

大判昭和 13 年 5 月 11 日民集 17 巻 901 頁 …… 151

大判昭和 13 年 10 月 24 日民集 17 巻 21 号 2012 頁
……………………………………… 96

大判昭和 14 年 5 月 24 日民集 18 巻 623 頁 …… 198

大判昭和 14 年 7 月 7 日民集 18 巻 11 号 748 頁
………………………… 96, 202, 283

大判昭和 17 年 2 月 24 日民集 21 巻 151 頁
……………………………………… 186, 227

大判昭和 17 年 9 月 8 日新聞 4799 号 10 頁
…………………………… 162, 260, 335

大判昭和 17 年 9 月 30 日民集 21 巻 911 頁
………………… 9, 32, 34, 87, 177, 179,
202, 279, 280, 310, 339

大判昭和 17 年 12 月 18 日民集 21 巻 1199 頁
……………………………… 199
最判昭和 25 年 11 月 30 日民集 4 巻 11 号 607 頁
……………………………… 197
最判昭和 25 年 12 月 19 日民集 4 巻 12 号 660 頁
……………………………… 200
最判昭和 26 年 11 月 27 日民集 5 巻 13 号 775 頁
……………………………… 257, 337
最判昭和 27 年 11 月 27 日民集 6 巻 10 号 1062 頁
……………………………… 330, 331
最判昭和 30 年 5 月 31 日民集 9 巻 6 号 774 頁
……………………………… 149, 237
最判昭和 30 年 6 月 2 日民集 9 巻 7 号 855 頁
……………………………… 233
最判昭和 30 年 10 月 25 日民集 9 巻 11 号 1678 頁
……………………………… 83
最判昭和 31 年 4 月 24 日民集 10 巻 4 号 417 頁・
民集 14 巻 4 号 694 頁 ……………… 198, 133
最判昭和 32 年 6 月 7 日民集 11 巻 6 号 999 頁
……………………………… 280, 310, 339
最判昭和 33 年 6 月 14 日民集 12 巻 9 号 1449 頁
……………………………… 301, 312, 341
最判昭和 33 年 6 月 20 日民集 12 巻 10 号 1585 頁
……………………………… 49, 344
最判昭和 33 年 7 月 29 日民集 12 巻 12 号 1879 頁
……………………………… 27, 95, 205
最判昭和 33 年 8 月 28 日民集 12 巻 12 号 1936 頁
……………………………… 4, 142
最判昭和 34 年 9 月 3 日民集 13 巻 11 号 1357 頁
……………………………… 147, 236
最判昭和 35 年 2 月 2 日民集 14 巻 1 号 36 頁
……………………… 162, 260, 261, 264, 335
最判昭和 35 年 3 月 1 日民集 14 巻 3 号 307 頁
……………………………… 186, 227
最判昭和 35 年 3 月 31 日民集 14 巻 4 号 663 頁
……………………………… 134
最判昭和 35 年 6 月 24 日民集 14 巻 8 号 1528 頁
……………………………… 49
最判昭和 35 年 7 月 19 日民集 14 巻 9 号 1779 頁
……………………………… 292
最判昭和 35 年 7 月 27 日民集 14 巻 10 号 1871 頁

……………………………… 142
最判昭和 35 年 11 月 29 日民集 14 巻 13 号 2869 頁
……………………… 96, 283, 312, 341
最判昭和 36 年 6 月 29 日民集 1764 頁………… 207
最判昭和 36 年 7 月 20 日民集 15 巻 7 号 1903 頁
……………………………… 4, 142
最判昭和 38 年 2 月 22 日民集 17 巻 1 号 235 頁
……………………………… 189
最判昭和 39 年 2 月 13 日判タ 160 号 71 頁…… 302
最判昭和 39 年 3 月 6 日民集 18 巻 3 号 437 頁
……………………………… 292
最判昭和 39 年 5 月 12 日集民 73 号 493 頁…… 260
最判昭和 40 年 9 月 22 日民集 19 巻 6 号 1657 頁
……………………………… 229
最判昭和 40 年 11 月 19 日民集 19 巻 8 号 2003 頁
……………………………… 49
最判昭和 40 年 12 月 21 日民集 19 巻 9 号 2221 頁
……………………………… 142
最判昭和 41 年 6 月 9 日民集 20 巻 5 号 1011 頁
……………………… 232, 256, 257, 336, 337
最判昭和 41 年 11 月 22 日民集 20 巻 9 号 1901 頁
……………………………… 4, 142
最判昭和 41 年 12 月 22 日民集 20 巻 10 号 2168 頁
……………………… 260, 262, 264, 335
最判昭和 42 年 1 月 19 日集民 86 号 75 頁……… 260
最判昭和 42 年 1 月 20 日民集 21 巻 1 号 16 頁
……………………………… 292, 293, 295
最判昭和 42 年 6 月 29 日裁民 87 号 1397 頁・判時
491 号 52 頁 ……………… 260, 263, 335
最判昭和 42 年 7 月 21 日民集 21 巻 6 号 1653 頁
……………………………… 4, 142
最判昭和 42 年 10 月 31 日民集 21 巻 8 号 2232 頁
……………………………… 83, 85
最判昭和 42 年 11 月 16 日民集 21 巻 9 号 2430 頁
……………………………… 153
最判昭和 43 年 8 月 2 日民集 22 巻 8 号 1571 頁
……………………………… 135, 142
最判昭和 43 年 10 月 17 日民集 22 巻 10 号 2188 頁
……………………………… 153, 221
最判昭和 43 年 11 月 15 日民集 22 巻 12 号 2671 頁
……………………………… 142

最判昭和 43 年 11 月 19 日民集 22 巻 12 号 2692 頁
……………… 200

最判昭和 43 年 12 月 4 日民集 22 巻 13 号 2855 頁
……………… 83

最判昭和 43 年 12 月 17 日集民 93 号 233 頁・判時
554 号 33 頁 ……………… 220

最判昭和 43 年 12 月 24 日民集 22 巻 13 号 3454 頁
……………… 330

最判昭和 44 年 1 月 16 日民集 23 巻 1 号 18 頁
……………… 135, 142

最判昭和 44 年 5 月 27 日民集 23 巻 6 号 998 頁
……………… 83, 84, 160

最判昭和 45 年 6 月 2 日民集 24 巻 6 号 456 頁
……………… 221

最判昭和 45 年 11 月 19 日民集 24 巻 12 号 1916 頁
……………… 9, 152, 218, 221, 242

最判昭和 46 年 1 月 26 日民集 25 巻 1 号 90 頁
……………… 189, 292, 295

最判昭和 47 年 4 月 14 日民集 26 巻 3 号 483 頁
……………… 144, 187

最判昭和 47 年 11 月 28 日民集 26 巻 9 号 1715 頁
……………… 83, 221

最判昭和 47 年 12 月 7 日民集 26 巻 10 号 1829 頁
……………… 191

最判昭和 48 年 6 月 21 日民集 27 巻 6 号 712 頁
……………… 83, 160

最判昭和 48 年 10 月 5 日民集 27 巻 9 号 1110 頁
……………… 142

最判昭和 49 年 3 月 19 日民集 28 巻 2 号 325 頁
……………… 197

最判昭和 49 年 9 月 26 日民集 28 巻 6 号 1213 頁
……………… 9, 87, 170, 178, 279

最大判昭和 49 年 10 月 23 日民集 28 巻 7 号 1473 頁
147, 236

最判昭和 50 年 4 月 25 日判時 781 号 67 頁 ……… 83

最判昭和 52 年 3 月 17 日民集 31 巻 2 号 308 頁
……………… 288

最判昭和 52 年 12 月 8 日判時 879 号 70 頁
……………… 83, 221

最判昭和 54 年 9 月 11 日判時 944 号 52 頁 …… 207

最判昭和 56 年 10 月 13 日判時 1023 号 45 頁
……………… 333

最判昭和 57 年 3 月 12 日民集 36 巻 3 号 349 頁
……………… 235

最判昭和 57 年 4 月 23 日金法 1007 号 43 頁
……………… 147, 236

最判昭和 57 年 6 月 8 日判時 1049 号 36 頁 ……… 82

最判昭和 57 年 7 月 1 日民集 36 巻 6 号 891 頁
……………… 220

最判昭和 58 年 3 月 18 日判時 1095 号 104 頁・判
タ 512 号 112 頁 ……………… 233

最判昭和 58 年 7 月 5 日集民 139 号 259 頁
……………… 312, 341

最判昭和 58 年 7 月 5 日判時 1089 号 41 頁 …… 100

最判昭和 62 年 1 月 20 日訟月 33 巻 9 号 2234 頁
……………… 151, 256

最判昭和 62 年 2 月 12 日民集 41 巻 1 号 67 頁
……………… 147, 236

最判昭和 62 年 11 月 12 日判時 1261 号 71 頁・判
タ 655 号 106 頁 ……………… 237

最判昭和 62 年 11 月 12 日判時 1261 号 71 頁判タ
655 号 106 頁 ……………… 149

最判平成 5 年 7 月 19 日家月 46 巻 5 号 23 頁
……………… 189, 292

最判平成 6 年 2 月 8 日民集 48 巻 2 号 373 頁
……………… 191

最判平成 6 年 2 月 22 日民集 48 巻 2 号 414 頁
……………… 148, 149, 237

最判平成 8 年 10 月 29 日民集 50 巻 9 号 2506 頁
……………… 208

最判平成 9 年 4 月 11 日集民 183 号 241 頁 …… 148

最判平成 9 年 6 月 5 日民集 51 巻 5 号 2053 頁
……………… 288

最判平成 10 年 2 月 13 日民集 52 巻 1 号 65 頁
……………… 135, 191, 218, 244

最判平成 10 年 12 月 18 日民集 52 巻 9 号 1975 頁
……………… 139, 246

最判平成 11 年 2 月 26 日判時 1671 号 67 頁 … 148

最判平成 12 年 12 月 19 日判時 1737 号 35 頁
……………… 221

最判平成 14 年 6 月 10 日家月 55 巻 1 号 77 頁
……………… 189, 292

判例索引 369

最判平成 15 年 6 月 13 日裁民 210 号 143 頁・裁時 1341 号 12 頁・判時 1831 号 99 頁・判タ 1128 号 370 頁 ……………… 9, 151, 176, 178, 221, 308

最判平成 18 年 1 月 17 日民集 60 巻 1 号 27 頁・判タ 1206 号 73 頁 ………………… 140, 174, 191, 245

最判平成 18 年 2 月 23 日民集 60 巻 2 号 546 頁・裁時 1406 号 7 頁・判タ 1205 号 120 頁 ……………………………………… 152, 178, 224

最判平成 22 年 12 月 16 日民集 64 巻 8 号 2050 頁 ……………………………………………… 316

最判平成 24 年 3 月 16 日民集 66 巻 5 号 2321 頁 ………………………………………………… 3, 4

東京地判平成元年 4 月 12 日判タ 713 号 145 頁 ………………………………………… 146, 239

那覇地判平成 7 年 4 月 27 日民集 52 巻 1 号 88 頁 ……………………………………………… 136

福岡高裁那覇支判平成 9 年 1 月 30 日民集 52 巻 1 号 99 頁 …………………………………………… 137

大阪地判平成 13 年 1 月 18 日（大阪地裁平 11 ワ 7266 号）……………………………………… 222

大阪高判平成 14 年 3 月 26 日（大阪高裁平 13 ネ 539 号）……………………………………… 222

大分地判平成 14 年 4 月 19 日民集 60 巻 2 号 552 頁・判時 1842 号 79 頁・金商 1253 号 24 頁 …… 225

福岡高判平成 15 年 3 月 28 日判タ 1134 号 220 頁・金商 1253 号 18 頁 …………………… 225

下級審裁判所

富山地判昭和 28 年 5 月 30 日民集 14 巻 4 号 680 頁 ……………………………………………… 133

名古屋高裁金沢支判昭和 28 年 12 月 25 日民集 10 巻 4 号 446 頁・民集 14 巻 4 号 690 頁 ……… 133

東京高判昭和 30 年 10 月 13 日民集 12 巻 9 号 1467 頁 ……………………………………… 302

名古屋高判昭和 32 年 6 月 28 日民集 14 巻 4 号 708 頁 ……………………………………… 134

東京地判昭和 47 年 10 月 17 日判時 696 号 197 頁 ……………………………………… 259, 263

大阪地判昭和 54 年 12 月 21 日行裁例集 30 巻 12 号 2072 頁 ……………………………… 146

大阪高判昭和 56 年 3 月 13 日行裁例集 32 巻 3 号 384 頁 ……………………………… 145, 238

東京高判昭和 57 年 8 月 31 日判時 1055 号 47 頁 ……………………………………… 208

東京高判昭和 57 年 11 月 30 日判時 1064 号 59 頁 ……………………………………… 199

名古屋高判昭和 61 年 3 月 28 日判時 1207 号 65 頁 ……………………………………… 99

東京地判昭和 63 年 1 月 28 日判時 1283 号 121 頁, 判タ 664 号 96 頁 ……………… 331

松尾　弘（まつお ひろし）

慶應義塾大学大学院法務研究科教授。

1962 年長野県生まれ。慶應義塾大学法学部卒業。一橋大学大学院法学研究科博士後期課程単位取得。横浜市立大学商学部助教授，横浜国立大学大学院国際社会科学研究科教授を経て，現職。この間，シドニー大学客員教授，オックスフォード大学客員研究員，社会資本整備審議会（公共用地分科会）委員，国土審議会（土地政策分科会）特別委員，法制審議会（民法・不動産登記法部会）幹事，財政制度等審議会（国有財産分科会）臨時委員などを務める。

主要著作として，『民法』（慶應義塾大学出版会，2023），『民法改正を読む─改正論から学ぶ民法』（慶應義塾大学出版会，2012），『債権法改正を読む──改正論から学ぶ新民法』（慶應義塾大学出版会，2017），『家族法改正を読む──親族・相続法改正のポイントとトレンド』（慶應義塾大学出版会，2019），『物権法改正を読む──令和 3 年民法・不動産登記法改正等のポイント』（慶應義塾大学出版会，2021），ヘルムート・コーイング『法解釈学入門』（訳，慶應義塾大学出版会，2016），ジョセフ・ラズ『法体系の概念──法体系論序説（第 2 版）』（訳，慶應義塾大学出版会，2011），『開発法学の基礎理論──良い統治のための法律学』（勁草書房，2012），『発展するアジアの政治・経済・法──法は政治・経済のために何ができるか』（日本評論社，2016），『土地所有を考える──所有者不明土地立法の理解を深めるために』（日本評論社，2023），*Property and Trust Law in Japan*, Wolters Kluwer, 2021; *Politics, Economy and Law in Developing Asia: A Reflection on Law and Development*, Keio University Press, 2022 ほか。

物権変動における第三者保護の法理
──権利変動論の展開

2025 年 3 月 25 日　初版第 1 刷発行

著　者───松尾　弘
発行者───大野友寛
発行所───慶應義塾大学出版会株式会社
　　　　　〒 108-8346　東京都港区三田 2-19-30
　　　　　ＴＥＬ〔編集部〕03-3451-0931
　　　　　　　　〔営業部〕03-3451-3584〈ご注文〉
　　　　　　　　〔　〃　〕03-3451-6926
　　　　　ＦＡＸ〔営業部〕03-3451-3122
　　　　　振替 00190-8-155497
　　　　　https://www.keio-up.co.jp/
装　丁───鈴木　衛
組　版───株式会社キャップス
印刷・製本──中央精版印刷株式会社
カバー印刷──株式会社太平印刷社

©2025 Hiroshi Matsuo
Printed in Japan ISBN978-4-7664-3013-4

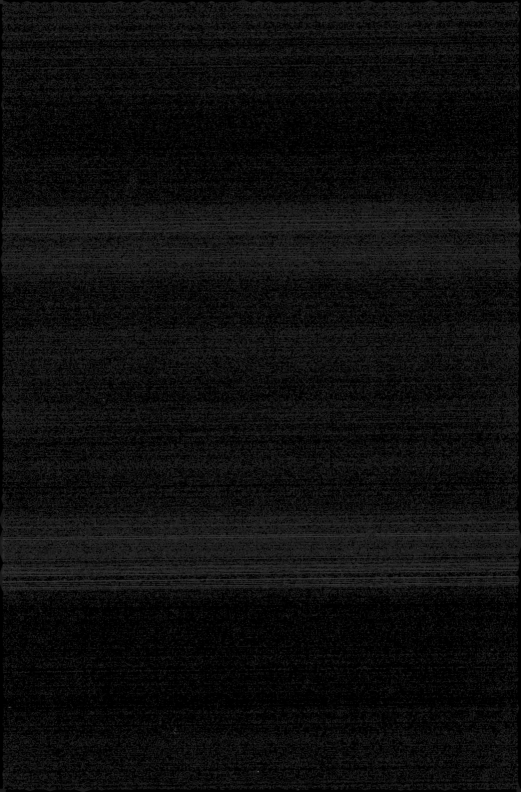